重庆理工大学科研启动基金资助项目

The Ruling by Law Research on Intervention and Cures of Troubled Financial Institution by Government Authority

我国问题金融机构公力救助法治化研究

王腊梅◎著

图书在版编目（CIP）数据

我国问题金融机构公力救助法治化研究/王腊梅著 . —北京：经济管理出版社，2021.4
ISBN 978-7-5096-7929-6

Ⅰ.①我… Ⅱ.①王… Ⅲ.①金融机构—社会救济—法治—研究—中国 Ⅳ.①F832.3

中国版本图书馆 CIP 数据核字（2021）第 068225 号

组稿编辑：胡　茜
责任编辑：胡　茜　杨　娜
责任印制：黄章平
责任校对：董杉珊

出版发行：经济管理出版社
　　　　　（北京市海淀区北蜂窝 8 号中雅大厦 A 座 11 层 100038）
网　　址：www.E-mp.com.cn
电　　话：（010）51915602
印　　刷：唐山玺诚印务有限公司
经　　销：新华书店
开　　本：720mm×1000mm/16
印　　张：17.75
字　　数：338 千字
版　　次：2021 年 5 月第 1 版　2021 年 5 月第 1 次印刷
书　　号：ISBN 978-7-5096-7929-6
定　　价：88.00 元

·版权所有　翻印必究·
凡购本社图书，如有印装错误，由本社读者服务部负责调换。
联系地址：北京阜外月坛北小街 2 号
电话：（010）68022974　邮编：100836

前　言

自我国金融体制改革启动，商业化经营金融机构的构建就成为我国金融体制改革的首要目标。作为经济转轨国家，商业化经营金融机构构建的重心在于如何通过改革，将原有的国有独资专业化金融机构转变为自担风险、自负盈亏的商业化经营金融机构。从改革的结果看，目前我国已经基本实现了构建商业化经营金融机构和完善金融服务体系的目标。然而，金融机构的商业化运营会受市场竞争规律的影响与约束，进而可能出现各种问题金融机构。问题金融机构是相对于健康经营的金融机构而言的，在本书中特指因各种原因导致清偿不能的金融机构。由于金融机构业务的特殊性，如果完全按照竞争规律实现商业化经营金融机构的优胜劣汰，对问题金融机构实施市场退出，可能会导致金融危机的出现以及蔓延，从而影响宏观经济的稳定运行。因此，西方成熟市场经济国家的公共部门，在法律授权基础上，往往会挑选某些问题金融机构进行公力救助。所谓公力救助，即指公共部门动用公共权力对清偿不能的金融机构实施不同程度的干预，从而使问题金融机构的债权人得到合理清偿。

基于历史和国情的差异，我国对金融体制改革过程中产生的问题金融机构都实行了不同程度的公力救助。与西方成熟市场经济国家做法相比，我国对问题金融机构公力救助的数量、范围、方式等都存在着较大区别。随着我国市场经济体制的不断完善，我国金融体系的深化发展也将加速，金融市场在金融资源配置中将发挥决定性作用，与之相匹配的我国问题金融机构公力救助的制度需求也变得日益迫切。同时，我国正在进行的法治中国、法治政府建设也迫切要求公共权力对金融市场和商业化经营金融机构的干预必须在法治轨道上进行，因此我国问题金融机构公力救助的法治化是我国金融市场深化发展和金融市场法治化治理的内在要求。

当前，我国问题金融机构公力救助的最大问题是公力救助缺乏法治约束。有鉴于此，本书始终围绕我国问题金融机构公力救助法治化这一主题，遵循"提出问题—分析问题—解决问题"的研究脉络，按照"理论研究—实证研究—对策建议"的进路，采用规范与实证分析相结合的研究方法，以我国问题金融机构公力救助发生缘由、公力救助实践、公力救助法治化需求、公力救助法治化改造的现实基础以及法治化改造的对策建议为研究内容，采用层层递进的逻辑推演方式围绕我国问题金融机构公力救助法治化主题逐步展开分析论证。

研究发现，我国问题金融机构公力救助缘起于我国经济金融体制的渐进式改革过程，不可避免地具有行政权力主导色彩，且缺少法治约束。这就导致我国问题金融机构公力救助制度缺少稳定性、规范性和透明性。随着我国金融体系的不断深化发展和法治建设的不断推进，既有问题金融机构公力救助制度已经越来越不能适应我国经济金融发展的实际需要，对问题金融机构公力救助实施法治化改造已经势在必行。同时，我国问题金融机构公力救助法治化改造也必须立足于我国经济转型、国家治理方式转型以及观念转型的实际，并在此基础上从总体和具体两个层面进行公力救助的法治化改造，以实现问题金融机构公力救助法律原则、法律权限、救助结构、救助职能定位、救助权力配置以及救助程序的法治化。

由于国际上对问题金融机构究竟是否应该公力救助、怎样救助、最后效果如何等一系列问题存在着巨大争议，因此我国若要实现问题金融机构公力救助法治化，就应在学习发达市场经济国家公力救助的经验教训基础上，根据本国的历史和国情实际，循序渐进地推进我国问题金融机构公力救助的法治化改造。

具体而言，全书除引言外，共分为六章。

第一章为我国问题金融机构公力救助的缘由探微。探讨对问题金融机构进行公力救助的原因是展开本书研究的逻辑起点。为此本书在首先界定问题金融机构的概念以及明晰当前我国问题金融机构涌现的社会缘由之后，分别从实践现实需要和理论解释支撑两个角度对我国问题金融机构公力救助的原因展开探讨。从现实实践角度看，我国金融深化发展改革以及随之而来的地方金融加速兴起和金融科技创新使我国问题金融机构出现的可能性大大增加，这就为我国金融市场体系的安全性与稳定性埋下隐患。同时，问题金融机构的涌现也会破坏我国金融市场效率，损害金融消费者权益，如若放任自流，将会对社会经济造成严重的负面影响。从理论解释角度看，政府干预经济的正当性理论、风险社会理论和金融脆弱性理论也为问题金融机构公力救助的正当性提供了坚实的理论支撑。

第二章为我国问题金融机构公力救助的实践考察。我国问题金融机构公力救助的发生是在我国经济、金融体制改革推进之后，并与渐进式改革高度契合。从历史发展角度看，我国问题金融机构公力救助在我国金融发展变迁中经历了如下四项逻辑转换：从所有人救助向公共管理人救助转变，从一般性金融管理救助向真正意义金融监管救助转变，从临时性、反应性救助向市场化、制度化救助转变,从政府隐性担保救助向政府显性担保救助转变。然而基于渐进式改革的实际,我国问题金融机构公力救助在实践中也存在诸多法律上的问题,这又集中体现为问题金融机构公力救助目标定位矛盾、救助对象不确定、救助权力配置失衡、救助权力行使任意、救助方式行政化、救助协调性不足六个方面的问题。

第三章为我国问题金融机构公力救助的法治化需求。我国问题金融机构公力救助实践中存在的诸多法律问题表明,我国问题金融机构公力救助行为缺乏法治约束,这已经与我国社会经济政治的发展实际不相适应。当前我国正在进行法治中国、法治社会和法治政府建设,其中法治政府是建设的关键。法治政府建设要求政府公权力行使法治化,问题金融机构公力救助也必须适应这一要求。同时,国家治理现代化的实现也必须以法治化为基础,问题金融机构公力救助法治化也是国家治理现代化的应有之义。我国金融深化发展改革的持续推进,客观上也要求问题金融机构公力救助必须实现法治化。因此,推动我国问题金融机构公力救助法治化,已经是新时代我国社会发展的客观需要。

第四章为我国问题金融机构公力救助法治化的现实基础。尽管问题金融机构公力救助法治化是新时代我国社会政治经济发展的必然要求,但我国问题金融机构公力救助法治化的实现又会受到现实基础因素的约束。这些现实基础因素具体包括三个方面的内容:一是我国经济转型程度的约束,尤其是金融体制转型程度的制约;二是国家治理方式转型进度的约束;三是我国金融市场观念转型程度的制约。因此,我国问题金融机构公力救助法治化的实现必须在借鉴发达市场经济国家经验教训的基础上,立足于我国经济社会发展的实际,从我国的历史和现实条件出发,设计相应的法治化改造方案。

第五章为我国问题金融机构公力救助法治化的总体架构。对于我国问题金融机构公力救助的法治化改造,首先需要确定我国问题金融机构公力救助的法律原则,以统摄整个公力救助制度。基于市场经济和法治经济发展的要求,问题金融机构公力救助的公共性、公平性和有效性标准决定了公力救助必须遵循"太重要而不能倒"、穷尽市场化救助和建设性模糊法律原则。其次,我国问题金融机构公力救助法治化改造还应该厘清公力救助法律权限的划分起点、立场和原则,明确公力救助的法定对象,明晰公力救助权限的双层结构安排,从而使中央和地方政府在法治框架下最大限度地发挥出问题金融机构公力救助的合力。

第六章为我国问题金融机构公力救助法治化的具体进路。一个可实施、可操作的问题金融机构公力救助法治化改造方案,不仅需要确定公力救助的法律原则、法定对象以及权限结构安排,而且还需要从问题金融机构公力救助职能定位转换、公力救助权力配置调整、公力救助程序设计的具体进路进行公力救助法治化改造。鉴于当下我国经济社会转型发展和法治建设的实际,我国问题金融机构公力救助职能定位应从家长型救助向监管型救助转变,同时公力救助权力配置应从静态和动态角度实施全面调整,以实现职权法定和效率的均衡。此外,问题金融机构公力救助的程序设计应立足于最低限度法治要求,着重设计公力救助事前评估程序、公众参与和信息披露程序以及公力救助事后影响评估程序,确保问题金融机构公力救助法治化的实现。

目 录

引言 ·· 1
    一、研究缘起及研究目的 ·· 1
    二、研究的理论与现实意义 ·· 3
    三、研究综述 ·· 6
    四、研究的主要目标与路径方法 ·· 8
    五、研究思路与创新 ·· 9

第一章 我国问题金融机构公力救助的缘由探微 ·· 12
  第一节 我国问题金融机构的概念解析 ·· 12
    一、问题金融机构的表象 ·· 12
    二、问题金融机构的本质 ·· 16
    三、问题金融机构的外延 ·· 17
    四、问题金融机构的界定——基于公力救助角度 ··· 20
  第二节 我国问题金融机构涌现的社会缘由 ·· 25
    一、金融深化发展催生问题金融机构出现 ·· 25
    二、地方金融兴起加速问题金融机构出现 ·· 29
    三、金融科技创新拓展问题金融机构范围 ·· 32
  第三节 我国问题金融机构公力救助的现实需求 ·· 34
    一、我国金融安全与稳定的需要 ·· 34
    二、我国金融效率提升的要求 ··· 37
    三、我国金融消费者保护的呼唤 ·· 40
  第四节 我国问题金融机构公力救助的理论推导 ·· 44
    一、问题金融机构公力救助的政府干预经济理论导出 ······································ 44
    二、问题金融机构公力救助的风险社会理论导出 ··· 48

三、问题金融机构公力救助的金融脆弱性理论导出 ………… 50

第二章 我国问题金融机构公力救助的实践考察 ………… 54

第一节 我国问题金融机构公力救助的历史梳理 ………… 54
一、"大一统"高度金融集权体制与我国问题金融机构救助 ……… 54
二、改革开放后金融深化发展与我国问题金融机构公力救助 …… 56
三、金融发展变迁中我国问题金融机构公力救助的逻辑转换 …… 71

第二节 我国问题金融机构公力救助的事实描述 ………… 79
一、我国问题金融机构公力救助的职能目标定位 ……………… 79
二、我国问题金融机构公力救助的主体机构 …………………… 82
三、我国问题金融机构公力救助的权力配置 …………………… 86
四、我国问题金融机构公力救助的管理体制 …………………… 91
五、我国问题金融机构公力救助的具体方式 …………………… 93
六、我国问题金融机构公力救助的运行效果 …………………… 96

第三节 我国问题金融机构公力救助的法律问题解读 ………… 98
一、我国问题金融机构公力救助职能目标定位矛盾 …………… 98
二、我国问题金融机构公力救助对象不确定 …………………… 100
三、我国问题金融机构公力救助权力配置失衡 ………………… 104
四、我国问题金融机构公力救助权力行使任意 ………………… 107
五、我国问题金融机构公力救助方式过度行政化 ……………… 115
六、我国问题金融机构公力救助协调性不足 …………………… 116

第三章 我国问题金融机构公力救助的法治化需求 ………… 118

第一节 法治政府建设与问题金融机构公力救助 ………… 118
一、全能政府向有限政府转变的要求 …………………………… 119
二、控制型（管制型）政府向服务型政府转变的需要 ………… 124

第二节 政府治理与问题金融机构公力救助 ………… 127
一、政府管理机制转型的需要 …………………………………… 127
二、政府治理现代化要求问题金融机构公力救助法治化 ……… 137

第三节 金融深化发展与问题金融机构公力救助 ………… 143
一、金融抑制下我国问题金融机构公力救助的法律镜像 ……… 143
二、金融深化发展呼唤公力救助法治化变革 …………………… 147

第四章 我国问题金融机构公力救助法治化的现实基础 ………… 151

第一节 问题金融机构公力救助法治化的金融体制基础 ………… 151

  一、我国经济体制转型的长期性与艰巨性 ………………… 151
  二、经济体制转型深度影响金融体制转型进度 …………… 153
  三、金融体制转型进度约束公力救助法治化程度 ………… 155
 第二节 问题金融机构公力救助法治化的国家治理基础 ……… 158
  一、政府失灵与国家治理方式转型 ………………………… 158
  二、国家治理方式转型的过程性 …………………………… 161
  三、国家治理现代化进程决定公力救助法治化进程 ……… 164
 第三节 问题金融机构公力救助法治化的观念基础 …………… 166
  一、金融市场观念转型的长期性 …………………………… 166
  二、金融市场观念转型的艰巨性 …………………………… 168
  三、金融市场观念转型程度影响公力救助法治化程度 …… 172

第五章 我国问题金融机构公力救助法治化的总体架构 ……… 175

 第一节 我国问题金融机构公力救助的法律原则 ……………… 175
  一、我国问题金融机构公力救助法律原则的确定标准 …… 175
  二、我国问题金融机构公力救助法律原则的具体内容 …… 182
 第二节 我国问题金融机构公力救助的法律权限 ……………… 189
  一、我国问题金融机构公力救助的权限划分 ……………… 189
  二、我国问题金融机构公力救助的法定对象 ……………… 196
  三、我国问题金融机构公力救助的协调机制 ……………… 200
 第三节 问题金融机构公力救助的双层结构 …………………… 203
  一、我国问题金融机构公力救助双层结构的现实考量 …… 203
  二、我国问题金融机构公力救助双层结构的内容安排 …… 208
  三、我国问题金融机构公力救助双层结构的协调机制 …… 210

第六章 我国问题金融机构公力救助法治化的具体进路 ……… 216

 第一节 我国问题金融机构公力救助的职能定位转换 ………… 216
  一、从发展型向监管型政府转换推动公力救助职能定位转换 … 216
  二、公力救助职能从家长型救助向监管型救助转变 ……… 218
  三、我国问题金融机构公力救助的监管型救助职能廓清 … 220
 第二节 我国问题金融机构公力救助的权力配置调整 ………… 225
  一、我国问题金融机构救助权力的静态配置调整 ………… 225
  二、我国问题金融机构救助权力的动态配置调整 ………… 232
 第三节 我国问题金融机构公力救助的程序设计 ……………… 236

一、我国问题金融机构公力救助程序设计的法治价值 …………… 236

二、我国问题金融机构公力救助程序设计的基本逻辑 …………… 241

三、我国问题金融机构公力救助程序设计的基本框架 …………… 246

参考文献 ……………………………………………………………… 250

后记 …………………………………………………………………… 273

引 言

一、研究缘起及研究目的

自 2007～2009 年金融危机后，政府金融危机救助就成为学术界热议的主题。由于政府金融危机救助的实质是政府利用拥有的公共权力对出现危机的金融市场进行紧急性干预，尤其是对某些问题金融机构进行紧急干预，目的在于抑制金融市场的剧烈动荡，恢复金融体系的稳定与安全，同时它也是政府履行经济职能、行使经济管理权力的一项重要内容，故而在此意义上，政府金融危机救助不仅仅属于专业技术领域范畴，而且也涉及具有政府治理权力性质的公力救助①应如何规范化、程序化、制度化行使的问题。尤其当政府需要直接介入和干预处于危机中的问题金融机构时，公权力如何与私权利平衡更是直接关系到国家治理法治化、现代化的实现。2007～2009 年的金融危机表明，当前金融体系的系统性金融风险已经由外生性风险转变为内生性风险，其中金融市场微观主体——金融机构的财务危机更是引发系统性金融风险乃至金融危机的主要诱因。② 因此，政府金融危机救助的关键在于如何公力救助问题金融机构，以避免其引发系统性金融风险，而公力救助问题金融机构必然涉及公权力对私权利的介入。

从实践角度考察，既有政府公力救助问题金融机构的进路有两方面：一是行政主导进路，即当问题金融机构产生时，政府及其相关部门利用拥有的经济管理权力，直接发布行政指令贯彻救助措施，突出行政政策的重要性，但公力救助这一公权力行使缺少相应的制约与限制；二是法治化主导进路，即公力救助主体依

---

① 本书中提到的公力救助是指拥有公共权力的部门对某些问题金融机构进行直接或者间接干预，以确保金融市场和金融体系的稳定和安全。具体对公力救助概念的解释详见第一章第一节。公力救济与公力救助是两个完全不同的概念。公力救济强调的是基于委托—代理关系的国家及其代表机构，在人的私权利被否定或受到损害时，负有的对私权利进行救济的义务，因此公力救济的核心主要是国家司法权力对遭受否定或损害的私权利进行救济。本书中的公力救助核心则是政府运用经济管理权力对某些问题金融机构实施的主动干预与介入，目的在于避免系统性金融风险爆发，进而威胁整个金融体系的稳定与安全。

② 王国刚：《防控系统性金融风险：新内涵、新机制和新对策》，《金融评论》，2017 年第 3 期，第 8 页。

据法定程序，在特定法律授权范围内，制定和实施救助措施，公力救助运行始终是在法律的规范和约束之下。鉴于我国正处于经济社会转型时期，金融法治建设相对滞后以及路径依赖，都使我国无论个人还是政府部门都习惯于政府公权力直接主导的公力救助问题金融机构进路。尽管行政主导的公力救助问题金融机构进路具有直接性、及时性与速效性优点，但政府失灵的存在也导致行政主导进路难以取得最优的公力救助效果。更为关键的是，在我国行政主导进路下，政府公力救助缺少必要的法律约束和限制，而不受约束的公权力是不可能真正承担起维护人民权利、实现人民统治的根本责任。随着我国全面依法治国方略的确定，对问题金融机构实施法治化公力救助已成为各界的共识。问题金融机构公力救助法治化，不仅是法治中国、法治政府、法治社会建设的重要内容，也关系到我国人民统治权力的实现。

那么，何谓问题金融机构公力救助法治化呢？法治是制度之治，法治化也是正式制度的法律化表达和规范化解读过程。在这一过程中，法治理念、法治精神、法治思维被贯穿始终。法治理念强调法律在一个国家社会中应具有最高权威性，政府和社会公众的行为都必须以法律为基本准绳。法治精神则要求法治化必须具备规则治理与良法善治、自由人权与平等和谐、官民共治与全民守法、积极履责与制约公权、公平正义与效率效益的内在品格，以促进政府为人民谋福利，实现社会的共同进步。法治思维在实践中则表现为人们的任何行为都必须以良法为判断标准，以法律的权威性替代人治中的领导权威性，以法律的公正性替代领导的不可错性。对于拥有庞大公共权力的政府而言，"政府行为法治化包括实体和程序两个方面，前者也称为严格规则模式，它是通过规定政府行使权力的具体范围来实现对政府的控制；后者则通过合理的程序设立控制政府"①。同时，政府在权力行使过程中还必须以法治理念、法治精神和法治思维为指引和约束。因此，问题金融机构公力救助法治化即是要求救助公权力的权限划分、配置、规范和行使必须树立法治理念、法治精神和法治思维，依法而为，实现良法善治，从而确保公力救助的公共性、合理性、合法性和有效性，并最终实现公共利益的最大化。本书以问题金融机构公力救助为研究对象，从问题金融机构公力救助的法治化需求与法治化供给的严重矛盾出发，在深入剖析特定问题金融机构为何需要公力救助以及我国问题金融机构公力救助的现状和存在的法律问题后，就如何在现实约束条件下实现我国问题金融机构公力救助的法治化进行详细论证和探讨，以期找到适合我国国情的问题金融机构公力救助的法治化改造方案，使救助公权力始终在法律规范和约束下运行，从而推进我国金融法治以及法治中国建设的发展。

---

① 邱本：《经济法总论》，法律出版社2007年版，第313页。

二、研究的理论与现实意义

（一）理论意义

首先，本书研究有助于拓宽和深化我国问题金融机构理论研究的范围和内容。我国对问题金融机构的研究始于我国金融机构企业化改造开始之后，但研究重点在于如何实现问题金融机构的市场退出。由于我国在经济体制改革之前一直实行高度集中的计划经济体制，政府直接决定企业的生产、销售和分配活动，这就导致金融沦为财政的附庸，除了中央银行，也不存在其他金融机构，当然也没有问题金融机构产生的土壤。随着经济体制改革的推进，金融体制改革也随之展开，金融与财政也随之分离，多元化的金融服务体系开始逐步形成，国有金融机构的企业化改造也拉开大幕。市场化运营企业必然有生就有死，金融机构也不例外。然而金融业务的特殊性使得我国政府对于金融机构的破产倒闭特别谨慎，国家甚至没有出台适用于金融机构破产清算的法律。在此情况下，我国对问题金融机构的理论研究也重在探讨如何实现问题金融机构的市场退出，以适应社会主义市场经济体制的要求。

2007~2009年金融危机的爆发使我们看到了政府公力救助问题金融机构的必要性，我国对政府公力救助问题金融机构的理论研究也随之展开。此时的研究主要是基于西方国家，尤其是美国的金融危机救助实践和立法展开，因而研究侧重于通过比较探讨我国相应金融监管部门应该如何发挥救助作用。尽管此时对问题金融机构的研究从只关注市场退出向退出与救助并存的问题金融机构处置角度转变，但对问题金融机构公力救助的研究大多限于如何引进国外相关救助制度，缺乏对问题金融机构公力救助联系我国实际的分析探讨。为此，本书从我国经济金融深化发展的现实出发，从法治角度对我国问题金融机构的公力救助进行全面的系统剖析，指出公力救助的实质依然是政府治理权力如何行使的问题，并就如何实现我国问题金融机构公力救助的法治化提出相应的建议，这就拓宽和深化了对问题金融机构理论研究的范围和内容。

其次，本书研究有助于系统性推进我国问题金融机构公力救助法治化理论研究，丰富国家治理现代化的理论认识。我国政府对问题金融机构的态度与发达市场经济国家完全不同。发达市场经济国家普遍认为，问题金融机构作为市场化经营企业，经历市场竞争失败而退出市场理所当然，公力救助只有在满足特定条件时才会发生，故而公力救助问题金融机构属于市场例外，是国家经济管理职能的极端化体现，理应受到法律严格限制。我国则不然。由于我国转型经济体特性，很多国有金融机构之所以出现问题，往往与经济转型有关，而且政府作为唯一股东救助问题金融机构也理所当然，再加之我国对金融行业的重要性认识以及对改革过程中社会稳定的强调,都导致我国政府公力救助问题金融机构成为常态,救助权力行使也在路径依赖下显得十分随意。然而,随着我国社会主义市场经济体制的建立与完善,金融机构作为市场竞争主体自担风险、自负盈亏必将常态化,政府公力救助问题金融机构只能作为特例而存在。这就需要规范政府的公力救助行为,使公力救助真正服务于维护金融体系稳定与安全这一公共目的,这也是我国国家治理现代化的要求。因此,本书对我国问题金融机构公力救助法治化的研究,不仅拓展和深化了问题金融机构的研究范围和研究内容,而且对问题金融机构公力救助法治化的全面剖析和论证,也有助于系统性推进我国公力救助问题金融机构的法治化理论研究,从而丰富国家治理现代化的理论认识。

最后,本书研究有助于推进我国金融法治理论研究的深化与发展。我国既有的金融法治理论研究主要侧重于金融立法研究,立足于如何在我国建立一个相对完备的金融法律制度框架体系,这也与我国经济转型的实际相呼应。由于我国金融行业是政府从无到有通过强制性行政手段创造性生成的,缺少自生性金融私法规范,而金融公法规范制定又具有滞后性,这就使得学术界对金融法治理论研究的重点集中于如何构建完备的金融法律制度体系,因为法制完备是实现法治的必要条件之一。从金融运行的角度看,完备的金融法律体系包括了金融机构组织、金融监管、金融业务、金融交易四个方面内容的法律规范。经过40余年的金融法治建设和发展,我国已经建立了以金融法律为核心,以金融行政法规和部门规章、规范性文件为主体,以金融方面的司法解释为补充的相对完备的金融法律体系,初步形成以金融监管部门为核心的金融法治体系。① 在金融法律制度体系已经建立的情况下,金融法治理论研究的重心就从金融立法转向金融执法和金融司法。由于金融监管部门在我国金融法治体系中居于核心位置,因而金融执法状况如何将直接决定我国金融法治水平的高低。本书以问题金融机构的公力救助为研究对象,探讨政府应如何行使救助权力才能实现公力救助的法治化,进而真正发挥金融市场在金融资源配置中的决定性作用,因此,本书研究可以深化和发展金融法治理论研究的内容,使金融法治理论研究深入到法治的核心要素:限制和约束政府权力。

(二)现实意义

首先,本书研究有助于推动政府经济职能转换,实现公力救助由家长型救助向监管型救助转变。政府职能,尤其是经济职能转换一直是我国政治经济体制改革的焦点问题。我国要完善市场经济体制,让市场发挥资源配置的决定性作用,关键在于怎样处理好政府与市场的关系,使政府不再直接介入竞争性市场领域。

---

① 全先银:《法治与金融发展》,《中国金融》2014年第21期,第37页。

这就需要转换政府经济职能，使政府从过去经济活动的直接参与者转变为市场的中立裁判者。反映在问题金融机构公力救助上，就是要从以前的家长型救助转变为监管型救助。家长型公力救助体现的是全能政府的权威形象，政府经济职能不仅涉及宏观领域，而且也深入到市场微观主体，显现出政府公权力的绝对权威性。然而，随着我国市场经济体制的日益完善，政府与市场关系的日益厘清，家长型公力救助已经不能适应我国经济发展的需要，政府经济职能转换也成为必然。监管型公力救助意味着政府对问题金融机构不再具有普适性的救助责任，而是作为市场监管者基于一定条件做出的直接干预、介入问题金融机构的决策，因而监管型救助属于市场运行的例外。这就要求政府救助权力行使必须依法而为，受到法律的约束。本书研究在详细分析论证基础上，对政府公力救助问题金融机构的职能如何从家长型向监管型转变提出相应的对策建议，以力图推动政府经济职能转换，从而处理好政府与市场的关系。

其次，本书研究有助于推进我国问题金融机构公力救助的制度化建设，提升我国应对系统性金融风险的能力。政府对问题金融机构实施公力救助并不是现在才有的事情，只不过在2007~2009年的金融危机中，政府救助问题金融机构的重要性才日益凸显。鉴于我国金融发展中已经具备了产生内生性系统性金融风险的要素和机制，出于化解系统性金融风险、建立金融安全最后阀门的目的，我国也必须构建起制度化的问题金融机构公力救助体系，提升公力救助效率，这也是我国市场经济体制日益完善、金融发展日益深化、金融开放日益扩大的必然要求。本书研究从效率和安全平衡的角度出发，通过对我国问题金融机构公力救助如何实现法治化进行剖析论证，将公力救助纳入制度化轨道，以期推进我国问题金融机构公力救助的制度化建设，进而提升我国应对系统性金融风险的能力。

最后，本书研究有助于推进我国金融法治建设发展，厘清人们对政府金融救助权力的认识。改革开放四十余年来，我国金融法治建设不断加强，基本建立了既符合国情又与国际接轨的现代金融法律体系，形成了以《中华人民共和国中国人民银行法》（以下简称《中国人民银行法》）、《中华人民共和国商业银行法》（以下简称《商业银行法》）、《中华人民共和国银行业监督管理法》（以下简称《银行业监督管理法》）、《中华人民共和国证券法》（以下简称《证券法》）、《中华人民共和国保险法》（以下简称《保险法》）等基础法律为核心，相关行政法规、部门规章及规范性文件为重要内容的金融法律制度框架。在金融法律体系已经基本建成的情况下，要实现党的十八届四中全会提出的依法治国基本方略，就必须将金融法治建设的重点转向如何实施金融法律制度，这当中的关键是如何规范和约束政府的金融治理权力。由于我国金融行业生成的特殊性以及路径依赖，政府行政权力在金融市场领域一直处于统制状态，缺少相应的法律约束。要实现金融法治，使金融市场发挥金融资源配置的决定性作用，就必须改变政府权力主导金融市场的习惯，限制和约束政府金融治理权力。本书研究以政府公力救助问题金融机构为研究对象，详细论证了为何政府公力救助行为需要法治化以及在现实约束条件下如何实现政府公力救助的法治化，明确政府救助权力具有政府金融治理权力性质，是人民统治权力的体现，因此政府救助权力必须以维护人民权利为根本目的，权力行使职权法定、公开透明以及遵循正当程序，这也是法治国家的基本要求。

三、研究综述

我国自金融体制改革启动之后，问题金融机构现象也随之出现，开始逐渐引起学术界关注。然而一直到亚洲金融危机爆发前，国内对问题金融机构的研究还是停留在如何加强金融监察、整顿金融秩序方面，着力探讨的是问题金融机构出现的体制原因。肖文发（1989）就认为问题金融机构是导致金融秩序混乱的原因。此阶段我国学术界对问题金融机构的理解，限制在因缺乏金融监管而导致金融业务经营混乱的金融机构。亚洲金融危机爆发使国内学术界看到了问题金融机构处理的重要性，并开始将国外问题金融机构的处理经验引入国内。余明、余熳宁（1999）介绍了日本治理不良债权的过渡银行制度，王立军（2000）则介绍了韩国在亚洲金融危机后的金融改革措施，包括金融机构重整措施。苏美祥（2000）则对中国台湾在亚洲金融危机后处理问题金融机构的做法做了比较详细的描述。除了介绍亚洲遭遇金融危机的国家如何处理问题金融机构外，一些学者也开始关注发达经济体——美国的相关做法。颜海波（2006）对美国的存款保险制度做了比较详细的介绍，贺绍奇（2005）则详细阐述了美国政府对问题金融机构注资制度的演变过程。同时问题金融机构的市场退出问题也进入一些学者的研究视野。安起雷、陈超（2003）详细比较了国外金融机构市场退出的机制，并重点介绍了国外对问题金融机构的援助制度。在此阶段一些学者也结合我国当时金融发展的实际，讨论了如何处理我国问题金融机构的问题。赵继鸿（2001）分析了我国中央银行救助问题金融机构的必要性与可能的不良效应，邢会强、李光禄（2005）则对我国问题金融机构处理的法律制度完善提出相应的对策建议。

整体而言，此阶段对问题金融机构的关注点虽然在于如何处理问题金融机构，但相当部分的研究仍然是介绍发达市场经济国家在问题金融机构处理上的做法，从而作为我国处理问题金融机构的模仿对象。少部分研究虽然联系我国实际提出了处理我国问题金融机构的一些对策建议，但都比较零散，缺乏深入系统的分析，也没有将问题金融机构市场退出处理方式与问题金融机构救助处理方式进行明确区分。另外在硕博论文方面，此阶段只有1篇硕士论文涉及问题金融机构处理，可见问题金融机构救助还没有被视为独立的研究主题。

2007年美国金融危机的爆发让国内学术界看到了问题金融机构公力救助的必要性，国内学术界对问题金融机构救助也开始关注，但这种关注仍然重在介绍、整理、概括美国以及其他发达经济体在金融危机中救助问题金融机构的做法，以备我国借鉴。姚枝仲（2008）就在文章中详细分析了美国金融危机救助的方式及其救助资金来源，并基于此对美国经济的未来做出预测。封北麟（2009）则梳理了20世纪30年代以来世界主要金融危机中的政府注资行为，并分析了政府注资的财政与货币政策反应。林欣（2010）则从救助成本角度对2007～2009年的各国金融危机救助方案进行分析，指出私人救助与政府救助的成本差异以及相应的适用条件。毛奉君（2011）从金融监管角度对国外系统重要性金融机构的监管改革进行了比较详细的介绍，其中也包括对系统重要性金融机构的危机处置安排。杨军华（2011）则建立了一个不对称信息模型比较了处置问题银行的四种政策的事前社会福利和事后财政成本，论证了股权注资救助为什么比收购不良资产更有效的问题。与此同时，也有学者开始关注我国问题金融机构的公力救助问题。巴曙松等（2012）通过建立一个一般化的优化模型分析了公力救助实施的条件，认为当问题金融机构规模巨大时采取政府救助处置风险的效果更好。黄韬、陈儒丹（2014）则从金融市场风险补偿和保障机制角度论证了构建我国存款保险制度的必要性。何佳（2015）则分析了我国金融监管部门频繁救助问题金融机构的原因，指出我国金融体制的渐进式改革造成监管部门的监管与发展职能重合以及金融系统定价体系紊乱，是政府频繁干预和救助问题金融机构的主要原因。此外，以"问题金融机构救助"为主题词检索中国知网的硕博论文库，2010～2016年共有9篇硕博论文，其中博士论文4篇①，除了1篇从法学角度探讨系统重要性金融机构危机市场化处置的法律制度以外，其他3篇都是从金融学、经济学角度分析中央银行救助以及救助中的财政、金融政策协调问题。

从总体上看，自2007年金融危机爆发以后，国内学术界开始正视政府救助问题金融机构问题，并结合发达市场经济国家发生金融危机时政府救助的经验教训，对我国的问题金融机构政府救助这一主题展开了一些研究，但研究仍然比较粗略，内容比较零星，重在探讨政府救助的工具选择，没有从法律角度分析论证政府公力救助的实质，并系统性地从公权力行使角度探讨政府应如何实施问题金融机构救助行为，才符合法治的要求。

---

① 王赟：《危机救助中的财政、金融政策协调研究——基于问题金融机构的视角》，西南财经大学博士学位论文，2010年。齐稚平：《中央银行金融危机救助的成本与收益》，西南财经大学博士学位论文，2010年。田中景：《美联储金融危机救助研究》，吉林大学博士学位论文，2012年。郭金良：《系统重要性金融机构危机市场化处置法律制度研究》，辽宁大学博士学位论文，2014年。

与国内研究不同，以美国为代表的发达市场经济国家由于法律制度比较完善，对政府救助问题金融机构的研究主要集中在政府救助的后果上，并以此探讨政府救助是否妥当。Richard（1992）和Weinstein（1992）都对存款保险制度的道德保险进行了研究，Hashmall（2010）也在文章中指出政府对"大而不能倒"的问题金融机构提供救助是一种逆向激励，最终将对金融体系造成破坏。Moosa（2010）更是系统性批判了"太大而不能倒"理论，认为无论从经济、伦理道德角度，还是救助实践都表明政府救助问题金融机构是不合时宜的，必须坚决抛弃。总体而言，国外对问题金融机构公力救助的研究，主要从成本效益角度考察政府是否应该实施救助以及应如何实施救助才能实现救助效果的最大化。

我国金融市场生成以及经济转型的特殊性决定了对我国问题金融机构公力救助的研究，不能完全照搬发达市场经济国家的研究路径，而必须在尊重我国转型经济中的金融本质特殊性与其初始状态的零起点以及政府行为惯性的基础上，找到我国公力救助问题金融机构存在的特殊性问题展开相关研究。本书认为，我国问题金融机构公力救助的特殊性问题在于政府应该如何限制自己在金融市场领域的治理权力，并确保公力救助行为始终在法律规范和约束下完成，这既是我国依法治国方略的具体体现，也是国家治理现代化的基本要求。

四、研究的主要目标与路径方法

（一）研究的主要目标

通过本书研究，旨在探讨我国问题金融机构公力救助法治化的特殊性，即重在约束、限制公权力对问题金融机构这一私权利主体的干预，同时致力于构建我国问题金融机构公力救助的法治化理论分析框架，从而将金融法治理论应用于我国问题金融机构公力救助研究中。从实践角度看，本书研究旨在准确把握现阶段我国问题金融机构公力救助现状与存在的法律问题，为我国问题金融机构公力救助的法治化提供普适性及操作性强的方法建议，为政府经济职能转换与我国金融法治建设的进一步推进提供对策与建议。

（二）研究的路径方法

由于本书认为我国问题金融机构公力救助法治化的特殊性问题在于如何限制政府在金融市场领域过于广泛直接的治理权力，实现权力法治目的，因而在研究路径上采用了经验主义和建构主义相结合的理论研究路径。其中，经验主义研究路径旨在解释世界，解释社会中诸种客观存在的现象之原因，是一个有关为什么或实际是什么的问题，尤其要对客观存在的社会现象之间的内在逻辑予以阐明。建构主义研究路径，是追求理想模式和规范性结构塑造的过程，旨在解决应该是什么或应该怎么样的问题。当然这里的"应该"存在着价值预判，是基于一定预设价值而得出的相应结论。建构主义的理想模式与规范性结构能否,以及多大程度能够贯彻实施于现实之中,与政治、经济、文化等相关现实性要素的影响密切相关,因此经验主义的研究路径可以为理想模式或规范结构的实现提供现实可能。因此,本文采用经验主义和建构主义的研究路径来分析我国问题金融机构公力救助法治化这一命题,从我国公力救助问题金融机构的主要缘由和实践事实入手,找出我国公力救助法治化存在的特殊性问题,并剖析我国问题金融机构公力救助法治化的需求与现实基础。当然,阐明我国问题金融机构公力救助的客观实际与解释形成此种客观现象的原因并不是目的,最终还是为了实现我国问题金融机构公力救助的理想模式或规范性结构,即法治化,这也是本书理论研究的最终归宿。

基于上述研究路径,本书主要采用了实证性分析与规范性分析相结合的研究方法,对我国问题金融机构公力救助法治化展开分析论证。其中实证性分析方法主要用于我国问题金融机构公力救助的实践考察、问题金融机构公力救助的法治化需求与法治化改造的现实基础方面的分析论证。规范性分析方法则对我国问题金融机构公力救助缘由以及如何对我国问题金融机构公力救助进行法治化改造展开分析探讨,旨在从建构主义角度出发,构建起一套符合我国经济金融深化发展和法治建设发展实际需要的问题金融机构公力救助法治化制度体系。

同时,由于问题金融机构公力救助不仅涉及政府权力行使,也关系到金融市场运行与社会公众利益,因此本书研究还必须采用政治学、社会学、经济学等社会科学领域的研究工具,以全面分析论证研究主题,深化研究内容,从而使研究结论更具有可行性。

五、研究思路与创新

为实现本书的研究目的,本论文严格遵循提出问题—分析问题—解决问题的研究脉络,按照理论研究—实证研究—策略建议的逻辑思路进行研究内容的安排,对我国问题金融机构公力救助缘由、公力救助的实践考察、公力救助的法治化需求与法治化改造的现实基础、公力救助法治化改造的策略建议进行理论和实证研究。

基于上述研究思路,本书在研究中的创新之处在于:

首先,在研究思想上或有所创新。本书对问题金融机构公力救助的法治化主题展开系统分析论证,不仅丰富和拓展了问题金融机构研究的内容与范围,而且也丰富和拓展了金融法治理论,实现了金融与法治意义的叠加。同时本书提出的抽象与具体两个层面的问题金融机构公力救助法治化改造方案,也可能为我国问题金融机构公力救助法治化体系的形成奠定一定的研究基础。

其次，在研究视角上或有所创新。既有对问题金融机构的研究侧重于对问题金融机构退出机制的探讨，较少有从公力救助的视角对问题金融机构展开全面分析。即使近年来出现了一些对问题金融机构公力救助进行分析探讨的研究成果，也主要是从经济学、金融学角度展开研究，缺少从法治角度阐述我国问题金融机构公力救助研究的系统化、规范化研究成果。本书以问题金融机构公力救助的法治化为研究对象，尝试利用法治理论，从我国经济金融深化发展的实际出发，探讨如何构建我国法治化的问题金融机构公力救助体系，为我国金融法治化的实现打下研究基础。

再次，在研究方法运用上或有所创新。本书虽主要采用了规范分析与实证分析相结合的研究方法，对本书的主题展开系统化研究，但由于问题金融机构公力救助本身的特殊性，即它是政府公权力在特殊条件下对金融市场微观主体的直接介入与干预，因而公权力何时应该介入问题金融机构这一微观主体以及怎样介入才能达成公力救助最优效果，就成为问题金融机构公力救助的关键问题。此时，就需要借鉴政治学的历史分析方法、社会学的调查分析方法以及经济学的成本和收益分析方法进行混合研究，进而为本书研究目的的实现打下方法论基础。

最后，在研究观点上也或有所创新。本书认为，我国问题金融机构公力救助法治化的实现，需要始终遵循中国国情和历史条件进路，从我国经济金融深化发展的实际出发，构建符合我国现实需要的问题金融机构公力救助法治化体系。同时，我国问题金融机构公力救助的法治化体系应聚焦于抽象与具体布局框架，对问题金融机构公力救助的法律原则、法律权限、权限结构、救助职能定位、救助权力配置、救助程序设计方面的内容进行法治化改造，以最终实现我国问题金融机构公力救助的法治化。

尽管笔者对本书主题的研究付出了巨大的心血和努力，但囿于自身学识水平和能力限制，本书研究也存在着诸多不足：

首先，在论文数据、实例等资料的收集上，笔者虽然倾尽全力收集，也限于客观条件无法亲自深入金融机构一线查找相关资料，尤其是多年前的数据资料，这就使得本书所使用的数据、实例等资料都来源于相关数据库和研究机构的调研报告以及互联网资源，数据等资料的二手性或可能影响数据的准确性，进而对相关分析造成一定影响。

其次，本书对我国问题金融机构公力救助的法治化研究还处于起步阶段，研究结果还比较肤浅，一些更加专业化、技术化的问题没有涉及。比如问题金融机构公力救助资金的重要来源——存款保险基金、保险保障基金以及证券投资者保护基金，它们作为社会公权力的代表与政府救助主体之间是何关系？它们的内在财务机制如何保证对问题金融机构救助的可持续性？它们在公力救助体系中是否具有独立地位？能否独立进行公力救助？又比如在问题金融机构公力救助上，中央银行与财政部门究竟应该如何发挥合力？两者在职责边界上是否存在模糊地带？应如何在法治框架下应对这类模糊地带？诸如此类的问题都需要进一步深入研究探讨，从而不断促进和完善我国问题金融机构公力救助法治化改造。

最后，本书虽然竭力运用多学科分析方法对论题展开论证，但由于学科背景的单一性以及学识的有限性，对其他学科理论和研究方法掌握较为肤浅，这就导致对部分内容运用其他学科分析方法进行论证时不免流于表面，欠缺一定的深度。

今后在对问题金融机构公力救助法治化的研究上，除了要努力继续收集来自金融机构一线的数据资料之外，加强自身对本书涉及的其他学科理论知识的学习，从而在运用其他学科理论和方法分析问题时，能够更加深入、娴熟，更加体现理论深度和厚度外，还要继续补充完善相关研究，尤其是存款保险基金、保险保障基金以及证券投资者保护基金的研究，明确它们在公力救助中的法律地位，以及它们作为社会公权力代表与政府救助主体之间的关系，研究它们的内在财务机制如何应对需要耗费巨额救助资金的情形，探讨它们成为独立的风险处置主体的可能性。同时，还应该不断丰富和完善对公力救助主体之间以及公力救助双层结构之间的协调机制研究，使我国问题金融机构公力救助在法治框架下真正发挥救助合力，从而实现救助成本与救助收益之间以及维护金融体系稳定与减少道德风险之间的均衡。

第一章 我国问题金融机构公力救助的缘由探微

第一节 我国问题金融机构的概念解析

一、问题金融机构的表象

(一) 金融机构的产生促进金融市场发展

金融市场的发展壮大离不开金融机构的参与。从早期金融市场一对一的线性式资金融通到现代金融市场资金融通的网格化、套层化,金融机构的作用功不可没。正是由于金融机构的产生,才促成金融市场从简单向复杂,从初级向高级转变。

一般认为,金融机构就是为资金融通提供存款、经纪、交易、结算、承销、咨询等各种中介服务的金融组织。① 在早期金融市场,由于没有金融中介机构存在,资金剩余者必须直接找到资金需求者,才可能实现资金价值的跨时期转移。这种寻找过程不仅烦琐、耗时,而且效率不高,导致早期金融市场规模狭小,金融市场的资金融通作用并不突出。随着人类经济的发展,资金剩余情况越来越普遍,人们迫切需要找到一种更便捷的方法,来实现资金价值的跨时期转移,此时作为信用中介的银行类金融机构就应运而生。银行类金融机构通过吸收存款、发放贷款,实现资金在时空上的错配,优化了资金配置效率,成为金融市场上最为重要的金融机构之一,金融市场规模与影响力也因此获得巨大发展。同时,实体经济的进一步发展又刺激了人们对资金的庞大需求,银行类金融机构所代表的间

---

① 资料来源:https://baike.baidu.com/item/%E9%87%91%E8%9E%8D%E6%9C%BA%E6%9E%84/1021117?fr=aladdin,2019年8月16日。

接融资方式并不能完全满足这一现实需要。在此情况下，具有证券发行、承销功能的金融机构出现，形成资金需求者一方直接面对不特定多数资金剩余者的局面，促成直接融资市场产生，解决了资金需求的数量问题，丰富了金融市场层次。保险公司的产生，则为金融市场提供了资金保障，保证了金融市场的流动性，促进了金融市场的稳定发展。至此，银行、证券、保险三大类金融机构就构成了金融市场的主要参与主体，它们共同作用促成现代金融市场的形成与发展。①

当然金融市场上的金融机构并不仅限于上述三类组织机构。基于金融市场的需求和金融科技的发展，还产生了各种其他类型的金融机构，如信托公司、金融资产管理公司、金融租赁公司、网络借贷平台等。这些金融机构依据市场原则开展经营活动，与银行、证券、保险类金融机构一道，共同促进现代金融市场的不断发展壮大。除此以外，为贯彻国家发展战略，满足社会公共利益需要，一些国家还设立了政策性金融机构，如政策性银行，为某些特定项目提供无息或者低息贷款支持。

金融机构自诞生之日起就具有的高风险性，迫切要求金融市场必须有市场之外的力量介入，以防范金融风险，降低金融危机爆发的可能性，从而尽可能避免金融市场功能被彻底破坏。金融市场产生发展过程中金融危机的周期性爆发也证明了金融监管机构存在于金融市场的必要性。因此金融监管机构也是金融市场上一类重要的参与主体。有鉴于此，有些学者将金融监管机构也纳入广义金融机构范畴。② 基于本书的研究视角，本书没有将金融监管机构纳入探讨的金融机构范围。相反，本书所称的金融机构是指按照市场化原则从事各种金融业务运营的经营性金融组织机构，即是狭义金融机构的范畴。从金融市场发展的历史角度看，正是经营性金融机构的存在与不断创新，才推动了金融市场的现代化发展。

（二）问题金融机构的出现影响金融市场稳定

商业化经营性金融机构的存在虽然促进了现代金融市场的发展壮大，但金融机构经营本身具有的高风险性又可能会严重影响到金融市场的稳定发展，表现在实践中，就是问题金融机构的出现。

那么，什么是问题金融机构呢？从字义上看，凡不能健康经营的金融机构就是问题金融机构。不过望文生义的简单化解释并不能揭示问题的全部。这是因为健康与不健康的标准是难以确定的，进而也难以准确界定问题金融机构。从企业经营角度看，经营性金融机构在经营过程中可能会因各种原因出现经营不正常情况，包括但不限于资不抵债、支付能力丧失、挤兑、内部管理失灵或缺位、违法违规经营等。此时，经营性金融机构就被认为出现问题，成为问题金融机构。在

---

① 没有特别说明，本书中提到的金融机构都是企业化、市场化运营的商业化金融机构。
② 徐爱田、白钦先：《金融虚拟性研究》，中国金融出版社2008年版，第15页。

实践中，一般以金融机构的资本充足性、资产质量、盈利水平、流动性以及市场敏感性等为指标来分级衡量所涉金融机构问题的严重程度。①

无论是国有或者私营的经营性金融机构，只要按照市场化经营，问题金融机构的出现就不可避免。一旦金融机构经营出现问题，金融业务的高杠杆性、强相关性又会将问题放大，引发人们的群体性恐慌，导致金融风险的快速传染，进而影响人们对金融市场的预期，可能造成区域性、行业性、全局性金融危机爆发。比如，如果某家银行因某种原因出现经营困难，导致流动性危机，就可能丧失掉储户对该银行的信任，进而爆发对该金融机构的挤兑行为。由于银行储户涉及社会不确定多数人群，而且金融风险具有强传染效应和叠加效应，该银行信用风险的爆发又会诱发金融市场其他储户对银行类金融机构的普遍担心和恐慌，进而引发对整个银行业的挤兑狂潮。金融风险的多米诺骨牌效应又会将这种风险延伸至其他金融机构，在没有有效政府干预的情况下，就会造成系统性金融危机。

可见，经营性金融机构在业务经营过程中，无论何种原因出现经营问题，都可能爆发金融风险。金融风险本身具有的高传染性又会将金融机构的问题放大，进而引发金融市场区域性、行业性动荡。如果发生问题的金融机构属于系统重要性金融机构，没有政府的及时干预与介入，就可能会导致全局性金融危机的发生，并在金融全球化作用下，将危机传染至其他国家，进而影响全球金融市场稳定与发展。

金融监管重在预防风险，尤其是系统性风险的发生，而金融机构是否能够安全稳健经营则对风险预防具有重大影响。尽管2008年金融危机的爆发已经使人们意识到，单纯依靠对单个金融机构的微观审慎监管，并不能完全保证金融市场的安全与稳定，但单个金融机构，尤其是系统重要性金融机构出现问题，不能稳健经营，确实会影响乃至动摇金融市场稳定发展的基础。因此对问题金融机构及其政府公力救助的研究就显得十分必要。

（三）问题金融机构的外在表象

如上所述，经营性金融机构如果在经营过程中出现问题，就可能会影响到金融市场的稳定与发展。然而在实践中，金融机构经营问题表象多种多样，要深刻理解问题金融机构的概念，为政府监管与公力救助奠定认识论基础，有必要遵循由表及里、由现象到实质的认知顺序，首先考察问题金融机构在现代金融市场中的诸多表象。综合各国金融机构的经营实践，金融市场上不能健康经营的金融机构通常表现为以下方面。

---

① 黎四奇：《后危机时代问题金融机构处置法律制度完善研究》，世界图书出版公司2014年版，第2页。

1. 破产金融机构

破产金融机构一般是指即将或者已经进入破产处置程序,金融机构的市场主体地位将被注销的情形。① 在各国破产法上,企业的破产原因主要有"资不抵债"和"不能清偿到期债务"两种。其中"资不抵债"属于经济学概念,是指作为债务人的企业的所有自有资产,都不能足额清偿其所负有的债务,包括已到期和尚未到期的债务。"不能清偿到期债务"则是一个法律概念,是指作为债务人的企业,已经丧失了偿债能力,不能清偿已到期债务。有必要指出的是,"资不抵债"并不意味着"不能清偿到期债务"。比如,当债务人资不抵债时,它可以通过借贷等信用方式或者创造新收入方式偿还借款。银行类金融机构资产和负债的特殊性决定了资不抵债是它的经营常态,在金融监管上也强调透过资本充足率指标来确保银行类金融机构的稳健、健康经营。鉴于银行类金融机构在经营性金融机构中的广泛代表性,破产金融机构的破产原因主要就是不能清偿到期债务。

2. 经营失败金融机构

经营失败并不是法律术语。按照词源学的解释,经营失败意味着事业经营失利或者输了②。那么,如何判断经营失利或者输了呢?一般认为是没有实现事业之初所设定的经营目标,其业务已经不能正常运营。由于金融机构经营往往需要事先取得金融监管机构的许可,因此金融机构的经营失败,就是指由于内在或者外在原因,金融机构无法满足金融监管机构规定的许可条件而正常经营业务的情形。③ 理论上而言,经营失败的金融机构最终应该退出金融市场,消灭主体资格。由于金融行业的特殊性与监管容忍性,很多经营失败的金融机构仍然可以照常运营,因此经营失败金融机构与破产金融机构不能画等号。

3. 陷入经营困境金融机构

陷入经营困境的金融机构,通常表现为自有资本不能满足资本充足率的监管要求,或者在股利分配率、流动资产比率、存贷款比率等方面不符合监管部门流动性和安全性标准等。如果金融机构自有资本被实质损耗,或者不能满足监管部门流动性、安全性标准,就容易引发流动性危机或者支付危机,导致财务状况恶化,最终发生信用危机。经营失败的金融机构一定是陷入经营困境的金融机构,陷入经营困境的金融机构也可能会很快跨入经营失败乃至破产的金融机构行列。实践中,很多陷入经营困境的金融机构妄图通过孤注一掷的高风险投资来解决经

---

① 刘俊:《各国问题金融机构处理的比较法研究》,华东政法大学博士学位论文,2007年,第24页。
② 夏征农:《辞海》,上海辞书出版社2005年版,第3868页。
③ 黎四奇:《后危机时代问题金融机构处置法律制度完善研究》,世界图书出版公司2014年版,第16页。

营困境,一旦投资失败,往往就会加速企业经营失败乃至破产的进程。1999年中国广东国际信托投资公司破产倒闭一案就是典型例子。在进入破产清算时,人们才发现该公司资不抵债近190亿元,内部管理极度混乱。①

4. 违法违规经营金融机构

实践中,很多金融机构会因追逐利益最大化的强烈动机而铤而走险,擅自开展或者从事法律法规所不允许的活动或者业务。这些活动或者业务一旦被监管机构发现,在金融机构不能限期改正的情况下,法律法规就会赋予监管机构对该企业进行直接干预和介入的权力。例如我国《保险法》就规定,保险机构如果不能按照规定提取或者结转各项责任准备金或者办理再保险,或者严重违反法律关于资金运用的规定,又不能限期改正的,保险监管机构就可以组成整顿组,对保险机构进行整顿。② 这也是问题金融机构的一种表现情况。

上述对问题金融机构外在表象的描述只是根据金融机构经营过程中出现问题的后果严重程度或者原因,选取了金融机构出现经营问题的典型而常见的情况,并没有穷尽金融机构在经营过程中可能出现的问题。不过问题金融机构上述外在表象之间也具有一定的关联性。比如,违法违规经营的金融机构也可能会陷入经营困境或者经营失败,甚至破产倒闭,而破产或者经营失败的金融机构都是陷入经营困境的金融机构。

实际上,金融市场问题金融机构的外在表象多种多样,纷繁复杂,且随时在发展变化,问题产生的内因与外因也存在个体性的千差万别。然而,无论问题金融机构的外在表象如何复杂多变,都无法改变这样的事实,即问题金融机构是金融机构企业化经营的伴生产物,是与正常健康经营的金融机构相对而言的。对于金融监管而言,要实施有效监管,控制和防范因问题金融机构产生带来的金融风险,就必须抓住问题金融机构的本质,尤其是需要救助的问题金融机构本质,以决定是否要采取相应的积极干预措施。

二、问题金融机构的本质

根据《辞海》可知,对"问题"的释义包括"回答或者解答的题目,需要解决的矛盾、事故或麻烦"③。从问题金融机构的研究语境看,所谓问题就是指事物的矛盾。了解问题的目的在于找到解决问题的方法,因此要有效监管问题金融机构,就必须把握问题金融机构的主要矛盾,并对症下药,采取不同的监管干预措施。

---

① 吕伯涛:《公正树丰碑——广国投破产始末》,人民法院出版社2005年版,第24页。
② 参见:《中华人民共和国保险法》,第141条。
③ 夏征农,《辞海》,上海辞书出版社2005年版,第5683页。

前文已述及的各种问题金融机构的表象背后，都涉及金融机构持续性偿付能力不足的情况。在形式上通常表现为金融机构的资产质量下降、资金循环阻塞、债务循环链断裂等，从而引发流动性短缺，进而出现偿付能力不足，致使当事金融机构的经营由稳健、健康向问题转化。即使是违法违规经营金融机构，其违法违规行为的实质仍然是破坏了金融机构的持续性偿付能力。因此持续性偿付能力不足就构成了问题金融机构的实质，应该成为问题金融机构判断的核心标准。那么什么是偿付能力呢？通常认为，偿付能力就是指金融机构偿还债务的能力。它在财务标准上表现为某一金融机构的资产负债表中的资本净值为正，其核算方法是资产扣减负债所得的差额。① 由于财务标准截取某一时间点的静态值来评估金融机构整体偿债能力，因此它至多反映某一金融机构在某一特定选取点的偿债状态，而不能反映金融机构未来的偿付能力状况，得出该金融机构偿付能力可持续的结论。金融机构的持续性偿付能力会受到营利性、管理水平、流动性、市场敏感性等多种因素的影响，进而随时发展变化，故金融机构的偿债能力具有动态性。金融监管机构要实施有效监管，就需要对金融机构的偿付能力进行动态评估，以准确把握其偿付能力状况。

一般认为，稳健、健康经营的金融机构应该保有持续性偿付的能力。持续性偿付能力对于承担资金融通中介作用的金融机构具有十分重要的意义。一旦金融机构持续性偿付能力不足，必然会引发金融风险，进而影响到人们对金融市场的预期，加剧金融危机的爆发。从各国金融危机爆发的历史看，每一次金融危机爆发，源头都是金融机构因为各种原因不能进行持续性偿付。

三、问题金融机构的外延

虽然对问题金融机构本质的把握有助于金融监管机构认识金融机构存在的问题，但问题金融机构的问题表现千差万别，产生的原因也各有不同，问题严重程度更有差异，而问题金融机构又直接与金融风险乃至危机相联系，因此金融监管当局监管问题金融机构时，还必须准确把握它的外延，为金融监管措施预留弹性空间。

由于金融机构概念的开放性以及金融机构问题的多样性，问题金融机构的外延也具有模糊性。要实现强弱有序的监管，金融监管当局就需要依据不同的标准分类把握问题金融机构的外延。

（一）根据经营性金融机构出现问题的性质划分

问题金融机构可以分类为资不抵债的金融机构、出现支付困难的金融机构、

---

① 黎四奇：《问题金融机构界定法律问题透视》，《湖南大学学报（社会科学版）》，2015年第4期，第154页。

出现流动性困难的金融机构①、违法经营的金融机构、没有达到监管标准（违规经营）的金融机构和经营失败的金融机构。② 这里要注意区分支付困难与流动性困难，两者虽然在形式上都表现为流动资产不足，但作为问题所在仍然有区别。所谓支付困难主要是指金融机构因现金流不足无法完成对债务人的支付，而流动性困难则是金融机构因为包括现金在内的所有流动资产不足导致即期债务不能及时清偿。支付困难的金融机构当然也是流动性困难的机构。

这种划分的好处在于可以非常清晰地了解问题金融机构存在的问题是什么，使金融监管当局根据问题的不同采取对应的监管措施。在理论和实务界中，该种分类标准比较常见。

（二）根据经营性金融机构问题公开化与否划分

问题金融机构可以划分为显性的问题金融机构和隐性的问题金融机构。③ 所谓显性的问题金融机构，即金融机构的问题已经暴露于社会公众中，并且进入金融监管当局的视野，监管当局需要分析问题的性质、严重程度等以决定是否要采取干预措施，防范风险的发生。隐性问题金融机构则相反，金融机构的问题还处于隐藏状态，不被社会公众和监管当局知悉。如果问题被持续隐藏至临界点才被发现，就可能引爆金融风险，甚至导致危机的发生。因此金融监管当局必须及时掌握金融机构的经营信息和审慎管理指标的变化情况，才能及时洞悉问题的存在。

问题金融机构存在的问题是否公开化关系到金融监管当局有效监管目标的实现，因而强制性市场准入、交易、退出与信息披露规则成为金融监管的重要内容。由于经营性金融机构的逐利天性，即使金融机构经营出现问题一般也不会主动、及时公开，金融监管当局只有通过金融机构强制性信息披露以及现场检查与主动收集信息来发现问题，并决定采取何种监管措施，因此隐性问题金融机构及其背后隐藏的金融风险是金融监管需要重点关注的。

（三）根据经营性金融机构出现问题的严重程度划分

问题金融机构可以分为需要重点关注的问题金融机构、需要特别监管的问题金融机构和需要进行及时处置的问题金融机构。④ 上述分类实际上也反映了金融监管当局根据金融机构问题的严重程度，所采取的不同监管措施。如果问题有一定危害但不够严重，金融风险较小，且问题随着金融机构的自我努力就能解决，此时基于市场化原则，金融监管当局就不能随意干预，但可以将其列入重点关注名单，观察该机构的问题是否解决或者恶化，以便及时采取相应干预措施。如果

---

① 出现支付困难的金融机构和出现流动性困难的金融机构都属于陷入经营困境的金融机构。

②③④ 黎四奇：《后危机时代问题金融机构处置法律制度完善研究》，世界图书出版公司2014年版，第19页。

问题的危害比较严重，金融风险性较大，不及时进行处置，会影响地区或者国家的安全与稳定，这类问题金融机构就属于需要及时处置的金融机构。其中救助是金融监管当局进行问题金融机构处置的一种重要方式。当然能够采用救助处置的问题金融机构，还需要满足或者达到若干条件。在需要关注与需要处置之间的问题金融机构就属于需要特别监管的问题金融机构。金融监管当局可以通过做出处罚决定、公开谴责等方式实施对这类问题金融机构的特别监管。

根据问题的严重程度对问题金融机构进行划分，可以使金融监管当局面对问题金融机构时减少决策时间，提高监管效率，因而有利于规则创新与监管实践。美国金融监管当局对商业银行以及其他金融机构的业务经营、信用状况等风险进行的"骆驼评级"也反映出该种分类思想。①

（四）根据经营性金融机构出现问题对系统性风险的影响程度划分

问题金融机构可以分为系统重要性问题金融机构和非系统重要性问题金融机构。② 如果发生的问题会产生系统性风险，即从国家层面看，会对整个国家的金融市场造成破坏性影响，或者从区域角度看，会严重影响区域金融市场的安全与稳定，那么这种问题金融机构就属于系统重要性问题金融机构或者区域系统重要性金融机构，否则为相反。2008 年金融危机的爆发使各国金融监管当局充分认识到了系统性风险的重要性和危害性，也更加注重对系统性风险的监控和防范。因此金融监管当局必然要把系统重要性问题金融机构作为监控重点。

系统重要性问题金融机构的识别范围有别于系统重要性金融机构③。2008 年爆发的金融危机使国际金融组织和各国金融监管当局开始反思传统金融监管缺陷，提出了对系统重要性金融机构的重点监管方案。这里的系统重要性金融机构的识别是从世界和一国范围来进行判断，而系统重要性问题金融机构的识别范围不仅包括世界和一国，还包括了地区性范围。

（五）根据经营性金融机构问题发生的原因划分

问题金融机构可以划分为内因型问题金融机构与外因型问题金融机构。所谓内因型问题金融机构，即是问题产生源于金融机构内部控制失灵或操作风险所致。此时金融监管当局需要根据事先制定的内部控制和操作规范，督促问题金融

---

① 黄德龙、吕飞、杨晓光：《中美监管机构对商业银行风险评级的比较研究》，《金融论坛》，2006 年第 1 期，第 51 页。

② 黎四奇：《后危机时代问题金融机构处置法律制度完善研究》，世界图书出版公司 2014 年版，第 19 页。

③ 金融稳定委员会将系统重要性金融机构定义为："因为规模、复杂性和系统关联性，其陷入危机或无序倒闭将使更大范围内的金融系统和经济活动受到严重扰乱的金融机构。"详见：FSB, " Policy Measures to Adress Systemically Important Financial Institutions", http: // www. fsb. org/wp – content/uploads/Policy – Measures – to – Address – Systemically – Important – Financial – Institutions. pdf, 2019 年 8 月 16 日。

我国问题金融机构公力救助法治化研究

机构改善内部治理以解决相关问题。外因型问题金融机构则是因不遵守监管规则而被监管当局查处,以及受到同业风险或者市场风险影响而产生问题的金融机构。

基于问题产生的原因划分问题金融机构,可以使金融监管当局及时根据问题产生原因,因地制宜地制定并实施监管措施,进而提高监管的针对性与监管效率,因此此种分类也有助于金融监管的有效实施。

当然基于金融机构的表现形式,还可以将问题金融机构分为问题商业银行、问题证券公司、问题保险公司、问题金融控股公司等。由于金融机构会随着经济与金融科技的发展创新而不断变化,这种分类就具有相当不确定性,不利于金融监管。比如近年来在网络信息技术的催化下,我国诞生了诸如P2P借贷平台之类的很多新型金融机构,它们的运营出现很多问题,究其原因在于监管没有跟上。采用分业监管体制的我国金融监管当局,如果无法将这类新出现的金融机构纳入前述问题金融机构范畴,也就不能根据既定规则实施监管。

四、问题金融机构的界定——基于公力救助角度

前述对问题金融机构表象、本质和外延的分析,只是解决了问题金融机构是什么的认识论问题。要实现公力救助问题金融机构的法治化,还必须从救助对象上明确什么样的问题金融机构才需要公力救助。由于本书的研究主题是我国问题金融机构公力救助的法治化,在这里有必要首先厘清公力救助的概念,然后才能对需要公力救助的问题金融机构做出明确的界定。

(一)公力救助的概念厘清

本书中的公力救助即公权力救助,是指公权力行使主体对特定问题金融机构采取积极作为或给付行为,以使问题金融机构债权人得到合理清偿。显然,对问题金融机构的公力救助行为,涉及公权力的行使,而公权力行使的法治化是法治国家、法治政府、法治社会的必然要求,因此,对我国问题金融机构公力救助行为实施法治化改造也是我国法治建设的重要内容。

基于前述对公力救助行为的定义,问题金融机构公力救助具有以下典型特征:

(1)问题金融机构公力救助的实质是公权力的行使,这就将问题金融机构的公力救助与私力救助区别开来。问题金融机构的私力救助,是指私权主体基于自己利益需要而自发对问题金融机构采取的救助行为,它主要受到民商事法律的调整。问题金融机构的公力救助,是公权力行使主体对特定问题金融机构的一种外部干预,以实现维护金融体系稳定与安全的目的。由于公力救助涉及公权力的行使,就必然要满足公权力行使的条件,即权力来源必须正当,权力目的在于保护或实现公共利益,权力行使必须具有合法性以及强制性。①

(2)问题金融机构公力救助主体是特定的公权力行使主体。由于公力救助的对象是特定问题金融机构,这就决定了公力救助只能配置给特定的公权力行使主体。该类公权力行使主体必须熟悉金融市场情况,掌握金融机构信息,才能对是否救助特定问题金融机构做出正确的决策。显然,能够承担问题金融机构公力救助职责的只能是中央银行、金融监管部门、财政部等这类特定的公权力行使主体。另外,由于公力救助问题金融机构有时需要耗费大量资源,仅仅依靠国家财政资源显然难以满足其需要,此时各类金融机构的自治组织如证券保障基金、保险基金、存款保险基金等也将作为社会公权力的行使主体参与到问题金融机构的公力救助中。

(3)问题金融机构公力救助的内容是特定公权力行使主体对特定问题金融机构的积极作为或者给付行为。当问题金融机构满足公力救助条件时,特定公权力行使主体会对问题金融机构实施外部干预,干预的内容包括公权力行使主体的积极作为和给付行为。这里的积极作为是指公权力行使主体主动对问题金融机构施加的诸如整顿、托管、接管等措施,或是在问题金融机构私力救助上直接施加影响。给付行为则是指公权力行使主体动用公共资源直接给予问题金融机构资金救助。一般而言,公权力行使主体要对问题金融机构给付资金进行救助是非常谨慎的,往往需要法律的特别授权。

(二)问题金融机构的静态界定

在市场经济条件下,本着自担风险、自负盈亏的原则,不是所有问题金融机构都需要政府的直接干预与救助,那样有悖于市场的运作规律,也助长了道德风险。只有那些具有特别之处的问题金融机构,才会被纳入国家公力救助的视野。那么,究竟什么样的特别之处才会让国家公力救助成为必须呢?这就需要金融监管规范明确加以规定。

法治的实现就是法律规范从规则走向应用的过程。② 法律规范要能够被准确适用,就必须尽可能减少模糊性规则,实现规则的清晰化。反映在需要公力救助的问题金融机构的界定上,就必须首先从静态角度,尽可能地明确问题金融机构在何时偿付不能,达致需要公力救助的程度。这就必须规定需要公力救助的问题金融机构的静态辨别标准,用制度平台规范公力救助的行为,"用最优激励机制解构双方的行为并引导其策略选择"③。

---

① 蔡乐渭:《论国家监察视野下公权力的内涵、类别与范围》,《河南社会科学》,2018年第8期,第67页。
② 徐汉明:《推进国家与社会治理法治化》,《法学》,2014年第11期,第18页。
③ 刘大洪、郑文丽:《政府权力市场化的经济法规制》,《现代法学》,2013年第2期,第65页。

虽然各国规定不一，但静态的辨别性标准主要包括以下几类：①资本与总资产的比例；②净资本与净资产的比例；③净资本与负债的比例；④净资本与各项风险准备金之和的比例；⑤流动性资产余额与流动性负债余额的比例；⑥核心负债与负债总额的比例。① 只要问题金融机构在资产、负债、流动性等方面达致规定的临界指标，就构成救助启动的初始起点。比如《巴塞尔协议》就指出，银行需要通过压力测试，分析极端情况下流动性风险暴露，以衡量银行是否陷入危机的临界点。② 从这个意义上讲，需要公力救助的问题金融机构，就是那些"除非立即采取必要的改善措施或提供财务支持，否则短期内将面临关门倒闭的金融机构"③。

不过上述指标毕竟只能反映问题金融机构在某一时间点的偿付能力状况，并不能反映其未来的偿付能力。同时，有些问题金融机构即使从现时到将来都不具备偿付能力，但由于其破坏性后果有限，也不需要动用国家力量进行救助。要对问题金融机构是否需要公力救助做出明确判断，还有必要对需要公力救助的问题金融机构从动态角度加以界定。

（三）问题金融机构的动态界定

对问题金融机构的动态角度界定，回答的是满足公力救助启动相关财务指标要求的问题金融机构，是否需要实际被实施公力救助的问题。这需要从"重要性"和"负外部性"两个动态标准方面加以考虑。

1. 重要性标准

所谓重要性标准，即根据出现问题的金融机构在金融体系中的重要地位和重要作用来确定政府是否需要对问题金融机构进行公力救助。在2008年金融危机爆发前，各国关于问题金融机构救助的规则都比较模糊，金融监管当局具有相当大的自由裁量权力，这就增加了救助成本，产生了道德风险。2008年的金融危机使各国金融监管当局开始反思危机救助政策。美国等金融大国提倡仅对系统重要性金融机构实施公力救助。金融稳定委员会（FSB）也研究得出结论，由于系统重要性金融机构的规模、复杂程度和系统关联性，其发生危机或者无序倒闭将会对更大更广范围的金融体系和经济活动造成严重干扰，所以国家应该对系统重要性金融机构实施重点监管和特殊性监管，并在其发生危机时进行国家公力救助。

对于系统重要性金融机构的认定，国际货币基金组织、巴塞尔银行监管委员

---

① 巫文勇：《问题金融机构国家救助法律边界界定》，《法学论坛》，2015年第1期，第111页。
② Basel Committee on Banking Supervision, "Basel Ⅲ: Finalising Post – Crisis Reforms," https://www.bis.org/bcbs/publ/d424.pdf, 2019年8月16日。
③ 刘俊：《各国问题金融机构处理的比较法研究》，上海世纪出版集团2008年版，第28页。

会和金融稳定委员会在其发布的《金融机构、市场和工具的系统重要性评估指南：向 G20 财政部和央行行长的报告》中强调，采用"规模"（特定金融机构提供金融服务的总量）、"可替代性"（该机构倒闭后其他金融机构能在多大程度上提供相同或类似的服务）以及"关联度"（该机构通过金融市场和工具与其他金融机构建立的联系）三类指标来评估该金融机构是否属于系统重要性金融机构。① 不过这三类指标判断的主观性较强，且指标判断准确性与判断者的专业水平高低密切相关，也需要根据金融市场和金融系统的实时变化及时更新数据，因此该系统重要性判断标准具有相当的动态性。不仅如此，各国际金融组织和各国金融监管当局对判断指标的选取也具有差异性，会根据金融机构业务范围和自身国情的不同选取相应的指标，这也导致系统重要性标准是一个动态发展变化的过程。

目前国际金融组织和主要的发达经济体已经先后发布了全球范围内系统重要性金融机构和国内系统重要性金融机构的名单和具体监管框架。② 我国虽还没有创建国内系统重要性金融机构的判断标准和具体名单，但已提出了相应的监管方案。③ 从我国的金融发展实际看，五大国有股份制银行和 12 家全国性股份制银行，以及中信集团、光大集团和平安集团被普遍认为已经具备国内系统重要性特征。不过上述具有国内系统重要性特征的金融机构主要集中在银行业和保险领域，证券业和期货业尚未有明显符合系统重要性识别标准的大金融机构。这也与我国金融市场的实际发展状况相吻合。

本书认为，需要公力救助的问题金融机构并不能局限于系统重要性金融机构。这是因为金融机构的重要地位和重要作用具有相对性。一些金融机构虽然没有被纳入国内或国际组织认可的系统重要性金融机构范畴，但在区域范围内仍具

---

① 朱南军、谢丽燕、邓博文：《系统重要性金融机构：国际监管实践与中国金融改革》，《贵州财经大学学报》，2019 年第 4 期，第 61 页。

② 2011 年 11 月巴塞尔银行监管委员会发布首批全球系统重要性银行名单，共有包括中国银行在内的 29 家银行。在随后 4 年的评定中，名单有所微调，中国入选的银行在 2015 年增加到 4 家，即中国银行、中国农业银行、中国工商银行和中国建设银行。2013 年 7 月国际保险监督官协会也发布了首批全球系统重要性保险机构名单，包括中国平安在内共有 9 家保险公司。2014 年 1 月金融稳定委员会和国际证监会组织发布了《非银行非保险全球系统重要性金融机构评估方法》（征求意见稿）。2012 年 4 月，金融稳定委员会首次提出要将系统重要性金融机构的监管框架延伸至各国国内。部分发达经济体开始逐步建立国内系统重要性金融机构监管框架。

③ 2012 年银监会在发布的《商业银行资本管理办法（试行）》中明确提出了国内系统重要性银行的监管要求，但未明确规定国内系统重要性银行的认定标准。中国人民银行于 2016 年采用的宏观审慎评估体系（MPA）就将银行分为全国性系统重要机构（即工农中建交）、区域性系统重要机构（一般为各省份资产规模最大的城商行）和普通银行（含全国性股份制银行）。在某些指标上 MPA 对三类银行的考核标准有所差别。2018 年 11 月中央银行、银保监会、证监会联合印发的《关于完善系统重要性金融机构监管的指导意见》更是明确了我国系统重要性金融机构的一级评估指标和宏观监管政策框架。

有相对重要性。如若这类金融机构出现问题，并且得不到公力救助，就会给区域范围内的金融体系造成严重打击，甚至影响该地区金融系统的稳定性。不仅如此，由于金融体系的强关联性和复杂网络性以及金融风险的强传染性，区域性金融体系的不稳定又会影响到其他地区，进而可能造成整个宏观体系的不稳定。因此，这类问题金融机构也需要及时进行公力救助，以避免金融风险的快速蔓延。随着我国中央与地方双层金融监管体制的确立，地方政府必须进行金融监管兜底，承担属地风险处置责任。属地风险处置中一个重要内容，就是地方政府对该地区范围内的区域重要性金融机构，在发生问题时决定是否进行公力救助。因而地方政府在实施救助之前，也需要对本地方范围内的区域重要性金融机构做出判断。

此外，由于当前我国正处于经济转型的关键时期，一些按照定量指标衡量并不是特别重要的金融机构，也因特定的经济、社会原因具有相当的重要性。一旦这种金融机构偿付能力出现问题，必然引起经济、社会的动荡不安，因此也需要金融监管当局主观识别，将其纳入国家公力救助范围。

可见，运用重要性标准判断是否应对问题金融机构实施公力救助时，不仅需要相关指标进行主观裁量，也需要对具体情况进行具体定性分析，因而重要性标准也呈现出动态性。

2. 负外部性标准

传统的问题金融机构公力救助采用模糊规则，认为金融机构的作为和问题千变万化，应该赋予政府救助主体自由裁量权力，以实现救助问题金融机构的最优效果，即在救助实现的同时，最大限度抵消"太大而不能倒"的心理预期与市场约束缺失的负面影响，减少金融市场中的道德风险。然而问题金融机构公力救助实践表明，救助的完全不确定性使得问题金融机构无法做出准确预期并以此指导自己的行为，也增加了救助过程的寻租现象，导致国家救助权力与责任失衡。问题金融机构救助判断规则的模糊，还容易出现政府的机会主义行为（短视行为），可能导致市场参与者不再相信金融市场规则和社会公共准则，反而诱使他们成为彻底的机会主义者。这又会导致金融机构盲目追求高风险高收益，进而集聚大量金融风险，同时使政府声誉下降，金融运行也陷入恶性循环，因此越来越多的国家开始采用显性规则决定问题金融机构的救助。

由于问题金融机构公力救助的实质是处置风险，目的在于降低乃至抵消风险暴露的破坏性后果（负外部性），因此要采用显性规则决定是否需要公力救助时，还应考虑问题金融机构存在的风险因素，对问题金融机构的风险程度进行度量，并以此确定该问题金融机构的负外部性大小。在问题金融机构的风险度量上，国际社会上同样没有一致的规定，但都认为应该对金融机构的资本充足率、盈利能力、流动性和关联性风险进行考察。当金融机构风险由浅至深达到一定程度，产生较大负外部性，满足公力救助条件时，公力救助的措施也由早期的非资金救助发展到资金救助。

根据分业监管体制，我国各分业监管部门也出台了本行业金融机构的风险评估指标。在确定是否对问题金融机构进行公力救助时，可根据这些指标判断金融机构是否存在风险，是否缺乏流动性或者清偿不能。如果指标满足，再综合考虑重要性标准和宏观审慎管理要求，对系统重要性问题金融机构以及虽然不是系统重要性问题金融机构，但其风险可能构成系统性风险，造成强烈负外部性的问题金融机构实施公力救助。

当然由于金融机构存在的风险状况也具有动态性，它会随着经济趋势和周期性因素影响而发生变化，进而影响到负外部性的范围和大小，因此负外部性标准同样具有动态性，依赖于较强的主观判断。可见，在对问题金融机构是否需要公力救助的判断上，需要定量与定性相结合的方式进行综合判断。既要确立明确的规则标准，又要赋予公力救助主体必要的自由裁量权力，这样才能够实现公力救助的最优解。

第二节　我国问题金融机构涌现的社会缘由

一、金融深化发展①催生问题金融机构出现

（一）金融服务体系深化发展创造问题金融机构产生空间

改革开放之前我国的金融体系非常单一，只有中国人民银行一家金融机构。中国人民银行不仅垄断了包括银行业务在内的所有金融业务，而且还是负责货币发行和金融管理的国家机关。具体而言，当时我国这种单一金融体系表现出以下特点：一是中国人民银行作为一家高度统一的国家大银行，是当时我国唯一的金融机构；二是金融市场仅体现为广义上的部分信贷市场，中国人民银行主要在基本定额之外提供季节性、临时性的流动资金；三是金融管理体现为计划的制定与执行。一方面，作为金融资产价格衡量标准的利率和汇率完全是行政官定的结

---

① 20世纪70年代初，以爱德华·肖和罗纳德·麦金农为代表的经济学家提出金融抑制与金融深化理论，认为金融对于一国经济的发展具有重要作用。多数发展中国家以金融管制代替金融市场机制，导致发展中国家陷入贫困的恶性循环。为此罗纳德·麦金农提出应加强金融深化，即政府要放松对金融的管制，为投资和经济发展提供资金。我国金融体制改革过程也是一个金融深化发展的过程。

果,没有任何市场成分;另一方面,中国人民银行要制定比较严格的信贷计划和现金发行计划,并在总行垂直管理下,由基层行按计划办理业务。四是金融活动体现为按计划办理存、贷、汇和转账结算。除了财政、中国人民银行信贷两条渠道外,商业信用、消费信用、民间信用和其他各种直接信用以及与之相关的信用活动基本都不存在。在高度集中统一的计划金融体制下,不存在问题金融机构的产生空间,也不需要考虑问题金融机构的救助问题。

伴随高度集中统一计划金融体制而来的金融抑制,削弱并限制了金融的独特作用,使金融功能无法得到有效发挥。同时一家"大一统"国家银行的垄断经营,也带来效率低下,难以实现金融资源优化配置的问题。1978 年的改革开放启动了对高度集中的计划经济体制的改革,金融改革也随着经济改革启动而启程。

在金融深化发展初始阶段,我国以金融体系发展为金融发展的首要内容,以完善金融服务体系的金融机构改革为重点,目的在于在宏观层面上建立独立于财政体系的多元化金融机构体系,在微观层面上对金融机构进行企业化改造①,以适应经济体制的市场化改革要求。在这一阶段,我国金融机构种类、规模扩张明显,金融分支机构数量也大幅增加。目前,我国不仅存在着银行、证券、保险等基础性金融机构,还出现了各种金融资产管理公司、货币经纪公司、消费金融公司、信托投资公司、企业集团财务公司、金融租赁公司、汽车金融公司等补充性金融机构,甚至随着经济金融的深化发展,一些新型金融机构如小额贷款公司、融资担保公司、典当行、金融资产交易所等也应运而生。金融服务的触角也从原来的大型城市伸向行政辖区所在的各级地市、县、镇及乡村。同时,对国有金融机构的企业化改造也使得金融机构自担风险、自负盈亏的市场化经营机制得以确立。

我国金融机构的逐渐多元化与企业化,在客观上产生了问题金融机构出现的可能,而且随着我国金融服务体系的不断完善,还会有更多的为金融消费者提供细分金融服务的金融机构出现,这又加大了问题金融机构出现的概率,使问题金融机构救助问题逐渐进入人们的视野。

(二)金融要素市场化推进催生问题金融机构出现

金融体制的市场化要以企业化经营的多元金融机构体系存在为前提,同时还必须形成金融资产基准价格(即金融要素)的市场化决定机制。其中利率、汇率和无风险债券收益率作为最基础的金融要素,它们的市场化决定机制的建立是金融资源得以市场化配置的前提。

---

① 曹远征:《对我国金融体制改革的回顾与展望》,《开放导报》,2008 年第 1 期,第 34 页。

第一章 我国问题金融机构公力救助的缘由探微

我国金融改革始于金融机构改革,旨在构建起具有竞争性、包容性的多元化金融服务体系,以满足金融消费者的金融服务需求。在此基础之上,再逐步推进,进行进一步的金融要素市场化改革,以真正实现金融深化发展。这也符合金融自由化次序理论的结论。传统金融自由化理论强调通过激进的金融自由化策略(主要是金融要素直接全面市场化策略)来促进金融的深化发展与经济增长[1],但"拉美陷阱"、亚洲金融危机等发展中国家的案例表明,激进的金融自由化策略不仅不会促进金融深化发展与经济增长,相反会产生金融秩序失控或者混乱,甚至导致金融危机的发生[2]。对传统金融自由化理论的反思使人们认识到,金融自由化的实现是存在先后顺序的。国家经济发展的市场化程度、国家控制能力大小、国家财政收支状况以及金融内部各要素属性的差异等外部条件,都约束并影响着该国金融自由化的实现顺序。对于发展中国家或计划经济国家而言,金融体系的发展(而不是利率自由化)是金融发展的首要内容[3]。

在完善的金融服务体系构建过程中,我国出于金融风险防控、维护金融稳定的需要,也为了强化国家对分散化金融资源的控制,最初对利率和汇率实行严格限制。比如金融机构几乎没有自行调整存贷款利率的权利,从而换取政府给予国有企业和银行的租金,国家也以此来控制信贷资金的流向。同时国家还通过信贷投向、信贷规模的严格控制和高额存款准备金制度来对金融机构的信贷行为进行干预和控制。在我国经济体制改革不断深入,经济市场化也得到不断发展的情况下,国家才逐步按照由简单到复杂,从低成本向高成本的改革方式,对我国的利率、汇率形成机制进行市场化改革。比如在我国利率市场化改革方面,就是逐渐从存款、贷款利率的固定向可围绕基准利率上下有限浮动,从存款、贷款利率的上下有限浮动向无限制浮动转变,并且存款利率的放开也是逐步从大额存单向小额存款、从定向存款向公众存款等试点进行。当然竞争性、多元化金融服务体系的构建也有助于金融资源基准价格(利率、汇率、无风险债券收益率等)的合理有效形成。

目前我国利率市场化改革已经到了最后一关,即如何实现存贷款基准利率与货币市场完全市场化利率的统一,这个过程的完成需要金融资产产权的日益明晰化界定。同时,我国汇率形成机制市场化改革也已进入从有管理浮动到清洁浮动、自由浮动转变的深水区。上述金融要素的市场化推进使我国问题金融机构的出现变得不可避免。下面以利率的市场化为例加以说明。

---

[1] 王凤京:《金融自由化及其相关理论综述》,《当代财经》,2007 年第 6 期,第 121 页。

[2] 仇娟东、何凤隽、艾永梅:《金融抑制、金融约束、金融自由化与金融深化的互动关系探讨》,《现代财经》,2011 年第 6 期,第 58 页。

[3] 彭文平:《金融发展二阶段论》,经济科学出版社 2004 年版,第 56 页。

我国的商业银行一直习惯于利差管制。人为的利差管制除了维护银行的特许权价值，防止非理性价格战而导致的系统性风险外，还变相具有再分配信贷资源以承担财政职能的货币政策作用。由于存在利差管制，中央银行就可以直接通过存贷款利息变动来影响实体经济。在我国现有金融结构下，实体经济的资金主要来源于商业银行，商业银行也因为利差管制可以轻松获得无风险收益，故而成为利润率最高的行业之一。此时的商业银行经营，无论是国有还是私有，几乎不存在偿付能力不足的问题。

严格的利差管制毕竟不符合我国经济市场化转型的方向，是不可持续的。我国存贷款利率的逐渐自由浮动拉开了商业银行规模大扩张的大幕。一方面，在利率可市场化定价的空间不断扩大直至最后名义上全部放开的情况下，商业银行仅仅依靠拉来存款就能"躺着赚钱"的时代已经结束。在利差管制时代，商业银行依赖利差保护赚钱。银行家们拥有高超的营销能力，能够拉来存款就能轻松实现利润。不过利率完全市场化后，存款将不再值钱，值钱的将是商业银行的管理和研发能力。商业银行只有开发出适应市场需要的产品，才会有利可图。如果银行内部管理不能适应市场化需要，出现偿付能力不足也就不足为奇。此时大幅扩张银行规模，成为不少商业银行暂时解决银行内生性资金不足问题的首选。另一方面，货币市场的利率完全市场化与存贷款基准利率的同时存在形成事实上的利率双轨制，导致金融消费者存款搬家，大量购买理财产品以实现资金保值增值。商业银行为维持利润，不得不加快表内外的负债端理财化和资产端投资化，膨胀同业业务，扩大银行规模。同时为了规避信贷规模和行业限制，银行在资产投资时也加大了票据和结构化融资等非标业务，与银行同业业务一起构成银行影子与影子银行，这就为商业银行的持续性偿付能力造成隐患。近年来国家对商业银行经营管理的监管持续加强，也从侧面证明在利率市场化进程不断推进下，出现问题银行的可能性也在增加。2019年更是连续爆出三家问题银行：包商银行、锦州银行和恒丰银行①，表明在金融要素市场化改革推进过程中，我国问题金融机构的出现已不可避免。

综上所述，我国金融要素的市场化改革与逐步推进，为金融机构的业务创新创造了空间，但也增加了金融机构出现偿付困难的可能性。尤其在我国计划经济体制遗留的惯性思维作用下，金融机构无论大小都不会倒，否则将危及社会稳定，成为金融业乃至社会的普遍认知。这种国家兜底的刚性兑付情结使得我国金融机构的经营缺乏应有的谨慎，再加之金融机构的内部治理缺陷，更是助长了金融机构经营的随意性和高风险性，由此导致我国问题金融机构数量不断增加。

---

① 侯本旗：《同行不同命！为何恒丰银行获注资，而锦州银行被重组，包商被接管》，http：//www.sohu.com/a/332647518_753835，2019年9月15日。

二、地方金融兴起加速问题金融机构出现

当前我国竞争性、包容性的多元化金融服务体系正在逐步构建当中,其典型表征之一就是我国地方金融的兴起。地方金融的蓬勃发展,不仅满足了那些在传统金融体系中受到金融排斥的企业和个人的金融服务需求,也为地方经济的不断发展提供资金支持。与地方金融飞速发展相呼应的就是各种地方性金融机构和民间金融机构大量涌现,这也扩大了问题金融机构的来源。

(一) 地方金融兴起的原因

金融发展理论指出,金融中介的发展可以促进经济增长和人均收入水平提高。① 而 Lucas(1988)等则认为经济学家们过分强调了金融在经济增长中的作用。经济发展会创造对金融服务的需求,由此导致金融部门的发展,因此是经济发展带动金融发展,而不是相反。② 无论如何,金融发展与经济增长存在相互促进的关系是毋庸置疑的。我国金融与经济发展的实践也证明了这一点。在改革开放之初,打破大锅饭,建立工业部门的现代企业制度是我国经济体制改革的重点。现代企业制度的建立需要独立的金融业支持,进而推动了我国金融改革,一个独立于财政、以市场为取向的,满足经济发展需要的多元化金融机构体系也开始建立起来。经济上从集权向分权的转变又使得金融资产分散化。为回应经济发展的资金需求以及宏观调控需要,国家开始实施强控制金融策略,并为金融行业准入建立严格壁垒。随着我国经济体制改革的日益深化和社会经济格局的转变,客观上要求逐步开放和形成多层次、广覆盖、差异化的金融市场,我国的货币市场、资本市场和地方金融市场也得以逐步建立和发展。我国金融行业的有序发展又不断增强了服务实体经济和市场化配置金融资源能力,进而促进了经济增长。我国地方金融也正是在这一过程中得以兴起和发展。

地方金融的兴起,不仅与我国经济发展密切相关,而且也离不开地方政府经济行为的影响。在我国,地方政府是具有独立追求自我利益能力的合法竞争主体,其竞争主体资格的形成,源于中央为推进渐进式市场化改革而进行的以地方政府为中介的经济放权与分权。通过中央向地方的经济分权,有助于克服来自中央政府部门对改革的抵触,有效缓释政治风险的爆发。同时通过地方的先行先试创新,防止了经济改革失序,避免出现大风险和大错误。以财政分权为起点的行政性分权则使地方政府享有了更多的经济发展决策权,经济资源配置权以及财政收支自主权,并有了极大热情与意愿去推动地方经济增长。在中央政府以经济建

---

① 郭峰:《政府干预视角下的地方金融》,《金融评论》,2016 年第 3 期,第 67 页。
② Lucas R.,"On the Mechanics of Economic Development", *Journal of Monetary Economics*, Vol. 22, Issue1, 1988.

设为中心以及侧重 GDP 的地方政府绩效考核制度激励与约束下,地方官员为了政治晋升围绕经济增长竞相展开竞争,形成政治锦标竞赛。① 地方分权导致的蜂窝状地方经济结构,也使地方政府的经济发展竞争具有了可能性。所谓蜂窝状经济结构,即指每一层级地方经济的块状化结构,它可以成为封闭的或自成体系的经济运行实体。这种经济结构使得地方政府获得了自我存在、自我发展的空间,也使得具有同质性的不同区域相同层级地方政府之间的同台竞争变成可能。②

既然地方政府存在经济竞争压力,经济体制改革又使财政与金融实现分离,要推动地方经济的持续增长,地方政府必然要努力寻找资金来源。在转型国家"弱财政—强金融"的整体格局下,地方政府获取资金的视角转向了对金融资源的获取与控制。在我国经济体制改革启动后,地方基本建设投资由中央财政拨款向银行贷款(简称"拨改贷")转变,这就使得金融资源成为促进地方经济增长的重要力量,而地方政府财政预算硬约束又强化了地方政府控制金融资源的意愿。不过在中央对金融资源实施纵向强控制情况下,地方政府往往很难通过纵向渠道获取资金,满足地方非国有经济部门发展需求。此时,为开辟新的资金来源促进辖区地方经济增长,地方政府必然会选择干预和发展地方金融。

在整个银行业被中央政府垄断性控制时期,为发展地方金融,地方政府"自行组建各类信托投资公司、证券公司等,并争取在本地设立融资中心、证券交易中心等,力图最大程度地动员本地储蓄,让本地储蓄用于本地投资,并尽力争取吸引和利用外地资金"③。为此各地方政府竞相展开制度竞争,以吸引体制外金融资源流入本地金融体系。地方政府过度干预地方金融的发展导致地方金融机构急剧膨胀,也酝酿了较大的风险。为控制风险,中央从 20 世纪 90 年代初开始对乱集资、乱批设金融机构、乱办金融业务的"金融三乱"行为进行清理整顿,并逐步收回对证券交易所、证券公司、信托投资公司等金融组织或业态的管理权力。

此后,参股、控股作为地方金融重要力量的农村信用社、城市商业银行等金融机构成为地方政府干预地方金融发展的重要手段,这导致了地方性信贷机构的大量涌现。同时,为鼓励居民、地方中小企业和财政资金参与到地方金融的发展中来,并服务于地方政府与辖区内的中小企业和居民,地方政府还组织了地方性产权或股权交易市场以及第三方理财机构、私募股权机构、民间定向投融资、地方性融资平台等金融机构。此外,对于网络信息技术发展带来的诸如 P2P 网络借

---

① 曹正汉、史晋川:《中国地方政府应对市场化改革的策略:抓住经济发展的主动权》,《社会学研究》,2009 年第 4 期,第 2 页。

② 郭栋、胡业飞:《地方政府竞争:一个文献综述》,《公共行政评论》,2019 年第 3 期,第 157 页。

③ 周立:《改革期间中国国家财政能力和金融能力的变化》,《财贸经济》,2003 年第 4 期,第 50 页。

贷平台之类的金融科技创新，地方政府也持鼓励和包容态度，使得各种地方性网贷平台大量涌现。可见地方政府对地方金融发展的干预，确实在客观上起到了促进地方金融发展的作用。

当然，地方金融的兴起也与中央对地方金融发展的政策推动有一定关系。"从1985年筹建股份制商业银行，到1995年组建城市商业银行，再到2003年8月国务院深化农村信用社改革，下放农信社管理权限"①，再到2014年国务院批准5家民营银行的试点，都反映了中央对发展地方性信贷机构的肯定与支持。而后中央也从政策层面对包括小额贷款公司、融资担保公司、典当行以及网络借贷、网络众筹等互联网金融在内的新兴金融组织和业态的发展给予了鼓励、支持和引导。不过整体而言，我国地方金融的兴起与发展根本上不是源于中央政府主动性授权或者政策推动，而是地方政府自下而上、自生自发的金融改革创新实践的结果。地方政府通过地方金融改革试验、区域性地方金融中心建设以及违法违规批设地方性金融组织或业态等多种方式，推动了地方金融的改革发展，满足了地方为发展而融资的内生性需求。

（二）地方金融兴起中的乱象

当前我国金融行业，包括地方金融正处于高速发展阶段。据测算，我国金融业增加值占GDP的比重已从2006年的4.54%增加到2015年的8.4%，超过英国、美国、日本等发达国家水平（英国占比为8.1%，美国为7.3%，日本为5.2%）。② 很多地方的金融业增加值占GDP的比重也早已超过全国水平。③ 地方金融行业高速发展的同时，过度追求规模和效益，忽视管理和质量，金融业风险防控机制和监管薄弱，造成地方金融乱象频出，问题金融机构涌现，金融风险集聚。地方金融兴起中的乱象主要表现如下。

（1）地方政府为推动辖区内经济发展，漠视或者放任辖区内金融机构的违法违规行为，造成问题金融机构频出。如前所述，地方金融的兴起与发展离不开地方政府的事实推动，但这也导致地方金融发展经常缺少法律规范支撑，甚至出现偏离、违反国家法律、政策或规范性文件的情况。地方性金融机构经常会在地方政府明示或者默示同意下，从事违法违规经营，集聚大量金融风险，甚至威胁到区域性金融秩序的稳定。比如，2009年某省农村信用联合社组织辖区内134家县级信用社，共计动用397.5亿元资金，通过信托方式为地方融资平台提供项目

---

① 童彦岭：《我国金融地方化趋势与地方金融发展战略》，《海南金融》，2007年第4期，第31页。
② 欧俊、熊伟、杨诗宇：《论完善我国金融监管框架问题》，《财经科学》，2017年第6期，第45页。不过自2015年该占比达到高点后就逐年下滑，2018年已降至7.68%，但从占比绝对值而言仍然较高。
③ 比如重庆地区金融业增加值在2015年就占到了重庆GDP的9%，金融业过度发展趋势明显。

资本金。① 这种做法明显违反我国的信贷监管规范,也会给信贷机构造成巨大的信用风险,从而引发信贷机构的偿付不能。

(2) 银行信贷资金变相流入地方或民间金融市场,可能引发银行流动性困难。由于我国利率双轨制的存在以及金融资源供需的不匹配,导致正规信贷市场与非正规信贷市场的利率价格悬殊,这就产生了套利空间。"银行相对较低的贷款利率诱使套利者通过申请并获取银行信贷资金再转入民间借贷市场,赚取利差。"② 比如获得银行信贷支持的一些大型企业或者国有企业,将银行信贷资金投资地方或者民间借贷;财务公司等一些地方金融机构,通过各种渠道将银行资金转为民间放贷资金;一些民间放贷者,勾结银行员工低成本获得资金转贷等。民间借贷的高风险性又可能引发银行不良资产上升,造成银行流动性困难,偿付能力不足,从而成为问题银行。

(3) 民间金融资本为股票交易进行场外配资,可能造成问题金融机构大量出现。所谓场外股票配资,即非证券公司从事的股票配资活动。为促进股票市场的流动性以及客户追求高投资收益的需要,我国证券监管规则允许证券公司从事融资融券的配资业务并受到严格监管,但民间金融资本进行的股票场外配资却属于监管空白。在目前的股票场外配资中,民间配资公司的配资资金主要来源于银行理财资金的伞形信托资金,此外还有少量互联网 + P2P 平台配资。由于银行等信贷资金存在期限错配,一旦配资资金无法收回,同样会造成问题金融机构的产生。因此我国"严禁银行从业人员充当资金中介或直接参与民间借贷,严防信贷资金通过各种途径流入民间借贷市场"③。

地方金融兴起中的各种乱象,都涉及金融机构的业务经营活动,存在较高的风险性。一旦风险集中爆发,就可能导致金融机构问题出现,值得高度警惕。

三、金融科技创新拓展问题金融机构范围

近年来,金融科技的发展备受瞩目。所谓金融科技,是"金融"和"科技"的高度叠加融合,涵盖了数字货币、大数据、区块链、云计算、人工智能等诸多领域。④ 通过将上述技术领域应用于金融行业进行金融创新,新的金融业务模式、应用、流程和产品得以出现,金融市场、金融机构或金融服务提供方式也受

---

① 潘宏晶、吕庆明:《地方政府金融办职能定位问题研究》,《西部金融》,2014 年第 1 期,第 50 页。
② 李富有、孙晨辉:《银行信贷资金变相流入民间借贷市场的影响效应——基于存在寻租行为的分析》,《西安交通大学学报(社会科学版)》,2013 年第 3 期,第 17 页。
③ 尚福林:《严禁银行从业人员充当资金中介或直接参与民间借贷》,http://money.163.com/12/0727/19/87ENL1L800253B0H.html,2018 年 8 月 17 日。
④ 程雪军:《金融科技是什么?》,https://baijiahao.baidu.com/s?id=15931830162002085345&wfr=spider&for=pc,2019 年 9 月 5 日。

到影响。一般认为,金融科技发展至今,经历了三个发展阶段。一是金融信息系统电子化的初期。这一时期,网络信息技术处于萌芽和发展中,降低企业运营成本,提高金融行业整体办公效率是其应用的目的所在。自动取款机(ATM)、销售终端(POS)和银行核心交易系统、信贷系统、清算系统的电子化等是此阶段的代表性产品。二是互联网金融的发展阶段。该阶段实现了"科技+金融"的第一次深入合作,由此形成的互联网金融突破了传统金融中介限制,为受到金融排斥的人群打通融资渠道,也降低了融资成本,分散了风险。在这一阶段我国互联网金融的发展十分迅猛。目前,我国已成为全球拥有 P2P 网贷平台最多的国家。① 三是金融科技发展的持续深化阶段。传统金融的信息处理与投资决策开始使用大数据、云计算、人工智能、区块链等最新信息技术手段,金融服务变得更加高效便捷。在理论和实践中提到的金融科技,一般都是指金融科技发展的第三阶段。

一方面,当下我国金融科技创新正进行得如火如荼,在移动支付、网络借贷等应用层面已经实现规模化、市场化。金融科技创新虽然在初始阶段具有低端性,主要满足未被银行等传统金融机构覆盖的客户需求,且提供的产品更便宜、更易获得,但随着技术的发展与应用的普及,金融科技创新必将产生替代性效应,进而创造出一种最终摧毁现存市场和价值链的新市场或价值链条,从而替代现有的市场领导者及其同盟。② 美国著名研究咨询机构麦肯锡就在研究报告中指出,随着技术日新月异以及政府金融监管更加严厉,银行业光靠裁员已经不能解决赢利持续下行的窘境。未来每年有能力赚 150 亿美元的大型银行,才能负担起高额营运成本,最终活下来的银行恐怕只剩下五分之三,而靠拢金融科技才能有机会让传统银行及金融业走出泥潭。③ 可见,金融科技创新给传统金融机构带来了巨大的挑战与冲击,如果不认真加以应对,传统金融机构出现经营问题的可能性也会大大增加。

另一方面,我国的金融科技创新也催生了一批金融科技公司,成为金融市场上的新型金融机构。在金融科技领域,我国已经形成了百度、阿里巴巴和腾讯三大互联网巨头,它们通过技术、人才、数据、资金等优势,以及相对于传统金融机构更加成熟的互联网市场运营经验,先行一步建立了"互联网+金融"的闭环,在第三方支付等金融业务细分市场中占据了领先地位。除了这三大金融科技

---

① CBI, "The Global Fintech Report Full Year 2016", https://www.cbinsights.com/research/report/fintech-trends-2016/, 2018 年 8 月 17 日。
② Bower J. Clayton Christensen, "Disruptive Technologies: Catching the Wave", *Harvard Business Review*, 1995, pp. 43 – 53.
③ 卢宏奇:《裁员救不了银行!麦肯锡:靠拢 FinTech 才有存活机会》,《台湾工商时报》,2016 年 9 月 17 日,第 6 版。

巨头外，我国也诞生了众多初创型金融科技企业。他们以客户需求为导向，精耕金融细分服务市场，通过技术创新，为无法获得金融服务的客户提供更简单、更便宜的资金和金融服务。当然在这一过程中也蕴含了更多的风险。比如金融科技企业强调技术对金融消费者的服务价值，此时技术风险和操作风险就不可避免。如果技术风险和操作风险爆发，同样会影响到金融科技公司的运营，甚至偿付能力，导致问题金融机构产生。

综上所述，金融科技的出现以及伴随而来的金融创新，虽在初始阶段服务于金融市场"长尾客户"，但随着金融科技创新的深入发展，金融科技的高效、便捷以及成本优势将会吸引越来越多的传统金融机构客户发生转向，使金融科技呈现全面替代传统金融机构态势。这种竞争性可能导致传统金融机构发生经营困难，进而陷入问题金融机构行列。同时，金融科技创新催生了大批金融科技企业。作为金融市场的新型金融机构，它们除了要面对传统金融风险，还会产生技术风险、操作风险和数据风险。一旦风险爆发，它们同样会出现问题，成为问题金融机构。可见，金融科技创新对问题金融机构的范围拓展是很明显的。

第三节 我国问题金融机构公力救助的现实需求

随着我国金融体制改革的日益深化、地方金融的日益发展以及金融科技的强势崛起，多元化经营性金融机构数量也日益增加，随之而来的问题金融机构也日益涌现。由于脆弱性是金融机构及其业务经营的本质特征，如果对所有问题金融机构都放任自流，恐会集聚金融风险，造成金融危机，进而严重损害社会的稳定与经济发展，因此，我国政府对金融体制改革以来出现的金融乱象都进行了较为严厉的整顿，对其中的问题金融机构实行了不同程度的公力救助。具体而言，我国政府对问题金融机构的公力救助，主要基于以下现实需求考虑。

一、我国金融安全与稳定的需要

（一）问题金融机构涌现威胁我国金融安全与稳定

自金融体制改革以来，我国问题金融机构也随之出现。无论是20世纪八九十年代出现的大量问题信托公司[①]或是海南发展银行、中国投资银行和多家城

---

① 这一时期出现的比较著名的问题信托公司案例就是中银信托投资公司、中国农村信托投资公司、广东国投倒闭事件。另外还有数十家问题信托公司被清理整顿和处置。详见刘俊：《各国问题金融机构处理的比较法研究》，华东政法学院博士学位论文，2007年，第244页。

市、城乡信用社的关闭,还是21世纪初对国有商业银行的股份制改造以及问题证券公司的集中爆发①,都表明了我国问题金融机构的存在。尤其是2010年以来,我国金融业风发泉涌,金融服务体系不断完善,金融乱象更是层出不穷。无论是爆发式增长的银行表外业务、频频出现的银行违法违规业务、泛滥的股票场外配资、存在风险威胁的地方债或地方融资平台,还是"民间融资迎盛宴,影子银行泛滥;信托产品、小额贷款公司、担保公司、典当行及其他非正规民间金融机构如雨后春笋,利率高企,高利贷盛行"②,都是我国金融市场乱象的集中体现。金融乱象丛生,导致问题金融机构出现概率大幅增加。从2013年起出现的融资性担保公司大量倒闭③,2015年开始至今的P2P网贷平台纷纷跑路④,到2018年2月安邦保险被接管,再到2019年5月包商银行被接管,无不表明我国问题金融机构存在已经常态化。

我国问题金融机构涌现加大金融体系风险,"黑天鹅事件"出现的可能性增加,发生"灰犀牛"风险的可能性也大幅提高。一旦上述风险爆发,金融机构出现偿付能力不足,在金融市场的羊群效应下,风险就会蔓延至整个金融市场,从而直接破坏我国金融市场的安全与稳定,也将会影响我国经济的持续健康发展,进而影响到我国社会的稳定与安全。

众所周知,社会的稳定与安全关系到人的基本需求——安全需求的实现。在市场经济框架下,一个稳定和安全的社会才能激发人们发挥主观能动性,勤奋工作,努力拼搏,在实现自身价值的同时也增加社会财富和福利。如果金融市场和金融体系不能保持稳定和安全,不能承受各种冲击,导致金融市场资源配置功能失灵,就会影响到实体经济运行中的资金供给,造成经济衰退、企业破产、倒闭,员工失业、生活困难,引发社会动荡,社会的稳定与安全也遭到破坏。因此必须从金融风险或金融危机的源头——问题金融机构着手,研究问题金融机构是否应该救助,以及如何救助,以实现问题金融机构救助的法治化。

不仅如此,在金融全球化下,各国金融市场的整合会使一国金融市场风险迅速传导,引发传染性多米诺骨牌效应。如果一国的金融安全稳定被破坏,危机爆发,可能又会诱发他国发生金融危机,进而可能导致全球性金融危机,带来全球经济下滑,工厂倒闭,工人失业,社会动荡的严重后果。2008年的金融危机就

---

① 根据现有资料的不完全统计,在21世纪初的证券业清理整顿中,共有40多家问题证券公司先后被清理整顿和处置。

② 罗毅、肖立强:《金融乱象的前世今生》,《资本市场》,2011年第12期,第72页。

③ 但慧芳、闫淑鑫:《揭秘担保公司倒闭潮幕后:两年减少692家》,http://business.sohu.com/20160125/n435691572.shtml,2019年8月17日。

④ 根据网贷之家提供的数据,截至2019年7月10日,共有400多家网络借贷平台出现非正常经营情况。详见:https://bbs.wdzj.com/thread-1024787-1-1.html,2019年8月17日。

集中体现了这一点。"金融全球化使得现代金融危机呈现新的特点，如隐蔽性、突发性、金融攻击立体化以及金融危机的国际传导性加强。"① 当前我国经济已经全面融入世界经济当中，金融市场开放程度也在不断提高。尽管出于维护金融市场安全与稳定，防范金融风险的目的，我国资本项目尚不可自由兑换，外汇兑换仍存在管制，但国际金融市场风险对我国金融体系的影响也在不断增强。此时，构建我国问题金融机构救助制度，建立起完善的国家金融安全网就显得尤为必要，更何况我国金融业的全面开放与深化发展也是深化我国经济体制改革的要求，建立问题金融机构救助制度无疑将为此提供制度基础。

当然，当前我国金融乱象层出不穷既有金融监管落后于金融发展和金融资本趋利天性原因，也与我国金融资产价格扭曲和刚性兑付的存在密切相关。要打破我国长期存在的刚性兑付和政府隐形担保预期，一个显性的问题金融机构救助制度就十分关键。

（二）问题金融机构公力救助确保我国金融安全与稳定

在市场经济和经济全球化框架下，问题金融机构的出现不可避免。此时理所当然地应按照市场经济优胜劣汰规律实行市场退出。市场经济独有的市场主体退出机制，不仅实现了市场竞争的优胜劣汰，也提升了市场运行效率，更能为社会财富的稳步增长创造条件。所以，企业因竞争失败而实行市场退出就不足为奇。作为企业化运营的金融机构，因为各种原因出现持续性偿付能力不足，进而导致市场退出，似乎也是自然的。就《有效银行监管核心原则》所言，"银行业监管不能够，也不应当保证银行不会倒闭。在一个市场经济体中，倒闭就是作为风险承担的一个部分。"不过金融机构毕竟不同于非金融机构，它所具有的金融特质决定了问题金融机构的市场退出，不再是当事人意思自治的产物，而需要考虑政府"权力之手"的干预。

由于金融的本质在于信用创造，金融市场本身是不确定性市场，金融交易和支付具有未来性，一旦单个金融机构市场退出，可能会造成金融交易参与者的恐慌，在高度关联的金融体系内造成金融风险的高传染性。如果该金融机构又在金融体系中处于系统重要性地位或者其市场退出会带来系统性风险，引发强烈的负外部性，此时如果按照市场一般规律进行退出，就可能导致金融体系部分或者全部受到损害，致使大范围金融服务紊乱，进而给实体经济造成破坏性影响。由此可见，问题金融机构的市场退出需要坚持普遍与特殊、一般与具体相结合的原则，对于具有重要性和强烈负外部性的问题金融机构，必须及时实施政府救助，以避免发生系统性风险的破坏性后果。

---

① 曹建明：《当前国际经济法的发展趋势和特点》，《中国国际法年刊（2000—2001）》，法律出版社2005年版，第20页。

通过对具有重要性和强烈负外部性的问题金融机构及时实施政府救助,可以缓解其面临的流动性和支付危机,缓释其风险,从而使社会公众继续对该金融机构保持信心,进而对金融市场恢复信心,减少市场恐慌情绪,恢复金融市场信用创造功能。同时,金融市场信心和信用的恢复,又能够使金融资产价格减少大幅波动,从而使市场参与者形成稳定预期,进而恢复金融资源的跨时空转移与配置功能。此时,金融体系就能恢复到稳定状态,金融安全也能够得到保障。

二、我国金融效率提升的要求

(一) 问题金融机构涌现破坏我国金融效率

问题金融机构涌现对我国金融效率的破坏可以从两个层面来加以分析。

首先,从微观层面看,问题金融机构出现意味着个体金融效率降至最低。在市场经济体中,市场参与者对效率的追求是永恒的主题。作为金融市场的重要参与者,金融机构也不例外。但作为商业组织,金融机构逐利的天性往往又会诱使它们忽视金融风险,盲目扩张信用,片面追求个体金融效率。一旦风险爆发,金融机构就很可能出现持续性偿付能力不足,从而成为问题金融机构。在高度关联的金融体系中,持续性偿付能力不足的问题金融机构又会引发同业者、客户、债权人的强烈恐慌,并不再愿意向其提供资金,进而造成问题金融机构的经营困难,金融效率也随之降低。如果该金融机构不是需要救助的金融机构,其资金供给无法改善,继续经营就可能无法实现,此时市场退出就是其必然的结果,金融效率也降为零。2008年金融危机中雷曼兄弟投资银行的倒闭,就充分展现了个体金融机构的金融效率从高到低直至为零的过程。在危机爆发前,雷曼兄弟一直是一家盈利丰厚的高金融效率投资机构,但金融系统的复杂网络化使得金融危机的爆发迅速影响到雷曼兄弟的流动性,造成到期债务不能清偿,出现持续性偿付能力不足。在无法从市场获取足够资金,又不能从美国政府那里获得救助的情况下,雷曼兄弟最终宣布破产倒闭,其金融效率也降为零。可见问题金融机构一旦出现,就会导致其个体金融效率下降,如果任其发展,很可能不得不破产倒闭,金融效率也降为零。

我国自金融体制改革以来出现的各种问题金融机构,从个体金融效率角度考虑,也是属于金融效率低下的金融机构。例如 21 世纪初问题证券公司的集中爆发,其中很重要的表现就是在不良资产率、人均利润等指标上出现严重问题。[①]

---

① 一般认为,微观金融机构的效率可以用不良资产率、净资产收益率、成本收入比、人均利润来表示。详见周国富、胡慧敏:《金融效率评价指标体系研究》,《金融理论与实践》,2007 年第 8 期,第 18 页。

时任证监会机构监管部主任的李小雪称,截至2002年5月底,98家证券公司净资产额为917亿元,不良资产却高达460亿元,不良资产率超过50%。①证券业协会公布的2004年证券公司经营情况则更为糟糕。有统计的114家证券公司共实现利润总额(扣减资产减值损失)为-149.93亿元,全行业处于亏损状态,平均每家亏损达1.32亿元,亏损面在50%以上。②问题证券公司严重的低效率经营所引发的金融风险及其可能造成的严重负外部性后果,最终迫使我国政府对证券行业进行清理整顿,并实施了相应的公力救助。

其次,从宏观层面看,问题金融机构涌现还可能会造成金融市场整体资源配置效率的降低。金融市场是人们借助金融中介机构进行资金的跨时空转移的交易场所。通过金融机构的中介作用,可以更加方便快捷地实现资金剩余者的资金向资金需求者转移。这一过程也是资源配置的过程。资金剩余者通过金融市场的价格机制,决定资金资源流动的方向,进而影响到实体经济的增长与发展。一般认为,金融市场资源配置的效率达致帕累托最优是最为理想的,因为此时无论是资金剩余者,还是金融机构或实体经济部门,都能实现效率的最大化。如果问题金融机构出现,其金融中介作用就无法继续发挥,它的资源配置功能就无法实现。如果问题金融机构大量涌现,金融风险集聚,则会造成资金剩余者产生恐慌情绪,不愿意继续向金融市场提供资金支持,利率等基准价格将持续攀升,资金配置的高价格又会影响到实体经济部门,可能导致实体经济部门的资金缺乏,经济活动受到影响。若问题金融机构是重要性金融机构或者会产生强烈负外部性的金融机构,它的偿付能力不足会对整个金融市场的资金剩余者信心造成冲击,进而出现资金惜售现象,利率等基准价格大幅上升,全市场出现流动性停滞,金融市场功能被破坏,资金资源的配置也就无从谈起,宏观金融效率也达致最低。所以对问题金融机构必须保持足够警惕。

无论是20世纪八九十年代我国出现的问题信托公司,或是问题国有商业银行,还是21世纪初爆发的问题证券公司,它们的存在导致整个金融行业的资源配置功能受到较大影响,如果政府不及时处置,金融风险势必会传导至整个金融体系,进而破坏我国的宏观金融效率。金融科技产物——P2P网络借贷平台的问题化也证明了这一点。自2015年开始出现的P2P网络借贷平台频繁触雷、跑路,不仅使个体网贷平台的资源配置功能紊乱,也使个体投资者降低了参与网络借贷的热情,从而可能导致个体小额、分散的金融资源无法通过网络借贷平台集中,

---

① 《证监会有关负责人称,国内券商亟待提高竞争力》,http://www.cntv.cn/lm/266/13/36741.html,2019年8月18日。

② 黄湘源:《券商,整体破产?——2004年证券公司全景回溯》,《资本市场》,2004年第12期,第43页。

进而有效配置给那些急需资金又无法通过正规金融市场渠道获得的中小微企业和个人,这实际上也就降低了金融市场整体的资源配置效率。尽管P2P网络借贷行业还没有出现具有足够重要性或者强烈负外部性的问题平台,但问题平台本身对宏观金融效率的破坏是毋庸置疑的。

(二) 问题金融机构公力救助促进我国金融效率提升

如前所述,系统重要性问题金融机构或者会产生系统性风险、带来强烈负外部性的问题金融机构,如果政府不及时救助,任其破产倒闭,将会对金融体系造成巨大冲击,损害金融市场的资源配置功能,使金融服务实体经济,促进社会经济发展的目标无法实现。因此当需要救助的问题金融机构出现,政府利用"权力之手"进行救助干预就成为各国的常态。纵观全球金融危机历史,在危机爆发后,几乎所有国家都选择对问题金融机构进行救助,不同的只是救助时间、救助对象、救助方式选择。

对于我国而言,如果选择对需要救助的问题金融机构进行救助,一方面可以帮助问题金融机构恢复流动性,解决持续性偿付能力不足问题,从而恢复市场信心,使该问题金融机构可以提升个体金融效率;另一方面,由于救助缓释了系统性风险,整个金融体系将重新处于稳定状态,金融市场资金配置的功能也能持续实现,宏观资金配置效率也不会为零。同时,得到救助后的金融机构,它的资金使用必然会受到政府的特别监督,这就使该金融机构不能再像救助之前那样,基于资本逐利的天性,将资金盲目投向虽不符合我国产业发展和产业结构升级方向,但却具有高额收益的诸如房地产等行业,从而有助于我国资金配置效率的提升与优化。

近期问题金融机构公力救助的典型事例就是2019年5月中央银行、银保监会出手对包商银行的接管救助。它一方面使具有严重信用风险的包商银行恢复了流动性,解决了其持续性偿付能力不足问题,同时也提升了包商银行个体的金融效率[①];另一方面,政府的救助也缓释了以包商银行为代表的中小银行信用风险,进而确保了我国整个金融系统的稳定与安全,维护了金融市场的资源配置功能。同时,包商银行被接管救助,实际上也起到了恢复该金融机构的金融效率,使其更好地服务于中小微企业,优化资金配置效率的作用。

---

① 在被接管前的财报数据显示,截至2017年6月末,包商银行资本充足率为9.49%,而一级资本充足率和核心一级资本充足率仅为7.33%,金融效率较前期有大幅下滑。《突发!包商银行出现严重信用风险被接管,用户存款2000亿》,https://news.hexun.com/2019-05-24/197304482.html,2019年8月18日。

三、我国金融消费者①保护的呼唤

（一）问题金融机构涌现损害我国金融消费者利益

1. 问题金融机构涌现损害金融消费者利益的理论阐释

在一个有效市场经济体中，除了商品和服务的生产者和提供者外，商品和服务的消费者也不可或缺。就如亚当·斯密所言，生产限于消费行为，因此消费者在经济活动中实际上是处于主体地位。经济学家弗里德里奇·哈耶克则进一步阐释了消费者直接对商品的类型和数量起到决定性作用。② 然而实际情况是，消费者的市场主体性地位会常因自己的有限理性与信息不对称而受到削弱，其合法权益也因此受到损害，这一点在金融市场中表现得特别明显。

由于金融业务的高度复杂性以及金融机构的金融中介作用，在金融交易中金融机构先天处于信息优势地位，金融消费者则居于信息劣势地位。信息的非对称性使得处于劣势一方的金融消费者获取信息的成本更高，信息量较少，真实性较低，此时如果政府的强制性信息披露监管不能实现信息沟通与交流的充分性，就可能导致金融交易过程中的不公平现象产生。因为"信息在消费决策中起着至关重要的作用，它是正确的消费决策的前提和基础。没有信息，就没法进行决策"③。同时，金融消费者自身有限理性导致的对金融交易系统性认识偏差、专业知识不足以及因金融复杂性导致的经验积累难度，都可能造成金融消费者在金融交易中的弱势地位以及金融交易不公平情况的产生。金融机构作为追逐利益最大化的商业组织，对于此种情况显然乐见其成。为追逐最大化利益，金融机构往往会过度进行信用创造，设计出更加复杂晦涩的金融产品向具有有限理性和信息不对称的金融消费者兜售。这在累积扩大金融风险的同时，也为金融消费者的利益损害埋下伏笔。在过度信用创造中，金融机构经营很容易出现偿付困难，它必然不愿意主动公布和披露对己不利的信息，和金融监管机构与金融消费者的博弈也成为常态。在金融机构的流动性风险和支付风险彻底爆发之前，金融消费者往往对金融机构的偿付能力情况一无所知，并会基于信任和政府隐性担保的刚兑情结，继续进行交易。处于高风险的问题金融机构为解决偿付问题，往往又会利用信息不对称，继续加大高风险金融产品的销售力度，以更高收益率来引诱消费者购买其推出的产品。同时随着金融业务经营的综合化，问题金融机构还可能利用

---

① 目前我国法律上对金融消费者的概念并没有明确的界定。一般认为，金融消费者即是金融活动的个人参与者。由于金融交易的特殊性导致金融交易中的个人常常处于弱势地位，因此需要法律的特别关注。金融消费者主要包括存款人、中小投资者、投保人等。本书对金融消费者概念采用通说。

② F. A. 冯·哈耶克：《个人主义与经济秩序》，邓正来译，生活·读书·新知三联书店2003年版，第23页。

③ 应飞虎：《信息、权利与交易安全——消费者保护研究》，北京大学出版社2008年版，第6页。

内部治理缺陷来进行资金输送,这不仅会将流动性风险传递给本来健康经营的金融机构,而且也扩大了利益可能遭受损害的金融消费者的范围。一旦该问题金融机构竭尽所能都没有办法获得所需的流动性或者支付资金,导致流动性危机、支付危机爆发,与该问题金融机构直接有关的金融消费者权益受到损害就不可避免。

如果金融市场上偿付不能的问题金融机构大量出现,或者偿付不能的问题金融机构具有系统重要性地位,致使市场流动性受到影响,金融风险特有的乘数效应、传染效应和溢出效应将会放大这种影响,进而引发系统性信用风险。此时,市场参与者对整个金融市场和金融体系将会失去信心,市场恐慌情绪蔓延。他们会选择抛售手中的金融资产以规避风险,从而导致资产价格大幅下跌,金融消费者也会遭受重大利益损失。

可见问题金融机构在问题出现但还未被外界知晓之前,就已对相关金融消费者利益造成损害威胁。如果问题爆发,该金融机构出现流动性危机或支付危机,则会对相关金融消费者利益造成实质损害。若该问题金融机构属于系统重要性金融机构,或者该问题金融机构的风险构成系统性风险,基于金融风险的传染效应、乘数效应和溢出效应以及金融风险的负外部性,会导致整个金融市场出现流动性危机,进而引发信用危机,造成金融资产价格全面下跌,更多金融消费者的利益就会受到损害。

2. 问题金融机构涌现损害我国金融消费者利益的实证分析

鉴于我国金融市场发展是自上而下政府强力推动的过程,我国金融消费者在信息获取以及信息理解上有更明显的劣势,这就大大增加了金融消费者权益受到问题金融机构损害的概率。在 21 世纪初问题证券公司的清理整顿中,就出现了大量挪用客户保证金填补证券公司投资亏损的情况。比如南方证券公司挪用巨额保证金①坐庄哈医药、哈飞股份等股票,亏空达 200 亿元②。截至 2004 年末,广东证券挪用客户保证金 19.38 亿元,用于填补庄股亏损、投资失败所造成的资金窟窿。③ 由于金融消费者先天处于信息劣势地位,在缺乏必要监管情况下,这些问题证券公司大肆挪用客户保证金进行坐庄等违法投资活动,投资失败而导致客户巨额利益损失。另一个问题金融机构损害金融消费者利益的典型案例就是"德隆系"案件。2001 年底,德隆全资控股的金新信托发生挤兑风潮,需要兑付的资金缺口为 41 亿元。为筹措资金,"德隆系"企业内部开始肆意调拨客户存款,非法用高息引诱吸收公众存款,并将巨额资金投进股市,造成重大亏损,其

---

① 毛明江:《花旗 241 亿入股广发行咋交割》,《东方早报》,2006 年 12 月 19 日,第 6 版。
② 刘宇飞:《央行的两难选择:救助或不救助》,《当代金融家》,2005 年第 10 期,第 34 页。
③ 王平:《这样的事情可能正在发生》,《第一财经日报》,2004 年 12 月 11 日,第 8 版。

拖欠的个人债务就达到172亿元人民币。① 可见，监管缺位以及我国金融消费者特有的弱势地位，使得问题金融机构给我国金融消费者利益造成巨大损害。

(二) 问题金融机构公力救助保护我国金融消费者利益

如前所述，问题金融机构如果具有系统重要性地位，或者其风险构成系统性风险，其流动性或者支付危机的爆发将会导致整个金融体系的崩溃，所有与问题金融机构直接或者间接相关的金融消费者利益都将会遭受损害。由于现代金融市场几乎已经覆盖了社会全体个人，由问题金融机构引发的金融危机必将导致全社会范围的个人利益受损，并且金融危机还会因金融市场流动性停滞影响到实体经济部门，导致实体经济下滑，企业破产、倒闭数量增加，社会失业率上升，金融消费者的生存利益也可能得不到保障。经济的萧条与失业人数激增又会加剧社会动荡，冲击社会稳定。历史上几次金融危机给社会造成的破坏性后果，让人们至今心有余悸。因此，当问题金融机构具有系统重要性地位，或者其风险构成系统性风险，在问题或风险已经预警情况下，政府就必须及时介入，采用各种方式缓解问题金融机构的流动性危机或者支付危机，使其能够继续运营。这一方面可以实质性减少甚至避免与问题金融机构直接相关的金融消费者的利益损失，另一方面通过政府救助，使问题金融机构继续经营，又能提升市场信心，恢复金融市场的信用创造与资源配置功能，金融体系重回稳定状态，系统性风险得以化解，整个金融市场上的金融消费者利益也得到保障。

事实上，我国政府对2008年以前出现的问题金融机构几乎都采取了不同程度的救助措施，尤其是属于个人债权部分，政府都实施了全额清偿。无论政府因何原因做出个人债权全额清偿的决定，又因此付出多少成本代价，客观上金融消费者的利益因公力救助而得到保护是不争的事实。另外，政府的救助也提升了我国金融消费者对金融市场的信心，愿意继续参与金融交易活动，这对于我国金融市场信用创造与资源配置功能的发挥也具有重要作用，毕竟我国金融市场是通过自上而下路径强制建构起来，它的发展需要金融消费者的积极参与。

当然，就我国而言，需要特别澄清的，是政府救助问题金融机构与政府隐性担保或刚性兑付的关系。长期以来，我国金融消费者一直存在着政府隐性担保或刚性兑付情结，究其根源，还在于高度集中的计划经济体制形成的政府全能的共识。虽然改革开放打破了旧有的经济体制，我国金融机构也逐步实施了企业化改造，但改革开放初期基于国家集中控制分散的金融资源以支持经济建设以及维护金融稳定、防范金融风险的需要，我国政府在实际上对金融机构的债务与风险承担了隐性担保责任。所谓隐性，是相对于显性而言，即法律法规虽没有明文规定

---

① 《德隆系企业被处百亿罚金》，《证券时报》，2006年5月8日，第8版。

政府对金融机构的经营行为负责,但任何金融机构出现流动性危机或者无法支付到期债务,政府就会帮助注入流动性以保证其偿付能力,金融消费者利益也就得以维护。这种政府隐性担保机制还延续到金融机构发行销售的金融产品中。金融机构都声称自己发行销售的金融产品会刚性兑付,不存在违约情况。金融消费者也在政府隐性担保与刚性兑付的习惯下,不再关注金融产品的风险大小,只片面根据产品收益率高低来决定自己的购买决策。此时金融市场就无法形成风险定价机制,导致金融产品发行方不受风险约束,过度进行信用创造,并且将资金投向高风险项目,结果必然是金融杠杆率的节节攀升,酝酿和滋生系统性风险隐患。可见政府隐性担保和刚性兑付,虽表面上保护了金融消费者利益,但也集聚了市场系统性风险,一旦风险爆发,金融消费者利益将会遭受更大损失。而且从长远看,它也不利于我国金融市场风险定价机制和防火墙的建立,不利于金融市场资源配置的优化。当前我国正在进行的市场经济体制改革深化与金融市场化发展,都要求打破金融市场的政府隐性担保与刚性兑付,建立市场化的金融行业运行机制。

政府救助问题金融机构不同于政府隐性担保或刚性兑付。首先,政府救助问题金融机构是一个显性的制度安排,需要通过法律法规的明确规定来确定政府救助的权力来源、权力大小、权力运用和权力问责。这也是我国全面建设法治国家的要求。其次,政府救助问题金融机构并不意味着所有问题金融机构都要被实施救助。只有需要救助的问题金融机构,政府才会启动救助程序,并发起救助。所谓需要救助,必须结合财务标准和重要性以及负外部性标准进行综合考量,同时还要考虑政府救助成本和救助收益的关系。最后,政府救助也不意味着,和得到救助的问题金融机构直接相关的金融消费者利益会获得足额全面保护。毕竟市场经济的核心与关键就在于市场参与者要在竞争中自担风险,自负盈亏,并最终实现亚当·斯密所说的社会财富的整体性增长。金融消费者通过合约与金融机构交易,实质是一种信用交易,本身就是金融消费者自主选择的结果,因此也必须为自己的市场行为负责。因此,政府救助问题金融机构时,并不会保证对金融消费者的债权进行全额保障。比如我国 2015 年颁布的《存款保险条例》也规定:"存款保险实行限额偿付,最高偿付限额为 50 万元。"① 这也反映了立法对金融消费者利益的事后救济所采用的非全额实际损失保护立场。

---

① 资料来源:《存款保险条例》第五条。

第四节 我国问题金融机构公力救助的理论推导

一、问题金融机构公力救助的政府干预经济理论导出

在法治国家框架下,政府对问题金融机构进行救助的前提是,政府拥有对问题金融机构实施救助的法定权力。如果没有救助问题金融机构的法定权力,政府就不能动用"权力之手"对市场运营过程中出现的问题金融机构进行任何救助,毕竟权力法定是法治国家的必然要求。但政府救助问题金融机构的权力究竟从何而来?其权力来源是否正当?对这些问题的回答,将直接关系到政府救助问题金融机构的正当性。

(一)政府干预经济正当性的经济学解释

政府能否救助问题金融机构取决于人们对政府与市场关系的认识。在自由市场经济时代,人们普遍认为政府不能干预市场和经济,并且给出了经济学解释。以亚当·斯密为代表的古典经济学理论认为,理性经济人的利己之心可以在自由市场机制的作用下与社会利益结合起来,在增进个人私利的同时促进社会财富和整体社会福利的增长。亚当·斯密指出,"不用法律干涉,个人的利害关系与私欲很自然地会引导人们,把社会的各项资本,尽可能地按照最适合于全社会的关系和比例,分配到社会上一切不同的用途之中"①。因此政府不应该直接介入和干预经济的运行,而仅仅作为市场经济的"守夜人"。政府作为市场经济的"守夜人",只需要承担国家安全、公正司法和建立并维持公共设施满足社会公众需要的责任。在亚当·斯密看来,经济发展的权力和动力在于人,而不是政府,因为经济发展主要是由关心自己利益的人民的行为推动,而不是通过政府行为推动,政府不应该对经济进行干预。随后的经济学家萨依和穆勒发展了亚当·斯密的观点,认为政府干预经济不会取得最优的经济效果,因而政府不应对经济进行过多的干预②。新古典经济学派也坚持自由放任的经济政策,认为市场的自发运动将会实现资源配置的"帕累托最优"③。在自由竞争的市场中,市场可以通过价格机制自动均衡,一切人为的干预特别是政府的干预都是多余的。可见,在自

---

① 亚当·斯密:《国富论》,唐日松译,华夏出版社2005年版,第497页。
② 让·巴蒂斯特·萨依:《政治经济学概论》,陈福生、陈振烨译,商务印书馆1998年版,第27页。约翰·穆勒:《政治经济学原理》,金镝、金熠译,华夏出版社2009年版,第45页。
③ 李薇辉:《西方经济思想史》,华东理工大学出版社2008年版,第256页。

由市场经济时代，政府干预经济不被认为具有正当性，政府与市场的关系泾渭分明。政府只能做政府的事情，市场将会自动实现经济的均衡。

在自由市场经济下，经济危机周期性发生，特别是1929~1933年爆发的世界经济史上空前严重、持久而广泛的经济危机，充分暴露了自由放任经济理论的弱点，彻底粉碎了自由主义市场经济的神话。1933年美国总统罗斯福针对经济危机实施新政，采取一系列的政府干预经济措施，帮助美国经济走出危机。这从实践上证明了政府干预经济的正当性。此时，凯恩斯主义关于政府应成为市场的"干预者"的观点也开始逐步被人们所接受。凯恩斯主义认为，由于市场始终存在不完全、不普遍情况，损害竞争的垄断现象以及价格机制缺位也时有发生，信息失真和外部性无处不在，为弥补市场缺陷，矫正市场失灵，政府干预就变得不可或缺。这就打破了"看不见的手"的神话，强调了政府这只"看得见的手"在经济中的重要作用。① 在凯恩斯主义者看来，危机时期，政府可以通过"逆经济风向行事"，对金融危机实施救助，以减小金融危机对经济和金融发展的不利影响。此时，政府干预经济不再像自由市场经济时代那样被视为是政府的胡作非为，反而因为政府干预经济能够克服市场固有缺陷而被认为理所应当，政府干预经济的正当性也得以确立。

虽然20世纪六七十年代西方各主要资本主义国家经济出现滞胀危机使人们意识到政府干预经济也会失灵，但这属于政府应该如何干预经济的问题，并不能否认政府干预经济的正当性。新凯恩斯主义发展了凯恩斯学说，提出政府干预经济的适度性，即政府干预经济旨在修复失灵的市场机制，以稳定经济和增进社会福利。

综上可以看出，自资本主义进入垄断资本主义阶段后，政府干预经济就逐渐成为社会共识，其正当性也被广泛接受。虽然其间也出现了对政府干预经济正当性的质疑，但从实践看都属于政府应该如何干预经济的问题，关注的是政府干预经济的范围、方式和有效性，政府干预经济本身的正当性并没有丧失。

（二）政府干预经济正当性的法学解析

政府干预经济的正当性不仅在经济学意义上得以确立，而且也完全符合法学的正义价值判断，具有法学意义的正当性。法律正义要求法律与正义要符合，是法律存在的基础和价值所在。由正义衍生礼法，法律的本质就是正义。政府干预经济及其法律表现——各国经济法的生成之所以具有法学意义上的正当性，根源在于它符合法律正义的要求。

法律正义的一个重要观点认为，只有实现了社会正义的法律才符合正义的要

---

① 约翰·梅纳德·凯恩斯：《就业、利息和货币通论》，徐毓枬译，北京时代华文书局2017年版，第138页。

求。在一个正义的社会，人人享有同样的自由和权利，并且社会的和经济的不平等应这样安排，使它们对每个人都有利，使它们与职位相连，而职位对任何人都开放。① 人人平等享有的自由权利中包括了工作权利等社会经济权利，它们不同于人的个体安全或基本自由等被法律直接赋予的基本权利，政府只需要颁布禁令，直接保护后就可以实现。这类社会经济权利是关系到人类潜能发展的普遍前提条件，拥有权力的政府，要通过政治决策设立的公共机构，永不间断地提供各种可能从而使这类权利得到同等保护。换言之，这类和人们利益密切相关的社会经济权利，需要政府间接地加以保护。一个正义的社会，必然是上述拥有基本权利的人们都能平等享有和实现的社会，即使资源禀赋导致了不平等，也能通过制度安排实现人们之间的机会平等。

在经济危机出现后，经济由于市场运行机制崩溃而呈现下滑、停滞状态，社会也因为经济下滑、停滞导致失业人数激增，人民生活水平急剧下降，人们的工作权利无法得到保证，社会整体福利也大幅减少，社会正义也遭到破坏。如果政府采取放任态度，完全依赖市场的自我纠正机制走出危机，则危机对经济社会的破坏性后果将持续性存在，人民生活困苦加剧，社会秩序陷入混乱当中，社会正义也就无从谈起。虽然市场经济强调经济人的私利及其个人努力对个人生活水平提高的重要作用，并肯定竞争规律导致的优胜劣汰的合理性，但在危机社会里，由于市场机制系统性崩溃所带来的灾难性后果完全由各个经济人自己承担，政府若对矫正市场机制无所作为，在政府本身就具有间接保护个人社会经济权利职责的情况下，就是政府失职，因为市场机制已经失灵、崩溃，经济人无法凭借自己个人的努力去矫正失败，政府对个体的社会经济权利保护势在必行，这本身就是社会正义实现的要求。而且市场机制周期性崩溃、危机周期性爆发的现实也要求政府必须为遭受周期性灾难的经济人提供不仅限于基本生存权利的帮助，从而使其能够保留良好心态，砥砺前行，社会正义也得以实现。

可见政府干预经济，尤其是经济危机发生后对经济的干预，本质是社会正义的要求和体现，政府干预经济的法律表现——经济法也体现了正义的价值目标。由于正义是一个社会的终极追求，也是法律的终极目标，因此具有正义价值的政府干预经济的行为及其法律表现当然也就具有了正当性。

（三）政府公力救助问题金融机构的正当性导出

如上所述，政府干预经济，尤其是在经济危机发生后对经济的干预，具有经济学和法学意义上的正当性，从而确保了政府干预经济被普遍地接受。在金融危机发生后，政府动用公共权力和公共资源对已经因偿付能力不足，无法继续经营

---

① 约翰·罗尔斯：《正义论》，何怀宏、何包钢、廖申白译，中国社会科学出版社1988年版，第56页。

的金融机构实施救助，帮助其避免倒闭、破产的命运，或者对其债权人进行清偿，在性质上同样属于政府干预经济的范畴，理应具有正当性。但政府对问题金融机构的救助，将政府干预经济从宏观转向微观，是政府权力对市场参与者的直接干预，一定程度上扭曲了市场竞争规律，因而其正当性遭受了很多质疑。其实，无论从经济学还是法学角度看，政府救助问题金融机构的正当性都是毋庸置疑的。

在金融市场上，市场参与者的非理性成为常态。在经济向好、金融监管相对宽松时，金融市场参与者往往容易盲目乐观，投机行为盛行，金融风险大量集聚，导致全市场非理性繁荣。在资产泡沫达到顶点时，一只蝴蝶的翅膀扇动都可以成为压死骆驼的最后一根稻草，此时金融危机爆发，金融市场陷入混乱。如果政府不能及时采取干预措施，有效减轻危机爆发导致的破坏性后果，则危机必将冲击实体经济，进而造成社会动荡。如果需要救助的问题经机构是会造成系统性风险的金融机构，假如放任这类问题金融机构破产、倒闭，会因金融业务的复杂网络性质将风险传染、扩散至全市场，彻底摧毁市场参与者信心，加剧系统性风险，加重危机对金融市场的破坏效应，因而对这类金融机构进行基于成本和收益考量的救助，是阻止损失扩大、减轻社会整体福利损失的必要措施，具有当然的正当性。即使危机尚未爆发，需要救助的问题金融机构就出现了，此时政府也必须选择救助措施，预防系统性风险发生，以避免危机发生的灾难性后果，其救助的正当性也毋庸置疑。政府救助问题金融机构只是政府在特定条件下的特殊行为，是政府对微观市场主体自主经营权利的暂时性直接干预，一旦问题金融机构恢复健康稳健运营，政府就必须退出，恢复金融机构独立的市场经济人地位。从此意义上讲，政府救助属于市场机制运行的例外，并不是对市场体制机制的彻底否定。

金融危机爆发导致问题金融机构频出，金融市场丧失资源配置功能，造成实体经济部门因资金缺乏而无法继续开展经济活动，进而引发整体经济下滑或停滞，这个过程又必然会损害市场中个人的社会经济权利，使社会正义无法实现。如果放任需要救助的问题金融机构破产、倒闭，系统性风险会进一步扩大，加剧社会动荡，加大经济下滑、停滞风险，使更多的个人陷入生活困境，社会正义也就根本无法达成。可见对需要救助的问题金融机构实施救助，也是保护个人社会经济权利、实现社会正义的要求，具有充分的正当性。

当然，公力救助问题金融机构的最大挑战在于，一旦政府花费巨额财政资金救助问题金融机构，就有用纳税人的钱弥补金融资本家错误的嫌疑，从而产生道德风险。如前所述，公力救助问题金融机构的实质是政府在市场失灵情况下，为维护社会公共利益而不得不采取的一种特殊干预措施，这种干预行为只要在法治框架下行使就属于正当的。在此前提下，政府如何救助问题金融机构，以减少公共成本支出，实现救助成本最小化，收益最大化，并减少道德风险就属于制度设计与执行问题。这需要公力救助主体在实践中,以建构理性与实践理性结合的态度,去不断完善公力救助的规范方案。

二、问题金融机构公力救助的风险社会理论导出

(一)风险社会确立下的金融风险泛滥

自从德国学者乌尔里希·贝克提出"风险社会"论题后,"风险"就从一种局部领域的现象,上升为一个用来刻画整个当代社会根本特征的核心术语。随着现代化进程的日新月异,经济的快速全球化,信息科技的飞速发展,社会的风险也在人为增加,"风险语义已日渐盖过经济语义,成为当代社会的主要特征"①。德国社会学家尼克拉斯·卢曼说,我们生活在一个"除了冒险,别无选择的社会"②。风险已经成为我们生产生活的组成部分,无处不在,无时不在。"在现代化进程中,生产力指数式增长,使危险和潜在威胁的释放达到了一个前所未有的程度。"③ 在现代化的风险社会里,风险不再是人们可以直接通过感官感受到的直接危险,而变得具有更高的不确定性和不可感知性。同时,现代风险不再只是影响特定个人和群体,而是呈现出一种整体性、全覆盖性和平等性。不仅如此,现代风险还具有更强的主观性和建构性。当人们主观上相信风险存在时,风险就是真实有效的。就如乌尔里希·贝克所言,风险陈述既非纯粹的事实主张,亦非完全的价值主张;风险既是实在的,又是由社会感知和结构建构起来的。④ 最后,现代风险的来源也发生了根本变化,人类开始成为风险的主要生产者,人类本来用来解决问题的手段(如工业化和科技)反而引起了新的问题。安东尼·吉登斯指出,"传统社会风险是一个局部性、个体性、自然性的外部风险,当代社会风险则是一种全球性、社会性、人为性的结构风险"⑤。可见,风险社会中风险的本质在于,由工业文明达致一定程度所带来的一种人为制造的不确定性。金融风险即是一种典型的人为制造的风险,属于现代风险范畴。

从金融发展历史看,金融业的发展与现代经济社会的发展始终密不可分。金融对经济增长具有促进作用也得到国内外众多学者的认同。⑥ 在人类社会进入工

---

① 周战超:《当代西方风险社会理论引论》,《马克思主义与现实》,2003 年第 3 期,第 24 页。
② Luhnann N., *Risk, A Sociological Theory*, Berlin: de Gruyter, 1993.
③④ 乌尔里希·贝克:《风险社会》,何博文译,译林出版社 2004 年版,第 15 页。
⑤ 安东尼·吉登斯:《现代性的后果》,田禾译,译林出版社 2000 年版,第 32 页。
⑥ King R. G., Levine R., "Finance and Growth: Schumpeter Might be Right", *The Quarterly Journal of Economics*, Vol. 108, Issue 3, 1993, pp. 717 – 737. Hassana M. K., Sanchez B., Yu J. S., "Financial development and Economic Growth: New Evidence from Panel Data", *The Quarterly Review of Economics and Finance*, Vol. 51, Issue 1, 2011, pp. 88 – 104. 谈儒勇:《中国金融发展与经济增长关系的实证研究》,《经济研究》,1999 年第 10 期,第 53 – 61 页。陆静:《金融发展与经济增长关系的理论与实证研究》,《中国管理科学》,2012 年第 2 期,第 177 – 184 页。

业社会之前，金融虽已出现，但始终处于从属、次要地位，金融风险也是零星的，分散的，是一种局部现象，此时并不存在系统性风险治理问题。工业社会的到来，极大地刺激和扩张了人们对资金的需求，金融对经济增长的重要性也日益凸显，金融体系逐步建立，金融市场规模也日益膨胀，人为制造的金融风险开始影响到越来越多参与金融交易的人，它也从局部性、个体性的风险逐渐走向全局性、社会性的风险。2008年的金融危机就充分地证明，现代社会中的金融风险已经成为风险社会的重要构成部分，一旦金融风险集中爆发，将会给整个社会造成难以估量的损失。鉴于金融风险具有强传染性和负外部性，各国政府在大力发展金融以支持经济增长的同时，也必须通过法律来防范和控制金融风险。

（二）问题金融机构公力救助是风险社会的危机管理手段

随着金融体系和金融市场成为现代社会不可或缺的组成部分，金融风险的产生、集聚乃至集中爆发已是现代社会的常态。由于金融交易是基于信用的交易，交易结果具有未来性，这就决定了它必然具有不确定性，必然具有风险。可见金融风险始终内生于金融交易之中。虽然金融风险有其消极一面，系统性金融风险爆发还会引发金融危机，冲击整个社会和个人，但金融风险本身蕴含的冒险和创新精神却也是现代经济所必需的。因此面对金融风险，政府应该在对金融风险认真分析和思考基础之上，妥善地找出治理金融风险的方案，最大限度地减少由金融风险带给社会的不利和负面影响，并充分发掘寓于金融风险的机遇。要做到这一点，通过法律对金融市场进行控制就是一个较好的选择。另外，金融市场风险的内生性，金融市场参与者强烈的非理性以及金融市场失灵的存在，也要求政府必须通过一套制度安排来应对风险，以避免风险给社会造成破坏性后果，维护社会公共利益。

当金融风险最终累积爆发，导致问题金融机构频出，金融市场功能紊乱时，政府就需要采取相应措施以尽可能减少风险，重新恢复金融市场的秩序与功能。当问题金融机构具有系统重要性和强烈的负外部性时，如果放任自流，恐会酿成系统性风险爆发，金融危机出现，此时政府就需要进行危机管理，对此类问题金融机构进行救助，以避免系统性风险发生，防范金融危机出现而导致金融系统紊乱，或减轻危机爆发造成的损失和危害，这也是维护社会公共利益的需要和要求。美国在2008年金融危机中对重要性问题金融机构采取的不同做法，清晰地表明问题金融机构公力救助作为危机管理手段，在风险社会存在的必要性。在危机爆发之初，美国政府对于雷曼兄弟这一重要证券机构遭遇到的债务清偿不能并没有施加救助手段，反而任其发展，这就给市场释放错误信号，导致金融市场参与者信心崩溃，市场流动性完全丧失，危机进一步加剧，并迅速蔓延至其他领域。危机的加剧反过来又迫使美国政府开始对金融市场和重要金融机构实施救助，从而使社会公众恢复了对金融市场和金融体系的信心，阻止了危机的进一步蔓延。可见，作为一种重要的风险社会危机管理手段，公力救助问题金融机构在风险社会中不可或缺。

由上可知，政府救助问题金融机构是应对金融风险的需要，目的在于规避或减少金融风险，确保金融体系和金融市场秩序，维护社会公共利益和安全，这也是风险社会确立后的必然要求，因而有其合理性。

三、问题金融机构公力救助的金融脆弱性理论导出

（一）金融脆弱性诱导问题金融机构产生

20世纪70年代以来，频繁爆发的金融危机在给各国造成破坏性后果的同时，也使人们开始意识到金融的脆弱性。尤其是2008年金融危机的爆发，更让人们看到了金融脆弱性的危害。金融脆弱性作为金融的重要特征，已逐渐成为人们的共识。

首先，问题金融机构的产生与金融脆弱性具有密切关系。首先从金融机构自身角度看，金融机构自产生之日起就与脆弱性如影随形。由于高负债经营与资产期限错配是大多数金融机构的典型特征和基本盈利模式，也是金融机构作为融资媒介赖以完成融资功能的基础，这就使得金融机构很容易受到内外部冲击而出现偿付困难，从而成为问题金融机构。高负债经营带来的高杠杆，不仅加大了金融机构的财务风险，而且也容易引发金融机构的道德风险，在有限理性作用下，刺激其通过进一步提高杠杆去从事高风险高收益的业务活动，导致金融机构清偿能力下降。一旦发生偶然的持续性偿付要求，该金融机构就很可能出现持续性偿付能力不足，陷入经营困境。① 虽然金融监管部门竭力通过对金融机构的资本约束来减轻金融机构的脆弱性，但是基于逐利需要产生的各种金融创新使得金融机构可以通过各种衍生品和表外业务方式来扩张风险并逃避资本约束要求，而且从整体看，即使符合资本约束要求，金融机构的财务杠杆仍然远远高于非金融类企业，在债务清偿上较非金融企业更加具有脆弱性。同时，金融机构资产负债期限错配的经营方式也导致金融机构的脆弱性，使其很容易陷入流动性困难，进而成为问题金融机构。资产负债期限错配使得金融机构很难准确估计流动性需要，其经营本身就蕴含了流动性风险。如若发生意想不到的内部或者外部冲击，引发债权人恐慌，集中要求偿付债权，就会导致金融机构出现流动性危机或支付危机，成为问题金融机构。

其次，金融市场自身的脆弱性也容易使问题金融机构产生。不同于实体经济

---

① 王玉、陈柳钦：《金融脆弱性理论的现代发展及文献评述》，《贵州社会科学》，2006年第3期，第13页。

市场，金融市场资产价格波动更加频繁，且资产价格波动具有联动效应，这就会造成金融风险大量累积，参与其中的金融机构经营风险也大幅增加。由于金融市场的投资决策取决于投资者对未来市场前景的心理预期，而这一预期又是基于投资者对于未来模糊的、不确定的、缺乏可靠基础的自我判断为前提，且要受到投资者个人偏好的影响，再加之生产性投资本身的不确定性使得金融资产未来收入流量也无法确定，故而导致金融资产价格发生剧烈波动。一旦价格波动完全脱离基础经济因素或者出现大规模违约，市场预期最终会发生逆转，市场崩溃也就无法避免。身处其中的金融机构就会因经营失败而发生偿付危机，成为问题金融机构，乃至破产、倒闭也就不足为奇。另外，在经济繁荣时期，为追求更高的利润，金融机构往往会放松贷款或者融资条件，使债务企业呈现出投机性和庞兹性。由于金融市场自身的脆弱性，资产价格很容易泡沫化，进而达到顶点，此时明斯基时刻出现，① 就会导致债务企业资金链断裂，不能清偿债务，这又会反过来影响金融机构，造成问题金融机构出现。

金融市场本身的不完全有效性也加剧了资产价格的剧烈波动。一个有效的金融市场是一个能够有效利用金融信息并在金融资产价格形成中充分而准确地反映全部相关信息的市场。但金融市场本身存在的严重信息不对称，使得金融市场无法成为真正的有效市场。严重的信息不对称往往会让不明真相、信息缺乏的投资者很容易产生盲目从众和极端投机行为，从而破坏市场均衡，金融泡沫开始形成并迅速膨胀，金融市场的脆弱性加剧。等到泡沫破灭，金融危机爆发，大量偿付困难的问题金融机构就会出现，金融市场也会遭受系统性冲击。即使是在一个半强型有效金融市场，也仍然无法克服固有的信息不对称缺陷，无法解决广泛存在的内幕信息问题，因而市场仍可能会产生大量泡沫，只不过泡沫程度要稍小。但泡沫累积至破灭，金融危机同样会发生，问题金融机构也仍然会涌现，社会和个人也会遭受巨大冲击。可见，金融资产价格波动的频繁性与剧烈性以及波动的联动效应，使金融市场具有先天的脆弱性。一旦价格波动累积的风险集中释放，势必造成金融机构偿付能力不足，进而发展成为问题金融机构。

最后，金融系统的脆弱性加剧了问题金融机构发生的可能性。金融系统的脆弱性是指一种趋于高风险的金融状态，即金融系统内部各个领域因风险集聚而处于较为敏感的不稳定状态。金融系统脆弱性的根源在于构成金融系统的各个细胞的内在脆弱性。如上所述，金融机构自身经营的特殊性——高负债与资产负债期

---

① 自2008年全球金融危机以来，明斯基时刻就成为国际经济金融界的一个流行词语。它对应于金融市场上的这样一种情形，即资产价格非理性上涨到泡沫化程度，导致债务企业资金链断裂，进而不能清偿到期债务，引发金融和经济领域的一连串反应，致使金融危机爆发。详见贺力平：《解读明斯基时刻》，《中国经济报告》，2018年第8期，第57页。

限错配使它极易遭受财务风险和流动性风险，进而爆发流动性和支付危机。金融机构整体具有的这种特性在有限理性和道德风险的催化下，又会不断得到强化，金融风险也大幅积聚，进而导致和加剧金融系统的脆弱性。不仅如此，金融市场存在的严重信息不对称、市场不完全以及未来预期的高度不确定又会造成金融资产价格剧烈、频繁波动，并形成联动效应，进而累积巨大市场风险，导致金融系统的不稳定性加剧。此时如若发生任何风吹草动，都可能构成对金融系统的冲击，甚至引发危机。如果该冲击是系统性冲击，则会引发系统性金融危机，整个金融市场和市场上的金融机构都将陷于危机中，缺乏偿付能力的问题金融机构将普遍存在。如果冲击只是局部的，非系统性的，则个别金融机构可能出现偿付危机，金融市场局部动荡加剧。可见金融机构和金融市场的脆弱性构成金融系统脆弱性积累的基础。金融系统的脆弱性又可能在外部冲击下爆发为危机，导致问题金融机构大量涌现。

金融脆弱性之所以存在，根源还是在于金融交易的本质——信用的脆弱性。现代金融体系完全以信用创造为基础，一旦信用关系中断，金融系统的脆弱性将可能致使信用创造体系受损，金融体系崩溃。单个问题金融机构出现偿付不能，其实质就是信用关系中断。如果该金融机构具有系统性风险，则基于金融系统脆弱性，很可能会影响到整个金融体系的信用创造，进而造成难以预计的破坏性后果。因此对具有系统性风险的问题金融机构实施救助，避免信用中断，就成为政府必须采取的干预措施。

（二）问题金融公力救助防范金融脆弱性扩散和爆发

金融机构和金融市场的脆弱性具有内生性，是金融业务固有属性所导致的结果，因而是不能被消除的，但这并不意味着金融机构和金融市场的脆弱性完全不可控制。市场发展的历史和实践表明，当市场固有缺陷不能依靠市场自身加以解决时，政府作为外力作用于市场，动用"权力之手"对市场进行干预，是一个比较可行的解决方案。在此思想指导下，金融监管应运而生。金融监管部门对金融机构，特别是银行类信贷机构实施微观审慎管理，对此类机构的资本充足率提出明确要求，就是为了尽可能降低负债比例，保证它们的清偿能力，以缓解金融机构的脆弱性。同时，金融监管部门通过风险预警、信息披露、利率、汇率管制等多种监管手段对金融市场实施全面监管，避免金融资产价格的过度波动，防范和化解市场风险，也促进了金融市场脆弱性的减缓。这是从外部监管角度达成减缓金融机构和金融市场脆弱性的目的，它针对的是健康经营的金融机构和金融市场。

当问题金融机构出现时，单个金融机构的脆弱性已经暴露，集中表现为清偿能力不足，这是信用关系中断的信号。如果该问题金融机构不能从市场上或者政府那里获得应急流动性，恢复偿付能力，就可能被债权人收回信用，导致其破产、倒闭。雷曼兄弟的破产倒闭就是一个典型事例。企业破产倒闭，退出市场本是市场运营中的正常现象，也是市场竞争优胜劣汰的结果，政府似乎并无干预救助进而使之避免破产倒闭命运的必要和理由。不过考虑到问题金融机构如果具有系统性风险，一旦该金融机构破产、倒闭，就会在负外部性作用下，影响到整个金融市场和金融体系，造成金融脆弱性扩散，导致金融市场和金融体系崩溃，社会经济和个人也将遭受严重冲击，此时政府救助此类问题金融机构，使之避免因信用危机导致的破产倒闭命运，进而恢复金融市场信心和功能，就变得极为迫切。同样地，当金融系统的脆弱性在外部系统性冲击下集中爆发，导致系统性金融危机发生时，政府救助具有系统性风险的问题金融机构，使之在危机中继续保持清偿能力，就可以大大缓解因恐慌性从众心理造成的整个信用创造体系的坍塌，防范金融脆弱性的继续扩散，舒缓金融危机造成的破坏性后果。因此，对已经不能稳健经营的问题金融机构，有选择地实施政府救助，也可以起到控制金融脆弱性扩散和继续爆发的作用。

第二章 我国问题金融机构公力救助的实践考察

第一节 我国问题金融机构公力救助的历史梳理

一、"大一统"高度金融集权体制与我国问题金融机构救助

(一) 我国"大一统"高度金融集权体制的确立

1949年中华人民共和国的成立,开辟了中国历史的新纪元。从此,中国人民在中国共产党的领导下,走上了社会主义发展道路。在经济体制方面,建立了计划经济管理模式,与之相适应,我国"大一统"金融集权的计划金融体制也逐步随之建立。

1. 国民经济恢复时期:我国金融体制的初步创立(1949~1952年)

在中华人民共和国成立的最初三年里,国民经济整体上处于恢复阶段。当时的迫切任务是医治战争创伤,克服通货膨胀,恢复经济秩序和实现财政经济状况的根本好转。"这是我们党从推翻国民党政府到掌握全国政权过程中所面临的新课题,也是对我们党执政能力的一次考验。"[①] 为此我们党在金融方面以中国人民银行为中心开始建立中国独立的金融体系和金融制度。

在中华人民共和国成立之前,我们党就已经在各新民主主义革命根据地建立了中国人民银行,并开始统一发行货币。中华人民共和国成立后,中国人民银行按照行政区划,采取总行—区行—分行—支行四级体制建立各级人民银行的分支机构。同时对官僚资本金融机构进行接收改造。其中,将中央银行、中国农民银

[①] 薄一波:《若干重大决策与事件的回顾》,中共中央党校出版社1991年版,第67页。

行、中央信托局、邮政储蓄金汇业局和中央合作金库以及国民政府的省市银行全部并入中国人民银行。"四行两局一库"中的中国银行和交通银行则经过改造，在保留私人股权情况下，分别成为中国人民银行领导下专门经营外汇业务和工矿交通事业长期信用的专业银行。① 此外，还将其他官僚资本银行和民间资本金融业改组为公私合营银行，在中国人民银行领导下专门办理私营工商业存放款业务。在外国资本金融机构方面，中国对外商银行取消特权政策以及外国资本对中国未来的高度不确定性预期，使多数外商银行直接退出我国。另外，还成立了中国人民保险公司、中国农业合作银行和农村信用合作社，合并组建太平洋保险公司和新丰保险公司。②

此阶段我国建立中的新金融体制也在不断调整，目的在于不断加强中国人民银行的集中统一领导与财政的高度集中。比如中国银行从独立经营改变为与中国人民银行的国外业务局合署办公，农村信用合作社由中华合作联合总社划归中国人民银行领导，交通银行、中国人民保险公司改为财政部领导，撤销了中国农业合作银行等。这样到1952年底国民经济恢复期结束，由中国人民银行统一领导和经营管理的金融体系逐步建立起来。

2. 高度集中的"大一统"金融体系的形成和不断强化（1953~1978年）

国民经济恢复时期逐步建立起来的新金融体系，对于迅速治理国民党政府遗留下来的恶性通货膨胀和混乱的金融秩序起到了关键作用，也在广泛筹集社会资金，支持社会主义工业化建设中发挥了重要作用。不过随着我国高度集中统一的计划经济管理新体制的建立，客观上要求金融体系也必须走向高度集中，我国开始逐步调整已经建立的金融体系，使之逐渐成为高度集中的"大一统"金融体系。

1954年6月，各大行政区的中国人民银行区行被撤销，由中国人民银行总行直接面向各省级分行。这就加强了中国人民银行对全国金融活动的统一领导和集中管理，银行系统的垂直管理体制得到加强。同时，国家通过公私合营银行总管理处与中国人民银行总行私人业务管理局合署办公，将公私合营银行完全纳入中国人民银行体系，成为代理中国人民银行办理储蓄业务的专业机构，金融业务办理进一步集中到中国人民银行手里。1957年4月，第二次建立的中国农业银行再一次被撤销，并入同级人民银行设立的农村金融管理局，管理全国农村金融业务。这样，就使中国人民银行成为既管理货币又管理金融，还直接经营城乡金融具体业务的统一的大银行。1954年10月在交通银行基础上成立的中国人民建设银行，仍然隶属财政部领导，办理基本建设投资拨款和一定的信贷结算业务，构

---

①② 文炳勋：《新中国金融体制的历史演变》，《中共党史研究》，2006年第4期，第104页。

成高度统一的金融组织体系的一个重要组成部分。①

其后,我国经济上的"大跃进"和农村人民公社化运动与政治上的"文化大革命"虽然造成中国人民银行金融管理职能一定程度上的削弱和紊乱②,但高度集中的计划经济体制决定了金融体制也必须与之相适应,因而1977~1978年的金融体制整顿,仍然强化了我国高度集中的"大一统"金融体系,恢复了中国人民银行对金融业务自上而下的垂直领导,金融管理的指挥体系和银行工作的集中统一都得到加强。

(二)"大一统"金融集权体制下的问题金融机构救助

在国民经济恢复时期(1949~1952年),我国虽存在着政府对官僚资本金融机构的接收改造,对民间资本金融业的公私合营改组,将政府权力直接作用于金融机构的股权,但这些接管改造(改组)是出于社会主义经济体制国有化的需要,具有明确的政治意图,并不存在救助问题金融机构的问题。

随后逐步建立的高度集中的"大一统"金融体系使得我国金融机构和信用几乎高度集中于中国人民银行③,金融管理体现为中国人民银行制定和执行信贷和现金发行计划,金融活动就是按计划办理存、贷、汇和转账结算,金融市场只存在于广义上的部分信贷市场。在这种"大一统"金融集权体制下,金融机构寥寥无几,且不具有真正意义上的经营性金融机构性质,利率、汇率、利润、价格等要素也不具有实际市场意义,金融机构也不可能出现持续性偿付能力不足问题,因而也就没有政府救助的需要。

二、改革开放后金融深化发展与我国问题金融机构公力救助

单一的、高度集中的"大一统"金融体系只能与高度集中的计划经济管理体制相适应。随着经济体制改革的起步和逐渐深入,传统金融体系诸如缺乏竞争、效率低下等弊端也逐步暴露,金融体制改革势在必行。

(一)严格金融管制时期(1978~2003年)的我国问题金融机构公力救助

自1978年开始的经济体制改革,拉开了我国金融体制改革的序幕。我国经济体制市场化改革需要金融体制市场化改革的呼应,但金融体制市场化不能一蹴

---

① 文炳勋:《新中国金融体制的历史演变》,《中共党史研究》,2006年第4期,第105页。
② "大跃进"和农村人民公社化运动一度使银行的农村机构和人员与农村信用合作社合并,成为人民公社的信用部,新体制的实行造成资金使用上的混乱,严重地削弱中国人民银行信贷和货币流通的宏观管理与调节职能。"文化大革命"中更是实行中国人民银行总行与财政部合署办公,中国人民银行的机构系统被分割得支离破碎,集中统一的金融管理体系被破坏,金融政策难以贯彻到底,金融工作出现很多问题。
③ 在"大一统"的高度集中金融体制中,中国人民银行具有绝对权威的货币发行、金融管理和金融服务职能,其他存在的金融机构如中国人民保险公司、农村信用合作社和中国建设银行仅仅在特定金融领域发挥有限的作用。

而就,激进的金融自由化策略只会加剧金融风险,破坏金融秩序的稳定,甚至导致金融危机的发生。很多发展中国家进行的激进的金融自由化改革,造成本国金融秩序失控或混乱的情形屡见不鲜。因此我国的金融体制改革采用了渐进式改革方式,追求成本(风险)最小化,以国家多元化金融机构服务体系的形成完善为阶段性目标。在渐进式改革中,财政虽与金融逐步实现分离,但基于对"大一统"高度金融集权形成的集中稀缺资金为社会主义经济建设服务的路径依赖,国家仍继续将金融视为支持其工业化目标实现的一个重要工具,因而十分重视对金融的控制。一旦金融机构出现债务清偿不能问题,政府就会积极干预,帮助解决。

1. 金融机构组织体系初步形成时期(1978~1993年)的我国问题金融机构公力救助

我国金融体制改革的初始阶段,是在金融资源从高度集中到完全分散的情况下,建立起一个以国家控制并占垄断地位的多元化的国有金融体系。在这一阶段,国家出于确保分散的金融资源能够集中服务于社会主义经济建设的目的,建立了以国有产权为主导的银行体制,并对存贷款利率实施严格限制,几乎不给金融机构自行调整存贷款利率空间,而且还极力对国有金融机构的信贷行为实施干预和控制,同时采取限制竞争的金融政策,对包括银行在内的金融业市场准入和可替代金融产品选择两大领域进行严格管控,从而为国有金融机构创造租金,并通过租金来引导垄断性国有金融机构最大程度、最大规模地动员储蓄,实现资金为国有企业、国有经济服务的目标。不仅如此,国家对外还实行奖出限入的外汇政策,采取汇率管制、高估本国货币等措施为本国工业化发展筹措资金。

这一阶段尽管国家实行了严格的金融管制和金融抑制,但是我国金融服务体系却发生了巨大变化,从单一金融机构体系向多元金融机构体系转变,形成了中央银行与国有专业银行并存的二元银行体制,已在计划经济时代销声匿迹的信托、证券类金融机构重新开始活跃,停办20多年的保险业务也得到恢复,保险市场主体不断增加,多元的金融机构组织体系初步形成。①

在这一阶段,国家对企业的资金供给由财政渠道变为金融渠道,资金由无偿拨付变为有偿贷款,金融部门的重要性开始显现。在保证"体制内产出"责任下,金融产权关系尚未厘清的我国银行、信托、证券等国有金融机构承担起国有企业资金供给责任,制度变迁成本也向金融部门转移,大量问题金融机构在此阶段出现。比如此阶段我国各大专业银行都出现大量坏账损失,严重威胁银行的偿付能力,就是我国国有企业改革成本的体现。在信托行业,身负为地方经济发展

---

① 刘迎霜:《中国金融体制改革历程——基于金融机构、金融市场、金融监管视角的叙述》,《南京社会科学》,2011年第4期,第17页。

筹措资金使命的很多信托机构也因为多数国有企业效益不佳,无法按时还款甚至失去还款能力而深陷经营困境,出现债务危机。同时,国有金融机构本身产权结构的不清晰导致的内部治理结构缺陷,也增加了本机构出现偿付能力不足的可能性。

对于此阶段出现的问题金融机构,国家并没有采用针对问题金融机构进行专门救助的方式,而是在局部金融领域出现过热现象,引发巨大金融风险时,使用运动式的行政整顿手段对秩序混乱、风险巨大的个别金融行业进行清理整顿,从而实际上起到了处理问题金融机构的作用。此时的清理整顿会关停一批不符合要求的问题金融机构,其债务也通过行政指令方式在行业系统内部消化,政府救助也在此意义上实现。20世纪80年代至90年代初国家对信托行业的三次整顿①,就鲜明地体现了该阶段问题金融机构处理和公力救助的特点。银行业虽在此阶段也出现大量不良资产甚至导致支付困难,但国有专业银行与政府的密切关系使得银行资金可以在政府行政命令下在国有专业银行之间进行直接调剂与划拨流转,从而缓解国有专业银行的支付困难,避免问题银行出现。同时,政府作为国有专业银行唯一股东的巨大权威性以及计划经济体制形成的对政府的绝对信赖,也使得人们能够继续授信给国有银行,银行流动性得以保持。至于此时的证券机构,更是因为证券市场刚刚诞生,在金融体系中几乎没有任何存在感,再加之我国开始实行分业经营体制,金融风险被严格隔离,因而没有问题证券机构出现。

我国在此阶段处理和公力救助问题金融机构的方式,是与当时的经济金融体制改革程度相适应的。由于当时我国仍处于从计划经济向市场经济转轨阶段,市场经济体制尚未建立,产权关系仍然十分模糊混乱,政府在社会经济中具有绝对权威和直接管控经济的权力,这就使得行政指令成为政府管理经济的常态,涉及问题金融机构处理和公力救助也是如此。此外,我国的多元金融机构组织体系刚刚建立,各金融机构规模相对弱小,金融市场尚不存在,致使当时的金融体系中根本不可能出现具有重要地位或者会产生系统性风险、造成强烈负外部性的经营性金融机构,政府针对该种问题金融机构直接实施救助也就无从谈起。

2. 金融机构组织体系日益完善时期(1994~2003年)的我国问题金融机构公力救助

(1) 金融机构组织体系日益完善下的我国问题金融机构。

建立社会主义市场经济体制改革目标的确立,加快了我国金融体制改革的步伐,金融机构组织体系也日益完善。在此阶段,国有银行长期积累的风险开始显

---

① 事实上在20世纪90年代中期以后,政府分别于1995年、1999年和2007年对信托行业又进行了三次整顿,并最终将信托公司数量控制在50~60家。详见《中国信托史上六次整顿大事记》,https://www.sohu.com/a/75610386_372392,2019年8月19日。

现，国家在改革成本压力下，开始逐步调整国有银行经营策略。首先1995年《中央银行法》的颁布确立了中国人民银行的中央银行地位，中国人民银行全面退出经营性业务，成为国务院领导下专门制定、执行货币政策和承担宏观调控职能的机构。其次，国家决定将政策性金融和商业金融分离，分别设立了三家政策性金融机构：国家开发银行、国家进出口银行以及中国农业发展银行，专门承办政策性金融业务，以缓解国有专业银行因为政策性业务提供资金支持导致的经营风险。再次，按照《商业银行法》，国家改造了四家国有专业银行为国有独资商业银行，力图实现国有银行的市场化经营。为解决历史遗留的不良贷款问题，保证国有商业银行稳健经营，由财政部出资，国家先后组建了信达、东方、长城、华融四家金融资产管理公司，分别收购、管理和处置了从中国工商银行、中国农业银行、中国银行、中国建设银行和国家开发银行剥离的不良资产，同时要求国有商业银行从欠发达地区撤出效益不佳的分支机构。为确保国有商业银行的资本充足率达到国际水平，提高它们的资本扩张与抗风险能力，财政部还以发行特别国债方式为四大国有商业银行补充资金。① 这些改革措施都表明，国家开始逐步摈弃以牺牲金融稳定来换取经济增长的发展模式，信贷资金安全逐渐成为国有商业银行的硬约束。此外，代表政府对证券、保险、银行业进行外部监管的金融监管机构也相继成立，形成"一行三会"的金融监管体系。至此，一个在中央银行领导下，国有政策性银行和国有商业银行为主体，多种金融机构并存的金融组织体系已经彻底形成，一些新型金融机构如金融资产管理公司也开始出现，各种金融市场得到初步建立。

  这一阶段的金融体制改革仍然没有触及金融产权改革层面，政府与市场关系也没有厘清，这就使国有金融机构的经营仍然深受政府干预影响，缺乏自主权利。另外，委托—代理冲突导致的内部管理不当和我国国有金融机构特有的所有者缺位导致的内部人控制，以及委托代理层次过多等内部治理缺陷，也加剧了金融机构经营风险，增大了问题金融机构出现的概率。前述政府对国有专业银行的商业化改造，究其缘由主要还是国有专业银行的内部治理缺陷导致银行不良贷款过多，成为问题银行。再加之我国金融监管部门刚刚成立，还未厘清金融发展与金融监管的关系，也极为缺乏监管经验与监管法律法规，导致监管失灵时有发生，问题金融机构出现也不足为奇。此外，在20世纪90年代中期和末期出现的房地产泡沫和股市泡沫，也极大地累积了金融市场风险，造成很多金融机构在泡沫破灭后，发生偿付危机，沦为问题金融机构。

  （2）金融机构组织体系日益完善期的我国问题金融机构公力救助概览。

---

 ① 《财政部关于发行特别国债补充国有独资商业银行资本金有关问题的通知》，http：//www.china-lawedu.com/falvfagui/fg22016/22241.shtml？from=groupmessage&isappinstalled=0，2019年8月19日。

我国问题金融机构公力救助法治化研究

对于这一阶段产生的问题金融机构,我国政府继续采用行政命令整顿个别金融机构的方式来处理和救助问题金融机构,但问题金融机构的命运因金融机构的不同而有所变化。一种问题金融机构因被政府关闭撤销而使市场主体资格消灭,但问题金融机构的债权人仍然在政府指令或者直接资金支持下得到清偿。这种意义上的救助在严格金融管制时期非常典型。和金融机构组织体系初步形成时期一样,此阶段政府救助问题金融机构仍然受到计划经济体制以来我国政府形成的"父爱主义"传统影响,也是出于政府维护社会稳定的需要。当然,计划经济体制下人们长期形成的全能政府观念,也使人们在遭遇债权不能清偿时,习惯于找政府作为最后清偿人。比如1997年1月宣布关闭解散的中国农业发展信托投资公司,就是在中央银行干预下,由中国建设银行负责偿还中国农业发展信托投资公司(以下简称中农信)高达122亿元的债务。① 20世纪末广东省国际信托投资公司(以下简称广东国投)破产倒闭前,广东省政府也从中央借来350亿元处理债务问题。② 当然,广东省政府积极清偿广东国投债务的另一个重要原因在于,作为广东国投的大股东,可以利用广东国投的存在为广东省经济发展输送资金。

对问题金融机构进行此种意义上的救助,虽保护了问题金融机构债权人的利益,维护了社会稳定,但却造成极高的道德风险,给我国金融机构经营留下巨大隐患。由于既有先例确立了一旦问题金融机构破产倒闭或者关闭撤销,其原有的债务将会得到政府妥善处理的原则,这就会使其他金融机构在开展经营活动时不再考虑风险后果,只专注于追求自身效用最大化。如果此种自私行为人人效仿,市场风险将会最大限度地快速累积,进而最终损害到社会中每个人的利益。此外,由政府指定健康经营的金融机构承担债务清偿责任,并没有真正解决债务清偿问题,它只是在金融机构之间进行了坏账传递,从中国建设银行在后来的股份制改造中剥离的不良资产有相当部分来自于中农信的坏账就可见一斑。③ 政府指令健康金融机构承担将被关闭的问题金融机构的债务,还可能导致本来健康经营的金融机构也会出现偿付能力不足问题。1998年海南发展银行因为合并了海南29家濒临破产的海南城市信用社而导致挤兑风潮,并最终关闭清算就是一个典型例子。④ 此种救助下,问题金融机构债务的最终承担者还是政府财政,即全体纳税人。很显然,此种意义上的救助之所以会产生,其根源于计划经济时代树立的政府在社会经济领域的绝对权威与全能,也与国有金融机构当时还未完全实现

---

① 任志强、顾惠忠:《信托业历经坎坷重新上路》,《中国证券报》,2002年9月13日,第5版。
② 《广东省省长卢瑞华披露广东国投破产内幕》,《中国经济周刊》,2006年5月23日,第4版。
③ 《工行完成4590亿元不良贷款剥离》,《经济参考报》,2005年7月1日,第3版。
④ 金梦媛:《中国现代银行业第一家倒闭的商业银行——昙花一现的海南发展银行》,《大众理财顾问》,2019年第6期,第43页。

商业化经营,产权关系仍然模糊有关,具有鲜明的时代特征。

除了公力救助市场主体资格消灭的问题金融机构债权人外,另一种公力救助直接针对问题金融机构,即经由政府指令帮助或者直接资金支持而使其继续存在,尽管可能以收购或合并企业形式存在。除了政府直接通过资产管理公司剥离国有银行不良资产以及财政部直接注资国有商业银行外,1996 年出现偿付危机的中银信托投资公司则在政府指令下与广东发展银行签订收购协议,广东发展银行以 1∶1 的比例收购中银信托投资公司股东的所有股权,并承接中银信托的所有债权债务。① 1999 年中国光大银行也在政府指令下收购了不良资产达到近 300 亿元的中国投资银行。② 这些问题金融机构尽管自己的市场主体资格形式上被消灭,但实质上却以收购、合并企业形式存续下来,自己的全部债务也由收购方(合并方)完全承担,道德风险也随之产生。而且由于这种收购或合并非市场主动行为,导致收购方或合并方收购或合并问题金融机构后自身偿付能力也极易出现问题,不得不继续求助政府。广发银行因收购中银信托导致不良资产居高不下,最后不得不将不良资产剥离给广东省政府所属的粤财投资控股有限公司进行处置。③ 光大银行收购中国投资银行后不良资产率也飞速提高,最后不得不由政府注资提高资本充足率。④

此阶段的问题证券公司处理,主要也采取了政府指令合并方式,由合并后企业承担问题证券公司的债务清偿责任。此种救助最典型的例子有 1996 年上海申银证券公司与因国债期货事件濒临破产的上海万国证券公司合并组建申银万国证券公司,1999 年国泰证券公司与违法违规严重的君安证券公司合并组建国泰君安证券公司。⑤ 除了政府指令合并救助问题证券公司外,在中国加入 WTO 背景下,很多外资证券公司为分享中国证券市场快速发展的红利,通过市场行为合并国内问题证券公司,承担其所有债务而获得了在国内经营证券业务的牌照。1999 年中银国际出资 9 亿元填补港澳信托证券业务的亏空,并将原港澳信托旗下的 20 家证券营业部收入囊中,从而获得在国内开展证券业务的牌照。⑥ 可见,随着我

---

① 《曾经濒临破产的广发银行,如何实现重生?》,https://baijiahao.baidu.com/s?id=1622087485044126391&wfr=spider&for=pc,最后访问日期:2019 年 8 月 19 日。

② 王延科、宁咏:《银行业兼并重组的价值与作用——兼论中国光大银行收购中国投资银行的意义与启示》,《中国金融》,1999 年第 8 期,第 34 页。

③ 《奥财控股首度解密广发行不良资产处置始末》,http://gd.people.com.cn/GB/123937/123963/10527571.html,2019 年 8 月 19 日。

④ 《光大银行 200 亿元注资方案获国务院批准》,http://www.cnr.cn/caijing/jrzq/200612/t20061214_504351882.html,2019 年 8 月 19 日。

⑤ 陆一:《申银与万国合并》,http://www.360doc.com/content/15/0625/14/22953_480584679.shtml,2019 年 8 月 19 日。

⑥ 檀江来:《中国有问题金融机构处置研究》,复旦大学博士学位论文,2008 年,第 80 页。

国根据 WTO 协议逐步开放金融行业，完全市场化运作的外资证券公司也进入我国，通过市场化方式合并问题金融机构，解决其债务不能清偿问题，这为我国问题金融机构处置的市场化、私力救助化的推进打下基础。

在保险领域，此时期也发生了我国保险业恢复营业以来第一起由监管部门直接接管问题保险公司的案例。1997 年 12 月，因永安保险资本金造假以及违规跨区经营导致其偿付能力严重不足，当时的监管部门——中国人民银行宣布对其进行接管，旨在保护被保险人利益，恢复被接管公司的正常经营能力。① 1998 年 9 月中国人民银行宣布接管工作完成，在将所有权力移交后退出被接管公司。这次对问题保险公司的接管救助也是我国金融行业内第一次由监管部门实施的直接救助。相比银行、证券行业政府指定第三方接管收购救助问题机构，问题保险公司救助更体现了依法救助的特点。监管部门中国人民银行（当时保监会尚未成立）根据《保险法》规定，直接出手接管问题保险公司，符合问题金融机构救助国际惯例。当然，监管部门选择直接接管问题保险公司对其进行救助，还可能源于当时我国保险公司本身数量极少，很难有合适的第三方保险机构进行接管收购。

综上可知，在整个金融机构组织体系日益完善阶段，虽然以国有银行为代表的国有金融机构企业化改造继续深入开展，但由于金融产权改革尚未启动，政府与市场的关系仍然比较混乱，表现在问题金融机构救助上，仍然主要是政府直接以行政命令方式指示某家稳健经营的金融机构承担问题金融机构的全部债务，或者通过政府注资方式解决问题金融机构债务问题，以避免社会动荡。由于政府指令救助不考虑市场和企业实际情况，往往又会造成收购合并方偿付能力缺陷，引发连锁反应。同时，在此时期，随着我国法治化的发展，在保险领域也出现了符合国际惯例的监管部门接管救助形式，表明我国问题金融机构救助法制化开始起步。

该时期我国问题金融机构公力救助情况概览如表 2-1 所示。

表 2-1　1994~2003 年我国问题金融机构公力救助概览②

发生时间	公力救助对象	问题金融机构公力救助方式
1999	四大国有银行 + 国家开发银行	政府注资成立资产管理公司剥离国有银行不良资产
1998	四大国有银行	财政部以发行特别国债形式进行注资，补充四大国有银行资本

---

① 《那些被接管过的保险公司》，https://news.qichacha.com/postnews_ 472a57e00c8a25141ca5ca06f98c4b51.html，2019 年 8 月 19 日。

② 表中的数据、资料由笔者基于网络、图书馆等资源收集整理而成。

续表

发生时间	公力救助对象	问题金融机构公力救助方式
1997	中国农业发展信托投资公司	在被关闭解散的同时,政府指定中国建设银行负责偿还中农信高达122亿元的债务
1999	广东国投公司	在破产清算前,广东省政府从中央借款偿还广东国投债务
1997	海南省34家城市信用社	中央银行指定海南发展银行兼并海南省城市信用社
1998	海南发展银行	被关闭清算的同时,中央银行指定中国工商银行承担海南发展银行的居民储蓄债务
1995	海南省内信托公司	政府指定设立海南发展银行,合并问题信托公司
1996	中银信托投资公司	政府指令广东发展银行收购其全部股权,并承担其全部债权债务
1999	中国投资银行	政府指令光大银行收购中国投资银行全部股权
1996	上海万国证券公司	政府指令上海申银债权并购上海万国证券
1999	君安证券公司	政府指令国泰证券公司合并君安证券公司
1997	永安保险公司	中央银行接管,主持该公司重组

(二)金融市场深化①初期(2003~2009年)的我国问题金融机构公力救助

尽管在金融机构组织体系完善时期,我国就对国有银行实行了商业化改造,旨在打破以金融稳定换取经济增长的发展模式,但金融产权改革的缺位使国有独资商业银行与政府的关系仍然无法厘清,国有银行坏账仍然在增加,金融风险继续累积,经济增长的高金融成本模式还在持续。加入WTO后,来自外资银行的竞争压力更是让政府感受到深化金融体制改革的迫切性,因而此阶段的我国金融体制改革终于迈出了关键一步——对国有商业银行进行以公司治理为核心的股份制改造,开启国有银行的产权改革,并逐步推进金融要素市场化改革。国家通过2003年底成立的中央汇金投资有限责任公司,动用外汇储备,分别向中国建设银行、中国银行、中国工商银行、光大银行、国家开发银行、交通银行、中国进出口银行进行注资,②并通过股份制改造和引入战略投资者使四大国有独资商业银行均实现上市。同时,作为资金价格的利率市场化种类进一步扩大,外币存贷

---

① 金融市场深化或金融深化概念一般与金融抑制、金融管制概念相对应,指的是一国政府放弃对金融市场的过度管制,使金融市场结构和工具能够按照市场机制进行调整,使利率、汇率能够反映资金和外汇的供求情况,金融体系一方面能以适当的利率吸收大量社会闲散资金,另一方面也能以适当的放款利率满足各经济部门的资金需求,从而推动经济增长和金融体系的拓展。详见爱德华·肖:《经济发展中的金融深化》,邵伏军等译,生活·读书·新知三联书店1988年版,第85~94页。

② 毛悚瑛:《外汇注资对国有商业银行改革的影响》,《浙江金融》,2006年第8期,第27页。

款利率全面放开，本币贷款利率上浮取消封顶，本币存款利率下浮不设底。在汇率制度上形成了以市场供求为基础，参考"一篮子"货币进行调节的有管理浮动汇率。

与国有商业银行股份制改造和金融要素市场化进一步推进相对照的，是我国证券市场在国家强制性制度变迁作用下的快速发展，以及问题证券金融机构的大量涌现。由于我国证券类金融机构主要成立于全国各行业资金面偏紧时期，导致其资本金普遍不高，尤其是很多地方中小证券机构，注册资本更是较少。证券投资业务的高收益特性，又不断刺激着具有逐利天性的证券类金融机构铤而走险去从事高风险业务，追逐高收益。我国证券监管失灵又助长了证券公司的这一倾向，造成此阶段我国证券公司违法违规经营盛行，偿付能力持续下降，全行业亏损严重，股市的长期低迷更促使证券公司的支付危机集中爆发。为应对证券业出现的严重问题，我国政府在路径依赖下在 2004~2006 年实施了长达两年的证券公司综合治理，规范证券公司的运营行为，并动用中央银行再贷款为券商垫付被其挪用且因投资失败不能归还的巨额客户保证金。可见，在此阶段的问题金融机构政府救助方式，已经从直接指令第三方金融机构承担或者政府财政注资，拓展到利用中央银行的"最后贷款人"身份提供救助资金。

此阶段中央银行再贷款对问题证券公司债务的清偿主要限于问题证券公司的个人债权，机构债权不在中央银行再贷款清偿范围内。根据我国现行法院受理证券公司破产申请的司法解释，问题证券公司的机构债务，由新设的实业公司或者另一家证券公司承担，或者等待清算偿付。① 显然政府已经意识到，金融机构不能清偿的债务，在市场化经营条件下不能全部由政府买单。如果行政机关决定将其关闭撤销，则可以在满足相应条件下实施问题金融机构的债务清偿豁免。从这个意义上讲，这是我国问题金融机构救助的进步，即打破了金融机构债务总是会得到清偿的神话，使与金融机构进行交易的相对方能够更加重视交易风险，更加谨慎地决策，这也符合市场经济的参与者自担风险、自负盈亏的要求，是市场经济能够有效配置资源的前提。不过实际情况是，基于路径依赖，在 2004~2006 年证券业综合治理行动中，由证监会主导，大约 40 家左右经营难以为继、支付出现困难的问题证券公司被其他经营状况较好的证券公司接管和收购，问题证券公司的机构债务清偿也得到保证。②

此阶段中央银行再贷款对问题证券公司个人债权的清偿，充分体现了政府维

---

① 《最高人民法院副院长奚晓明在全国法院证券公司破产案件审理工作座谈会上的讲话》，http：//ms. isheng. net/index. php？doc - view - 17841 - %E8%AF%81%E5%88%B8%E5%85%AC%E5%8F%B8，2019 年 8 月 19 日。

② 刘俊：《各国问题金融机构处理的比较法研究》，华东政法学院博士学位论文，2007 年，第 244 页。

护社会政治稳定的意图,但其对个人债权的"一刀切"清偿,也助长了金融市场的道德风险,动摇了金融安全与金融稳定的基石。2006年国家对"德隆系"金融机构的个人债权的救助清偿就留下了这样的隐患。"德隆系"金融机构因违规动用客户委托理财资金投资操纵股市,投资失败致使上百亿资金无法兑付,作为"德隆系"企业群核心的新疆德隆也于2004年倒闭。国家在追究德隆系主要负责人责任的同时,为完成维护社会稳定这一任务,对"德隆系"金融机构的个人债权人进行了清偿,清偿资金就来自中央银行再贷款。"德隆系"金融机构的个人债权人主要系参与委托理财的个人投资者,他们为了追求高额收益而购买违反国家政策规定的高利金融产品,按理应该本着高风险高收益原则自己承担损失责任,而国家对这类群体的救助,就打破了这一市场规律,造成道德风险充斥市场,金融风险大量累积。基于逐利的天性,总有个人会受到高息诱惑而参与金融交易,也总有金融机构会以高息为名疯狂敛财,直至风险爆发。

除了政府主导第三方接管收购问题金融机构和中央银行再贷款资金清偿问题金融机构的个人债务外,政府主导下注资重组问题金融机构也成为政府救助问题金融机构的选择方案之一。2005年,在中国人民银行金融稳定局、证监会机构部、财政部金融司人员组成的协调小组协调下,银河证券公司的全面重组拉开序幕。首先中央汇金公司出资55亿元和其他股东共同设立中国银河金融控股有限公司,注册资本70亿元。然后,成立后的中国银河金融控股有限公司出资59.93亿元和其他四位股东设立共计60亿元注册资本的中国银河证券股份有限公司,用这60亿元收购原银河证券的证券类资产和营业部。原银河证券则变更为银河投资有限公司,承担原有银河证券的所有不良资产。① 同年,作为中央汇金公司子公司的建银投资,也先后对申银万国、国泰君安等8家证券公司实施了重组。② 这些注资重组都强烈地体现了政府意志,反映出我国问题金融机构救助长期以来沿袭的行政色彩。

在这一时期,对问题保险公司的救助发生了重要变化,其救助出现了市场化运营特点。2006年,新华人寿出现严重的偿付能力不足,原董事长关国亮非法挪用巨额公司资金事件浮出水面。由于资金被挪用且有27亿元不能归还,导致新华人寿流动性不足,2007年5月,保监会通过保险保障基金公司接管新华人寿,并动用保险保障基金收购了隆鑫集团有限公司、海南格林岛投资有限公司等所持有的新华人寿股份,获得38.815%股权,成为新华人寿的第一大股东。2009年11月,保险保障基金公司又将持有的股份溢价整体转让给中央汇金公司,从

---

① 张娅:《银河证券重返业界老大》,《商务周刊》,2006年12月12日,第12版。
② 檀江来:《中国有问题金融机构处置研究》,复旦大学博士学位论文,2008年,第81页。

而退出新华人寿。① 这充分体现了保险保障基金在问题金融机构救助上的保障功能，并且在救助过程中也实现了救助资金的增值，符合问题金融机构公力救助市场化、专业化、法治化发展方向。

当然，在这一时期，外资证券公司为获得我国证券经营牌照，分享我国证券市场发展红利，继续用资金清偿问题证券公司债务或者重组问题证券公司。2004年美国高盛公司捐赠5.1亿元（合6200万美元）用以偿还海南证券公司挪用股民的投资保证金缺口，以换取中国政府批准其在华建立一家具有里程碑意义的投资银行企业。② 2005年，瑞银证券以19亿元重组北京证券，获得重组后公司20%股权，其中14亿元用来偿还北京证券的经营债务。③ 当然，这种外资私力救助问题金融机构的情况属于特定历史条件下的特殊产物，不具有普遍意义。

综观这一阶段我国问题金融机构的公力救助情况，可以发现政府行政干预色彩仍然十分浓厚。除了问题保险机构公力救助方式出现市场化运作趋势，银行、证券领域问题金融机构的公力救助仍然是在政府直接主导或出资下完成，国家救助问题金融机构的主要理由也从金融机构不能倒逐渐转向对社会弱势群体实施国家保护。不过该时期也出现了公力救助的市场化、法治化救助方式，新华人寿被保险保障基金的接管救助就是典型例子。

该时期的问题金融机构公力救助情况概览如表2-2所示。

表2-2 2004~2009年我国问题金融机构公力救助概览④

发生时间	公力救助对象	问题金融机构公力救助方式
2003	中国银行、中国建设银行	政府动用外汇储备注资
2005	中国工商银行	政府动用外汇储备注资
2007	光大银行	政府动用外汇储备注资
2007	国家开发银行	政府动用外汇储备注资
2004	中国交通银行	政府动用外汇储备注资
2009	中国进出口银行	政府动用外汇储备注资
2004—2006	在此期间出现的问题证券公司	中央银行再贷款清偿涉及的个人债权和客户保证金
2004—2006	在此期间出现的问题证券公司中的40家左右	政府指令其他证券公司接管、收购

---

① 《被保监会接管的险企们，新华人寿是第一家》，http://www.p5w.net/money/bxzx/201406/t20140630_654244.htm, 2019年8月19日。

② 谭颖：《高盛高华2日正式获批组建，方风雷执印高盛掌舵》，《第一财经日报》，2004年12月3日，第5版。

③ 檀江来：《中国有问题金融机构处置研究》，复旦大学博士学位论文，2008年，第80页。

④ 表中的数据、资料由笔者基于网络、图书馆等资源收集整理而成。

续表

发生时间	公力救助对象	问题金融机构公力救助方式
2006	"德隆系"企业群	中央银行再贷款兑付其存在的个人债权
2005	中国银河证券公司	政府出资收购原银河证券公司的证券业务
2005	中国申银万国、国泰君安等8家证券公司	政府出资重组上述证券公司
2007	新华人寿保险	保险保障基金接管并收购其股份

(三)金融市场深化加速时期(2009年至今)的我国问题金融机构公力救助

随着我国社会主义市场经济体制的初步建立,我国金融体制改革也进入快车道。为回应市场经济体制的深化改革要求,这一阶段我国以建设市场化、多元化、国际化和现代化的金融体系为取向,在发挥市场在资源配置中的决定性作用前提下,进一步加快推进利率市场化、汇率市场化改革,扩大资本项目可兑换范围,并逐步推动和实施人民币国际化。我国金融行业也在金融市场化改革加快过程中获得了跨越式发展。我国工业部门增加值占GDP的比重从2006年的42.03%下降到2015年的34.32%,金融业增加值占GDP的比重则从2006年的4.54%快速上涨到2015年的8.40%,超过了美国、日本、英国等发达国家水平。① 金融业的过度扩张,对以制造业为主的实体经济部门的转型升级和自主创新能力体系建设,产生了较为突出的挤出效应和抑制效应。与此同时,金融业的过度扩张也给整个金融体系积累了巨大金融风险。在全覆盖、穿透式金融监管体制改革相对滞后的前提下,一方面,银行业追求自身利益最大化的行为刺激了银行表外业务扩张与影子银行体系的相互渗透,导致金融不当创新蔓延,金融风险集聚;另一方面,金融科技创新也在监管空白、监管套利下大量涌现,进一步加剧金融风险。2016年以后,我国各级政府和金融监管部门开始意识到金融不当创新和金融业过度扩张所隐含的各种局部和系统性风险,开启了金融行业去杠杆和金融服务于实体经济的举措。

这一时期伴随金融超常规发展而来的金融风险对保险领域的影响特别明显,对问题金融机构的救助也主要发生在保险行业。以保险监管政策松紧为线,可以将对问题保险公司的救助划分为两个阶段。

第一阶段在2012年以前。此阶段保险监管仍然延续以前从严尺度,问题保险公司出现主要源于内部经营管理不善,公司战略决策失误。2009年中华联合财产保险股份有限公司(以下简称中华联合财保)因爆出巨额亏损且引进外资

---

① 张杰:《我国金融体制改革的演进轨迹与取向观察》,《改革》,2018年第5期,第39页。

重组未果，导致偿付能力不足，被保监会派出工作组接管。① 2009年5月中华联合财保的大股东新疆生产建设兵团将其持有的61%中华联合财保股权交由保监会托管，并代行相应股东权利。2010年4月股权托管人变更为保险保障基金有限公司，并改选董事会，新聘管理层，组建规范的治理结构。②

随后，2011年6月，国务院批复重组方案，保险保障基金公司获得中华联合财保约8.6亿股份，持股比例为57.43%。为妥善解决中华联合财保的偿付能力不足问题，在属于财险的保障基金只有70亿元的情况下，2012年保险保障基金公司动用其中60亿元进行注资，使中华联合财保的注册资本由此前的15亿元变为75亿元，保险保障基金公司的持股比例也提高至91.49%。同年9月，东方资产管理公司以债转股方式注资78.1亿元，控股51%，成为中华联合财保的第一大股东，保险保障基金位居第二位，持股44.82%。在公司偿付能力增强、经济状况好转情况下，2016年保险保障基金公司分别向辽宁成大、中国中车和富邦人寿溢价转让了其持有的60亿中华联合财保的股份，成为中华联合财保的第五大股东。随着中华联合财保偿付能力持续增强，风险综合控制水平持续提高，2018年1月保险保障基金公司将最后持有的中华联合财保的股份转让给富邦人寿，从而实现了完全溢价退出。③ 这是保险保障基金自成立以来第二次接管和救助问题保险机构，充分体现了我国问题金融机构救助日益市场化和专业化。

第二阶段为2012年以后。在此阶段，伴随我国经济高速增长而来的人民财富增加，极大地推动了保险行业资产规模的增长。2016年全国保费收入达到3万亿元，险资资产规模也达到15万亿元。④ 保险业资产规模的快速增长一方面显示了保险业强大的生命力，另一方面也迫切要求保险机构配置高收益的优质资产。不过2015年以来我国经济下行压力持续显现，中央银行先后10次降息降准，导致银行存款、债券等固定收益类资产收益率持续下降，保险资产配置压力进一步加大，股票类权益资产开始成为保险资产配置的首选。2012年保险业"新国十条"明确要求保险资金支持股市。2015年股灾中，保监会积极响应救市将投资单一蓝筹股票的余额占上季末总资产的监管比例从5%提高到10%，投资权益类资产的余额占季末总资产的监管比例由30%提高到40%，这些政策红利都加速

---

① 《亏损数十亿元，保监会接管中华联合财产保险公司》，http://insurance.hexun.com/2009-05-25/118027682.html, 2019年8月19日。

② 《那些被保监会接管的保险公司们》，http://insurance.cngold.org/c/2014-06-30/c2619874.html, 2019年8月19日。

③ 李致鸿、赵萍：《独家专访保险保障基金公司董事长任建国：首度还原中华联合风险处置始末》，《21世纪经济报道》，2016年4月19日，第12版。

④ 《2016年全国原保险保费收入为3.1万亿元，寿险占比56.3%》，http://www.askci.com/news/finance/20170224/16295991611.shtml, 2019年8月19日。

了险资入市的步伐。

尤其在我国金融管制放松背景下,更多民营金融机构开始进入金融行业。很多中小民营保险企业普遍采用先行开发高收益率的投资理财型保险产品,迅速积累保费并进行较为激进的投资,以资产端的高收益反哺负债端的高成本方式,实现弯道超车。这些中小保险企业在我国股市的激进投资行为,不仅搅乱了上市企业正常经营秩序,造成股市泡沫,损害股市声誉,而且更重要的是,这些保险企业用来投资的资金并不全是自有资金,而是通过多种金融衍生工具,以少量自有资金撬动大量杠杆资金来满足保险企业投资需求。同时这些中小保险企业还利用股权质押以及借助掌握的银行、信托企业股份,以"自我增资"形式借债举牌,将银行资金、信托资金引入股票市场,可能导致风险交叉传染,进一步放大风险。中小保险企业的借债以及高杠杆行为,反过来也加剧了保险企业自身的流动性风险,一旦市场出现任何风吹草动,将可能导致这些保险企业出现流动性危机,成为问题保险机构。同时,这些中小保险企业还存在内部实际控制人操纵、虚假出资、循环注资、违法违规使用资金,加大了金融风险。

为防范系统性金融风险发生,监管部门除了提高监管力度外,还对问题金融机构——安邦保险集团实施了史上第一次由三大金融监管部门和人民银行、外汇局共同组成接管工作组进行直接接管的救助措施,并动用保险保障基金向安邦增资608.04亿元以确保安邦的流动性。① 这开创了我国公力救助问题金融机构的先例,即由金融监管部门根据法律规定,使用风险动态监测预警机制,在支付危机彻底爆发前,联合几大金融监管部门共同出手进行接管救助,② 保险保障基金的救助注资也达到史上之最,高达608.04亿元,占到整个保险保障基金的一半以上,③ 并且救助对象为民营金融机构。这表明我国金融机构,尤其是民营金融机构随着我国经济金融的不断发展,其规模已增长至系统重要性程度。如果民营金融机构的系统性风险隐患爆发,同样会造成社会动荡和危机。我国金融监管部门对问题金融机构——安邦保险集团的救助,体现了我国公力救助问题金融机构的法制化发展成果,表明我国问题金融机构公力救助已经逐步从行政化、任意化走向规范化和法治化。

同时,政府对非国有商业银行的救助也在这一时期首次出现。2019年5月

---

① 李致鸿:《安邦获保险保障基金增资逾600亿,银保监会实施战略股东遴选》,《21世纪经济报道》,2018年4月5日,第1版。

② 根据《保险法》第144条的规定,保险公司有下列情形之一的,国务院保险监督管理机构可以对其实行接管:①公司的偿付能力严重不足的;②违反本法规定,损害社会公共利益可能严重危及或者已经严重危及公司的偿付能力的。https://www.shenchuang.com/roll_pl/20180311/114657_2.shtml,2018年8月25日。

③ 《重磅!保险保障基金向安邦保险集团注资608.4亿元》,《经济日报》,2018年4月4日,第6版。

24日中央银行、银保监会发布公告,称鉴于包商银行出现严重信用风险,持续性不能清偿到期债务,依照《商业银行法》第68条及《银行业监督管理法》第38条①,决定对包商银行实施接管,这也是20年来我国政府首次出手接管银行。包商银行作为一家地方性商业银行,通过做大小微企业贷款和银行同业负债方式大肆扩充银行资产规模,并且大股东明天集团通过隐匿代持等方式持有该行89%的股份②,继而将包商银行当成"提款机",造成巨额股东占款无法归还,包商银行出现严重信用风险,无法清偿到期债务。为避免系统性风险发生,中央银行和银保监会主动出手,对包商银行实施接管救助。尽管此次接管救助体现出了公力救助的依法性,救助对象的选择性(例如对同样存在信用风险的锦州银行和恒丰银行,就采用了市场私力救助方式③),但是在具体救助内容上仍然沿袭以前的惯性,即对包商银行的个人债权人和对5000万及其以下的对公和同业机构客户保证100%清偿,对5000万元以上的公债权人实施90%左右清偿。④ 不过此次债权人救助的资金来源除了中央银行再贷款外,还增加了存款保险基金出资,这也是存款保险基金建立以来的首次使用。

在我国金融管制进一步放松与金融科技创新涌现背景下,许多新型金融机构组织和新型金融业态开始大量出现,问题金融机构也随之产生。比如随着我国经济下行压力的持续显现,越来越多债务人无法到期归还借款,2013年起融资性担保行业遭遇巨大危机,很多融资性担保公司因为资金链断裂而出现偿付困难。对这类新型金融机构,由于完全是市场化改革的产物,不存在历史遗留问题,也没有发展出重要性地位,都是地方性金融机构,因此政府在融资性担保行业遭遇危机时,没有动用公共资源进行救助,而是进行市场协调。然而如何协调,协调到什么程度,目前并没有明确的法律法规授权。尤其金融管制放松后出现的很多新型金融机构,如小额贷款公司等,大多属于地方性金融机构,在地方金融与地方经济发展密切相关的情况下,不排除地方政府因担心这类地方性金融机构出现

---

① 《商业银行法》第64条规定:"商业银行已经或者可能发生信用危机,严重影响存款人的利益时,国务院银行业监督管理机构可以对该银行实行接管"。《银行业监督管理法》第38条也规定:"银行业金融机构已经或者可能发生信用危机,严重影响存款人和其他客户合法权益的,国务院银行业监督管理机构可以依法对该银行业金融机构实行接管或者促成机构重组。"

② 《银行被接管还是重组 包商和锦州为何结局迥异?》http://www.p5w.net/money/yhzx/201908/t20190809_2326454.htm,2019年8月19日。

③ 锦州银行的信用风险主要属于流动性风险,恒丰银行的信用风险主要是资本不足风险,因此锦州银行被工银投资、信达投资和长城资产公司重组,恒丰银行则由中央汇金公司战略入股,实现资本扩充。锦州银行与恒丰银行的风险处置与市场上的其他企业(包括国有企业)主要基于交易自由完成,因而显示出市场化私力救助特点。

④ 《央行:包商银行被接管完全是一个个案》,https://www.jfdaily.com/news/detail?id=154959,2019年8月19日。

偿付困难进而破产倒闭会导致地方经济发展下滑，在市场化救助过程中采取一些行政手段，施加政府压力以影响市场化救助决策。

此外，金融科技创新的产物——P2P网络借贷平台由于监管空白、监管套利的存在，也出现大量问题平台，到期不能偿付贷款人利息和本金的情况时有发生，甚至有些平台涉及金融欺诈，譬如2016年发生的"e租宝"事件就是典型例子。据不完全统计，从2018年1月到2018年6月，短短半年时间，跑路、停业、失联或经侦介入的P2P借贷平台就接近200家，① 可见P2P借贷行业的问题严重程度。不过对于这种新型金融业态，政府仍然没有采取与银行、保险、证券行业问题金融机构一样的救助做法，其理由同样是基于这些平台还不具备系统重要性地位，同时也是贯彻市场经济下风险自担、责任自负、高收益总是与高风险相随的风险理念的需要。这较之以前强调对处于弱势地位的个人投资者实施完全的国家保护以确保社会稳定的做法是一巨大的进步，也展现了我国欲进一步厘清政府与市场关系，健全社会主义市场经济体制的意图。

该时期的问题金融机构公力救助情况如表2-3所示。

表2-3　2009年至今我国问题金融机构公力救助概览②

发生时间	公力救助对象	问题金融机构公力救助方式
2009	中华联合财保	保监会接管、保险保障基金接管注资救助
2018	安邦保险	证监会、银监会、保监会、中央银行、外汇管理局共同接管，保险保障基金注资
2019	包商银行	中央银行、银保监会接管，中央银行再贷款、存款保险基金出资清偿债务

三、金融发展变迁中我国问题金融机构公力救助的逻辑转换

如上所述，随着我国金融体制市场化改革的不断推进与金融管制的放松，我国政府在问题金融机构救助方面也在进行不断调整，其中，政府救助问题金融机构的理念、性质、方式等都发生了诸多变化。这些变化也反映出我国问题金融机构公力救助的逻辑发生了转换。在金融发展变迁中，我国问题金融机构公力救助的逻辑从所有人救助逐步转换为公共管理人救助，从一般性金融管理救助逐步转换为真正意义的金融监管救助，从反应性、临时性救助逐步转换为规范化、制度

---

① 《P2P平台再现跑路潮，平台整改即将开启!》，http://www.sohu.com/a/234362862_99997119，2018年8月25日。

② 表中的数据、资料由笔者基于网络、图书馆等资源收集整理而成。

化救助,从政府隐性担保救助逐步转换为政府显性担保救助。

(一) 从所有人救助向公共管理人救助转变

我国自1978年改革开放到2018年已经40年了。这40年也是我国从农业社会向工业社会转轨,从计划经济体制向市场经济体制转轨的过程,而且这个双转轨过程还在持续当中。正是基于从计划经济向市场经济的转轨,我国问题金融机构的救助逻辑也表现出从所有人救助向公共管理人救助转变。

在高度集中的计划经济时期,政府统制一切经济活动,其主要表现为:首先,在生产资料所有制上,强调公有制特别是国有制在经济生活中的绝对统治地位,要求实现政府对生产资料的直接占有支配(国有经济)和间接支配(集体经济)。其次,在政府职能身份上,政府作为所有者、计划者和经营者,直接配置社会各类经济资源,直接组织社会经济生活。最后,在政府行使经济职能的方式上,直接的行政指令性计划成为主要的行使方式。① 政府统制经济的形成,有其深刻的现实基础。一方面,作为人类历史上第一个社会主义国家——苏联依靠政府所有制和计划经济在促进苏联迅速建立完备的经济体系,确保苏联战胜国外敌对势力的进攻方面发挥了关键作用。社会主义制度在中国建立后,苏联当然成为我国的效仿对象。另一方面,落后国家赶超型经济发展战略内在要求政府必须集中资源,组织有计划的经济建设,以构建相对独立和完整的经济体系,实现国家工业化,缩小与发达国家的差距。1949~1952年我国进行的社会主义改造与土地改革等措施,已经启动了将经济生活纳入政府所有、占有、支配、组织、干预、调节的过程。这一过程一经启动,就以自身的逻辑向前推进,政府统制经济也变得不可避免。虽然国家在后来计划经济体制的发展中也对政府统制经济活动做了一些调整,比如在中央与地方政府经济职能权限上集权与分权不断循环反复,政府经济职能机构也在膨胀——精简中往复,但是这种调整并没有触及单一公有制和行政性计划经济体制,反而客观上起到了强化政府统制经济的作用。

政府对经济的绝对统制决定了1978年以前我国几乎没有其他金融机构,只存在着集货币发行与金融业务办理为一体的中国人民银行。由于政府是企业经营运作资金的主要供给者,中国人民银行制定信贷和现金发行计划来决定如何供给资金,居民和企业与唯一金融机构之间就只有存款、贷款、汇款和转账结算关系,不存在任何金融机制,也就没有问题金融机构产生的空间。即使中国人民银行一时出现现金支付困难,由于它在金融体系中的唯一地位以及国家信用背书,也不会让这种暂时困难演变为群体恐慌,进而产生社会动荡。不仅如此,中国人民银行作为财政的记账、结算机构,通过财政调拨就可以随时解决支付困难。

---

① 张守文:《回顾70年:经济法制度的沉浮变迁》,《现代法学》,2019年第4期,第5页。

第二章　我国问题金融机构公力救助的实践考察

　　1978年开始的计划经济体制改革起点就是政府简政放权，让企业拥有更多经营权利，由此各种金融机构组织体系也开始建立，金融机构的商业化经营改造也拉开序幕。不过此时的改造并没有触及企业产权改革，政府在包括金融机构在内的国有企业经营中仍然具有绝对权力，这就导致在经营过程中金融机构如果出现偿付不足，政府总是习惯于以所有者身份，通过直接行政指令方式解决企业的流动性问题。产权改革的缺席与政府集所有者、经营者于一身的路径依赖，使这时对问题金融机构的救助体现为一种政府基于所有者角色的救助，具有所有人自身救助的特点。

　　随着我国经济体制改革的不断深化，企业产权改革也提上议事日程。国有商业银行股份制改造的完成、国有资产管理公司、中央汇金公司的建立，无不彰显国家意欲厘清政府作为所有者和作为公共管理人的关系，以建立社会主义市场经济体制，使政府作为公共管理人，发挥干预经济的作用。作为公共管理人，政府必须以向社会有效提供公共物品与服务为根本目的。在市场交换机制无法发生作用，可能危及社会安全与社会整体效率时，政府才可以干预经济，并在必要时对问题金融机构提供救助服务。这种公力救助是基于社会公共需求产生，是政府行使公共管理职能，回应社会公众需要的结果。因此，政府对问题金融机构的救助必须依法而行，在法律授权框架内完成。目前，我国政府作为公共管理人依法救助问题金融机构，已经有了成功的实践范例。迄今为止，原保监会依据法律规定已对问题保险公司进行了两次成功救助，第三次救助正在发生中。① 原保监会作为保险行业的监督管理机构，在保险公司偿付能力严重不足或违反法律规定，损害社会公共利益，可能严重危及或者已经危及公司偿付能力的情况下，依照我国《保险法》，对问题保险公司实施接管，并动用保险保障基金进行注资，恢复问题保险公司的偿付能力，具有典型的公共管理性质。另外的例子就是中央银行与银保监会对包商银行的接管救助。政府作为组织实体，经过计划、组织、协调、指挥、控制等管理环节，利用公共资源，以保证金融安全与金融业的整体效率。原保监会前两次救助最终都实现了保险保障基金溢价退出目标，保证了保险保障基金救助问题保险机构的可持续发展。正在进行中的第三次救助，针对的是安邦保险集团这样的民营金融机构，其股份没有任何国有成分。在满足法定条件下，政府动用公共资源对安邦保险集团进行救助，就更加鲜明地显示出政府作为公共管理人救助问题金融机构的特点。中央银行和银保监会对包商银行这样一家中小地方性商业银行的接管救助也反映出同样的特点。

---

　　① 截至本书完成之时，安邦集团的保险业务已被2019年7月11日成立的大家保险集团接管，大家保险集团的股东之一为中国保险保障基金有限责任公司。《安邦接管工作重大进展：大家保险集团成立，注册资本203.6亿》，https://t.10jqka.com.cn/pid_109258561.shtml，2019年9月15日。

现阶段我国政府救助问题金融机构虽然基于路径依赖仍然存在行政指令救助的情况，但是此时的行政指令救助不再源于政府作为金融机构的所有人身份，而是长期计划经济体制形成的政府绝对权威以及市场经济体制不完善情况下政府部门强大的权力惯性。同时，作为公共管理人，在政府"父爱主义"传统与片面强调维稳的影响下，政府对问题金融机构的个人债权人一度实施不考虑风险自担市场原则的完全救助，这就扭曲了市场价格机制，造成市场道德风险蔓延，严重影响了市场运营机制。考虑到我国正处于计划经济向市场经济转轨期间，政府职能转变尚未完成，出现这种救助也就不足为奇。随着我国进一步厘清政府与市场的关系，强调市场在资源配置中的决定性作用，政府在金融领域行使公共管理职能救助问题金融机构必须依法而行，已逐渐成为政府和社会各界的共识。政府作为公共管理人对问题金融机构的救助也日益市场化、规范化。

（二）从一般性金融管理救助向真正意义的金融监管救助转变

具有真正监管意义的"金融监管"这一术语最早提出是在1994年国务院批准发布的《中国人民银行关于加强金融机构监管工作的意见》之中，①之前提及的所谓金融监管更大程度上是一般意义上的金融管理，而非现代意义上的金融监管。之所以如此，原因在于改革开放之前金融完全附属于财政部门或计划部门，没有任何独立性。在"大一统"高度金融集权的体制中，中国人民银行作为国民经济各部门资金活动的中心和枢纽，作为国家的总会计、总出纳，制定国家的信贷和现金发行计划。此时的所谓"金融监管"主要围绕中国人民银行的上级银行检查下级银行执行统一的信贷计划、管理计划情况而展开，目的在于配合财政部门和计划部门经济发展计划的真正落实。因此在改革开放前，作为当时我国几乎唯一的金融机构，中国人民银行只有金融管理活动而无金融监管行为。当然如果中国人民银行下属分支机构出现现金不足，偿付困难，上报上级银行后，通过资金调剂就可以解决。

1983年9月国务院发布《关于中国人民银行专门行使中央银行职能的决定》，自此以后，中国人民银行开始专门行使中央银行职能，负责金融机构的设立、变更、撤销、终止及其业务范围的审批，对金融机构的存款、贷款、结算等业务活动和内部管理行为进行监督检查，维护与整顿金融秩序。中国人民银行金融监管的"首要任务是分配资金，金融监管的重点是检查专业银行是否按照国家的要求发放贷款，风险监管的功能不强"②。这表明当时的金融监管侧重于合规性监管，以实现国家集中金融资源进行社会主义经济建设的目标。1986年1月国

---

① 《国务院批转中国人民银行关于加强金融机构监管工作意见的通知》，http：//www.chinalawedu.com/falvfagui/fg22016/27428.shtml，2019年8月19日。

② 王广谦：《中国经济改革30年（金融改革卷）》，重庆大学出版社2008年版，第179页。

务院又发布了《中华人民共和国银行管理条例》，进一步强化了中国人民银行的金融监管职能。1996年，中国人民银行正式提出金融监管要以风险监管为核心，表明中央银行金融监管指导思想由合规性监管向风险性监管转变。① 随后，我国逐步建立专门的保险、证券和银行业监督管理部门，确立我国金融分业监管体制。

随着现代意义上的金融监管概念逐步被我国政府所接受，负有金融监管职能的政府监管部门也开始基于风险监管要求，对问题金融机构实施政府救助。1997年永安保险因资本金虚假出资和违规经营，导致偿付能力严重不足，被中国人民银行宣布接管。这是我国第一起由金融监管部门对问题金融机构实施的直接救助，表明我国对问题金融机构的公力救助已经开始从一般性金融管理向真正金融监管意义救助转变。

（三）从反应性、临时性救助向规范化、制度化救助转变

如前所述，我国改革开放40余年既是我国从农业社会向工业社会转轨，从计划经济向市场经济转轨的过程，也是我国金融体制从"大一统"高度金融集权体制向多元化、市场化金融体系转变的过程。在双转轨与金融体制转变过程中，我国政府对问题金融机构救助的认识也在不断发生变化。

在"大一统"高度金融集权时期，由于金融机构的唯一性以及金融机构附属于财政的特性，使得即使中国人民银行下属分支机构出现支付困难，也可以通过上报上级银行与资金调剂加以解决，因而政府并没有救助问题金融机构的意识。而后开始的改革开放要求中国人民银行职能和地位独立，恢复成立的国有专业银行与新设立的其他金融机构要企业化运营，这就使问题金融机构的出现成为可能。改革开放"摸着石头过河"的性质决定了最初面对问题金融机构时，基于"弱也不能倒"的计划经济思维惯性，政府往往以企业股东身份，采用行政指令方式，指定另一家稳健经营金融机构收购、合并该问题金融机构或者直接注资救助该问题金融机构。这种救助由于并没有法律法规的明确规定而具有反应性、临时性救助的特点，即只有当问题金融机构出现时，政府才会"一事一议"讨论如何救助该问题金融机构，且每一次政府采取的救助措施和做法都可能有所不同，具有极大的任意性和不可预估性。这种政府反应性、临时性救助的随意性与不可预估性极易导致政府权力滥用，寻租现象盛行，扭曲正常的市场机制，因而是不可持续的。

随着我国社会主义市场经济体制和金融体制改革的不断深化，社会主义法制建设也不断加快，政府对问题金融机构救助的认识也从"一事一议"的反应性、

---

① 王广谦：《中国经济改革30年（金融改革卷）》，重庆大学出版社2008年版，第183页。

临时性公力救助，转变为问题金融机构公力救助需要制度化、规范化和市场化，相应的金融法律法规也不断健全。如 1995 年颁布的《保险法》《商业银行法》和 1999 年颁布的《证券法》都规定了在特定条件下金融监督管理部门可以对问题金融机构实行接管①，这实际上从法律上明确了金融监管部门救助问题金融机构的条件和方式。同时，在 20 世纪末保险行业还率先建立保险保障基金，并于 2008 年 9 月颁布《保险保障基金管理办法》，成立中国保险保障基金管理公司，这一切都显示出政府开始探索规范化、制度化救助问题金融机构的意图。在保险领域，保险业监督管理机构还根据法律成功实施了两次对问题保险公司的接管和保险保障基金注资救助，第三次对安邦保险的接管救助也正在进行中。同时，中央银行和银保监会也依据《商业银行法》《存款保险条例》，于 2019 年依法实施了 20 年来首次对非国有商业银行——包商银行的接管救助。

（四）从政府隐性担保救助向政府显性担保救助转变

担保是市场经济生活中一种常见的经济现象。它通过担保人对债权人做出的当债务人不能偿付债务时由其向债权人清偿的承诺，从而降低信用风险、提高市场效率。根据担保人的不同，又可分为私人担保和政府担保。由于政府的公共部门属性，当它以财政收入和国家信用向债权人提供清偿债务承诺时，就能够起到稳定社会经济形势和公众预期，从而遏制负外部性蔓延，恢复社会公众信心和社会公众秩序的效果。尤其在发生金融危机时，政府担保救助金融市场与问题金融机构，能够在阻止金融危机持续恶化，恢复市场信心方面发挥重要作用，因而西方成熟市场经济国家一般都制定了一整套较为完备的政府显性担保救助金融体系与问题金融机构的法律制度。

与之相对应，我国在公力救助问题金融机构上却正在经历着一个从政府隐性担保救助向显性担保救助转变的过程。在 1978 年以前，我国一直实行高度集中的计划经济体制，与之相适应的金融体制也呈现出"大一统"的高度金融集权特点。在这样一个金融体制中，不存在标准意义上的金融机构、金融市场和金融产品，中国人民银行只是作为国家财政部门的会计、出纳部门存在，货币作为消

---

① 《中华人民共和国证券法》第 153 条规定："证券公司违法经营或者出现重大风险，严重危害证券市场秩序、损害投资者利益的，国务院证券监督管理机构可以对该证券公司采取责令停业整顿、指定其他机构托管、接管或者撤销等监管措施。"

《中华人民共和国商业银行法》第 64 条规定："商业银行已经或者可能发生信用危机，严重影响存款人的利益时，国务院银行业监督管理机构可以对该银行实行接管。"

《中华人民共和国保险法》第 144 条也规定："保险公司有下列情形之一的，国务院保险监督管理机构可以对其实行接管：（一）公司的偿付能力严重不足的；（二）违反本法规定，损害社会公共利益，可能严重危及或者已经严重危及公司的偿付能力的。"详见 https：//www.66law.cn/tiaoli/22.aspx，2019 年 11 月 26 日。

极的货币，只具有记账和算账的工具作用，金融的融资和资源配置功能几乎被完全忽略。此时即使中国人民银行下属分支机构出现暂时性支付困难，也只需要上级银行或者财政的资金调拨就能解决，这实际上就是政府隐性担保的体现。计划经济时代政府统制一切经济活动，中国人民银行作为政府设立的唯一金融机构，承担存、贷、汇款以及资金结算功能。一旦中国人民银行的支付困难不能及时解决，社会就可能崩溃，因而政府自然必须为其正常经营提供担保，这是政府作为社会经济统制者承担的当然义务，也不需要额外证明。

　　改革开放后的转轨时期，在金融机构产权改革尚未完成，企业化运营尚未完全实现时，政府为进行社会主义经济建设，在财政困难的情况下，利用自己对金融资源的严格管制和所有者身份，开始大量使用银行资金为国有企业提供金融支持。转轨带来的阵痛又造成国有企业大面积亏损，形成银行巨额坏账，如果政府放任不管，听之任之，必然会导致大量银行倒闭，这对于以银行为主要金融机构的金融体系是一个致命打击。因此在金融部门承担了转轨改革成本的情况下，政府必须为陷入偿付困境的金融机构提供救助担保。这种以国家信用和财政能力为基础的担保，并没有任何的法律法规依据，也没有明示的承诺，但在事实上通过政府救助问题金融机构的行为而表现出来，因而是一种政府隐性的担保救助。典型的隐性担保救助例子就是中央政府对国有商业银行的救助。为实施国有商业银行股份制改造，确立商业银行的企业化运营机制，政府先后通过剥离不良资产、财政注资等方式救助四大商业银行，使其摆脱因历史遗留问题导致的偿付能力不足。这种政府隐性担保金融机构的机制一旦形成，就会以自身的逻辑继续运行下去。在随后进行的证券公司清理整顿中，由于很多问题证券公司多是地方金融机构，它们为地方经济的发展提供了大量金融支持，使得当问题证券公司出现时，地方政府几乎一致选择救助，承担隐性担保责任。之所以如此，源于地方政府作为证券公司股东，分享了繁荣时期的丰厚利润，① 同时证券公司账户上沉淀的巨额客户保证金，存在当地银行，又给区域经济发展带来巨额的流动资金，因此当证券公司遭遇流动性危机或支付危机时，地方政府同样愿意为其提供隐性担保，救助问题证券公司，使其避免倒闭清算的命运。即使地方政府缺乏救助能力，也会尽力游说中央政府施加援手。② 地方政府对于其他问题地方金融机构的救助也体现了政府隐性担保逻辑。

　　政府隐性担保在我国金融体系，包括生产体系的广泛存在又强化了人们对政

---

① 如2000年深圳政府就从南方证券分得利润1亿元以上，超过许多不景气的国有企业的利润总和。
② 地方政府与央行协商，希望中央银行再贷款救助地方问题证券公司的消息在当时的一些报道中可以看到。莫菲：《券商扶植大计划》，《21世纪经济报道》，2005年6月8日，第8版。苏培科：《软硬兼施重组西南证券，惊心动魄的注资内幕》，《中国经济时报》，2005年9月7日，第12版。

府隐性担保的意识。一旦因问题金融机构出现，导致个人债权损失，社会公众又会给政府施加压力，要求政府为他们的个人债权清偿承担责任，政府在计划经济时代形成的"父爱主义"传统和维护社会稳定压力，又会促使政府继续承担隐性担保责任，为问题金融机构的个人债权人承担债务清偿责任。

我国市场经济体制改革和金融体制改革的日益深化，为打破政府隐性担保救助金融机构创造了条件。在国有企业和国有金融机构的股份制改造完成之后，政府在逻辑上已没有了隐性担保救助问题金融机构的必要。我国金融体系和金融市场的日益发展壮大已经蕴含和积累了巨大的金融风险，如果不能及时处置风险，对需要救助的问题金融机构实施公力救助，恐怕会危机整个金融体系和社会的稳定与安全。因此有必要通过法律制度形式树立金融机构市场化经营为原则，政府救助问题金融机构为例外的思想，并明确救助的条件、方式，以防范和减少风险，强化社会公众参与金融市场的信心。这种政府显性担保救助在 20 世纪 90 年代中后期我国颁布的《保险法》《商业银行法》《证券法》中得到体现，1997 年中国人民银行根据《保险法》对永安保险集团就实施了这样的显性担保救助。

需要指出的是，我国金融发展变迁中上述公力救助问题金融机构的逻辑转换并没有完全完成，还处于动态的变化过程之中。究其原因，主要在于制度变迁中的路径依赖的存在。路径依赖原理告诉我们，"人们过去做出的选择决定了他们现在可能的选择"[①]。脱胎于传统封建社会的中华人民共和国，在自身历史传统和苏联的影响下，建立起一个政府统制一切经济活动的经济体制。这种经济体制没有刚性的财产制度，只有政府代表人民拥有一切生产资料，并管理一切经济活动。基于这样一个初始制度而开始的经济体制与金融体制改革，必然也是一个渐进式政府主导的改革过程。改革开放前的初始体制提供了强化初始体制的刺激和惯性，因为沿着原有体制变化路径向前走，总比另辟蹊径来得方便些。我国在改革开放前形成的政府统制一切的政治经济体制，决定了政府对问题金融机构的救助总是有沿袭计划经济时代救助问题金融机构的倾向，渐进式改革路径又强化了政府的这一倾向。并且我国的社会主义市场经济体制仍然处于完善深化过程，不能保证市场的完全竞争性或零交易费用，这就使政府会被不完全的信息反馈和既定路径的意识形态所修正，从而对初始体制下的问题金融机构公力救助形成持久依赖。因此我国问题金融机构救助要完全实现上述的逻辑转换，还需要社会主义市场经济体制改革和金融体制改革的不断深化发展。

---

① 道格拉斯 C. 诺斯：《经济史中的结构变迁》，陈郁、罗华平译，上海三联书店 1991 版，第 2 页。

第二节 我国问题金融机构公力救助的事实描述

一、我国问题金融机构公力救助的职能目标定位

我国金融体系从"大一统"的高度金融集权到现在金融机构组织服务体系日益完善、金融要素市场化不断加深,不过经历了短短40余年的时间。在我国这样一个新兴加转轨的经济体系里,40余年来没有发生真正意义上的金融危机,政府对金融体系和问题金融机构的干预与救助恐怕功不可没。纵观改革开放以来我国政府对问题金融机构的干预与救助可以发现,政府干预救助问题金融机构的职能目标定位有一个发展变化过程,即从推动金融业改革和发展与监管金融业、预防和处置风险并行的双重职能目标,向监管金融业、防范处置风险的单一职能目标转移。

(一)我国问题金融机构公力救助的双重职能目标

在改革开放初期,政府主要通过简政放权以激发社会活力。以分权化为主要内容的经济体制改革带来了国民收入分配体制的巨大变化,过去在计划体制下由中央政府掌控的经济剩余逐渐向民间部门(居民户)渗透①。居民收入的大幅增长,主要源于农村联产承包责任制改革和中央政府开始对国有企业实施的"政企分开、自负盈亏"的体制改革,以及各种劳动密集型产业的迅速成长。② 在财政收入锐减而中央政府又未能建立起有效的征税体制下,为筹集居民资金以服务于社会主义经济建设,我国金融体系开始构建以中央银行与国有专业银行为主导的二元银行体制。同时各种非银行金融机构也开始涌现,以回应中央政府提出的筹措资金以服务经济建设的目的。

由于当时我国尚在改革初期,有关非银行金融机构的设立、运营、管理等方面的规范极为缺乏,这就导致非银行金融机构发展极为混乱,尤以我国信托类金融机构最为典型。为促进信托行业有序、健康发展,政府开始清理整顿信托行业,对问题金融机构的公力救助也正式展现在社会公众的视野里。1995 和 1996 年政府先后出手,对陷入债务清偿不能的中银信托投资公司、中国农业发展信托

---

① 马颖、陈波:《改革开放以来中国经济体制改革、金融发展与经济增长》,《经济评论》,2009 年第 1 期,第 13 页。
② 王志伟:《理解改革进程:演化经济学的视角》,《福建论坛(人文社会科学版)》,2014 年第 2 期,第 49 页。

投资公司进行救助,采用行政指定第三方金融机构收购或者承担问题金融机构债务清偿责任的方式,解决问题金融机构的支付危机。即使是最后被破产清算的广东国投,其债务也由政府出资得以清偿。而后我国政府对证券行业开展的清理整顿并大量救助问题证券公司的行为,同样表明了政府不希望金融机构因清偿不能而大量倒闭的态度①。在对待问题金融机构上,之所以政府普遍采取"弱也不能倒"态度,除了制度变迁中的路径依赖影响外,另一个重要原因是政府对问题金融机构救助的目标定位影响。由于当时我国金融体系和相关金融市场才刚刚建立,正是需要小心呵护以促进其发展时期,如果某类金融机构因支付不能出现大量倒闭现象,政府担心其会大大损害社会公众对金融市场的信心,进而不愿意参与到金融交易中来。经济体制改革导致的经济剩余向居民手中集中,决定了政府必须动员这些居民储蓄为改革开放和经济建设服务,因此政府必须采取一切措施确保社会公众对我国金融体系和金融市场的信心,以推动金融行业的改革和持续发展。政府救助问题金融机构,就是展示政府要大力发展金融体系和金融市场的决心不会动摇的最好机会。

政府通过救助问题金融机构以推动我国金融体系和金融市场发展的最典型体现,就是在20世纪90年代后期开始的国有专业银行的商业化和股份制改造。如前所述,在改革开放初期,为集中居民的经济剩余发展经济,我国金融体系实施了以中央银行和国有专业银行为主导的二元银行体制,并通过严格的金融管制动员居民储蓄向国有经济部门转移。在政府单一产权下,国有专业银行向国有企业提供大量贷款,而国有企业的大面积亏损又导致这些贷款不能归还,成为银行坏账,最终造成国有专业银行偿付能力严重不足。基于国有银行在我国金融体系中的绝对核心地位,如若放任国有银行倒闭,肯定会造成我国金融体系的整体崩溃,而且国有银行的偿付困境也主要是因为承担了经济改革成本所致,因此为了我国金融体系的长远健康发展,政府开始出手救助我国的问题银行。1998年财政部就发行2700亿元特别国债募集专项资金来充实国有银行的资本金②,同时中央政府成立资产管理公司来收购处置国有银行的不良贷款,当然最终的损失还是由中央财政承担。另外,中央政府还动用外汇储备对四大国有银行进行注资以确保银行的流动性需要。通过政府这一系列的救助举措,不仅完成了国有商业银行的股份制改造,明晰了银行产权,而且更重要的是推动了我国金融体系和金融市场的发展,增强了社会公众参与金融交易的信心,为我国金融体制改革的进一步深化创造了条件。

伴随我国金融体系和金融市场不断发展而来的还有不断累积的金融风险。改

---

① 广东国投的破产只是个案,与当时综合形势密切相关,不具有普遍意义。
② 《四大行财政注资往事》,https://www.sohu.com/a/270576239_670374,2019年8月19日。

革开放以后金融与财政的分离以及中央财政收入的减少,使得我国越来越呈现"强金融—弱财政"格局,① 金融对经济建设的资金支持作用不断加强。然而金融的基础在于信用,金融交易的本质就是信用的不断创造,这就必然带来信用风险。如果不及时防范和处理,就会形成信用危机,导致信用体系的崩溃。不仅如此,金融市场参与者基于逐利天性导致的高度非理性,还会酝酿巨大的市场风险。金融业务的负外部性又会使金融风险产生叠加效应、溢出效应和传染效应,若政府没有及时干预处置,就可能爆发金融危机,进而影响社会的稳定。我国政府在金融体制改革启动后,对信托行业和证券行业进行专项清理整顿的初衷,也是防范金融风险。

(二) 我国问题金融机构公力救助的单一职能目标

自 2003 年银监会成立以后,我国金融体系"一行三会"专业化的分业监管体制就正式形成,金融监管的核心也全面转向风险监管。在社会主义市场经济体制基本建成的情况下,我国政府对问题金融机构的救助也呈现出目标定位的变化,即转向防范和处置金融风险,避免金融危机爆发。原保监会在随后的 2007 年首次动用保险保障基金接管并注资新华人寿保险公司,2009 年保险保障基金又通过股份转让成功退出新华人寿,就鲜明地体现出金融监管机构救助问题金融机构的处置风险目标。与此同时,政府仍然存在为金融行业发展而救助问题金融机构的情况,比如出于发展证券市场的目的,实现证券市场为国有企业融资的功能,政府在证券行业清理整顿中就采用各种行政指令方式救助偿付能力严重不足的证券公司。

随着我国社会主义市场经济体制的不断完善,我国金融体系和金融市场也得到日益深化发展,金融在我国经济体系中的地位和作用也越来越重要,金融风险也日益扩大。在此背景下,我国政府救助问题金融机构的职能目标,从促进金融发展和监管金融风险并重向防范和处置金融风险的单一职能目标演化也愈加明显。2018 年 2 月发生的原保监会宣布接管安邦保险集团,保险保障基金巨额注资安邦保险集团,就是典型的出于防范和处置风险目标而开展的问题金融机构公力救助。这次救助对象为民营金融机构,和政府没有任何产权关系,这就使政府救助的风险防范意义更加明显。2019 年 5 月中央银行和银保监会出手接管包商银行这一地方性城市商业银行,并动用中央银行再贷款和存款保险基金清偿包商银行

---

① 袁国良、徐忠:《弱财政、强金融格局下的宏观经济政策取向》,《金融研究》,1999 年第 2 期,第 13 页。

债权人的债权,也鲜明地体现出公力救助防范和处置风险的职能目标。①

二、我国问题金融机构公力救助的主体机构

纵观改革开放后我国问题金融机构公力救助的实践可以发现,对我国问题金融机构实施公力救助的主体机构具有多样性,且彼此相互独立。公力救助机构的多样化,使得我国问题金融机构公力救助显得更加复杂,且救助决策也难以保持可预期。迄今为止,我国承担了公力救助问题金融机构责任的主体机构有以下类别:

(一)中国人民银行

作为我国的中央银行,中国人民银行在"三会"建立之前,就承担起了监管我国金融行业和整个金融体系的重大责任。在作为金融行业具体监管部门期间,中国人民银行于1997年对永安保险的接管及其主持下的增资重组,使永安保险脱离了偿付困境,成为我国以防范风险为目的公力救助问题金融机构的第一个范例。中国人民银行救助问题金融机构的最重要体现还在于中央银行作为"最后贷款人"的再贷款职能。在2004~2006年我国证券行业清理整顿中,为救助问题证券公司,中央银行先后发放了近300亿元再贷款,其中南方证券就得到80多亿元,以帮助解决证券公司挪用客户保证金形成的支付不能。② 而在随后的"德隆系"金融机构救助中,中央银行再次进行再贷款以赔付购买了"德隆系"金融机构推出的高收益理财产品的客户。同时,在救助国有商业银行的过程中,为给四大资产管理公司提供足够资金收购国有商业银行的不良资产,中国人民银行向其提供了高达上万亿元的再贷款。③ 不仅如此,中国人民银行还为地方金融机构的关闭以及证券投资者保护基金提供了中央银行再贷款资金支持。总之,从实践看,中央银行再贷款在我国问题金融机构公力救助中,承担了资金保障作用,因而是当然的公力救助主体。

---

① 2019年8月有新闻报道中央汇金公司将以战略投资者身份入股恒丰银行,由于此前恒丰银行一直处于资本不足的高风险状态,这实际上也是以注资救助形式充实银行资本金,只不过注资者为国有企业。从此意义上讲,该救助具有市场化私力救助形式。详见侯本旗:《为什么锦州银行被重组,包商银行被接管而恒丰银行获注资》,https://baijiahao.baidu.com/s? id =1641370130948729398&wfr = spider&for = pc,2019年8月19日。

② 刘俊:《各国问题金融机构处理的比较法研究》,华东政法学院博士学位论文,2007年,第246页。

③ 1999年,为处置四大行的不良资产,国家分别对口成立东方、长城、华融和信达四家资产管理公司(AMC)。当时,由财政部为四家AMC分别提供了100亿元资本金,中央银行提供5700亿元的再贷款,并在随后多次提供再贷款。详见《四大资产管理公司:黄金岁月及艰难转型》,https://www.wdzj.com/hjzs/ptsj/20180423/623877 -1. html,2019年8月19日。

(二) 各分业金融监管部门

各分类金融监管部门指原保监会、原银监会合并而成的银保监会和证监会。① 随着我国分业监管体制的建立，分业监管部门依据颁布的相关法律也拥有了防范和化解金融风险、维护金融稳定的职责，救助问题金融机构的权力自然也在其中。例如，成立后的银保监会的主要职责就包括防范和化解金融风险，维护金融稳定。② 原保监会在其成立之后先后出手接管新华人寿、中华联合财保和安邦保险等问题保险公司，并动用保险保障基金进行注资，无不体现了金融监管部门防范和处置风险的职能目标，反映了问题金融机构公力救助的本质意义。2019年5月，银保监会联合中央银行对包商银行实施接管救助，也是源于包商银行存在严重信用风险，若不及时处置，恐会酿成系统性金融风险爆发，进而导致危机出现。当然，受到我国问题金融机构公力救助职能目标的双重性影响，在2004~2006年证券业清理整顿中，证监会对问题证券公司的救助不仅行政化明显，而且更多的是出于促进金融行业和金融市场发展，维护社会稳定的目标。

伴随着我国社会主义市场经济体制的日益深化完善，我国的金融监管体制也随之发生了巨大变化。2017年国务院金融稳定发展委员会的设立，2018年银监会、保监会的合并，无不标志着我国金融监管体制对防范和化解金融风险的重视，金融监管部门对问题金融机构的救助也将更加体现防范和化解金融风险，确保金融稳定的特点。

(三) 财政部门

由于问题金融机构的偿付能力严重不足，对问题金融机构的救助往往需要大量资金，而财政部门作为最后支付人，是公共风险的最终承担者，掌握着整个社会资源和财富收入的配置，因此对于救助问题金融机构具有无可比拟的资金优势。我国财政部发行2700亿元特别国债募集专项资金来充实国有银行的资本金③，出资设立资产管理公司以承接主要国有商业银行的不良资产，所有被剥离给资产管理公司的国有商业银行巨额不良资产，最后的损失承担者也是财政部门，这些无不表明财政部门在救助问题金融机构时的重要作用。即使是中央银行再贷款的救助资金，如果发生违约风险，最终也由财政部门承担损失。可见财政部门在公力救助问题金融机构过程中，承担着最后的资金救助责任，是公力救助的最后保障。

然而财政部门的资金救助往往非常谨慎，毕竟财政部门的资金属于公共资

---

①② 2018年，根据国务院机构改革方案的规定，中国银监会和保监会合并，成立银保监会，依法监管银行业和保险业，防范和化解金融风险，维护金融稳定。详见李致鸿、李玉敏：《中国银保监会正式成立——三定方案正在研究中》，《贵州政协报》，2018年3月22日，第B2版。

③ 《四大行财政注资往事》，https：//www.sohu.com/a/270576239_670374，2019年8月19日。

金,来自于所有纳税人的付出。如果轻易动用公共资金去解决某个经营性问题金融机构的危机,难免有社会公众为私人经营企业的损失买单之嫌,导致缺乏伦理道德基础,进而引发经营性金融机构的道德风险。在2008年金融危机中,美国政府对多家系统重要性金融机构实施了救助,成功化解了系统性风险,但也招致社会公众的诸多批评,认为政府用纳税人的钱为资本家的贪婪买单,不符合市场经济自担风险、自负盈亏的原则。不管批评的声浪有多高,财政部门需要承担公力救助问题金融机构的最后责任是毋庸置疑的。问题的关键在于如何设计最优公力救助方案,实现公力救助成本收益的最大化,救助的道德风险最小化。

(四)地方政府

随着分权化改革的不断推进,地方政府逐渐成为我国"为增长而竞争"的"第一行动集团"力量。① 为推动辖区经济发展,地方政府必然会积极寻找资金来源。转型国家"弱财政—强金融"格局与金融体制改革对设立金融机构限制的突破,使地方政府将获取资金的视角转向对于金融资源的获取和控制,于是地方政府开始自行组建各类信托投资公司、证券公司等地方性金融机构。在中央政府清理整顿"金融三乱"后,又通过参股或控股作为地方金融重要力量的农村信用社、城市商业银行的方式来组织金融资源,导致地方性信贷机构大量涌现。一旦这些地方性金融机构陷入偿付困境,出于维护地方经济利益的考虑,地方政府必然会选择积极救助问题金融机构。1995年中银信托投资公司陷入支付危机濒临破产,地方政府就指令广东发展银行以1∶1的比例将其收购。1996年海南发展银行接受其大股东——海南省政府指令②,合并该省陷入财务困境的信托公司和城市信用社,无不体现了地方政府对地方性问题金融机构处理的态度——救助使其不能倒。

在2004~2006年证券业清理整顿中,地方政府对地方问题证券公司的救助态度更是鲜明。2004年南方证券被行政接管,为救助南方证券,堵住巨额资金缺口,作为大股东的深圳市政府在督促证监会出面方面做了大量工作,并在证监会协调重组未果情况下,督促证监会与中国人民银行协调,争取中央银行的再贷款。最终在国务院批准下,中国人民银行向南方证券发放了80多亿元再贷款。与此同时,其他问题券商的重组也离不了地方政府的参与。许多问题券商重组启动小组的组长,就是本省主管经济工作的副省长,由此可见一斑。即使个别地方性问题金融机构没有存续的必要而关闭撤销,地方政府也通过向中央银行提供财

---

① 陈晓:《分税制、地方政府竞争与地方政府债务》,《中国行政管理》,2014年第11期,第96页。
② 海南发展银行的设立总股本为16.77亿元人民币,由47家股东出资,海南省政府是主要股东之一,出资额为3.2亿元人民币,占股本总额的19.7%。转引自刘俊:《各国问题金融机构处理的比较法研究》,华东政法学院博士论文,2007年5月,第244页。

政担保以获取中央银行再贷款资金偿还问题金融机构的个人债权人。因此地方政府在我国问题金融机构公力救助上实际扮演了非常重要的角色。

（五）保险保障基金公司、证券投资者保护基金公司、存款保险基金公司

随着我国社会主义市场经济体制的建立与日益完善，法治国家建设的不断深入，对问题保险机构依法公力救助、市场化方式救助逐渐成为人们的共识。我国政府在救助问题金融机构上花费的巨额成本，也让政府意识到仅仅依靠政府力量救助问题金融机构是不可持续的。有鉴于此，专门的保险保障基金、证券投资者保护基金和存款保险基金先后成立，并设立基金管理公司对基金进行筹集、管理和运作。若相应行业出现偿付困难的问题金融机构需要公力救助，相应的基金公司则可动用基金注资。保险保障基金自设立以来，已经先后三次对问题保险公司进行注资，以帮助解决问题保险公司的偿付困境。尤其在2018年对安邦保险集团的注资，更是达到了保险保障基金规模的一半以上。专门性保障基金的设立，解决了政府救助资金来源单一且容易助长逆向选择和道德风险的问题，降低了救助成本，实现了救助资金的可持续发展，因而将是问题金融机构公力救助的主要资金来源。

我国2015年颁布的《存款保险条例》确立了我国存款保险制度的建立，但该条例颁布的时间过短以及条例的原则性与不完善性，使其尚未在问题金融机构处置和救助中发挥作用。不过在2019年中央银行和银保监会对包商银行的接管救助中首次出现了存款保险基金的身影，存款保险基金公司也随之成立。可以预见，未来存款保险基金及其基金公司将会在问题银行的公力救助中发挥更大作用。比如在2008年金融危机中，美国的存款保险机构——联邦存款保险公司就及时运用多种市场化处置方式，有效处置了银行风险，避免了银行风险向金融体系的蔓延。由于存款保险在危机中发挥了处置风险的关键作用，2010年7月美国出台的《多德－弗兰克法案》进一步拓展了联邦存款保险公司风险处置的职责范围，将其延伸到非存款类的系统重要性金融机构等领域，成为美国金融风险的主要处置当局。① 随着我国存款保险制度的不断完善，作为金融安全网最重要内容之一的存款保险制度以及存款保险基金管理机构，也必将在我国问题金融机构处置和公力救助中发挥重要作用。②

---

① 周卫江：《美国金融监管的历史性变革——评析〈多德－弗兰克法案〉》，《金融论坛》，2011年第3期，第76页。

② 2019年5月24日，存款保险基金管理公司在北京宣布成立，注册资本100亿元。存款保险基金管理公司的成立，标志着在银行类金融机构风险处置和救助中，存款保险将实际发挥作用。2019年5月中央银行和银保监会对包商银行的接管救助，也证明了这一点。详见李丹丹：《存款保险基金管理公司成立 注册资本100亿元》，《上海证券报》，2019年5月30日，第3版。

三、我国问题金融机构公力救助的权力配置

当一家金融机构出现偿付不能，如果得不到外力救助，恐无法继续经营时，是否能够得到外力救助将决定这家金融机构未来的命运。外力救助有两个来源，一是来自于市场的私力救助。即有其他企业或金融机构基于市场化考量，愿意重组、合并或收购该问题金融机构，进而解决问题金融机构的偿付不足问题。这种私力救助，是在平等市场主体之间通过谈判、磋商，达成重组、合并或收购协议，实现救助的效果。因而私力救助是理性经济人自由意志的产物，是市场经济自由选择的结果，不需要具有强制属性的公权力介入与干预。如果平等主体之间无法就重组、合并或收购协议达成一致，那么该问题金融机构危机状态持续的结果只能是破产倒闭。虽说不能继续经营的市场机构退出市场本身就是市场经济的一个重要构成部分，但基于金融机构经营业务的特殊性以及该金融机构在金融体系中的特殊地位，一旦破产倒闭，就很可能给整个金融体系和社会造成巨大冲击，甚至导致金融体系的崩溃，此时，就需要公共权力介入，拯救陷于危机中的金融机构，避免其倒闭破产给整个金融体系乃至社会带来灾难性后果。

由于公共权力是作为一种制度化的有组织的强制性力量而存在，因而必然有相应的组织机构作为公共权力的承载者，通过行使公共权力，对国家和社会的秩序维护、发展起到关键作用。动用公共权力救助问题金融机构，也必须是拥有救助权力的相应组织机构才能采取的举措。从我国问题金融机构公力救助的实践看，我国救助问题金融机构的公共权力配置具有三个维度：一是中央层面的救助权力横向配置，二是中央政府与地方政府之间的救助权力纵向配置，三是社会公权力救助配置。

（一）问题金融机构公力救助的横向权力配置

如上所述，在我国问题金融机构公力救助实践中，横向的中央层面机构组织占据了绝对重要的地位，是公力救助最重要的救助主体。究其原因，主要在于中央层面的机构组织分享和控制了绝大部分公共权力，救助问题金融机构的权力也在其中。在金融体制上，建立起了中央垂直金融监管体制，并且将中国人民银行、证监会、原保监会、原银监会等金融监管机构和国有商业银行、交通银行、中国人民保险（集团）公司等金融机构的党组实行中央垂直管理。同时，我国颁布实施的《中国人民银行法》《商业银行法》《保险法》《证券法》《银行业监督管理法》等金融业基本法律法规还直接或间接地承认了中国人民银行、银监会、保监会、证监会以及财政部等中央政府职能部门或直属事业单位对整个金融行业的全面监督管理权力，对问题金融机构的救助权力也在其中。中央层面的问题金融机构救助权力配置具体表现如下：

首先，中国人民银行作为中央银行，承担着监测金融市场运行，对金融市场实施宏观调控和监督检查，确保金融稳定的职责。因此，当金融体系中具有重要性和强烈负外部性的问题金融机构出现，可能危及金融稳定时，中央银行可以为其提供紧急性贷款。中央银行对问题金融机构的救助权力在于运用中央银行的"最后贷款人"身份，为问题金融机构提供流动性资金贷款支持。中央银行对问题金融机构的再贷款仅仅限于解决问题金融机构的流动性危机，不能处理问题金融机构的清偿力危机，这也是由中央银行的本质所决定的。中央银行通过货币发行具有了流动性贷款能力，但这只能是暂时性，因为中央银行的宏观调控职能决定了其不能无限制地进行货币发行。

我国央行救助问题金融机构的实践表明，在新兴加转轨的市场里，由于市场普遍不完善，更确切地说，出于解决计划经济遗留的历史包袱目的，中央银行作为"最后贷款人"的再贷款职能并不仅仅限于流动性紧急贷款，而是将问题金融机构不良资产剥离也纳入贷款范围。不仅如此，中央银行的再贷款还被用于解决问题金融机构个人债权人的债务清偿，如在2004～2006年证券业清理整顿中，中央银行再贷款给问题证券公司，以垫付被问题证券公司挪用的客户保证金。另外，中央银行为支持农业，还对农村信用社发放了高达几千亿人民币的再贷款。这些做法一方面体现了我国新兴加转轨市场的特点，另一方面也实际上导致了中央银行资金运用财政化，损害了中央银行货币政策制定和执行的独立性。

其次，中央财政部门作为最后支付人，是公共风险的最终承担者，也是防范公共风险的最后一道防线。当问题金融机构出现并且放任其破产倒闭可能会引发金融体系系统性风险时，中央财政部门可以通过直接注资、控股、债务分担等方式解决问题金融机构长期资金不足问题，进而恢复该金融机构的偿付能力。由于财政部门的救助资金来源于国家财政收入，资金使用受法律约束，因而财政部门的救助可以解决问题金融机构存在的诸如不良资产过多、资本金不足等长期资金缺乏问题。

我国中央财政部门对问题金融机构的救助同样体现了新兴加转轨市场的特点。由于国有银行在转轨改革过程中承担了为国有企业发展提供资金支持的责任，因而可能导致银行不良资产累积，陷入技术性破产境地。为给国有银行提供资本金支持，作为国有银行所有人的财务代表，财政部专门通过发行特别国债募集专项资金以充实国有银行资本金或者直接动用外汇储备进行注资。不仅如此，在地方政府财力不足，无法解决问题金融机构债务时，通过与地方政府的博弈与谈判，中央财政往往又会借款给地方政府以帮助其实施地方性问题金融机构的救助。在广东国投破产案件中，广东省政府就曾从中央财政借款350亿用于清偿广东国投的债务。① 尽管表面看这是地方政府在行使救助权力,但是资金来源却是中央财政部门。同时,中央银行给四大资产管理公司的 5700 亿元再贷款,用于收购国有银行的不良资产,最后的坏账损失承担者实质上也是中央财政部门。可见中央财政部门在我国迄今为止的问题金融机构公力救助中发挥了关键作用,其救助作用的发挥也具有新兴加转轨市场的特点。

最后,各金融行业的监督管理机构对本行业问题金融机构享有当然的救助权力。我国相应的各金融行业法律都规定了在符合规定条件下,各分业金融监管部门可以对特定金融机构实施包括整顿、托管、接管在内的措施,这些符合规定条件的特定金融机构就包括了偿付能力不足或可能不足的金融机构,因而也可以认为是金融监管部门实施的救助措施。将问题金融机构救助权力配置给金融监管部门,不仅符合市场经济条件下的金融监管要求,同时也可以使金融监管部门及时有效地处置金融监管中发现的风险。原保监会对问题保险公司的三次接管救助,以及银保监会会同中央银行对包商银行的接管救助,都体现出金融监管部门依法行使救助权力、防范和化解金融风险的特点。

通过上述救助权力配置,我国在中央层面就形成了以"一行两会"金融监管部门为核心,以中央财政部门为最后资金后盾的问题金融机构公力救助体系。由于我国的转轨经济性质,中央银行与财政部门的救助权力分工并不明确,由此导致这两个部门行使问题金融机构救助权力时经常互相越位,使得在救助中出现政策抵消与冲突,这不仅增加了救助成本,降低了救助效果,也对政府声誉产生了负面影响。

(二) 问题金融机构公力救助的纵向权力配置

除了中央职能部门和中央直属事业单位——"一行两会"享有救助问题金融机构的权力外,基于中央与地方之间的纵向关系,我国地方政府在纵向层面对地方性金融机构也享有同样的救助权力。这是源于我国分权化改革以及中央政府以经济建设为中心的地方政府官员绩效考核制度,使得地方政府对地方性金融机构的设立、发展充满了热情。因为在投资驱动型经济增长模式中,资金支持对地方政府辖区的经济增长具有重要作用。在国家财政不再直接拨款投资,国有银行"拨改贷"情况下,地方政府辖区内拥有更多的金融资源,意味着地方政府可以最大程度地动员本地储蓄,让本地储蓄用于本地投资,并能以此吸引和利用更多的外地资金。② 因此地方政府对于促进地方金融发展具有天然的冲动,并亲自作为股东设立了很多地方性金融机构。自然地,在地方性金融机构出现偿付不足时,作为所有人的地方政府必然具有救助权力。

---

① 《广东省省长卢瑞华披露广东国投破产内幕》,《中国经济周刊》2006 年 5 月 23 日,第 4 版。
② 周立:《渐进转轨、国家能力与金融功能财政化》,《财经研究》,2005 年第 2 期,第 33 页。

同时,地方政府在分权化改革过程中,也被中央直接或间接地赋予了对地方金融的监督管理权力,这实际上起到了配置问题金融机构救助权力给地方政府的作用。比如 1994 年农业部和中国人民银行就联合发布了《关于加强农村合作基金会管理的通知》,明确地方政府农业行政部门为农村合作基金会的主管部门,农村合作基金会的设立须经县级以上农业行政部门审批;中国人民银行对农村基金会的业务活动进行监督,并会同农业行政管理部门对违反规定经营存贷款业务的行为进行处理。① 同时,要求各地人民政府应组织有关部门,积极对所辖范围内各种类型的基金会、互助会、储金会、股金服务部、结算中心、投资公司等准金融组织的各种非法或变相金融活动,进行全面清理、限期整顿和严肃处理。② 这实际上就是对地方政府及其职能部门赋予金融监督管理权力,救助涉及的问题金融机构自然也是其中之义。而后中央又通过"国发"、部门规章、规范性文件和其他方式,授权或委托地方政府行使部分地方性金融组织或业态的监管权和风险处置责任。这样包括小额贷款公司、融资性担保公司、典当行、资金互助社等在内的地方性金融组织,就成为地方政府及其职能部门的监管对象和风险处置对象,自然也是地方政府金融救助的对象。

在我国问题金融机构公力救助实践中,地方政府也扮演了重要角色。如前所述,在广东国投破产关闭之前,广东省政府想尽办法进行救助,甚至从中央财政借债 350 亿元用以清偿广东国投债务,只不过救助没有成功而已。③ 在 2004 ~ 2006 年证券业清理整顿期间,各地方政府基于所有人身份以及金融资源对本地区经济发展的重要意义,也纷纷使出浑身解数对本地区问题证券公司实施救助,采用的手段包括但不限于直接出资、向中央财政借款、向中央银行申请再贷款、对问题证券公司的并购施加行政影响等,甚至还有地方政府游说中央银行进行再贷款救助。④ 此外,在对城市信用社的几次清理整顿中,地方政府也成为问题城市信用社的救助主力,负责兑付城市信用社的个人债务。

综上所述,我国问题金融机构的救助权力配置,在国家权力层面上具有双层性,即中央政府和地方政府都享有问题金融机构的救助权力,但中央和地方救助权力来源有所不同。中央层面的救助权力配置,主要源于国家法律的法定授权,具有权力刚性。地方层面的救助权力配置,则主要来自于中央的试验性授权与委

---

① 《农业部、中国人民银行关于加强农村合作基金会管理的通知》,http://www.110.com/fagui/law_37052.html,2019 年 8 月 20 日。
② 银监会:《处置非法集资专题》,http://www.cbrc.gov.cn/showFfjzDoc/598602E2F1274C249C90D9CED96E8D29.html,2019 年 8 月 20 日。
③ 《广东省省长卢瑞华披露广东国投破产内幕》,《中国经济周刊》,2006 年 5 月 23 日,第 4 版。
④ 莫菲:《券商扶植大计划》,《21 世纪经济报道》,2005 年 6 月 8 日,第 4 版。苏培科:《软硬兼施重组西南证券"惊心动魄"的注资内幕》,《中国经济时报》,2005 年 9 月 7 日,第 6 版。

托,并允许和包容地方政府"先行先试"改革。显然,地方政府救助权力配置属于弹性配置,且具有一定的变动性,它会随着地方经济金融发展与创新而有所变化。

(三) 问题金融机构公力救助的社会公权力配置

我国问题金融机构公力救助的主体机构除了国家机构组织外,还有存款保险基金、保险保障基金和证券投资者保护基金这一类特殊的救助主体机构。这类机构的救助权力本源不是国家公权力,而是社会公权力。

所谓社会公权力,简言之,即是一定数量人集合而生的权力,权力运行目的在于为这个人的集合体——社会组织形成的社会利益服务。社会公权力与国家公权力一道构成公权力体系。① 社会公权力的产生源于市场经济和社会发展,打破了"国家—社会"的一体化局面,与国家相对分离的民间组织和社会多元化格局形成,导致政府的权力与能力行使无法满足日益复杂化、多元化的社会需要,因此社会公权力开始凸显于国家治理舞台。社会公权力是"国家之外的集体力量,这种力量尽管要受国家的影响,但能更多样化地发挥它的调节作用"②。社会公权力因能够向特定的人的集合体提供准公共产品而具有了存在的重要价值,提供准公共产品也成为社会公权力运行的目标所在。不同于纯公共产品的完全非排他性和非竞争性以及边际成本始终为零,准公共产品在消费上具有非竞争性或者有竞争性却无法有效排他,但消费群体数量一旦扩大,边际成本将上升,且边际成本会随着消费数量的不断上升而至无穷大。因此,准公共产品由社会组织享有的社会公权力提供,是符合经济效率的。

保险保障基金和证券投资者保护基金是由全体保险行业和证券行业的金融机构以及交易所,分别按照一定比例缴纳的资金集合体。存款保险基金则是吸收存款的银行类金融机构缴纳保费的集合体。一旦所在行业的金融机构发生偿付能力不足或其他严重危及社会公共利益情况,上述基金的资金就可能被用于救助问题金融机构,以帮助解决相关问题。保险保障基金、证券投资者保护基金、存款保险基金享有的这种救助问题金融机构的权力,本质上不同于国家公权力,而是一种社会公权力。它是由各金融行业的金融机构通过缴纳一定比例资金形成的一种救助权力。虽然形成的基金表面上是资金的集合体,实质上仍然是各种法律拟制人构成的集合,具有社会组织属性,其向所属金融机构提供一定安全保障就是在向所属金融机构提供准公共产品,且这种准公共产品消费具有竞争性,会随着救助问题金融机构的数量增多而出现边际成本上升情况。因此保险保障基金、证券投资者保护基金、存款保险基金救助问题金融机构的权力属于社会公权力,它是

---

① 徐靖:《论法律视域下社会公权力的内涵、构成及价值》,《中国法学》,2014年第1期,第82页。
② 埃米尔·迪尔凯姆:《自杀论》,冯韵文译,商务印书馆1996年版,第230页。

为一定社会组织服务而生的权力,其权力本源是社会组织内部成员的一致同意。它是一种基于社会组织成员达成的契约而形成的,超越于社会组织个体成员之上的强制力量。在社会公权力的作用下,面临偿付危机的问题金融机构就可能因得到救助而获得安全保障,在金融机构经营正常后基金通过市场化退出还可能获得溢价收益,这就实现了社会公权力救助问题金融机构的可持续性。可见,将救助问题金融机构权力配置给社会组织,可以大大减轻国家财政压力,实现救助资金来源多元化,并且还能通过市场化运营,实现救助资金的可持续。

需要指出的是,存款保险基金、保险保障基金和证券投资者保护基金的救助权力虽然在性质上属于社会公权力,但它仍然要受到国家法律法规的约束,只能在法律法规约束下行使权力,这也是由社会组织与国家之间的关系所决定的。因此,国家对社会公权力的行使运用依然负有监督管理责任。至于基金成立后的管理运作以及资金保值增值,则由专门的基金管理公司来负责,并接受相关金融监管部门的监督。

当然由于我国存款保险基金建立较晚,存款保险基金的管理机构以前是中央银行,2019年5月才成立专门的基金管理公司,但这并不能否认存款保险基金享有的对问题金融机构的救助权力。

四、我国问题金融机构公力救助的管理体制

在权力配置格局下,我国问题金融机构公力救助的管理体制,回应的是救助权力的具体运作模式问题。从我国公力救助问题金融机构的实践看,我国实际上已经形成中央垂直管理与地方政府属地管理模式相结合的问题金融机构公力救助管理体制。

在中央层面上,问题金融机构公力救助的主要主体"一行两会"均已实现中央垂直监督管理体制,即中国人民银行、银保监会、证监会均以派出机构形式在地方直接行使相关金融监管权力,本系统内的党的关系、干部任免也由中央垂直管理。财政部虽然没有实行中央垂直管理,但中央与地方的分税制改革以及地方政府对问题金融机构的属地管理体制,使得财政部只需要在中央层面考虑问题金融机构救助问题,因而也可以视为是中央垂直管理体制。存款保险基金、保险保障基金和证券投资者保护基金也在其系统范围内行使救助权力、承担救助责任,构成问题金融机构公力救助垂直管理体制的一部分。在中央垂直管理救助体制下,"一行两会"与财政部对全国性问题金融机构以及分业监管范围内的问题金融机构是否救助以及如何救助做出决策,存款保险基金、保险保障基金与证券投资者保护基金也要参与其中。

中央垂直管理救助体制与我国的金融集权体制相适应,是我国改革开放后历次金融清理整顿、治乱循环的结果。金融体制改革确立的财政与金融的分离，使经济发展更多地需要依赖金融的支持。在金融法律法规不完备情况下，金融业的盲目发展也造成国家整个金融秩序的混乱。为此，中央先后于20世纪80年代、90年代以及21世纪初进行了三次大的金融清理与整顿，逐步上收金融发展权力与金融监督管理权力，并由此形成我国金融业监管的中央垂直监督管理体制。①对问题金融机构的识别、判断、救助与清退本身就属于金融监管的范畴，自然中央层面的问题金融机构公力救助体制也是垂直管理体制。

在地方层面上，地方政府按照属地管理体制，对地方性问题金融机构以及属于地方金融监管范围内的问题金融机构行使救助权力。地方政府属地管理救助体制的形成，一方面与地方政府在金融体制改革初期为获取金融资源支持地方经济建设，作为所有人大力出资设立地方性金融机构有关，另一方面，也与分税制改革后中央与地方财政分权具有密切关系。问题金融机构救助往往涉及资金使用，中央与地方财政分权后，"谁的孩子谁抱走"就必然成为确定问题金融机构救助主体的原则。实际上，地方政府救助问题金融机构的属地管理体制是一种事实性存在，并无专门的法律法规对此做出明确的规定。只不过随着我国金融体系的不断深化发展，地方金融发展与创新日益加快，地方金融风险也在不断累积，在此情况下，相关中央级规范性文件才明确了地方政府的属地金融风险处置责任，自然处置与救助属地问题金融机构也在其中。②

在实践中，中央层面与地方层面的问题金融机构公力救助管理体制并不能截然分开，这是由我国国家结构形式所决定的。比如地方政府在救助地方性金融机构时，如果地方财政不足，往往会以地方财政做担保向中央银行申请再贷款，或者直接向中央财政借款。显然，问题金融机构公力救助管理体制要发挥最佳效用，实现救助成本最低，救助效果最优，就必须协调好中央与地方的公力救助关系以及中央层面各个救助主体之间的关系，以形成救助合力，从而促成救助最优解。不过路径依赖的存在使得我国问题金融机构公力救助经常显示出救助财政化倾向，这不仅增加了救助成本，降低救助效果，也会影响到救助主体的声誉。比如在2004~2006年证券业清理整顿中，中央银行就被迫进行再贷款以垫付问题证券公司挪用的巨额客户保证金。中央银行再贷款的财政化也带来诸如中央银行货币政策无法独立制定、国家财政不稳等问题。因此，如何协调好我国问题金融机构公力救助管理体制，关系到我国问题金融机构公力救助的最优效果，必须高

---

① 宁子昂:《中央与地方双层金融监管体制的形成及完善》,《经济纵横》,2018年第5期,第124页。

② 最具权威性的表述出现在习近平在第五次全国金融工作会议上的讲话里。详见习近平:《设立国务院金融稳定发展文员会,金融监管要问责》,http://www.01caijing.com/article/16457.htm, 2019年8月20日。

度重视。

五、我国问题金融机构公力救助的具体方式

自改革开放以来，我国对问题金融机构的公力救助主要采用政府主导的行政化政策方式，以帮助解决问题金融机构偿付不能问题。受制于经济转轨和路径依赖，公力救助的政策方式带有深深的行政化烙印，体现出政府干预的强大性。迄今为止，我国在实践中使用的问题金融机构公力救助政策方式主要包括以下方面。

（一）直接注资救助

直接注资救助，即救助机构注资充实问题金融机构资本金或者收购问题金融机构不良资产。由于问题金融机构偿付能力不足可能降低金融交易相对人的预期，引起社会公众的恐慌，进而引发金融体系和社会动荡，因此通过注资充实问题金融机构的资本金或者收购问题金融机构不良资产，就可以向社会公众展示政府救助决心，从而稳定公众预期，遏制公众恐慌情绪蔓延。

迄今为止，我国财政部直接注资问题金融机构充实资本金都发生在对国有商业银行的股份制改造期间。① 国有商业银行因长期产权关系模糊导致政企不分，银行经营政策化，由此产生大量国有企业贷款坏账，使国有银行陷入技术性破产境地。为解决历史遗留问题，财政部分别以发行特别国债募集专项资金以及动用外汇储备方式向四大国有银行注资，提高银行资本充足率，使得国有商业银行最后成功实现股份制改造和上市。同时，保险保障基金成立后，也先后实施了三次注资以充实问题金融机构的资本金，解决问题保险公司偿付能力严重不足问题。最大一笔注资发生在 2018 年 4 月，保险保障基金对安邦保险集团注资 608.04 亿元，占到保险保障基金规模的一半以上。② 最近一次注资救助问题金融机构则发生在 2019 年 5 月，存款保险基金出资 100% 清偿包商银行的个人债权和 5000 万及其以下的对公与银行同业债权。③

注资收购问题金融机构不良资产也能起到改善问题金融机构债权结构，恢复偿付能力的作用。我国财政部通过出资设立资产管理公司，并以资产管理公司名义收购问题金融机构不良资产，就是典型的非股权型注资救助。通过不良资产收购，我国国有银行进一步改善了资产结构，避免了偿付危机，成为股份制银行并

---

① 不过 2019 年 8 月发生了中央汇金公司注资恒丰银行以充实其资本金情况，表明问题金融机构的公力救助更加倾向于金融风险处置和防范。

② 唐煜：《保险保障基金注资 608 亿，原股东只出 11 亿，撬动 2 万亿资产帝国》，http：//finance.ifeng.com/a/20180404/16059082_0.shtml，2019 年 8 月 20 日。

③ 《央行：包商银行被接管完全是一个个案》，https：//www.Jfdaily.com/news/detail? id = 154959，2019 年 8 月 19 日。

实现了上市。不过这次不良资产收购资金来源于中央银行再贷款,这是我国救助方式的特殊之处。另一个类似例子是银河证券公司的设立。中央财政出资设立银河控股公司,并由银河控股公司收购原银河证券的健康资产,成立银河证券股份公司,不良资产由银河投资公司继承,这也是一种变相的不良资产收购。

在我国,除了直接注资进行资产救助和资本救助外,还有一些政府救助举措也会起到注资效果。1996年10月中国光大信托投资公司不能清偿到期债务,而其中最大的债权人是一家国有石油公司和两家国有商业银行,于是中央银行决定将这约50亿元人民币债权转为股权,从而避免这家信托公司倒闭。① 通过中央银行的指令,债权转为股权,也起到了充实问题金融机构资本金,避免了到期偿付不足。

(二) 中央银行再贷款救助

在一个成熟市场经济国家中,中央银行作为"最后贷款人"向可能或者已经发生危机的经营性金融机构提供紧急贷款,以支持其流动性是一个普遍性做法。中央银行再贷款对问题金融机构的救助,应该只是用于解决该问题金融机构的流动性危机,而不能适用于不良资产收购或者债务清偿,这是由中央银行作为"最后贷款人"的本质所决定的。不过在我国经济转轨过程中,由于财政资金缺乏,出于改革和维稳需要,中央银行再贷款资金用途被无限泛化,不再限于对问题金融机构的流动性资金支持,而被大量用于问题金融机构不良资产收购、清偿问题金融机构个人债权人的债权、支持农信社改制和农业发展。据统计,截至2005年5月底,中央银行对我国金融体系持有总计超过2万亿元的资产或者债权。② 从中可以窥见,我国中央银行再贷款资金运用是非常宽松的。我国中央银行资金的行政化使用也带来财政替代效应,导致中央银行货币政策失效、损害中央银行货币政策的独立性和信誉度。同时,中央银行再贷款的不断膨胀,也造成了通货膨胀压力。不仅如此,宽松的中央银行再贷款又给社会传递了错误的信号,即金融机构出现债务清偿不能时,政府会买单,这就导致金融机构道德风险高企。

当然,2008年世界金融危机的爆发也使人们开始认识到,中央银行的紧急贷款,也可以不限于流动性紧急贷款,在必要的情况下,可以用以救助陷入清偿危机的问题金融机构。可见,中央银行的再贷款救助会随着时代的发展而变化。从这个角度看,我国中央银行再贷款救助的泛化,也是特定时代的产物。

---

① 盛潇岚:《光大集团信托牌照被撤10年 预揽甘肃信托实现金控梦》,《时代周报》,2013年8月22日第5版。

② 陶士贵:《中央银行再贷款:泛化、反稳定性与道德风险》,《广东金融学院学报》,2006年第4期,第66页。

（三）政府强制或者影响收购合并救助

在我国问题金融机构公力救助实践中，政府强制一家稳健经营的金融机构收购合并问题金融机构是比较常用的救助方式。依托于经济转轨过程中政府基于路径依赖享有的强大资源控制能力，使得它可以轻易地以行政指令形式要求第三方企业并购问题金融机构，并采用无偿划转和承担问题金融机构全部债权债务方式解决问题金融机构偿付危机。比如广东发展银行收购中银信托，就是在接到政府和中央银行通知，要求其收购中银信托后才做出的收购决定。从决定收购到双方签订收购协议，用时仅20多天。① 政府强制并购问题金融机构的其他案例甚至还出现了政府直接决定并购双方的持股份额、新增股东名单及份额、注册地选址、公司高层领导（包括董事长）安排等情况。②

政府强制或者对并购交易施加影响以救助问题金融机构，虽然可以迅速化解问题金融机构风险，降低政府救助成本，但是会造成并购方负担过重，以至于并购方出现偿付困难，进而成为新的问题金融机构。广东发展银行在21世纪初出现严重的偿付危机，未尝没有这次收购中银信托的拖累。1998年海南发展银行更是因为在政府指令下，并购28家严重资不抵债的海南省城市信用社而导致不能及时支付到期债务，并引发储户挤兑，最终被中国人民银行关闭。③ 由于并购问题金融机构不是并购方慎重考虑、独立决策的结果，这就导致并购方并购问题金融机构后，往往无力解决问题金融机构的偿付困境，反而可能因并购造成流动性困难，影响其正常经营活动。若未能从其他渠道有效地补充资金，并购方亦可能成为问题金融机构，产生救助需求。当然，政府强制要求并购后，也会给并购方一定的财政补贴，比如减免并购方上交国家的利润，或者减免并购方应该上缴的中央银行再贷款利息等，但这些财政补贴与并购方承担的问题金融机构巨额债务或者偿付金额相比，仍然是杯水车薪，并不能彻底减轻并购方因并购问题金融机构而带来的沉重负担。

（四）金融监管部门的整顿、接管、托管措施

在相关金融法律中，都规定了金融监管部门在特定情形下，可以实施整顿、托管和接管金融机构的权力，这些管制措施的对象也包括问题金融机构。通过管制措施的实施，虽然不能直接解决问题金融机构的债务和清偿问题，但是它可以改善问题金融机构的内部管理，迅速恢复问题金融机构的经营能力，稳定社会公

---

① 《广发行浴火重生》，http://finance.people.com.cn/GB/8215/74587/74591/5066886.html，2019年8月20日。

② 刘俊：《各国问题金融机构处理的比较法研究》，华东政法大学博士学位论文，2007年，第244页。

③ 《海发行因支付危机被关 成为中国银行业倒闭第一案》，http://news.sohu.com/20130626/n379907592.shtml，2019年8月20日。

众的预期，避免因公众恐慌造成金融风险传染与溢出，体现出公权力对经营性金融机构的直接干预，因而也是一种重要的救助方式。

在我国分业金融法律颁布之前，中国人民银行作为唯一的金融监管部门也曾经多次实施托管、接管等管制措施，以救助当时的问题金融机构。例如前面提到的中银信托投资公司，在被指定给广发银行收购之前，就已在中国人民银行的接管之下。随着我国金融法律法规的不断完善，其他金融监管部门对问题金融机构采取整顿、接管、托管等措施也有了法律依据。例如《证券法》第153条规定："证券公司违法经营或者出现重大风险，严重危害证券市场秩序、损害投资者利益的，国务院证券监督管理机构可以对该证券公司采取责令停业整顿、指定其他机构托管、接管或者撤销等监管措施。"又如《商业银行法》第64条规定："商业银行已经或者可能发生信用危机，严重影响存款人的利益时，国务院银行业监督管理机构可以对该银行实行接管。"《保险法》第140条、第144条也明确规定了保险公司违反相关规定，出现或者可能出现偿付能力严重不足，国务院保险监督管理委员会可以采取整顿、接管措施。目前原保监会已经依法对问题保险公司实施了三次接管救助，也取得了相应的效果。银保监会则于2019年5月依法实施了首例对问题银行——包商银行的接管救助，这也体现了金融监管部门对防范和化解金融风险的重视。

从我国公力救助问题金融机构的实践看，总体而言，我国问题金融机构公力救助显示出政府主导的行政化救助特点，这也是与我国经济转轨的现实相适应的。随着我国社会主义市场经济体制的建立和不断完善，政府职能也从全能逐步走向有限职能，在公力救助问题金融机构上也发生了一些变化，公力救助方式开始引入一些市场化手段。例如广东发展银行因偿付危机在21世纪初的并购重组中，政府就通过引入战略投资者，实现并购重组救助的市场化运作。国有商业银行的股份制改造也通过战略投资者的引入具有了市场化要素。保险保障基金对问题保险公司的注资与市场化退出，更是体现出我国问题金融机构公力救助方式的市场化发展方向。

六、我国问题金融机构公力救助的运行效果

我国问题金融机构公力救助的优良好坏，必须通过我国公力救助问题金融机构的实践情况来反映，也只有在实践中，才能发现既有问题金融机构公力救助存在的问题。从改革开放到现在的40余年，既是政府不断改革我国金融体系和金融市场的40余年，也是政府及其相关机构频繁公力救助我国问题金融机构的40余年。

由于我国金融体制同样实施渐进式改革，这就注定政府力量在金融体系和金融市场中的强大。在政府主导的渐进式改革中，政府有限理性的存在使得政府的每次改革决策不可能都是完美无缺的，"干预之手"的颤抖就会让经济人找到套利的机会和空间，进而在金融领域引发金融风险，造成金融秩序混乱，在这个过程中问题金融机构就随之出现。而金融行业特有的敏感性与负外部性以及产权改革的滞后性，使得政府不愿意看到问题金融机构大量关闭退出，政府公力救助也就随之产生。经济发展带来的稳定社会压力，又强化了公力救助问题金融机构的动力。国有银行在改革开放后承担的为国有企业资金纾困任务造成银行巨额不良资产，陷入倒闭边缘。这种因历史原因形成的问题金融机构，当然更是我国问题金融机构公力救助的对象。最终，政府花费巨大代价与巨额成本对我国问题金融机构进行的公力救助，也取得了政府想要的成果。在我国金融体制渐进式改革的40余年，我国没有发生一次真正意义上的金融危机，也没有因金融危机造成对经济和社会的巨大破坏。尽管我国没有爆发真正意义的金融危机有各种因素的影响，但不可否认，对问题金融机构的公力救助在其中亦有一定作用。

我国对问题金融机构的公力救助尽管取得了政府想要的维护金融稳定的效果，但在实践中也暴露出来诸多问题，具有不可持续性。在我国问题金融机构的公力救助上，按时任中国人民银行研究局副局长焦谨璞的测算，截至2006年，中国至少花费5万亿元人民币来救助问题金融机构。中国当年的GDP约十五万亿，即政府举全国三分之一的财力在处置问题金融机构。① 这样大规模动用国家资源救助问题金融机构在各国历史上都是罕见的，且是不可持续的。同时，由于救助权责不清，政出多门，难以形成公力救助机构之间的系统救助合力，也就无法取得最优救助效果。不仅如此，我国公力救助问题金融机构中政府主导的行政化救助政策与方式，又带来政企不分、救助随意，救助效率低下的问题，也容易诱发权力寻租、官员腐败，严重扰乱市场正常经营秩序。更为值得警惕的是，我国公力救助问题金融机构实践中形成的"弱也不能倒"习惯，会让更多的金融机构产生道德风险，从而在经营过程中不考虑风险因素，盲目追求高风险高收益，因为赢了是自己的，输了是政府的。道德风险的蔓延，又会加剧金融风险，进而给整个金融体系的稳定埋下隐患。因此，在我国市场经济体制日益完善，法治国家建设日益深入的背景下，我国现行问题金融机构公力救助必须向法治化方向完善，确立政府干预的法治化进路，以实现救助的最优解。

---

① 焦谨璞：《建立规范的市场退出和监管协调机制》，搜狐财经改革高层论坛，http://business.sohu.com/20060423/n242951481.shtml，2018年8月30日。

第三节　我国问题金融机构公力救助的法律问题解读

一、我国问题金融机构公力救助职能目标定位矛盾

（一）我国问题金融机构公力救助职能目标定位的变化

从我国金融体制改革的实践看，最早出现的问题金融机构主要源于国家渐进式改革带来的套利空间导致经济人非理性追逐利益，在内部治理结构缺乏的情况下，大量金融机构出现偿付能力不足，以致造成国家金融秩序混乱，积聚大量风险，几乎成为引发金融危机的"风暴源"。例如国家在20世纪80年代和90年代进行的信托业清理整顿，就是源于国家政策允许下的信托业非理性发展，导致很多信托投资公司经营出现严重困难，偿付能力缺乏，造成金融风险积聚。国家在清理整顿信托行业过程中，不可避免地涉及要不要救助问题金融机构的问题。出于防范金融风险考虑，国家关闭、破产清算了一大批信托投资公司，信托投资公司也从最高峰时期的1000家左右回落到1998年底的239家。① 同时，国家也对问题信托机构实施了公力救助，例如前文多次提到的中银信托被收购案例就是典型例子。另外，中农信即使被关闭，其整体债务也被划归中国建设银行清偿，广东国投即使破产清算，广东省政府也承担了其债务清偿责任，这一切都表明我国早期对问题金融机构的公力救助，主要是出于防范和减少金融风险的考虑，以稳定金融体系与金融安全为第一要务。

20世纪90年代后期开始启动的国有商业银行改制，则将我国问题金融机构公力救助的目标主要转向确保金融体系和金融市场发展。为此国家财政专门出资设立资产管理公司以剥离存在严重偿付能力不足的国有银行的巨额不良资产，并通过财政先后对四大国有银行注资，以充实其资本金。中央银行也通过再贷款对国有银行不良资产剥离提供资金支持。这次的救助使国有银行摆脱了资产负债困境，为后来的公司治理改革和资本市场上市创造了条件。显然，对国有银行的公力救助，并不是主要出于风险防范考虑，而是为我国进一步金融改革与发展服务。同样，在2004~2006年的我国证券业清理整顿中，对偿付能力严重不足的问题证券公司都实施了公力救助，并采用包括中央银行再贷款等多种方式筹措资金，救助问题证券公司债权人，尤其是个人债权人，其救助目的显然也是出于确

---

① 任志强、顾惠忠：《信托业历经坎坷重新上路》，《中国证券报》，2002年9月13日，第6版。

保和促进我国证券市场的改革和规范发展。因为我国证券市场推出时的功能定位,就是为国有经济和国有企业发展筹措资金。如果证券行业大面积的证券公司因挪用客户保证金不能归还客户而倒闭,客户资金无法取回,势必会影响社会公众参与证券市场的信心,我国证券市场的进一步发展就会成为镜中花,水中月,为国有经济发展筹集资金的目标当然也就无法实现。因此,问题证券公司在这一次清理整顿中几乎都得到救助而以各种形式保留下来,即使原来的主体资格没有存续,也以新的主体身份开始运营。

(二)我国问题金融机构公力救助双重职能目标引发矛盾

我国问题金融机构公力救助随着我国金融体制渐进式改革的推进而逐渐在救助职能目标上产生矛盾,即到底是出于防范和减少金融风险需要而公力救助问题金融机构,还是为我国金融体制改革和金融发展服务,这个问题在随后的问题金融机构公力救助中一直困扰着相关救助机构。2004年发生的"德隆系"金融机构偿付不能的案件,就将这种矛盾表象化。"德隆系"金融机构都属于民营企业,它们在控股股东——新疆德隆的操纵下,擅自挪用客户委托理财资金进行股票坐庄,自买自卖操纵股价,以获取巨额利润。事发后,"德隆系"金融机构亏损严重,根本无法归还客户的委托理财资金。按照市场经济风险自担原则,客户出于追求高额收益目的而委托"德隆系"金融机构进行理财,那么理财失败的风险和损失也应该由客户自己承担。然而此时为金融发展服务的目标再次压倒防范金融体系金融风险的救助目标,中央银行再贷款的172亿元资金被用于清偿"德隆系"金融机构的委托理财个人客户①,毕竟清偿个人债权人不仅维护了社会稳定,也保障了社会公众对金融市场和金融交易的信心,而信心、信用是金融交易和金融市场发展的灵魂。

为金融发展而救助问题金融机构,自然会比防范金融体系系统性风险而救助产生更大的道德风险。如果基于为金融发展的目标而救助问题金融机构,就会在金融机构中间产生一种错觉,即中国正处于经济金融的深化发展阶段,出于促进金融发展,保障社会公众参与金融交易的信心的考虑,国家一定会对任何问题金融机构进行救助,以避免其损害参与交易的金融消费者信心,确保金融体系和金融市场继续发展。在这个逻辑前提下,金融机构为逐利而进行的交易行为将会更加疯狂、更加非理性,因为国家兜底保证责任使他们不需要考虑任何风险因素,不需要顾忌任何风险。可以这样讲,为金融发展而救助问题金融机构本身就蕴含了极高的道德风险,这是由它的本质所决定的。

与之相反,为防范系统性风险而救助问题金融机构本身不会产生道德风险,

---

① 刘俊:《各国问题金融机构处理的比较法研究》,华东政法学院博士学位论文,2007年,第256页。

只有在对系统性风险发生不确定时,人们才会有救助不恰当产生道德风险的疑惑。根据金融学理论,如果救助问题金融机构是基于防范系统性风险的目标,那么此时道德风险就难以发生。这是因为系统性风险的发生是随机的,是不可预测的,金融机构很难将其投资收益的时段与系统性风险发生的时段很精确地对应起来,从而实现所谓的"赢了是我的,输了是别人的"结果。实践中系统性风险发生的不可预测性和复杂性,也让政府总是面临是否救助的两难抉择。当政府救助问题金融机构后,系统性风险没有发生,人们往往并不会认为这是救助的结果,进而仍然产生是否应该救助的争议。这时可能会有道德风险产生,因为人们并不能确定救助已经防止了系统性风险的发生。无论如何,避免了系统性风险发生的救助不会引发金融机构的道德风险,只有不恰当的救助才会引发道德风险。因此从救助目标本身来看,防范系统性风险而救助产生的道德风险要远远小于为金融发展而救助产生的道德风险。

随着我国市场经济体制和金融市场化改革的进一步完善与深入,在问题金融机构公力救助的职能目标上,官方认识也有所变化,为防范金融风险进行救助似乎逐渐成为主流意见。在实践中,对问题金融机构进行公力救助的逻辑出发点,也是出于金融风险防范考虑。2018年2月发生的原保监会接管安邦保险集团就是这一救助目标的典型体现。安邦保险集团因巨额负债支撑的资产端快速扩张难以为继,导致偿付能力严重不足,在其体量和规模都达到相当巨大程度情况下,如果不救助恐有系统性风险发生,因而救助机构选择出手救助。2019年5月银保监会联合中央银行,对出现严重信用风险的包商银行实施接管救助,也体现出防范和化解金融风险的目标。不过为金融发展而救助的目标不会完全消失,毕竟路径依赖会使救助机构选择最习惯的行为方式,因此为金融发展而救助与为防范金融风险而救助的目标定位的矛盾仍然存在。

二、我国问题金融机构公力救助对象不确定

(一)救助实践形成的救助对象不确定

从我国问题金融机构公力救助的实践看,最早产生的问题金融机构是否需要救助问题是在信托业清理整顿当中。当时为筹集经济建设需要的资金,国家大力推动发展信托业务,信托公司开始遍布全国。然而在现代金融监管制度建立之前,信托公司基于逐利天性,在内部治理结构缺失下盲目发展,给国家累积了巨大风险,造成国家金融秩序混乱。因此,国家开始对信托业进行清理整顿。清理整顿中如何处置众多经营困难、资不抵债、偿付能力严重不足的问题信托公司,就成为政府迫切需要解决的问题。最终,政府采取了关闭、清算加救助的策略,即对于关闭清算的问题信托公司,政府指定一家健康经营的金融机构或者作为股东的政府直接承担其债务,而不关闭清算的问题信托公司则由政府指定一家健康经营金融机构予以收购,前者的典型例子是中农信债务由中国建设银行承担,广东国投的个人债务由广东省政府负责,后者的典型是广东发展银行被指定收购中银信托。然而上述救助对象的确定却没有清晰的规则可循,更多的是中央政府与地方政府以及中央银行等政府直属单位协商博弈的结果。例如在广东国投债务要不要由政府全额负责,广东国投是否应该破产清算问题上,就是经过层层协商博弈,最终由时任国务院总理的朱镕基拍板才确定下来。更多的问题信托公司则通过政府指定托管与收购幸存下来。可见,当时在对问题金融机构的公力救助上,对于哪些问题金融机构进行可持续经营的救助,哪些问题金融机构进行不可持续经营的救助,政府并没有明确的标准和答案。几乎同期发生的我国对城市信用社的清理整顿,最终也是在各级政府注资和中央银行再贷款支持下,大部分有问题的城市信用社通过政府主导的重组生存下来,少部分关闭退出市场。无论是政府主导重组或者关闭退出,政府都付出了高达几千亿元的代价,但政府的公力救助对象,即哪些问题金融机构需要关闭清算时的救助,哪些需要继续经营的救助,仍然没有明确化。

随后为国有银行改制与产权改革进行的大规模国有问题银行的公力救助,则再一次模糊了人们对公力救助对象的认识。财政部通过发行国债筹集专项资金直接注资或动用外汇储备注资国有银行,充实其资本金,并且专门设立资产管理公司收购上述国有银行的巨额不良资产,都让人们产生了一个错觉——"中国金融机构不能倒"。在2004~2006年的我国证券行业清理整顿中,对问题证券公司的处理,更是强化了人们这种错觉。绝大部分问题证券公司被政府指定托管,问题证券公司的个人债权人也都得到政府资金清偿。为金融发展而救助的公力救助目标,使公力救助主体难以区分哪些问题金融机构需要关闭清算时的救助,哪些问题金融机构需要继续经营的救助。值得一提的是,这一时期国家对没有债务承担者的问题金融机构的债权人是否进行直接资金救助态度有所变化,明确规定机构债权人不能享受国家资金的救助,这至少可以视为是我国公力救助问题金融机构的一种进步。

(二) 金融监管部门救助对象的不确定

伴随着我国渐进式金融体制改革的推进,有关金融行业监管法律也得以颁布。从20世纪90年代中后期开始,我国相继颁布了《中国人民银行法》《商业银行法》《保险法》《证券法》等金融法律,对问题金融机构的公力救助做出了初步规定。比如《商业银行法》第六十四条第一款就规定:"商业银行已经或者可能发生信用危机,严重影响存款人的利益时,国务院银行业监督管理机构可以对该银行实行接管。"这实质上就是对问题银行的公力救助措施。《保险法》第

144条规定:"保险公司有下列情形之一的,国务院保险监督管理机构可以对其实行接管:(一)公司的偿付能力严重不足的;(二)违反本法规定,损害社会公共利益,可能严重危及或者已经严重危及公司的偿付能力的。"《证券法》第一百五十三条也规定:"证券公司违法经营或者出现重大风险,严重危害证券市场秩序、损害投资者利益的,国务院证券监督管理机构可以对该证券公司采取责令停业整顿、指定其他机构托管、接管或者撤销等监管措施。"上述对金融监管部门何时可以采用整顿、托管、接管等措施救助问题金融机构的法律规定,实际上也明确了金融监管部门公力救助的对象。然而上述对公力救助对象的法律规定仅是一般性原则概括规定,授权相应金融监管部门根据具体情况采取相应救助措施。鉴于原则规定的模糊性,我国又以行政法规、部门规章的形式对金融监管部门救助对象加以具体化。例如《证券公司风险处置条例》第八条规定:"出现证券公司治理混乱、管理失控、挪用客户资产且不能自行弥补、在证券交易计算中多次发生交收违约或者交收违约数额较大、风险控制指标不符合规定、发生重大财务危机及其他可能影响证券公司持续经营的情形,情节严重的,证监会可以对该证券公司进行接管。"这显然较《证券法》的规定更为详尽。不过从可操作角度看,这样的规定仍然存在一定的模糊性。比如何谓重大财务危机?其财务标准是什么?何谓情节严重?接管与可以撤销有无区别?此外,金融法律对救助对象的原则性规定与行政法规、部门规章的具体规定如何衔接?在行政法规、部门规章规定的可以实施整顿、托管、接管救助的情况下,金融监管部门是否要实施救助?有何考量标准?是否需要考虑救助成本?这些问题将直接导致金融监管部门救助对象仍然有不确定性。

(三)中央银行救助对象的不确定

虽然我国《中国人民银行法》规定:"当银行业金融机构出现支付困难,可能引发金融风险时,为了维护金融稳定,中国人民银行经国务院批准,有权对银行业金融机构进行检查监督。"① 在实践中,中国人民银行对问题银行的干预,并不仅限于检查监督,而是通过中央银行再贷款方式对问题银行进行了大规模救助。不仅如此,中国人民银行还对众多的非银行问题金融机构实施了再贷款救助,从而有力地维护了我国金融体系的稳定。通过中国人民银行的救助实践可以发现,从未建立现代金融监管制度时期的直接对问题金融机构实施托管、接管,到后来通过中央银行再贷款直接给予问题金融机构资金救助,中国人民银行救助问题金融机构的职能发挥得淋漓尽致。然而中国人民银行在实践中履行救助问题金融机构的职能却因立法上的不明确,导致其救助对象的严重不确定。

---

① 参见:《中华人民共和国中国人民银行法》第三十四条。

根据《中国人民银行法》，中央银行再贷款的对象只能是银行类金融机构，但同时又规定经国务院决定，中国人民银行可以向特定的非银行金融机构提供贷款。① 这就为中央银行再贷款救助对象的不确定创造了条件。在中国人民银行的救助实践中，之所以很多再贷款的对象是非银行金融机构，就是源于中央与地方政府以及各政府职能部门之间博弈后，经由国务院决定的结果。同时，从中国人民银行的救助实践看，中国人民银行通过中央银行再贷款给予的直接资金救助，不仅包括给予问题金融机构流动性资金支持，而且还包括了对于问题金融机构债务的直接清偿，这显然不符合中央银行再贷款使用的国际惯例。根据国际惯例，中央银行再贷款的对象一般应该是具有清偿能力的金融机构②，中央银行再贷款一般只能向问题金融机构提供流动性支持，这是由中央银行再贷款资金的本质所决定的。然而我国将中央银行再贷款不计条件地大量用于问题金融机构救助，资金使用不限于流动性支持、债务清偿，还用于补充资本等其他用途，这就大大增加了通货膨胀压力。例如 20 世纪 90 年代后期开始的国有银行改制，在国有银行已经陷入技术性破产境地下，中央银行再贷款给专门设立的资产管理公司，以帮助其收购国有银行的巨额不良资产。中央银行还对大量经营困难的问题证券公司进行贷款，以资助其清偿拖欠的个人债务。另外，中央银行还向证券投资者保护基金提供了再贷款支持。截至 2005 年，中央银行以清偿债务为目的进行的再贷款金额就达到约 1.4 万亿元，且缺乏必要的担保品。③ 我国 2007 年以来出现的物价攀升，就与中央银行再贷款的财政化不无关系。

中国人民银行救助对象的不确定，是与我国经济转轨的渐进式改革事实相适应的。由于我国经济体制改革带来的财政金融化倾向，使得国有银行承担了为国有企业提供资金支持的重任，造成大量贷款无法收回。此时若任其倒闭、破产，必然会损害社会公众对金融交易的信心，进而损害我国金融业的发展。既然当时国家财政无力支付巨额救助资金，中央银行再贷款资金就成为必然的选择。同时，人民银行对问题信托投资公司和问题城市信用社的再贷款救助，也是基于同样的发展我国金融行业的理由。因此，正是基于我国经济转轨的渐进式改革事实，才使中国人民银行对什么样的问题金融机构才能实施中央银行再贷款资金救助具有了不确定性。

---

① 参见：《中华人民共和国中国人民银行法》第三十条。
② 2008 年金融危机爆发，美联储在救助金融机构时，改变了中央银行再贷款仅用于流动性资金支持的传统，对于清偿不能的问题金融机构也实施救助，不过要满足相应条件。
③ 于宁：《详解中央银行再贷款》，《财经》，2005 年 7 月 25 日，第 138 期，第 58 页。

三、我国问题金融机构公力救助权力配置失衡

(一) 中央与地方救助权力纵向配置失衡

在我国现有的问题金融机构公力救助体系中,中央与地方政府都负有救助问题金融机构的权力,但权力配置有失衡之嫌。

现行的《中国人民银行法》《银行业监督管理法》《证券法》《保险法》等金融业基本法律法规直接或间接地确立了中国人民银行、银保监会、证监会、财政部、国家发展改革委等中央机构或部门对我国金融行业实施全面监管的绝对地位。同时,国务院还通过一系列规范性文件将包括地方金融在内的非正规金融的监管权交由以"一行两会"为核心的国务院金融监督管理机构单独享有,地方政府仅仅负有组织、协调、监督、配合、协助职责。1998年中共中央金融工作委员会的成立,更是在党和思想政治工作上对全国性的金融机构和金融监管机构实行中央垂直管理。至此中央统领全国金融监管工作的合法性与权威性已经在制度层面确立下来,包括地方金融在内的非正规金融活动的监管权也已完全划归中央单独享有。

既然中央绝对享有对全国金融行业的监管权力,那么识别、监测问题金融机构,并在必要时实施救助就是中央机构或部门的应有职责。然而事实是,地方政府在问题金融机构处置和救助中享有权力,负有责任。譬如,地方政府要对农村信用社的最后市场退出和风险处置承担责任,包括最后的债务救助清偿。而真正享有监管农村信用社权力的机构却是中国人民银行和原银监会。另外,在村镇银行、城市商业银行等地方性法人金融机构上也是如此。中央金融监管部门享有市场准入、业务经营等金融监管的权力,地方政府则负责上述地方性金融机构的风险处置,救助权力当然也在其中。可见,在问题金融机构公力救助权力配置上,中央机构或部门基于权力法定获得了对问题金融机构的救助权力,而地方政府对问题金融机构的救助,除了作为所有者——股东的自我救助外,作为公共管理人只是在事实上享有救助问题金融机构的权力,因为国家早已通过制度(法律)形式将全国金融行业的监管权力交由中央机构或者部门行使,地方政府没有法定的金融监管权力。由于地方政府没有法定监管问题金融机构的权力,却要事实上承担问题金融机构救助责任,权责严重不对等,这就导致地方政府的救助惰性,即地方政府在处置金融风险、救助问题金融机构时,常常会以自有资金缺乏为由,要求中央财政承诺转移支付,并以此向中国人民银行申请再贷款,而且经常故意拖欠归还本息或者请求减免。这就导致中央与地方政府的问题金融机构救助权力,呈现出非常模糊和不确定状态。

随着我国金融体系与金融市场的快速发展,中央金融监管部门及其派出机构

受制于人员规模,已经难以将监管之手延伸到从事金融业务活动的地方金融领域。譬如,"以银监会为例,2007 年银监会开展新型农村金融机构试点,主要试点对象包括村镇银行、贷款公司和农村资金互助社等,但试点开展之后,银监会的基层监管力量却难以应付基层金融业务的金融监管"①。近年发生的民间有关金融的危机事件的爆发,也折射出中央集中垂直金融监管体制对金融深化发展实践的不适应性。实际上,地方新型(准)金融机构量大面广,民间金融行为更是错综复杂,中央金融监管派出机构已经很难监管。为回应地方金融实践发展的现实诉求与解决中央自身监管力量不足所导致的地方金融监管缺失问题,国家通过中央政策、国务院规范性文件以及部门规章等形式委托或者授予地方政府行使部分地方金融的监管权。例如国家相关规范性文件就将小额贷款公司、融资性担保公司等地方性金融机构的监管权力授予地方政府实行属地管理,并明确地方政府的金融风险处置责任。② 到目前为止,我国地方金融监管,"基本形成了以省级政府为领导,省级金融办为主,省级商务部门、经信部门、发展改革委员会等地方政府相关部门为辅,各级金融办、商务、经信、发展改革部门参与的组织架构"③。然而地方政府参与金融监管的实践表明,现有的地方政府金融监管重视辖区经济发展、财政职能的金融替代甚于对地方金融风险的防范化解,地方金融监管权力配置也存在职能交叉、重叠或监管真空,甚至出现监管冲突,④ 这就可能导致地方政府救助问题金融机构的权力充满了不确定。同时,由于地方金融监管权力让渡在一定程度上违反权力授予或转授的相关限制性法律规定,进而导致地方政府很难进行真正意义的监管。真正金融监管权力缺乏却要承担地方金融风险处置责任,地方政府救助问题金融机构的权力容易出现虚置也就不足为奇。

(二) 中央层面救助权力横向配置失衡

从我国问题金融机构救助的实践看,中央层面金融监管部门的救助权力配置

---

① 单飞跃、吴好胜:《地方金融管理法律问题研究》,《法治研究》,2013 年第 6 期,第 49 页。
② 参见:《典当行管理办法》第七章。
《关于小额贷款公司试点的指导意见》,http://www.shanghai.gov.cn/nw2/nw2314/nw2318/nw26472/u6aw1978.html,2019 年 8 月 21 日。
《融资性担保公司管理暂行办法》,https://duxiaofa.baidu.com/detail?searchType=statute&from=aladdin_28231&originquery=%E8%9E%8D%E8%B5%84%E6%80%A7%E6%8B%85%E4%BF%9D%E5%85%AC%E5%8F%B8%E7%AE%A1%E7%90%86%E6%9A%82%E8%A1%8C%E5%8A%9E%E6%B3%95&count=54&cid=f3de88e00c7577d05f26db90fdb8af73_law,2019 年 8 月 21 日。
③ 张健华:《深化地方金融管理体制改革》,《金融发展评论》,2013 年第 10 期,第 3 页。
④ 2009 年河北"信用社事件",2012 年广东"华鼎案",2015 年云南"昆明泛亚有色金属交易所事件"就是典型例子。详见孙弩:《地方金融监管之惑》,《金融世界》,2013 年第 1 期,第 45 页。胡鹏翔:《融资性担保公司监管法律问题探讨——华鼎担保事件引发的思考》,《国家行政学院学报》,2013 年第 1 期,第 69 页。曹远征:《泛亚事件倒逼金融监管体制改革》,《金融客》,2015 年第 3 期,第 12 页。

同样存在失衡。中国人民银行承担了最大的救助责任，无论是我国问题银行公力救助，还是问题信托公司、问题城市信用社或问题证券公司的清理整顿，都少不了中国人民银行的身影。可以说，没有中国人民银行的出手，我国就无法完成金融体制改革以来对问题金融机构的处置和救助。之所以如此，原因有以下方面。

首先，在现代金融监管制度建立之前，中国人民银行是我国唯一的金融监管机构，负有最大的处置和救助问题金融机构的权力也是应有之义。因此，在现代金融监管制度建立前的几乎所有问题金融机构的救助，都是中国人民银行负责，导致其救助权力膨胀。其次，我国渐进式金融体制改革将改革成本转嫁给国有银行部门，导致国有银行出现巨额不良资产，在国有经济全行业亏损与中央财政能力不足的情况下，中央银行的再贷款功能必然成为救助我国问题银行，促成我国国有银行股份制改造，实现金融行业发展的最佳手段。再次，即使证监会这一证券业的专门监督管理部门成立之后，在对证券行业的清理整顿中，由于大量问题证券公司挪用巨额客户保证金或者客户委托理财资金进行投资，投资失败而又无法归还，这种偿付能力的缺陷与漏洞是证监会无法解决的问题，因而在维护证券市场发展与社会稳定的双重目标约束下，中国人民银行再次通过中央银行再贷款承担救助责任，导致中央银行资金进一步行政化，在救助中的作用越来越大。最后，我国政府主导的渐进式改革，决定了我国现代金融监管制度的建立和完善也是一个渐进过程。相关行业金融监管部门从强调金融机构的微观审慎监管到开始重视金融机构的业务行为监管，建立早期发现、识别、干预的风险预警机制，进而实施对问题金融机构的早期干预与救助，也不可能一蹴而就，这就导致从我国的问题金融机构救助历史实践看，中国人民银行的地位和作用更加明显，救助权力配置更加突出。

中国人民银行过度行使和承担救助问题金融机构的权力，使得其货币政策的制定和执行受到很大影响。例如 2006 年本是国家实施"适度从紧"的货币政策，大量收回金融机构贷款或采用其他金融工具收缩银根的年份，但中央银行用于政策性金融和救助金融机构的再贷款占到基础货币的 20%，① 且这些再贷款很难收回，这就导致中央银行运用货币政策进行宏观调控的空间缩小。同时中央银行再贷款利率低，期限长，也很容易出现套利行为，扰乱货币市场利率。不仅如此，中央银行再贷款资金的财政化还破坏了财政预算的全面性，极大地降低了政府财政的透明度和真实程度，损害了法治原则，而且当中央银行再贷款无法收回成为坏账时，又会加剧中央银行损失，影响中央银行的资本实力和独立性。因此，中央银行在我国问题金融机构救助权力配置中的失衡状况必须改变，以回应市场经

---

① 袁江：《中央银行再贷款政策及转型研究》，《广东金融学院学报》，2006 年第 4 期，第 61 页。

济和法治社会对一个独立的中央银行的要求。

四、我国问题金融机构公力救助权力行使任意

与成熟市场经济国家相比，我国公力救助问题金融机构的历史较短，只有仅仅40余年时间，且救助都发生在我国经济转轨过程中，这就导致我国公力救助的权力行使具有强烈的路径依赖特点，一定程度上呈现出权力行使的任意性。这种任意性具体表现在以下方面：

（一）具体救助启动条件任意

由于我国是新兴加转轨市场经济体，问题金融机构在高度集中的计划经济时代不可能出现，只有金融机构开始广泛产生并企业化经营的前提下，问题金融机构出现才成为可能。这就导致在经济转轨早期，涉及问题金融机构处置时，根本没有相关法律法规可供遵循。在此情况下，渐进式改革的"先行先试"做法就成为解决改革中遇到问题的关键。

20世纪80年代开始的信托业清理整顿，产生了中国最早一批的问题金融机构。此时的信托公司都是严重依附于各部委、各地方政府或国有银行的金融机构，其存在的目的就是为国家经济建设发展筹措资金。虽然内部治理结构的缺乏和业务与管理的混乱使信托公司形成和积聚了大量风险，导致众多偿付能力不足的问题信托公司出现，但这些问题信托公司与各部委、各地方政府和国有银行的资本关系决定了对它们的救助只需要股东内部自救就可以，并且当时问题信托公司的规模较小，各部委、各地方政府和国有银行在资金使用上也没有严格的限制，因此股东内部自救比较容易。

到20世纪90年代以后，随着我国经济的快速发展，信托行业及其信托投资公司规模也随之膨胀。到1996年年末，全国信托投资公司资产总额达到4545.62亿元。① 此时出现的问题信托公司根据1995年国务院批转的中国人民银行《关于中国工商银行等四家银行与所属信托投资公司脱钩意见的通知》，已经与所属银行以及所属各级地方政府、各部委在财务和资金上彻底脱钩，归口中国人民银行领导和管理。② 在此情况下，是否救助问题信托公司的权力就落在中国人民银行肩上。由于缺乏相关法律法规且受到路径依赖影响，中国人民银行启动问题信托公司的救助就显得非常随意，同样的问题信托公司获得的救助往往完全不同。最典型的例子就是对中银信托与中农信的救助。中银信托与中农信都存在巨额不良资产，亏损严重，偿付能力严重不足，但前者在中国人民银行指定下被广东发

---

① 中国人民银行：《1996年第四季度金融统计资料》，《金融时报》，1997年1月21日，第8版。
② 《国务院批转中国人民银行关于中国工商银行等四家银行与所属信托投资公司脱钩意见的通知》，http：//www.chinalawedu.com/falvfagui/fg22016/27422.shtml? from = singlemessage，2019年8月21日。

展银行收购,后者则在指定中国建设银行承担其债务后被宣布关闭。当然中国人民银行救助决策的做出肯定有其自己的考量,但这种救助的不可预测性难以使问题金融机构形成稳定预期,进而导致问题金融机构的利害关系人为求得中央银行救助,可能不断进行游说、磋商、谈判,这就可能产生权力寻租的空间。

同时,在中央银行再贷款救助问题金融机构上,同样存在救助启动条件过于随意的问题。按照国际惯例,各国中央银行作为最后贷款人的再贷款救助问题金融机构都有严格的条件,包括判断该问题金融机构倒闭是否会损害整个金融系统的稳健性和安全性,该问题金融机构是否具有清偿能力,救助该问题金融机构的成本与收益分析等。我国中国人民银行的中央银行再贷款受制于渐进式改革带来的经济转轨的现实,在再贷款救助启动上更多地受到政治因素以及为我国金融发展服务的目标约束,显示出高度的任意性与灵活性。譬如,在对我国国有问题银行的再贷款救助上,即使国有银行已经严重缺乏清偿能力,在政治考量和国有银行体制改革需要以及承担改革成本的要求下,中央银行进行再贷款救助显得责无旁贷。尽管这批中央银行再贷款最后很多成为坏账①,但这是我国渐进式改革的必然结果。

不仅如此,对国有问题银行的再贷款救助实践也与现行的再贷款规定不相吻合。我国1999年颁布的《中国人民银行紧急贷款管理暂行办法》规定,中央银行发放紧急贷款是为帮助发生支付危机的城市商业银行、城市信用合作社和农村信用合作社缓解支付压力,恢复信誉,防止出现系统性区域性金融风险。② 显然,救助对象并不包括国有商业银行。为解决这一矛盾,在《中国人民银行紧急贷款管理暂行办法》中又规定,经总行批准,对城市商业银行、城市信用合作社、农村信用合作社以外的商业银行及其他非银行金融机构发放紧急贷款,适用本办法。这种具有高度灵活性的规定使中央银行的再贷款救助问题金融机构显得十分不可预测,缺少相应的稳定性。比如在后来的证券业清理整顿中,中央银行再次出手,再贷款近300亿元给关闭、托管的问题券商,帮助其偿还挪用的客户保证金窟窿和欠下的个人债务。③ 可见,中央银行再贷款直接救助问题金融机构,不仅受制于经济转轨和金融体制改革的现实需求,也会受到法律法规以及部门规章规定过于模糊性影响,导致启动救助条件任意化,救助决策缺乏连贯性和

---

① 1999年我国剥离国有商业银行1万亿不良资产,截至2004年12月,资产管理公司实际回收率不足20%,虽然整个不良资产处置还没有结束,但随着时间的推移,越到后来剩下的资产质量会越来越差,回收率可能更低。参见周小川:《完善法律制度,改进金融生态》,http://misc.caijing.com.cn/chargeFullNews.jsp? id = 110059035&time = 2004 - 06 - 05&cl = 106,2018年9月1日。
② 参见:《中国人民银行关于印发〈中国人民银行紧急贷款管理暂行办法〉的通知》第二条、第三条。
③ 曹军新:《论我国再贷款制度的变迁及其金融稳定功能的拓展》,《武汉金融》,2009年第8期,第29页。

稳定性。

当然,从我国问题金融机构的整体看,我国改革开放以来沿袭的政府全能的惯例,使得无论是关闭清算的问题金融机构,还是继续经营的问题金融机构,都获得过国家的公力救助,只不过在具体启动救助时,存在救助程度和方式的差异。这种救助差异具体表现为救助的任意性,同样条件可能无法得到同样的救助,前述中银信托与中农信就是较为典型的例子。这主要源于关于救助的法律法规的缺乏以及后来颁布的法律法规的不完善,使得享有救助权力的机构权责不对等,可以随意行使救助权力,却不用承担相应的法律后果。

随着我国社会主义市场经济体制的建立以及社会主义法制建设的发展,我国已经颁布的各金融行业法律和相应的行政法规与部门规章,将公力救助问题金融机构的启动条件通过法则决定和权衡决定相结合的方式加以规定,即在金融业基本法律中概括规定金融监管部门启动救助的一般原则,在行政法规和部门规章以及规范性文件中具体列明启动救助的条件。比如《中华人民共和国保险法》第144条只规定了保险公司有下列情形之一的,国务院保险监督管理机构可以对其实行接管:"(一)公司的偿付能力严重不足的;(二)违反本法规定,损害社会公共利益,可能严重危及或者已经严重危及公司的偿付能力的。然而何谓偿付能力严重不足却没有任何解释。为此,在原保监会公布的规范性文件中,又通过《保险公司偿付能力监管规则》对偿付能力不足做出了规定。"① 虽然这种一般加特殊的规定方式,对于具体救助启动条件的明确具有重要作用,但这二者如何结合,以实现规则限制与自由裁量之间的均衡,却仍然悬而未决。比如前述提及的偿付能力严重不足时,原保监会可以实施接管,并且在具体偿付能力监管规则中说明了何谓偿付能力不足,但原保监会享有的可以接管的自由裁量权力决定了即使偿付能力严重不足,它也可能不实施接管救助,因为法律规定的是其享有"可以接管"的权力。金融监管部门的这种自由裁量权力如果没有相应的法治约束,也很可能导致具体救助启动条件的任意性,从中产生权力寻租与权力滥用的空间。

综上所述,从我国问题金融机构公力救助的历史和现实法律法规的规定看,我国对问题金融机构启动公力救助的条件仍然是比较任意的,缺乏相应的权力约束机制,这就可能带来权力寻租和权力滥用的风险,与我国公共治理的法治化要求不相适应。

---

① 截至2015年,原保监会共发布了1~17号《保险公司偿付能力监管规则》,对保险公司偿付能力的具体指标做出了较为明确的规定。详见《中国保监会关于印发〈保险公司偿付能力监管规则(1-17号)〉的通知》,http://project.mofcom.gov.cn/1800000121_23_72121_0_7.html,2019年8月21日。

（二）救助过程不透明

我国问题金融机构的公力救助，不仅具体救助的启动条件比较随意，缺少对救助权力启动的约束机制，而且整个救助过程，无论从事前、事中，还是到事后，都呈现出模糊性和不透明性。这种犹如暗箱操作的救助，在国家隐性担保的配合下，使得金融机构不仅道德风险泛滥，而且在成为问题金融机构后，又会想方设法去影响公力救助机构的救助决策，去获取对自己最有利的救助方案。这又可能会导致救助权力滥用与权力腐败，进而影响政府的公信力，扭曲资源配置，破坏整个社会秩序与社会风气，损害社会正义与人民利益。

历史和现实早已证明，作为一种可以支配他人的力量，权力天生具有扩张性和蜕变性，在不受监督的情况下，很容易被滥用而导致权力运用者的腐败。对问题金融机构进行公力救助，其实质仍然是通过运用公权力，直接干预本应属于私权力运营的领域——对特定经营性金融机构，剥夺其私权力运行资格，甚至直接决定私权力所属金融机构的命运。救助权力的强大性与强制性决定了如果它不能得到有效监督，实现救助过程的透明化，其必然会走向滥用与腐败。

我国问题金融机构公力救助的实践表明，从诞生之日起我国问题金融机构的公力救助就具有典型的不透明性。例如前面提到的中银信托与中农信的救助，在路径依赖影响下，国家都对这两家亏损严重的问题信托公司实施了救助，但救助程度和救助方式却完全不同。这其中当然有当时具体情况的考量，但整个救助过程中，中国人民银行是如何考虑当时情况的，有哪些影响因素，最后救助效果如何，成本收益怎样，这些信息完全封闭，社会公众也完全无从了解相关的救助信息。在中央银行再贷款救助这一涉及公共资金运用的最核心救助方式上，整个过程更是完全封闭。例如在事前，我国的《中国人民银行法》并没有明确确立中国人民银行作为中央银行的最后贷款人地位，也没有明确规定中央银行再贷款救助标准与救助对象。虽然《中国人民银行紧急贷款管理暂行办法》规定了中央银行紧急贷款是出于防范系统性区域性风险目的，但并没有明确这一目的标准的唯一性，而且在附则中还规定经总行批准，紧急贷款对象也可以变化。同时，关于中央银行再贷款的担保规定也非常模糊。有关担保的形式、抵押品的标准，特别是关于抵押品的定价等具体问题都未做说明。另外，再贷款利率规定也模糊不清。在《中国人民银行紧急贷款管理暂行办法》中，仅模糊指出，紧急贷款应执行总行制定的中国人民银行对金融机构的贷款利率；发生逾期的紧急贷款，应执行再贷款罚息利率。同时，在事中救助时，有关中央银行再贷款的救助对象、救助金额、救助的具体步骤等信息不会主动公布，中央银行再贷款救助政策的具体制定和决策过程也不会公开。救助之后，中央银行再贷款的利率、担保、贷款期限、再贷款回收情况、坏账比例等关键信息更是远离公众视线。

中央银行再贷款救助权力行使的不透明性,造成作为最后贷款人的我国中央银行几乎成为我国的最先贷款人和最后买单人,其再贷款功能被严重扭曲,道德风险严重。一旦金融机构出现问题,长久以来形成的中央银行再贷款救助惯性会让它们不积极自救,而是思考如何索取中央银行的再贷款。同时,这种不透明的权力行使机制也让中央银行再贷款被滥用于各种类型的问题金融机构,救助成本巨大。从国有商业银行的股份制改造、农村合作基金会的关闭、农村信用社的风险处置,到城市信用社的清理整顿、商业银行的行政关闭、信托公司的清理整顿和破产清算以及证券公司的黑洞弥补,中央银行对各类问题金融机构都慷慨解囊,给予再贷款资金帮助。这些巨额再贷款实际上是将不良贷款货币化,由此又增加了通货膨胀压力,影响货币政策的制定和执行。比如在 2004 年,我国基础货币余额总计 5.9 万亿元,年度新增不过 6606 亿元,其中中央银行用于金融稳定的救助总支出就占到基础货币投放的三分之一。2004 年年度通货膨胀率更是一度在 7~8 月达到 5.3%,远高于当时一年期存款利率 1.98%。①

此外,在原保监会接管并动用保险保障基金注资救助问题保险公司的事例中,也可以看到救助过程的不透明性仍然存在。尽管《保险法》及其相关部门规章、规范性文件事前规定了原保监会有救助问题保险公司、动用保险保障基金的权力,但何时启动救助,何时动用保险保障基金,它拥有完全的自由裁量权力,且没有相应的权力约束机制,例如没有因过失错误决定注资而造成损失的赔偿机制。在救助启动后,原保监会虽然公布了救助决定,但是有关救助决策的具体制定原因、救助执行的具体过程仍然是不公开的。至于救助结束后,虽然公布了保险保障基金都实现了溢价退出,但是具体溢价的详细信息,相关机构并没有专门公布,这恐怕源于相关法律法规和部门规章没有赋予救助机构事后披露救助信息的义务。

由于我国问题金融机构公力救助的整个过程都缺乏透明性,缺少社会公众的监督,导致救助权力行使较为任性,这就可能影响救助机构声誉,也使金融机构难以形成稳定预期,进而规范行为,谨慎经营。当然,我国问题金融机构公力救助的不透明也受到路径依赖的影响。中华人民共和国成立后,基于历史和当时的现实,选择了高度集中的计划经济体制以及与之适应的政府体制。1978 年开始的渐进式改革开放,虽然逐步进行了政府简政放权和社会主义法制建设,但是对原有体制的路径依赖使得政府行使权力时仍然更容易选择旧有的不透明行使习

---

① 陶士贵:《中央银行再贷款:泛化、反稳定性与道德风险》,《广东金融学院学报》,2006 年第 4 期,第 67 页。

惯，因为沿着原有体制路径和既定方向往前走，总比另辟蹊径要来得方便一些，① 并且改革开放后形成的对金融机构的国家隐性担保也让现有的金融机构成为享受了国家隐性担保利益的组织。对于它们而言，公力救助的不透明性可以使它们通过磋商、谈判，游说公力救助主体改变救助决策，从而更好地维护自己的利益。2004~2006年证券行业清理整顿期间，各问题证券公司为获得公力救助，使出浑身解数去影响公力救助主体的救助决策，就是典型例证。

（三）救助程序规定缺乏

纵观我国问题金融机构公力救助的历史，可以发现我国公力救助机构在行使救助权力时，并没有相应的救助程序约束，这就导致公力救助机构行使救助权力时也非常随意，不符合权力运行法治化的要求。

众所周知，法治的一个重要内容就是强调对公权力的约束，从公权力启动到公权力结束，都必须依法而行。一切公权力的运用，必须既在法定职权范围内行使，也必须使公权力的运行合乎法定程序。在法定权限内行使公权力，才能保证公权力不逾权；在法定程序内行使公权力，才能保证公权力不滥用。②

我国问题金融机构的公力救助同样具有公权力特征。它能够通过权力的行使，干预市场经济中本该属于私域范围的问题金融机构的日常运作，扭曲问题金融机构的意志，改变金融机构这一市场主体的命运，因此公力救助的权力行使，也必须慎重，必须在法定程序内行使，因为程序法治是实体法治实现的重要保证。美国联邦最高法院前大法官威廉·道格拉斯曾说过："正是程序决定了法治与恣意的人治之间的主要区别。"③ 恣意的人治往往与"自私的人性"相连。如果公权力行使没有法定程序约束，天性自私的人一有机会就很可能做出不诚实和唯利是图的行为，损害社会公共利益，并最终破坏社会的公平正义。

令人遗憾的是，我国对问题金融机构的公力救助，从一开始就缺少实体性和程序性法律法规的规定，具有"先行先试"的渐进式改革特征。即使后来随着我国现代金融监管法律制度的建立，相关金融业法律法规也已经颁布，但在如何行使救助权力上，也并没有相关程序性规定。比如在中央银行的《中国人民银行紧急贷款管理暂行办法》中，规定了紧急贷款的审批权在中国人民银行总行，又规定经总行授权，中国人民银行分行、营业管理部也可以发放紧急贷款，但什么条件下总行可以授权，需要怎样的授权程序，该暂行办法完全没有提及。另外，中国人民银行发放紧急贷款时，应该如何发放，也没有程序性要求。又如《保险

---

① 廖媛：《西方信用制度的演进机制研究——基于诺斯的制度演化理论的视角》，《技术经济与管理研究》，2018年第9期，第107页。

② 张铤：《权力法治的内涵、价值逻辑与推进路径》，《宁夏社会科学》，2019年第3期，第77页。

③ 季卫东："程序比较轮"，《比较法研究》，1993年第1期，第6页。

保障基金管理办法》规定，保险保障基金的动用，可以是"中国保监会经会商有关部门认定，保险公司存在重大风险，可能严重危及社会公共利益和金融稳定的"① 情形。但如何会商？哪些是有关部门？会商认定是否需要形式要件？如果有关部门中有不同意见的情况，又该如何？这些程序性规定，上述管理办法也没有提及。

救助权力缺乏救助程序的约束，即使救助权力的享有者没有滥用权力，公正运用权力处理问题金融机构救助事宜，其救助结果也很难被社会公众完全接受。之所以如此，原因在于哪怕公力救助机构权力行使的结果是好的，譬如防范和避免了金融风险，实现了救助目标，但没有相应正当程序的支撑，救助权力运行过程不能在阳光下公开，也难以产生普遍的社会可接受性。对于问题金融机构和社会公众而言，只有通过法律程序感受到自己得到或将会一视同仁地得到同样的对待，才会感受到安全性，并自觉自愿接受公力救助的结果。尽管好的救助结果产生与法定程序和程序理性没有必然的因果关系，在没有程序约束时我国的公力救助机构也实现了很多好的救助结果，但是程序理性与法定程序的存在，可以保证救助决策的完整正当性，使救助相对人和社会公众对救助决策产生最大程度的信任和满意，能够亲眼看到、亲身感受到自己确实受到了公正对待，而不是仅仅被作为国家用以实现社会整体利益的工具和手段，从而更自觉自愿地接受救助结果。程序理性与法定程序的存在，虽然也可能产生坏的救助结果，但是至少这种坏的救助结果出现在一定意义上是为了避免另一种更坏的结果发生，所以它对救助结果的保障作用非常明显。

我国问题金融机构公力救助程序规定缺乏的根源，仍然在于路径依赖的影响。中国传统文化中的"诸法合体、民刑不分、诉讼法与实体法难辨，法与礼相融"② 又使得我国对"合情"的追求远远高于"合法"的追求，这就严重损害了程序法制的发展，因为程序的实质就是管理和决定的非人情化，其一切设计是为了限制恣意、专断和裁量。③ 同时，长期实行的高度集中的计划经济体制，也铸成了人们令行禁止的思维模式。高度集中的计划经济以指令性计划与行政手段为社会管理方式，人们只有接受的义务，并没有自主选择的权利，对产生这一指令的过程和程序当然也毫不关心，重指令和指令结果，轻程序和程序理性，自然也就不足为奇。改革开放开启了我国经济转轨过程，但路径依赖的存在使得重实体轻程序的传统仍然得到保留，我国公力救助问题金融机构缺乏救助程序规定也就不难理解了。

---

① 参见：《保险保障基金管理办法》第20条。
② 田平安、杜睿哲：《程序正义初论》，《现代法学》，1998年第2期，第5页。
③ 江伟：《市场经济与民事诉讼法学的使命》，《现代法学》，1996年第3期，第23页。

(四) 救助身份定位模糊

我国公力救助问题金融机构的历史和实践表明，我国公力救助的权力行使还经常存在救助身份定位模糊的问题，常常导致政企不分，公权力与私权力界限不明，极大地损害了市场经济的正常秩序。由于我国仍然处于经济转轨过程，政府与市场的关系仍然需要进一步厘清，这就导致在问题金融机构的公力救助上，公力救助机构的身份存在模糊性，即救助机构是作为问题金融机构的股东，即所有人进行自救呢，还是作为公共管理机构对市场主体进行危机管理？救助身份的模糊性使得救助机构在进行救助决策时，就很容易陷入两难境地：究竟应该为社会公共利益考虑而采取救助措施呢，还是从部门利益考虑，为救助自己的企业花费更多的公共资源？同时，公力救助机构也是由个体组成的群体，救助行为同样需要由救助机构的个体去做出决策，个体的经济人属性就必然会影响救助机构的决策，使公力救助机构做出的决策会更有利于救助官员和救助部门的利益。在我国问题国有银行的救助中，政府作为国有银行的唯一股东，曾花费了当年 GDP 的三分之一去救助这些问题国有银行，但这么巨大的救助成本真的是完全必要的吗？有没有对公共资源的浪费情况？在 2004～2006 年的证券业清理整顿中，众多问题证券公司的大股东就是地方政府。为救助自己的企业，各个地方政府不仅动用地方财政的资金，而且还通过协商谈判与中央博弈，力图游说中央银行再贷款 600 亿元救助问题券商①。可见在公力救助机构身份双重且模糊的情况下，作为问题金融机构股东的救助机构，必然会在经济人逐利冲动的影响下，不计成本和代价救助自己的企业，这就可能造成公共资源浪费，也损害了社会主义法治原则。毕竟，同时身兼"运动员"和"裁判员"身份的公力救助机构是无法依靠自身实现救助的合理性与公正性的。

随着我国市场经济体制改革与金融体制改革的日益深化，让市场发挥资源配置的决定性作用已经成为我国社会的共识。为更好地发挥政府作用，党的十八届三中全会提出"要完善国有资产管理体制，组建若干国有资本运营公司"②，这样就可以将政府作为股东的自救行为与政府作为公共管理人的公共救助区别开来。在未来的国有资本管理框架下，国有资本运营公司将在自身财力范围内，按照市场原则，像其他股东那样对问题金融机构进行自救，负有公力救助职能的救助机构则在必要时进行公力救助，以防范和化解系统性风险，维护金融体系的稳定和安全。可以预见，随着我国渐进式改革的全面深化和完成，公力救助机构救助身份模糊，政企不分的情况最终也将得到改变。

---

① 莫菲：《券商扶植大计划》，《21世纪经济报道》，2005年6月8日，第12版。
② 参见：《中共中央关于全面深化改革若干重大问题的决定》。

五、我国问题金融机构公力救助方式过度行政化

从我国问题金融机构的公力救助实践中可以发现,我国对问题金融机构的公力救助偏好行政化救助方式,很多救助本身就是行政指令的结果,这在20世纪90年代的信托业清理整顿中表现得特别典型。由于当时社会主义市场经济体制尚未建成,沿袭计划经济时代政府行政部门统制一切的惯性还十分强大,这就使得政府在救助问题信托公司时,哪怕运用了收购合并这类市场化外壳的救助手段,却因收购合并问题金融机构的第三方为政府救助机构强制指派而不具有市场化处置的意义。在政府强制指派收购中,接到指令的第三方成为政府行政指令的相对人,与政府主体构成下位与上位关系,"上命下从"成为必须遵守的组织原则。政府强制第三方收购合并问题金融机构,虽然可以高效地解决问题金融机构支付能力不足问题,但是这种解决只是把问题转移,它带来的收购合并方资金损失以及流动性困难,又会造成新的问题金融机构出现。例如广东发展银行受中央银行指派对中银信托的收购,就为广东发展银行后来的偿付能力不足埋下隐患。海南发展银行受海南省政府指派收购合并海南省28家问题城市信用社,更是将海南发展银行逼入破产境地,并最终被破产清算。之所以如此,根源还是在于第三方的收购合并,并不是自主选择和自我考虑的结果,而是对政府强制力的服从,这就使得第三方往往事先没有周详的收购合并资金准备方案,收购合并问题金融机构后,第三方也很难消化吸收。至于被关闭清算的问题信托公司,具有强大力量的政府甚至指定一家健康经营的金融机构承担其全部债务。这种完全行政命令式的救助方式,只能存在于社会主义市场经济体制尚未建立,政府仍然是经济的实际统制者时期。

随着我国渐进式改革的不断推进,政府与市场的关系也在不断理清,完全行政指令化的救助方式已经不能适应我国经济金融体制改革的要求,此时政府救助的手段发生了些许变化。在对问题国有银行的救助上,政府开始谋求市场化的救助做法,比如成立专门的资产管理公司,通过协议收购问题国有银行的不良资产来起到改善问题国有银行资产负债表,恢复其流动性的效果。不过因为中央财政收入不足,资产管理公司用于收购四大国有银行1.4万亿元不良资产的资金都是来源于中央银行的再贷款,并且再贷款期限要么没确定,要么为5年,这和中央银行的《中国人民银行紧急贷款管理暂行办法》的规定存在巨大差异。从此意义上讲,这种对国有银行的救助仍然具有强烈的行政化色彩。此后,中央银行再贷款还被用于问题证券公司挪用的巨额客户保证金清偿和个人债权清偿,显示出中央银行资金的财政化倾向,而中央银行资金的财政化正是救助行政化的结果。地方政府对问题金融机构的救助同样依赖于中央银行的再贷款资金。在1998~

2002年,由地方财政作保,中央银行为清偿被关闭的城市信用社、信托投资公司、农村基金会等问题金融机构的个人债权人,共贷出了1411亿元再贷款,① 使得中央银行再贷款完全成为维护社会稳定的手段,其行政化倾向非常明显。

虽然随着我国保险保障基金、证券投资者保护基金以及存款保险基金的建立,今后对上述问题金融机构的资金救助将不再完全由政府买单,但是基于强大的惯性与路径依赖,政府仍然可能会在中央银行紧急性再贷款、收购合并问题金融机构、不良资产购买、资本金注入等救助方式上继续存在行政化倾向,因为这样直接运用行政权力处理问题金融机构最简单、最高效,且容错率高。不仅如此,由于我国法律法规对各公力救助机构的救助权力规定语焉不详,公力救助机构主要借助其自身和各级政府特有的权威地位,而不是依据法律的明确规定来实施救助行为,法律上也没有相应的法律责任约束,导致救助权力与救助责任严重不匹配。如果救助权力与救助责任不能匹配一致,公力救助机构只有救助权力而没有相应的救助责任约束,那么这种行政化救助方式将仍然有很大的存在空间。

六、我国问题金融机构公力救助协调性不足

我国问题金融机构的公力救助体系中,存在着多个公力救助机构,其都享有救助问题金融机构的权力。不过这些公力救助机构应该如何行使救助权力,协调彼此的救助决策,配合彼此的救助行动,以最终形成救助合力,实现救助效果的最优化,目前仍然悬而未决。我国问题金融机构公力救助缺乏协调一致性,具体表现为以下几个方面。

首先,我国现行法律法规对公力救助的权力授予采用了间接赋权的方式,这就使各公力救助机构的救助权力呈现出模糊状态,难以把握界限与范围。比如《中国人民银行法》规定,当银行业金融机构出现支付困难,可能引发金融风险时,为了维护金融稳定,中国人民银行经国务院批准,有权对银行业金融机构进行检查监督。② 然而监督检查的具体内容和方式是什么?与中央银行再贷款有何关系?如何与银保监会协调配合?这些内容都不详细,导致在实施救助时,公力救助机构之间协调一致性不足,进而无法形成救助合力,实现成本最小、效益最高的救助效果。尽管《中国人民银行法》也规定了国务院建立金融监督管理协调机制,具体办法由国务院规定,但国务院至今也没有对金融监督管理协调机制的具体办法做出规定。《证券法》《保险法》等法律和一些行政规章也只是对监督管理信息共享机制做出了直接规定,而对金融监管协调机制的其他内容几乎没有提及。法律法规上的模糊使得各公力救助机构也很难开展救助协调,实现救助

---

① 汤凌霄:《我国经济转型期隐性最后贷款人问题研究》,《金融研究》,2005年12期,第20页。
② 参见:《中华人民共和国中国人民银行法》第三十四条。

效果的最优化。值得庆幸的是,我国金融监管协调的实体组织机构——国务院金融稳定发展委员会已经于2017年11月设立,其职责之一就是研究系统性金融风险防范处置和维护金融稳定,这对于问题金融机构的公力救助协调将起到关键作用。实体性的协调机构的存在,将更有利于公力救助机构之间的协调行动,避免彼此救助行为的不一致。今后公力救助机构的协调救助,更需要法律框架和制度原则的制定,以实现协调救助的法治化。

其次,从我国问题金融机构的公力救助实践看,由于缺乏法律法规的明确授权和协调性规定,导致在救助实践中出现公力救助机构意见不一致以及公力救助机构之间的层层博弈现象,延误了救助时机,加大了救助成本。譬如在2004~2006年的证券业清理整顿中,由于南方证券挪用客户保证金无法归还的缺口太大,证券行业内部的市场化重组与巨额债务处置没有成功,在作为大股东的深圳市政府游说和劝说下,证监会出面与中央银行协商再贷款。时任人民银行行长的周小川表示,要"最大限度地防范金融机构套取中央银行资金,保障中央银行的资金安全"。这一讲话被普遍认为针对的是那些在使用中央银行再贷款后无力偿还的国家级或地方金融机构,包括问题证券公司。对于问题金融机构的救助,中央银行的态度是"买棺材,不管治病"①,但作为证券行业的监管部门,证监会为了证券行业的发展,则希望获得一部分"治病钱"。显然,这两个公力救助机构存在着利益冲突,难以达成救助意见一致。最后,在国务院层级上,出于证券行业发展以及为国有经济提供资金服务的大局考虑,经过更高层协调,中央银行最终向南方证券发放了80多亿再贷款。② 从这一事例可以看出,没有有效的协调机制存在,各公力救助机构可能要经过层层博弈,才能取得一致意见。然而博弈越久,问题金融机构的损失就会越大,最终国家救助的成本也会越高。因为层层递进博弈协商会耗费大量时间,而对于处于危机状态的问题金融机构而言,此时时间就是生命。因此,基于及时救助问题金融机构,防范和减少金融风险的需要,也应该建立一个行之有效的各公力救助机构之间的协调机制。

---

① 吴飞:《中央银行向证券公司再贷款的法律分析》,载于《金融法苑》,中国金融出版社2005年版,第27页。

② 《80亿元再贷款到位,南方证券重组仍存迷雾》,http://www.cnr.cn/caijing/jrzq/200502/t20050223_504055776.html,2019年8月21日。

第三章 我国问题金融机构公力救助的法治化需求

第一节 法治政府建设与问题金融机构公力救助

党的十八届四中全会通过了《中共中央关于全面推进依法治国若干重大问题的决定》,详细描绘了我国法治建设的蓝图。其中依法治国最重要、涉及面最广的强大力量——政府的公权力行使行为将直接决定我国法律的实施状况,甚至决定我国法治成效和命运,因此政府法治状况在全面推进依法治国中具有核心地位和重要作用。其实早在2004年,国务院就颁布了《全面推进依法行政实施纲要》,确立了建设法治政府的目标。2010年,国务院更是进一步要求强化依法行政工作考核。2013年党的十八届三中全会还指出要"推进法治中国建设,强化权力运行制约和监督体系"。[①] 可见,建设法治中国、建设法治政府一直是我国社会主义建设的重要目标。

我国问题金融机构的公力救助,虽不是完全意义上由政府行政机构来实施完成,但公力救助部门手中享有的救助权力,同样符合公权力的特征和范畴,即它同样具有强制性,它的实施同样会影响到社会公众的利益,扭曲市场私人主体的自由意志。如果救助权力不能被依法行使,同样可能会造成权力滥用和权力腐败。因此,我国问题金融机构公力救助法治化是对我国法治政府建设的回应,具有时代的必然性。

---

① 中共中央:《十八届三中全会决定单行本》,人民出版社,2013年版,第21页。2019年10月召开的党的十九届四中全会更是指出建设中国特色社会主义法治体系、建设社会主义法治国家是坚持和发展中国特色社会主义的内在要求,要全面推进依法治国,坚持法治国家、法治政府、法治社会一体建设。

第三章 我国问题金融机构公力救助的法治化需求

一、全能政府向有限政府转变的要求

(一) 我国问题金融机构公力救助的全能政府依赖

我国全能政府的出现主要源于20世纪50年代初期对苏维埃政权模式的模仿。在当时,苏联逐步建立起一整套高度集权的政治经济管理体制,使社会过分国家化,国家主宰管理一切,政府成为包打天下的全能政府。中华人民共和国成立后,出于对当时唯一社会主义国家的学习以及我国的历史和国情需要,我国也建立起高度集权的经济行政管理体制。政府包揽一切事物,行政机构无处不有,无所不能,对社会经济生活的干预和影响无所不在。我国全能政府的经济管理职能,不仅包括作为公共管理人,发展公用事业,承担公共管理责任,以及作为宏观调控者,以行政组织和行政手段调节经济运行,而且还作为国有资产的所有者直接管理国有资产,和作为国有企业的经营者直接管理企业的产供销人财物。在全能政府下,政企不能分离。政府不仅是企业生产经营活动的干预者和决定者,同时也是企业的靠山、保姆和企业亏损的承担者。企业和政府之间这种以权力为中心的"血缘"纽带使得企业组织也行政化,不再讲究经济效益,不受经济效益的制约。此外,全能政府下权力行使不受法律法规的制约,而是只受到党和上级机关的制约,上级机关的制约很大程度上又取决于上级党委。① 不仅如此,全能政府还强调政策至上,认为"法律只能作为办事的参考"②。在全能政府中,国家利益、公共利益是其终极目标,"否认或忽视人的利己动机,而代之以利他和集体主义假设"③,认为社会主义制度下个人利益与社会利益完全一致,漠视个人的合法权利。然而社会公共利益本身是一个过于宽泛的用语,人们的认识存在着巨大差异。用什么方法界定,由谁界定,都会因此而导致得出不同的结论,这就使得全能政府的目标实现具有不确定性。

全能政府对社会经济生活的完全控制,从经济学上讲,是"国家拥有生产手段,利润不是主要动力,而且主要决策是由行政上做出的——这种命令经济可以在很长的时期内运行良好"④。事实也是如此。在我国社会主义建设初期,全能政府体制满足了我国工业化初期赶超型经济增长战略对政治、经济管理体制和社会组织方式的需要,对集中力量恢复和发展国民经济,建成独立自主的国民经济体系发挥了重要作用。然而,全能政府的内在缺陷决定了它不可能永远存续。首先,全能政府对经济的全面控制干预形成严重的政府垄断,阻碍了市场的竞争,

---

① 楚德江:《政府角色观的理论分歧》,《甘肃社会科学》,2010年第4期,第193页。
② 全国人大常委会办公厅研究室:《人民代表大会制度建设四十年》,中国民主法制出版社1991年版,第102页。
③④ 萨缪尔森:《经济学(下卷)》,高鸿业译,中国发展出版社1992年版,第1302页。

而政府失灵的存在必然会导致社会资源配置低效。其次,全能政府追求结果均等,使得平均主义盛行,这在很大程度上压抑了人们的积极性和创造性,使经济发展失去了原动力,最终导致普遍的贫穷。最后,全能政府也很可能导致无能政府①。在全能政府下,政府把本来不该管,也管不了的一些事务都攥在自己手中,可能导致政府无能出现。同时,管理社会经济生活的方方面面需要大量的行政机构和人手,这就需要庞大的官僚机构和公职人员,维持这个庞大的官僚机构就需要有巨额的财政收入。显然,一个经济发展落后的国家财政是无法持续满足这种需要的。此时,庞大的官僚机构就无法运行,其职能也会虚置,无能政府自然也会出现。可见,全能政府虽是一种有效的政府制度,但它先天的局限性决定了它的有效性是短暂的,不可持续的。

全能政府体制虽然随着我国市场经济体制改革而退出,但渐进式改革模式决定了全能政府体制不可能一下子消失无踪,它的阴影仍然会出现在社会经济生活的各个领域,在问题金融机构的公力救助上也是如此。20世纪90年代政府对问题信托公司的处置,就强烈地体现出全能政府的特点。当时很多问题信托公司违规经营,资不抵债,严重亏损,偿付能力严重不足,政府在决定将它们关闭清算的同时,还沿袭全能政府时代政府为企业债务负责的做法,指定另一家健康经营的金融机构为其清偿债务,或者地方政府作为问题信托公司的股东,动用财政力量为其清偿债务。同时,对于不关闭清算的问题证券公司,不是通过企业间平等协商与市场化谈判方式实现收购合并,而是政府以行政指令形式决定并购问题信托公司的第三方,政府对企业强大的控制能力可见一斑。这个时期对问题信托公司的公力救助,没有相应法律法规的明确规定,公力救助部门以政策形式作为其救助行为依据,救助行为的目的也是在于维护社会公共利益。在之后的国有商业银行股份制改造中,为救助国有商业银行,使其摆脱偿付困境,达到上市标准,政府的全能特征再一次得到体现。除了国家财政直接出资充实国有银行的资本金外,政府还以政策形式获得中央银行再贷款资金,用以收购四大国有银行的巨额不良资产,且再贷款期限也超过相关规定。此后,在城市信用社清理整顿、证券行业清理整顿中,中央银行再贷款资金都被直接用于清偿问题金融机构的个人债务,尽管这不符合中央银行再贷款的使用用途,但是以救助政策形式得以执行。而救助的终极目的也是为了维护社会稳定这一公共利益。

从改革开放以来发生的这些问题金融机构公力救助事例看,政府在救助中仍然以全能政府形式发挥了主导和支配作用。第一,在救助权力使用上,政府将救助权力延伸到正常经营的金融机构,直接指定第三方承担问题金融机构全部债

---

① 李强:《自由主义》,中国社会科学出版社1998年版,第230页。

务，或是直接命令第三方收购合并问题金融机构，都是救助权力过度使用的典型体现，具有权力至上的特征，显示出全能政府对问题金融机构的过度干预。不过我国对问题国有银行的全能救助有其历史深层原因，但至少从表面上，是全能政府在发挥作用。第二，这些公力救助还体现出问题金融机构的行政化经营倾向。作为自担风险、自负盈亏的市场组织，问题金融机构如果在市场中竞争失败，亏损严重，出现偿付困难，按理应该退出市场，即使不能退出也应该是因为具有系统性金融风险，退出会导致金融体系的震荡与金融风险叠加溢出传染。然而实践中我国对问题金融机构的普遍公力救助，更多地体现出金融机构的行政化经营特质。由于政企不分，金融机构的行政化经营导致企业亏损严重，而金融机构的行政化经营又使政府公力救助成为必然，这也是全能政府体制的重要特征。第三，我国对问题金融机构的公力救助还是沿袭全能政府时代的做法，完全以政策形式实施，难以形成稳定的预期。在问题金融机构的公力救助上，我国法律法规要么没有明确的规定，要么规定具有任意性，预设了突破法律规定的政治条件。这就导致在公力救助问题金融机构时，经过各方层层博弈，每次救助政策总会发生一些变化，救助政策缺乏一贯性。中央银行再贷款救助就是极为典型的例子。第四，我国问题金融机构公力救助的权力控制，仍然同全能政府时代一样单一，公力救助机构只享有救助权力，没有相应救助的法律责任，只依靠公力救助机构的上级机构和党组织的制约。救助相对方或者社会公众如果对救助决策有异议，也没有法律救济渠道，只能通过上访来制约救助权力。第五，我国已发生的问题金融机构公力救助，仍然主要以全能政府时代的国家利益、社会公共利益为救助的终极目标，这就导致对问题金融机构的公力救助，哪怕宣布将其关闭破产清算，救助机构也要帮助直接清偿其债务，尤其是问题金融机构负有的个人债务。

当然，随着我国市场经济体制的建立和不断完善，全能政府式救助也逐渐在减少。譬如我国保险行业21世纪发生的三起救助，就具有了现代金融监管意义上的救助特点，即救助目标不再是为了金融发展的社会公共利益，而是出于防范金融风险的需要，救助权力行使也有相应的法律法规作为依据。不过在保险保障基金具体如何使用，保险保障基金与原保监会之间的关系上，规定仍然语焉不详，救助权力行使的法律制约仍然不足，救助责任仍然空白。

(二) 法治政府建设要求实现政府有限性

1. 有限政府是法治政府建设的要求

在我国，"法治"一词在先秦法家的著述中已有出现，指的是"君主用法律统治臣下和民众"。① 现代意义的"法治"则是指"法律的统治"，即"所有机

---

① 马作武：《中国古代"法治"质论——兼驳法治的本土资源说》，《法学评论》，1999年第1期，第6页。

构，包括立法、行政、司法及其他机构都要遵循某些原则。上述原则，如正义的基本原则、道德原则、公平和正当程序原则，一般被视为法律特征的表达。它意味着对个人的最高价值和尊严的尊重"。① 现代意义法治的产生与市场经济的发展密不可分。市场经济条件下交易主体要求的平等性、交易安全性与公平性需要法律规则予以回应，进而催生了现代法治的出现。因此，商业社会对一个规则统一的大市场的需要是现代法治诞生的前提和条件。② 改革开放以来，我国市场经济的渐进式改革奠定了我国现代法治建设的经济基础。十年"文革"期间对法制体系的破坏和对法律权威的践踏导致的惨痛教训，也给1978年全面启动的"摸着石头过河"的社会主义法治实践提供了一部现成的反面教材，促使党和国家领导人重新认识民主和法制建设的重要性，并在渐进式改革过程中，逐渐把社会主义法治国家建设确定为社会主义现代化建设的重要目标。

在法治国家建设中，法治政府是现代意义"法治"的重要组成部分，某种意义上亦为法治得以实现的基础。因为法律虽是众人意志之结合，但制定和实施法律的权力一般只能由少数人行使，即国家相关机构行使。其中政府作为维护和执行法律的最重要力量，其权力行使更需要法律的制约。现代社会中，政府力量急剧膨胀，政府行为涉及的范围和内容也异常丰富广泛，涉及的对象更是广大的社会公众，且政府行为具有持续性、主动性和灵活性。如果政府权力失去制约，将会有社会溃堤的危险。正如学术界的共识：法治，"不但是指政府要维护和执行法律和秩序，而且政府本身也要服从法律规则，它本身不能漠视法律或为自己的需要而重新制定法律"③。法治要求各级政府的运作，根本上不应当是经济上的利益、政治上的命令或科层制的压力，而应该是法律及法治体系的规制。法治政府的要求必然带来政府有限性的认知。

如前所述，我国改革开放之初的政府就是一个无限全能的政府。这时政府不仅具有政治、经济、文化、治安、福利等所有行政职能，而且还严格限制构成特定社会的个人和经济主体的活动，并对出现支付危机的金融机构实施无限全面救助。这样一种形态的政府固然因其强大的控制力能够在维护刚刚试水的市场经济体制、防控市场失灵失范方面起到重要作用，但政府官员的经济人属性决定了政府也会有部门利益，政府也会犯错，由此导致的政府失灵会给社会造成更严重的后果。随着我国社会主义法治建设的逐步推进，这种全能无限的政府势必要被有限政府所取代。

在法治政府概念下，政府之所以能为"法"所"治"，主要因其"有限政府"的身份和定位所决定。公权力，尤其是行政权力，一经形成就具有自我扩张的本能冲动，就如罗素所言，"爱好权力，犹如好色，是一种强烈的动机，对于

---

① ③ 戴维·M. 沃克：《牛津法律大辞典》，李双元译，法律出版社2003年版，第990－991页。
② 王新青、赵旭光：《我国法治建设的路径选择》，《中国青年政治学院学报》，2008年第6期，第78页。

大多数人的行为所发生的影响往往超过他们自己的想象"①。无数历史事实证明：公权力，尤其是行政权力，一旦在运作中缺乏边界，则必然导致权力由原有运行范围，扩散渗透到社会生活的方方面面，甚至成为公民人权和基本权利的巨大威胁。因此政府权力行使必须有法定的边界，只能在法律规定的范围内行使。一个法治的政府只能在有限的范围内保留公权力行使的能动性和主动性。从此意义上讲，有限政府是法治政府的应有之义。

2. 有限政府下的我国问题金融机构公力救助

有限政府要求在对市场经济的干预上，政府不能随意干预，任性而为，必须在法定范围内有效干预。因为在市场发挥资源配置决定性作用的市场经济中，市场主体的经济自由是市场经济顺利运行的前提条件。经济自由要求生产者和消费者的个体偏好不受限制，除非这些偏好具有明显的外在不良性；不允许任何力量非法干预经济人的自由交易和自由定价，除非这种交易本身带有强制性或者不正当性。②按照市场对个体经济自由的要求，只有在生产者遭遇危机，危及整个市场体系的稳定和安全时，政府才有干预和救助的必要。而对于无关市场稳定和安全的企业自由退出市场，同样是个体经济自由的体现，政府也没有救助的必要。在有限政府框架下，公力救助问题金融机构只能是市场主体经济自由的例外，公力救助机构必须在满足法定条件下才能行使救助权力。此外，清晰的财产权也是市场经济顺利运行的良好条件。如果在市场经济里，市场主体产权关系不确定，就必然可能出现政府行为的不确定情况。譬如我国对问题国有银行的救助中，由于当时并未厘清国有银行与政府之间的产权关系，这就出现政府耗费巨大公共资源救助国有企业，政府的公共管理人身份与政府的国有企业所有人身份混同，进而导致政府行为界限模糊的情况。因此财产权的确定与清晰化，可以为政府权力的行使划出明确的界限，从而实现政府的有限性。

有限政府还要求政府职能也是有限的。在全能政府时代，政府拥有社会政治经济生活所有方面的管理职能，行政机构无处不在，无所不能，所有本来不该管也管不了的事务都成为政府职能的范围。改革开放后，我国对问题金融机构的公力救助也沿袭了这一传统，只要金融机构偿付能力出现问题，公力救助机构都要帮助解决，包括对问题金融机构债务的清偿。这既增加了救助成本，耗费了公共资源，也使道德风险在市场中弥漫，积聚了巨大的金融风险，为金融体系的稳定运行留下隐患。在有限政府框架下，政府职能，包括经济管理职能也是有限的。政府经济管理职能旨在维护经济安全，进行宏观调控，维持市场秩序，弥补市场失灵。因此政府经济管理职能的逻辑起点应是从市场失灵开始，即市场失灵之

---

① 罗素：《权力论》，吴友三译，商务印书馆1991年版，第198页。
② 龚天平：《论经济自由》，《华中科技大学学报（社会科学版）》，2014年第3期，第26页。

处，才是政府经济管理职能发挥作用的边界。政府经济管理职能介入的地带，必须是市场机制失灵，无法发挥资源配置功能的地带。① 由于市场失灵是市场主体私人自治无法解决的问题，基于主权在民理论②，市场主体为了在市场经济活动中摆脱无序、混乱的自然状态，建立一个有利于净化市场交易环境、稳定市场交易结构的机制确保市场经济活动的顺利进行，在初始状态时，每一个市场主体让渡了一部分自身的私权利给政府，委托政府对宏观经济运行进行调控以及对市场秩序进行规制，最终目的是确保市场发挥资源配置作用，并朝着良性方向发展，最大限度地满足市场参与主体的私人利益。市场主体委托政府规制的范围就是市场自治机制无法发挥作用的地带。在此意义上，政府经济管理职能的行使，就必须基于委托主体限定的委托范围，超过这个委托范围就属于政府越权，其越权行为当然无效。有限政府对政府经济管理职能有限的强调也要求我国公力救助部门在救助问题金融机构时，也必须考虑救助职能行使的边界，意识到公力救助之所以产生，是基于问题金融机构存在的巨大负外部性，而救助过程中如果市场机制能够发挥作用，公力救助部门就不能越俎代庖。

有限政府还意味着政府能力和政府责任也是有限的。政府（国家）并不是神造物，没有无所不在、无所不能和准确无误的天赋。相反，由政治家和政府官员组成的政府，在进行政府决策和政府行动时，必然在很大程度上受政治家和政府官员的动机支配。由于政治家和政府官员同样属于经济人，同样会追求自身效用的最大化，这就使得政府行为和决策具有了自利性。不仅如此，做决定的政治家和政府官员与其他人并无多大差别，既不更好，也不更坏，他们一样会犯错误。因此，政府能力也是有限的，它既不可能超凡入圣，也不可能无所不能。政府应明确自己的定位，做自己能做的事情，而不要什么都管，什么都做，成为实质上的无效政府。同时，有限政府下政府责任也是有限的，政府只能在法定权限范围内承担自己的责任，它不能够也不应该为市场主体的商业行为后果承担无限责任。因此，在有限政府框架下，对问题金融机构的公力救助，也必须遵循上述原则。公力救助部门只能在救助权限范围内对救助行为承担责任，而不是为问题金融机构的所有商业行为负责，也不需要为金融机构的债务承担刚性兑付责任。

二、控制型（管制型）政府向服务型政府转变的需要

法治政府建设不仅要求政府从全能向有限转变，也要求政府在职能行使上从对无所不在的控制的追求转向以为社会公众提供服务为中心。由于法治本身包含

---

① 李昌麒、岳彩申：《经济法学》，法律出版社2013年版，第5页。
② 主权在民理论强调一国的全部权力来源于人民，归属于人民，置于人民的控制之下。详见让·雅克·卢梭：《社会契约论》，王印、孙洪军、李尚信译，中国少年儿童出版社2001年版。

着对正义、自由、公平等基本价值的追求,对个人基本权利和尊严的尊重,法治政府在职能行使过程中,当然也必须体现法治的这一核心内核,将职能行使的重点从对社会的管理控制转变为以提供社会服务为中心。

(一) 控制型(管制型)政府下的问题金融机构公力救助

维护社会稳定,保护公民合法权利是现代政府管理的主要目标之一。为实现此目标,政府既要约束公民行为,也要保障公民权益,因此政府管理的内容既有管制,也有服务。迄今为止,作为社会公共事务和公共秩序的主要管理者,政府承担着对社会和公民的管理责任,其中包括了以国家强制力为后盾实施管制措施。

然而长期以来,我国政府职能行使突出强调了政府控制、管制职能,忽视公共服务提供。这种政府模式的形成与中华人民共和国成立后形成的高度集中的政治与计划经济体制密不可分。高度集中的政治与计划经济体制使政府成为社会经济生活的垄断者,政府控制一切并无所不能。政府与公民在这种体制中属于管理者与被管理者,控制者与被控制者的关系,虽然两者在形式和法律上实现了平等,但两者在实质上仍然存在不平等,而且公民在与政府的关系中负有更多对国家(政府)的义务而非个人权利。政府通过对社会的严密控制来限定社会的行为,形成社会秩序,但也削减了社会的行动能力。

当然,我国形成的这种控制型政府模式也与我国当时所处的社会发展阶段相适应。从人类社会发展变化过程看,迄今为止人类社会经历了从传统社会(农业社会、前工业社会)到现代社会(工业社会)再到后现代社会(后工业社会)的转变,与之相应的人类社会的政府模式(类型),也经历了从统治型政府到控制型(管制型)政府再到服务型政府的更替。在农业社会,自给自足的经济体制使得政府无须考虑社会公共管理职能,而着重于阶级统治。为此,统治阶级通过暴力、镇压等手段将被统治阶级束缚于既定的统治秩序之内,以维护自身根本利益,强制与服从就是统治阶级与被统治阶级之间关系的典型特征。农业社会向工业社会的转变使个人从土地上解放出来,社会化大生产也得以实现,由此产生了政府行使社会公共管理职能的需要。此时政府的公共管理职能重在管制职能,以推动经济发展。这一时期的政府管制职能与政府统治职能日益分离,并获得了相对独立性。这种分离因契合了现代化对效率的追求而使政府管制职能开始成为政府的主要职能。① 我国控制型(管制型)政府模式形成时期,正是我国从农业社会向工业社会转型时期。这一时期社会资源还是相对匮乏,政府要承担启动和推动现代化的重任,势必将管理效率放在首位,管制职能也就成为政府的首要职

---

① 鲍林强:《公共管理模式嬗变的基本逻辑——公民权利的视域》,《学海》,2013年第5期,第117页。

能。既有研究表明，一个韦伯式的强有力政府更有助于推进国家的现代化进程。① 麦迪逊也认为："在组织一个人统治人的政府时，最大的困难在于必须首先使政府能管理被统治者，然后再使政府管理自身。"② 我国在现代化进程中政府发挥的绝对控制作用也证明了这一点。

在这样一种控制模式下，对问题金融机构的公力救助也表现出政府的绝对控制（管制）特点。无论是对问题信托公司的救助，对问题国有银行的救助，还是对后来的问题城市信用社、问题证券公司的救助，政府都显示出强大的管控实力，直接动用巨大公共资源解决了问题金融机构的债务清偿问题，实现了社会维稳的政治任务。

(二) 法治政府建设要求推进服务型政府发展

经过了40余年的改革开放，我国经济建设取得了超乎想象的巨大成就，工业化任务已经基本完成，经济现代化基本实现，社会商品和服务也大为丰富，人民的生活水平获得极大提高。在这样的经济基础之上，人们对物质的看法有了根本变化，不再认为它是社会生活的唯一。人们开始重视人的价值与尊严，要求重新树立人在社会中的主体地位，彻底扭转人是社会体系附庸的局面。同时，人们对社会公平与正义的需求也更加迫切。建立在现代化基本完成之上的这些需求，推动了我国法治建设的发展，也成为服务型政府模式推进的前提条件。因为服务型政府模式要求政府的服务职能成为其主要职能，只会发生在社会资源已经较为丰富，社会关系较为稳定的现代化基本完成时期。此时国家与社会不再是相互对立的关系，而是互相包容，相互渗透。这意味着政府的统治职能和管制职能在政府职能体系中有了下降的可能，政府的社会公共服务职能将成为国家和社会的中心。而法治政府建设强调良法之治，法治不仅是法律和法律制度在形式上的周全性，还应借助"正义原则""道德权利"等标准对实在法进行衡量和检验；政府要"认真对待权利"，允许公民自由批评现行体制；不满足于形式平等，政府要从制度上弥补形式平等的缺陷，采取措施缩小实际的不平等；法律的正当性不是源于法律自身，而是源于法律背后的道义原则、道德权利以及民众的正义感。③ 法治政府的要求满足了现代化基本完成后人们的精神需求，推动了人们对服务型政府建设的发展。从控制型（管制型）政府向服务型政府转变，已经成为我国政府体制改革的重要目标，也是发展市场经济、走向政治现代化和民主化的必然

---

① 马克斯·韦伯确立的理性官僚制理论认为现代化政府是基于法理型权威建立，是工业革命的产物，是人类思想史上的巨大进步。详见马克斯·韦伯：《经济与社会》（第一卷），阎克文译，上海人民出版社2010年版，第34页。

② 汉密尔顿：《联邦党人文集》，程逢如译，商务印书馆1980年版，第246页。

③ 高鸿钧：《法治：理念与制度》，中国政法大学出版社2002年版，第765～766页。

要求。

服务型政府是坚持以公民为本位,以主权在民为基石,以公共利益最大化为目标,以公共服务为宗旨,以公共治理为主轴的现代政府模式。这一政府模式要求政府放弃通过控制的方式来管理社会,而是在服务中促进社会的和谐有序。政府要将公共服务提供者作为自己的角色定位,并给社会公众提供一个开放的行动空间,"决定论的原则被建构性的行动所否定"①。当然,服务型政府也会提供一些规则框架,但这种框架不是用来决定服务对象的行为,而是为后者的行为提供支持和保障。为此,服务型政府还必须具有预见性和前瞻性,它不是被动回应社会主体对拓宽行动空间的要求,而是充分利用其所掌握的资源和信息来为后者先行探索行动的方向,最大限度地降低后者的行动风险,并利用相应的规则框架来引导后者的行动。为此,服务型政府必须具有一种灵活高效的反馈机制和纠错机制,既先行尝试,又与社会公众一道共同探索最"接近正义"②的行动方式。这一点在金融监管和问题金融机构公力救助中反映得特别明显。在服务型政府的金融监管中,金融监管部门应该更加重视原则监管,为金融机构行为确定规则框架体系,使金融创新始终在金融风险允许范围内进行。同时,如果问题金融机构出现,金融监管部门要能够做到早发现、早识别,并在法律授权范围内早干预,早介入,及时救助,以防范金融风险发生。若问题金融机构为重要性金融机构或者具有系统性风险,其退出市场会带来强烈的负外部性,公力救助机构需要动用公共资源救助时,就更应该公开透明,接受社会公众监督,确保公共资源不被浪费或滥用。

第二节 政府治理与问题金融机构公力救助

一、政府管理机制转型的需要

(一)从大政府管理迈向政府治理的机制转型

1. 大政府管理机制的特点

机制一词源于自然科学,原指机器的构造和动作原理,或指有机体的内在工

---

① 张康之:《论为了竞争的合作与超越竞争的合作》,《天津社会科学》,2012年第4期,第46页。
② 接近正义概念最早适用于审判法院的行为标准和衡量体系中,强调的是可能的法院利用者,当他们与法院接触时,他们必须能够进入当地的法院,并能够得到该法院的服务。详见杨路:《美国法院行为标准及衡量体系》,《法律适用》,2003年第4期,第74页。

作方式，包括其构造、功能和相互关系。将机制概念应用于社会科学研究，则意味着对社会现象的研究要从现象描述演进到本质说明，探究社会结构与社会运动之间的相互影响以及从中体现出的规律。① 研究政府管理机制，就是将政府管理现象作为一个活的有机体，考察它的运行原因、动力、功能和运行中与其他事物交互作用的状况等。具体而言，政府管理机制涉及政府管理的要素与结构、运行过程和开放系统三个方面的内容。其中政府管理的系统结构是由行政理念、行政职能、行政机构、管理制度和管理方式等要素构成，政府管理系统结构和要素的动态表征构成政府管理运行过程，包括决策、执行、监督、反馈四个环节，而政府管理的开放系统则展示了政府管理系统与外界的物质、能量、信息的交换程度，是政府管理效能大小的重要保障。

中华人民共和国成立之后，与高度集中的计划经济体制相适应，我国建立起大政府管理机制，以全能政府形式掌控着整个国家的政治经济生活。1978年开始的渐进式改革，虽然使我国经济体制由计划经济逐步向市场经济转轨，政府管理机制也产生诸多变化，但路径依赖的强大惯性，使得我国大政府管理机制并没有彻底发生改变。在大政府管理机制下，政府管理的要素与结构、运行过程和开放系统均呈现出政府至上、权力至上的特点。

首先，政府管理的要素结构仍然呈现出政府至上、权力至上的特点。具体表现为：一是在政府行政理念上，尽管人本理念、服务理念开始被政府接受，但受到几千年来长期存在的官场文化影响，官本位、权力本位、政府本位意识依旧根植于政府人员的日常行为中，以人为本、服务人民的理念难以在政府日常工作中得到全面彰显。尤其在市、县、乡政府，官僚主义习气较为浓厚，门难进、脸难看、事难办，工作效率低下，缺乏为人民服务的理念，重管理轻服务、重权力轻服务、重形式轻内容、重结果轻过程的现象仍然突出。二是在政府行政职能上，政府统治一切的路径依赖使得政府行政职能转变缓慢。政府职能转变的核心问题在于正确界定政府与市场的关系，在尊重市场规律基础上更好发挥政府作用。由于长期形成的路径依赖，当前我国政府在经济调节方面越位问题依然存在。政府更多地运用产业政策，更偏好于从微观角度直接干预经济，造成市场在资源配置中还不能完全发挥决定性作用。同时在市场监管上又相对滞后，政府监管难以跟上复杂多变的市场脚步，造成市场监管错位。在社会关系管理上，长期以来的政府大包大揽导致社会组织发育滞后，而既有的行政化色彩浓厚的社会组织也难以满足日益多样化、复杂化的社会管理和公共服务需求，社会管理缺位、公共服务不到位现象较为突出。三是在行政机构方面，尽管从1978年改革至今，我国政

---

① 谭兴中：《论政府管理机制创新》，《江西社会科学》，2002年第9期，第176页。

府已经经历了多次机构改革,力图建立一个高效精简、结构优化、职能科学、人民满意的服务型政府,以适应我国社会主义市场经济体制改革不断深化的要求,但目标实现仍然任重而道远。由于我国的行政体制还没有完全摆脱权力集中、计划指导、部门管理和"条"和"块"分割的影响,并且人们的认识和心理也存在偏差,干部只进不出、只上不下、能升不能降、能官不能民的认识和心理还普遍存在,这就导致机构数量增加,人员膨胀。再加之行政机构的编制、工作和组织程序还没有完全实现法治化,按人设岗、因职设事情况也时有发生,这些都使得我国行政机构办事效率较为低下,机构组织重叠膨胀,人浮于事问题比较突出。四是在管理制度上,由于我国仍然处于经济社会转型阶段,管理制度不完善现象比较明显,比如在行政审批、行政监督制度、干部人事管理制度、薪酬制度等方面还难以满足我国经济社会发展和民主政治的要求,这就造成政府随意行政,权力寻租和腐败现象时有发生。管理制度的不完善反过来又加剧了政府行为的任意性,使得政府至上、权力至上的特点凸显。五是在管理方式上,面对我国经济和社会生活中的剧烈变化,政府机构及其公务人员囿于路径依赖以及管理制度的滞后性,仍然习惯沿袭过去计划经济时代的管理方式,注重采用微观管理方式去管理宏观经济,采用直接管理方式去管理间接事务,采用单一行政手段去解决综合性问题,采用管制性方式去开展服务性工作。政府管理方式的简单化、行政化又进一步强化了政府至上、权力至上的特点。

其次,政府管理的运行过程也呈现出政府至上、权力至上的特点。政府管理的运行过程包括决策、执行、监督、反馈四个环节,无论是在决策执行还是监督反馈环节,政府至上、权力至上的特点都表现得十分明显。在行政决策环节,目前社会公众虽然开始参与政府决策,但参与决策的渠道并不通畅,参与决策的程度也不充分,更多的行政决策,尤其是地方行政决策仍然沿袭过去的老路,政府往往在缺乏充分有效的信息收集整理与民间咨询论证的情况下就直接做出决定,凸显出政府在行政决策过程中的绝对控制和至上地位。同时,政府决策者的官本位意识也比较强烈,在行政决策程序还不健全,行政决策范围、方法还没有法制化的情况下,又会加剧行政决策的任意性,强化行政决策的政府至上、权力至上特点。在行政执行环节,由于制度的不完善,行政执行行为仍然不够规范,缺乏连续性和稳定性,执行随意的情况时有发生。此外,执行过程中信息沟通渠道的不通畅以及协调机制的缺失,又使得行政执行的效果不尽如人意,"上有政策,下有对策"现象经常出现。在行政监督环节,目前虽已形成政府内部监督与外部监督相结合的制度,但长期以来形成的政府强势地位使得政府往往对社会公众监督、舆论监督的重视不够,从而导致只有在事态严重之后,政府才会采取善后措施。同时,在政府内部监督中,由于监督制度的不完善,人大、司法等部门的行政监督职能较弱,行政监督更多地需要依靠上级主管部门来完成,而上级主管部门的时间、精力有限,且处于信息不对称状态,这就造成我国政府管理的监督体制在实际运行中难以有效地发挥功效。在行政反馈环节,由于政府行政决策、执行和监督习惯于"唯上",体现出政府至上、权力至上特点,这就使政府非常重视来自上级主管部门的反馈意见,相对忽视社会公众的反馈。对于一个以为人民服务为宗旨和目标的政府而言,不断提升人民群众对政府的满意度需要高度重视社会公众的反馈,并建立起公开公正运转的社会公众意见反馈机制,这样才能快速发现问题甚至预见危机,从而及时调整工作重点和方向,及时采取措施以解决问题,化解潜在的危机。遗憾的是,受强大的传统习惯影响,政府虽已开始逐步重视对社会公众意见的反馈,但其初衷可能更多的是源于官员政绩考核的压力,而不是基于提高政府管理效率、提升政府服务水平的目标,因而具有相当的被动性。

最后,在政府管理的系统开放方面,政府至上、权力至上的特点仍然存在。随着我国法治化建设的不断推进,传统的"封闭行政"① 现象已大大减少,行政公开已开始成为政府权力运行的主要模式。然而,我国行政公开制度建设毕竟起步较晚,实践中由于制度不完善、不健全造成行政公开不到位的情况也时有发生,这就使得政府管理系统的开放程度受到限制,社会公众难以全面实现对国家事务、公共事务的知情权,也难以真正实现民主行政、公民参与行政与监督行政。同时,在政府选人、用人制度上,相关竞争制度、激励制度等还不够科学、规范和完善,"能上不能下、能进不能出"现象还比较普遍,政府管理系统与外界的人员交换通道还没有彻底打通。此外,在公共管理上,政府处理公共事务、提供公共产品和服务的社会化程度仍然不够高,政府与社会的良好互动关系仍然没有全面形成,公民社会组织仍然亟待充分发展。上述情况表明,当前我国政府管理系统的开放程度仍不够充分,政府至上、权力至上仍然充斥于政府管理系统中,这又会大大影响政府管理的效能。

2. 政府管理机制转型的迫切性

改革开放以来,我国在坚持社会主义方向的前提下,依靠大政府管理机制,采用政府力量循序渐进、稳步推进改革,不仅保持了长期的经济高速增长与社会稳定,也有效避免了转轨时期对我国经济社会的过大冲击。随着改革开放的不断深入,当前我国经济社会已步入一个新的时期,即一方面传统经济社会结构的影响还未完全消除,另一方面新的经济社会结构正在形成之中并已经开始发生作用。在这一从前现代向现代的转型过程中,大政府管理机制已经无法适应我国经

---

① 这里的"封闭行政"与"行政公开"相对应,是指政府行为的事项、标准、程序、结果都不公开。

济社会持续发展的需要,政府管理机制转型迫在眉睫。

首先,我国社会主义市场经济体制的建立与完善迫切需要政府管理机制转型。经过40余年的改革开放,我国已经建立了社会主义市场经济体制,经济领域与政治领域的分离已经基本完成,市场力量已经成为我国社会结构中一支重要力量,传统社会结构中政府单极格局的情形已经不复存在。当前我国经济体制市场化程度在不同领域和不同地区虽有很大的不平衡性,但总体而言市场化程度都在70%以上。① 市场化程度的提高带来资源配置效率的提升,进而推动了经济较快增长。改革开放四十余年的数据也证明了这一点。未来我国社会主义市场经济体制的完善要求市场在资源配置中发挥决定性作用,以便着力解决发展不平衡不充分问题,加强和推进经济社会全面发展和全面进步。要实现这一目标,关键在政府管理机制的变革。在大政府管理机制下,政府和市场关系还不能被很好处理,政府对市场的干预越位、错位、缺位现象还普遍存在,政府管理运行也常常忽视市场实际与现实,导致政策实施效果与预想背道而驰,进而大大损害政府公信力。我国证监会2016年颁布实施仅3天就被叫停的股指熔断机制监管政策充分证明,在市场体系已经基本建成的情况下,政府决策执行如果还因循政府至上的老路,不仅会极大地损害市场运行,而且还会损害政府公信力,破坏政府的权威性。因此,在社会主义市场经济体制的继续完善阶段,政府应该改变长期以来形成的政府统治一切的意识和习惯,变革大政府管理机制。无论在管理要素和结构上,还是管理运行与管理系统开放上,政府都应该尊重市场,尊重市场参与者的独立自主决策权利,发挥市场在资源配置中的决定性作用,进而更好地发挥政府作用。

其次,我国公民社会的逐步兴起迫切要求政府管理机制转型。改革开放初期,我国在经济上推行以计划经济为主的社会主义公有制,这一时期公民社会在理论上也缺乏学者的关注。促使我国公民社会成长与兴起的动力来自改革的推进。我国政府于1989年颁布并于1998年修订的《社会团体登记管理条例》以及颁布的《民办非企业单位登记管理暂行条例》第一次从法律上承认了民间非政府组织的合法性。1992年社会主义市场经济体制的确立更是推动了大量社会团体、行业协会等非政府组织自下而上的涌现,进而形成一股不可小视的社会力量。在改革动力的推动下,政府也逐渐将一些管理职能转交给这些民间组织,政府与公民社会的界限开始出现。

公民社会的逐步兴起要求公民要成为具有主体意识的社会主人并勇于承担更多的社会责任。公民社会的出现和兴起使我国社会结构从政府单极格局转变为政

---

① 陈宗胜、王晓云、周云波:《新时代中国特色社会主义市场经济体制逐步建成——中国经济体制改革四十年回顾与展望》,《经济社会体制比较》,2018年第4期,第39页。

府、市场、社会三极格局。在公民社会中,公民通过顺畅地表达自己诉求以及积极地参与政治活动来实现对政府权力的制衡,这种公民与政府的对话合作与良好互动也是政治民主的客观要求。显然,大政府管理机制与公民社会的要求背道而驰,已经不能适应我国经济社会发展的现实需要。

最后,大数据时代的来临也迫切呼唤政府管理机制转型。大数据时代的来临,不仅使人们获得新的认知,创造新的价值,而且还改变了市场、组织机构,以及政府与公民的关系。大数据时代大大降低了信息收集、发布、检索和传输的成本,从根本上解决了政府信息公开的成本难题,推进了政务公开与数据开放的进程,同时大数据时代还为公民有效、充分地参与国家政治生活提供了契机。在政府数据公开的前提下,网络为公民提供了"一种没有强权的、多中心的、双向甚至多向的信息交流方式"①,使公民能够更加便捷地参与国家政治生活与公共决策。尽管大数据对改善政府管理具有极高的潜在价值,但是如果大政府管理机制不改变,大数据对政府管理的改善潜力也无法实现。这是因为在大政府管理机制下,政府官员习惯了单向度沟通,一元垂直领导,在官本位思想的作用下,他们很难自主更新大数据意识,也不愿积极主动地开放政府数据。因此,要充分发挥大数据在改善政府管理方面的潜力,就必须转变政府管理机制,使之更具包容性、开放性、透明性、多元性,从而实现大数据对政府管理的改善作用。

3. 政府管理机制转型的应然向度——政府治理

从大政府管理迈向政府治理的机制转型是我国深化改革与经济社会发展的必然结果。一方面,经过40余年的改革开放,利益主体也日益多元,民众需求也日益多样,政府管理的事务也日益复杂,传统政府至上的大政府管理机制已经无法满足我国经济社会的发展需要,实现公共产品资源配置的最优化,同时单纯依赖政府供给公共产品也存在着"政府失灵"的隐患,因此政府管理机制迫切需要向政府治理机制转型。另一方面,随着政治体制改革和法治建设的不断推进,我国社会主义民主政治和法治也获得较大发展,这在客观上为政府治理的机制转型创造了条件。

所谓政府治理,即是在政府管理的要素结构与运行机制上,要转变官本位的思想与意识,从公民为本出发,优化政府管理的主体结构、权力结构、组织结构,完善政府管理制度、管理方式与管理运行机制,进而提升政府管理效能。同时,政府管理系统要全面开放,在公共事务的管理上,政府不再是唯一主体,而是引入市场、社会力量,建立国家—社会、政府—市场、公共部门—私营部门之间的互相合作与依赖的共同治理模式。其中,以政府为原点考察政府治理的共治

---

① 涂子沛:《大数据:正在到来的数据革命,以及它如何改变政府、商业和我们的生活》,广西师范大学出版社2014年版,第274页。

关系时①,必须看到,在政府与社会之间,政府始终是社会组织的引导者、扶持者和监管者,社会组织虽已具备相对独立性,但仍然离不开对政府的依赖,因此政府与社会组织之间存在合作的根基;在政府与市场之间,政府要转变职能,发挥市场对资源配置的决定性作用,同时政府也要培育、引导、规制市场。由此,在政府、市场、社会之间就可以运用科层制、合作机制、市场机制等混合机制去处理不同层次、不同类型的公共事务,一个网络化、多元主体的治理结构也得以形成。

(二) 政府治理与法治化的契合

政府治理应当是法治之下的治理,政府治理与法治化具有内在的统一性与天然的契合性。

首先,政府治理与法治化的内在价值高度契合,即都是需要制约公共权力,保障公民权利。依法保障权利是法治大厦的基石,也是宪法保障人权的践行与落实。"只有政府认真对待人权和公民权利,人民才会认真对待政府、法律和秩序"②,法治的价值目标也才能得以实现。保障公民权利、制约公共权力同样是政府治理的内在价值,是现代政府行为的出发点和落脚点,也是政府的基本责任。政府治理要求以公民为本,保障公民权利则是实现公民为本的根本路径。在政府管理要素结构与运行机制上,政府治理要求厘定政府职能,确立"法无授权不可为,法定职责必须为"的行为准则,促使政府既有效地履行其职能,又不至于侵蚀公民、社会的权利边界与市场机制的运行空间;通过合理配置行政权力,优化行政组织机构,健全行政权力运行机制,尤其是监督、反馈机制,实现对行政权力的制约、监督与激励。此外在政府管理系统开放上,政府治理通过建立政府、市场、社会对公共事务的合作治理框架,以程序制度为纽带,以行政权力—相对人权利结构为载体,使得社会公众能够顺畅地表达自己的诉求,积极参与公共事务。这不仅张扬了公民权利,也实现了公民对政府权力的监督与控制。可见政府治理也体现了确认和保障权利这一法治的真谛。

其次,政府治理与法治化的目标追求高度契合。政府治理实现的理想状态就是善治。从语义学上说,"善治"就是良好的治理。达致善治目标的政府治理,即是一种达成和服务于某种良好目标的现代国家建构过程和方式。善治包括了十个基本要素,即合法、法治、透明、责任、回应、有效、参与、稳定、廉洁、公

---

① 在研究政府治理多维关系时,通常将其中之一作为考察的原点或矢量,另一个作为变量,以此完整分析多维关系中的双边关系主体磨合与互动的过程。参见石佑启、杨治坤:《中国政府治理的法治路径》,《中国社会科学》,2018年第1期,第69页。

② 张文显:《法治与国家治理现代化》,《中国法学》,2014年第4期,第39页。

正。① 上述十个善治的要素相互关联、相互表里，又可以进一步概括为民主和法治两个基本要件。可见善治目标的实现，离不开民主与法治的支撑。法治作为一种重要的治国方式，其包含了两重意义："已成立的法律获得普遍的服从，而大家所服从的法律本身又应该是制定得良好的法律"②。按照此种理解方式，法治的内容与目标可以主要概括为两个方面：一是良法，二是善治。良法应当是符合正义与善德的法律，良法之治的目的在于实现善治。良法善治的有机结合，就构成了法治。政府治理欲实现善治目标，首要环节就是立法，所立之法也必须符合良法要求，才可能达致善治。法律的生命力在于实施，法律的权威也在于实施。在政府治理过程中，要求政府恪守法律保留与依法行政原则，确保政府权力不越位、不缺位、不错位。同时，政府在公共事务治理中，也必须以程序设置为纽带，确保社会公众与市场力量参与公共事务的合作治理，进而监督与制约政府权力，实现公共利益的最大化。

再次，政府治理与法治化的外在形式高度契合，即都要通过建构有限有效的政府来实现善治这一目标。政府治理的实质，在于转变传统的官本位思想与意识，从以公民为本出发，无论在政府管理要素结构、运行机制，还是政府管理系统开放上，都要尊重社会公众的权利，并以程序为纽带，建立政府、市场、社会对公共事务的合作治理框架。要实现这一点，就必须通过法律限制政府权力。通过制度化形式约束政府权力，防止政府权力扩张与任性，从而使行政权力—相对人权利的平衡结构得以在政府与社会、市场和公民之间建立，规制政府权力和保障公民权利与自由的目标追求也得以实现。这一限制政府权力的过程也是实现政府法治化的过程。同时，政府治理的目标在于善治，善治的重要表现之一就是要满足社会公众对优质公共服务的需求，实现公共利益的最大化。显然，要实现政府治理的善治目标，仅仅厘清政府权力边界是远远不够的。一个权力有边界的有限政府还必须积极作为或有效作为，才能真正实现善治目标。如果政府不作为或乱作为，有限政府也失去了存在意义和价值。强调政府的有限性，是为了促使政府将有限的时间、精力和成本投入到职能范围之内积极作为，从而能够为社会公众提供优质、高效的服务。因此一个有限政府同时还必须是有效政府。有限有效政府意味着政府不仅职能有限、规模适度、权责一致，同时还行为高效、效益最优。法治化过程也正是有限有效政府的建构过程。通过依法推进行政体制改革，科学划定各级政府及其职能部门职责和权限，合理配置行政权力，优化行政组织结构，完善行政权力运行机制，健全行政权力的制约监督机制和责任追究机制，促使政府权力合法、公正、高效运作，从而实现政府治理与法治化。

---

① 俞可平：《全球治理引论》，《马克思主义与现实》，2002年第1期，第45页。
② 亚里士多德：《政治学》，吴寿鹏译，商务印书馆1997年版，第199页。

最后，政府治理与法治化具有时空同步性。从大政府管理向政府治理机制转型，几乎与从法制政府向法治政府的转型交互同步。我国改革开放后在一个较长时间段内一直奉行"有法可依，有法必依，执法必严，违法必究"的法制建设方针，代表了我国对政府管理与法制建设的基本认识与行动指南。随着我国经济体制改革的日益深入，市场与社会力量开始出现，利益主体日益多元，客观上要求政府管理与法制建设也要深化发展，至此国家开始推进国家治理与法治中国建设，国家治理与法治中国一体建设开始成为共识和新的行动指南。2017年党的十九大报告更是将推进国家治理体系和治理能力现代化与全面推进依法治国作为新时代中国特色社会主义思想的重要组成部分，进而从顶层设计的高度肯定和增强了政府治理与法治建设的系统性、整体性、协同性与同步性。①

（三）政府治理的法治化需求——以问题金融机构公力救助为例

市场失灵使政府干预不可避免，但政府失灵的存在也使人们认识到政府管理并不是万能的。由此而生的政府治理理念希望通过整合科层机制、市场机制、自治机制等多样化制度性力量，建立公共事务合作治理机制，以克服单一机制的弊端，形成相对比较优势。这种从总体性支配到技术治理②的路径转换，需要依法治理作为转换介质。具体到问题金融机构公力救助治理上，就产生了如下法治化需求。

（1）政府治理的多元主体结构呼唤变革问题金融机构公力救助中的"政府—相对人"二元主体结构。

在政府治理机制下，政府、社会组织和公民都需要各司其职，明确自己的定位与责任。其中政府应以公共服务提供者为其职能定位，并据此制定前瞻性的行动框架；社会组织则要强化自我管理和自我服务，以更好地承担和分享公共责任；公民则应走出"公民唯私主义"阴影，从消极公民变为积极公民。③ 表现在问题金融机构公力救助上，就需要公力救助主体在处理政府与市场关系方面，应当在遵循市场自生秩序和规律的前提下，施加政府影响，完成问题金融机构救助。相关社会组织和问题金融机构自身也应该积极参与，共同完成救助。当前我国在问题金融机构公力救助上，仍然沿袭大政府管理思维，"政府—相对人"的

---

① 习近平：《决胜全面建成小康社会，夺取新时代中国特色社会主义伟大胜利》，人民出版社2017年版，第36页。

② 所谓技术治理，就是行政科层会根据治理情景主动地创制技术性手段去化解各种现实问题，从而实现治理工具的不断演进。米歇尔·福柯认为它是由制度、程序、分析以及复杂权力形式得以实施的计算和手法组成的集合体。详见米歇尔·福柯：《规训与惩罚》，刘北成、杨远婴译，生活、读书、新知三联书店，1999年版，第54页。

③ 孔繁斌：《公共性的再生产——多中心治理的合作机制建构》，江苏人民出版社2008年版，第14页。

二元结构依然是问题金融机构公力救助安排的基本图景。在此二元结构下，行政权力与相对人权利的支配性结构失衡现象仍然存在。这不仅表现为法律规范设置上的救助权力—救助权利的配置结构失衡，还表现在法律规范实施方式的单一性，仍然是控制性、命令性行为方式构成公力救助主体的主导性工具，沟通型、柔性行为方式的运用空间还十分有限。显然，问题金融机构公力救助中存在的"政府—相对人"的二元主体结构已经根本无法满足政府治理的多元主体合作共治的需要，亟须通过法治构建，实现问题金融机构公力救助的多元主体合作治理。

（2）政府治理的内在价值呼唤变革封闭的问题金融机构公力救助运行机制。

如前所述，政府治理的内在价值在于保障公民权利，制约公共权力。为此，需要厘定政府职能，合理配置政府行政权力，健全行政权力运行机制，并建立起公共事务的"政府—市场—社会"的合作治理机制，以满足社会公众对公共服务的多样化、个性化需求。

由于我国金融体制改革的渐进性，在问题金融机构公力救助上，就表现出公力救助主体权限不清、职责不明的情况，导致问题金融机构出现后，是否进行公力救助以及怎样进行公力救助都存在较大的不确定性，公力救助主体行使救助权力较为任意，公力救助权力的运行机制也缺少监督和反馈环节，进而造成问题金融机构公力救助越位、错位、缺位现象，救助效果也无法实现公共利益最大化。显然，我国问题金融机构公力救助运行机制并不符合政府治理要求。要实现问题金融机构公力救助的政府治理，就必须通过法律来确定公力救助主体的权限范围，实现公力救助权限与救助权力运行的法定化，这也是法治政府建设的本质要求。缺少法律的约束与保障，问题金融机构公力救助的正当性与有限性不仅无法实现，也极易滑入救助权力滥用、有权无责、权力寻租、公权私用等深渊。①

（3）政府治理过程的交互性呼唤变革单向度的问题金融机构公力救助程序安排。

在大政府管理机制下，我国问题金融机构公力救助主体在涉及问题金融机构救助时，完全以救助任务为导向，救助主体对救助任务的安排与进程享有主导权，救助权力运行呈现出单向性，甚至封闭性，救助主体就是否救助问题金融机构以及怎样救助单方面地表达意志，做出决定，作为救助对象的问题金融机构往往只能对救助决定予以接受或者服从。也是说，与大政府管理相契合的问题金融机构公力救助程序，将救助权力与相对人权利完全对立，公力救助主体与救助对象在救助过程中只有命令与服从关系。在这一关系结构下，救助对象因缺乏法定

---

① 石佑起：《论有限有为政府的法治维度及其实现路径》，《南京社会科学》，2013年第11期，第34页。

程序支撑,就难以对救助权力运行的单向度与支配性特质施加影响。

政府治理不同于大政府管理,强调合作机制对于公共事务的重要性。无论是政府管理要素结构与管理运行机制,还是政府管理系统开放,都强调多元治理主体的必要性,并处于多维度的关系制约均衡结构之中。在治理过程中,多元治理主体不需要迷恋公共权力,而是围绕公共事务治理展开多轮协商、沟通,达成共识。这种治理过程的交互性要求改变问题金融机构公力救助中潜在救助对象在金融救助过程中处于被支配地位的失衡状态。要达成此目的,必须通过救助程序安排对公力救助运行施加控制的再平衡立法技术,以确保问题金融机构公力救助效能最大化。在救助程序规制下,救助行为不再是单向度的指定安排,而是表现为救助权力—相对人权利的反复博弈均衡过程;救助决定也不再是行政命令的产物,而是在外在形式上展现出各方主体协商互谅后产生的一致行动。因此,要实现政府治理内含的交互精神,就必须以正当程序做支撑,这只有通过法治化才能得以达成。

(4) 政府治理方式的多样化呼唤变革单一化的问题金融机构公力救助手段。

在大政府管理机制下,具有单向、封闭、强制特征的公权力行使,使相对人成为政府管理的对象与被支配的客体。表现在我国问题金融机构公力救助上,公力救助主体以命令与强制手段为主导,救助主体与救助对象之间形成命令与服从、强制与被强制、单向推进与被动接受的关系。政府治理蕴含的多主体合作与社会分化使得公共事务处理更具复合性、开放性与包容性,这就要求依托民主改造公共权力单向度,实现公共权力与相对人权利均衡,权力行使与相对人行为互动,权力行使结果合理与权力行使过程正当兼顾。表现在政府治理方式上,就是要多样化、弹性化和柔和化。这就要求在问题金融机构公力救助中,变革僵硬、单一、强制的救助手段,采用沟通协商、互动合作、强制与非强制兼顾和选择适用等多样化方式,实现政府与公众的交互合作。这既体现了民主政治的要求,也有助于公力救助效果的最优化。因此,要实现政府治理方式的多样化,就必须通过法治改变原有公共权力的单向度、强制性运行方式,使政府与社会、政府与市场、政府与公民之间的双向互动成为可能,从而为问题金融机构公力救助手段的多样化奠定制度基础。

二、政府治理现代化要求问题金融机构公力救助法治化

党的十八届三中全会确定了全面深化改革的总目标,其中一项重要内容就是要推进国家治理体系和治理能力现代化。党的十九届四中全会更是具体研究了坚持和完善中国特色社会主义制度、推进国家治理体系和国家治理能力现代化的若干重大问题。国家治理现代化的重要组成部分是政府治理现代化,它在推进我国

现代化建设的总进程中发挥着不可替代的作用。显然,没有政府治理现代化,就没有经济社会的可持续发展,这已经被中外现代化历史充分证明。

(一)政府治理现代化的基本表征是法治

1. 政府治理现代化的本质——法治秩序

18世纪以来人类文明发生了深刻变化,这种深刻变化体现在人类社会的政治、经济、社会、文化等各个领域。这种巨大转变彰显了人的全面发展与自然环境的合理保护,因此也被视为人类社会现代化的实现。① 在现代化进程中,政府无论从性质、体制,还是管理机制上,都发生了深刻变化。政府治理现代化意味着政府从全能走向有限,从人治走向法治,从控制走向服务,从暗箱操作走向公开透明,从职务终身制走向法定任期制,从世袭或任命制走向选举制,从只对上负责走向对选民负责,从官僚主义与特权走向公平公正。政府治理现代化的表现形式虽然多种多样,但其本质却在于形成法治秩序,构建法治秩序的过程就是政府治理现代化的过程。

纵观西方发达国家现代化历史可以发现,现代政治共同体的生存、维系与发展都依赖于法律和秩序的存在。美国法学家罗斯科·庞德曾明确指出:"在今日,法律秩序已经成为一种最重要的、最有效的社会控制方式。其他所有的社会控制方式,都从属于法律方式,并在后者(法律)的审察之下运作。"② 而法治就是法律之治,法律秩序也即是通过法律之治形成的法治秩序。法治秩序通过确立法律至上原则,以形成某种非人格的统治,并通过程序或者形式正义达成保障人权、实现平等和公平的价值目标。在法治秩序下,专断的公权力必须服从法律统制,公权力的确定性和可预测性行使,使每一个社会个体权利得到尊重与保障,从而成为能为自己行为负责的、拥有自主和尊严的个人。法治秩序所体现出的民主、和平、理性与文明的精神,也是社会发展和文明进步的基石。法治秩序下人类生活的可预见性和确定性,还有助于人们理解复杂而混乱的外部世界,缓解人类自身根深蒂固的不安全感,同时法治秩序所带来的安全、自由、民主又强化了人类的创造性和能动精神,使其对人类社会发展充满信心,从而有助于人类幸福生活的达成与自我价值的实现。因此,政府治理现代化的实现过程,也即是法治秩序的实现过程。

2. 法治确立政府治理现代化的价值标准

法治本身不仅是法律(规则)之治,而且也是良法之治。"良"不仅指道德层面的善良,也包括了价值、功能层面的优良。良法不仅要符合形式正义的标

---

① 阿尔伯特·马蒂内利、何传启:《现代化论坛宣言——首届世界现代化论坛的综合公告》,《科学与现代化》,2013年第3期,第2页。

② 罗斯科·庞德:《法律与道德》,陈林林译,中国政法大学出版社2003年版,第37页。

准，按照民主程序制定，而且在内容上还必须体现民主精神和公平正义价值，维护人的尊严。就我国而言，良法应当符合公平正义要求，反映最广大人民群众的意志和利益，维护个人基本权利的法律。① 作为良法之治的法治，就为政府治理现代化确立了如下价值标准。

首先是公平正义的价值标准。公平正义是现代法治的核心价值追求，也是中国特色社会主义的内在要求。因此政府治理现代化也要体现公平正义价值标准，保障和促进社会公平。党的十八届三中全会《中共中央关于全面深化改革若干重大问题的决定》就把"促进公平正义""增进人民福祉"作为全面深化改革的出发点和落脚点，强调"让发展成果更多更公平惠及全体人民"。② 就政府治理而言，就是要全面推进"公平中国"建设，实现权利公平、机会公平、规则公平与司法公正，进而实现治理现代化，增进人民福祉。

其次是人权保障的价值标准。确认和保障权利是法治的真谛，尊重和保障人权也是政府治理的精髓所在，更是政府治理现代化的根本体现。在政府治理中确立人权保障价值观，可以使人权和公民权利观念和信念在政府部门中得以切实树立，从而落实在政府行为中，能够将人权和公民权利优先考量，并形成尊重权利的做法和习惯，为个体的自由与尊严的获得创造条件。而实现和保障社会个体的自由与尊严正是政府治理现代化的体现。

最后是效率的价值标准。政府治理的现代化，不仅要实现社会公平、保障人权，也要确保政府管理效率和效能的最大化。这既是经济理性的要求，也是民主政治的需要。政府治理的效率通过法治可以更好地实现。比如在政府权力运行中，依靠领导人个体决策，虽然看似高效、快捷，但是领导人个体见识、智慧和能力的有限性决定了这种个体决策方式往往很容易出错，进而造成社会利益的巨大损失，引发社会矛盾。而法治对效率的价值追求决定了政府治理的决策方式必须依托于法定程序，实现决策的科学化、民主化。虽然这种决策方式表面上比较费时费事，但是可以大大减少决策失误，提高决策的可执行性。同时，法治的效率价值要求确立明晰的制度体系，增强经济社会主体的可预见性和稳定预期，进而高效地自我决策，进而实现经济效率、社会效率的持续增长。

3. 法治确保实现政府治理现代化的目标——善治

政府治理现代化对公平正义、人权保障和效率的价值追求，最终落脚于要实现善治。善治即是政府治理现代化的衡量标准和目标取向所在。所谓"善治"

---

① 王利明：《良法善治并举，四中全会将绘就"法治中国"路线图》，《人民论坛》，2014 年第 27 期，第 52 页。

② 《中共中央关于全面深化改革若干重大问题的决定（辅导读本）》编写组：《中共中央关于全面深化改革若干重大问题的决定（辅导读本）》，人民出版社 2013 年版，第 4 页。

即是结果和目标意义上的"良好的治理",在此意义上,治理是一种达成和服务于某种好的目标模式的国家构建过程和方式。在政府治理现代化中,善治的实现首先要求政府必须以人为本,以公民为本,要把公民作为观念、行为、制度的主体,立足于人的解放、自由和全面发展,尊重和保障人权,而这也是法治的追求。在法治状态下,人权保障作为宪法基本原则在整个法律体系中得到贯通,公民的自主与福利也通过法律得以实现,公权力则在法律之下得以规制。同时,政府治理现代化的善治目标也要求政府必须依法治理。通过依法治理,一方面能够确保执政党的执政理念、执政路线、执政方针保持连续、稳定、权威,进而确保发展的可持续,另一方面也能够确保可预期性、可操作性和可救济性,从而使社会公众更有安全感,更愿意积极主动地开展活动,创造社会财富。最后,要实现政府治理现代化的善治目标,还必须依靠法治,通过法律在多样化中凝聚共识和力量。这就需要引入社会公众以主体身份参与到政府治理当中,扩大公民和社会组织的话语权和决定权,采用对话、沟通和协商方式平等自由地表达利益诉求和政策主张,并实现多元主体的合作共治。

由上可知,政府治理现代化的本质在于形成法治秩序,法治的良法之治又为政府治理现代化确立了公平正义、人权保障和效率的价值标准,而政府治理现代化善治目标的实现也要依赖于法治。因此,政府治理现代化与法治密不可分,政府治理现代化的基本表征就在于法治。

(二)法治化是政府治理现代化的根本路径

改革开放以来,我国法律制度体系得以不断完善发展,立法体制、执法体制和司法体制改革也在全面稳步推进。与此相适应,我国各项政府治理制度也同步得到创新发展。可以说,我国的治理现代化进程也即是我国的法治化进程。法治作为我国治国理政的基本方略,是市场经济和民主政治的基本保障。推进政府治理现代化,就是要推进我国法治化进程,法治化是实现政府治理现代化的根本路径。

首先,只有充分发挥宪法治国安邦总章程的功能才能全面推进政府治理现代化。宪法作为国家根本大法,具有最高法律权威、法律地位、法律效力,其内容涉及国家根本性、全局性问题,具有稳定性和长期性。① 宪法对我国国家根本制度、根本任务以及相关基本体制、基本原则的规定,从国家顶层设计和战略布局上,确保了我国政府治理现代化的方向,促进了政府治理制度体系的规范化和定型化,提升了政府治理现代化的权威性和有效性。同时,宪法对人民民主和公民权利义务的专门规定,也为公民参与政治活动奠定制度基础。切实尊重和有效实

---

① 习近平:《在首都各界纪念现行宪法公布施行30周年大会上的讲话》,人民出版社2013年版,第4页。

施宪法,才能够在宪法的指引和保障下,不断推进政府治理现代化,进而推动国家的文明进步。

其次,只有充分发挥法治的价值评判功能才能引领政府治理现代化。法治通过良法之治推行自由、平等、公平、正义、人权等基本价值,从而在一个国家文化中体现出一种法治精神、法治理念,以引领政府治理现代化。全球治理委员会在《我们的全球之家》中呼吁:提高全球治理的质量,最为需要的是共同信守全体人类都接受的核心价值,包括对生命、自由、正义和公平的尊重。① 显然,全球治理所倡导的核心价值与法治追求的基本价值,具有一致性。通过法治力量推进政府治理现代化,可以确保政府治理现代化的价值选择与国家法治的价值取向相一致,从而实现政府治理现代化的善治目标。

再次,只有充分发挥法治的规范功能才能顺利推进政府治理现代化。法律作为调整社会关系的行为规范,对于国家统治具有重要作用。马克思说过:"法律不是压制自由的手段,正如重力定律不是阻止运动的手段一样……恰恰相反,法律是肯定的、明确的、普遍的规范……法典就是人们自由的圣经。"② 在法治框架下,法律被划分为允许性规范、授权性规范、禁止性规范等形式,社会主体通过法律规范明确应当做什么、不应当做什么、可以做什么以及应当怎样做、可以怎样做,从而实现社会关系调整、社会行为规范、社会秩序维护的目的。法治的这种规范功能发挥使得政府治理的制度基础也必须合宪、合法,从而完善了政府治理体系,提升了治理能力。同时,法律的权利与义务、权力与责任、行为模式与行为后果以及实体法规范与程序法规范形式又可以确认和固定政府治理现代化进程中的制度要素和制度创新,使之逻辑更严谨,内容更科学,形式更完备,体系更协调。此外,法治的规范功能所要求的严格执法、公正司法、全民守法和依法办事又提升了政府治理制度体系的权威性与执行力。一旦政府治理在制度创新、体制机制和治理制度体系的贯彻实施上出现偏离法治轨道、遭遇抵触破坏等问题,国家机关就能依法做出应对和处置,从而更加有序、顺利地推进政府治理现代化。

最后,只有充分发挥法治的强制功能才能有效推进政府治理现代化。法律作为一种特殊的行为规范,是国家意志的体现并由国家强制力保证实施,因此若有法律关系主体不履行法律义务、不承担法律责任或违反法律的相关规定,就可能受到执法、司法机关以国家名义进行的制裁、惩罚或强制。③ 法治的这种强制功

---

① 俞可平:《论国家治理现代化》,社会科学文献出版社 2014 年版,第 32 页。
② 中共中央编译局:《马克思恩格斯全集》(第一卷),常兆忠译,人民出版社 1995 年版,第 176 页。
③ 王绍光:《国家治理与基础性国家能力》,《华中科技大学学报(社会科学版)》,2014 年第 3 期,第 34 页。

能对于政府治理现代化的有效推进具有重要意义。一方面，通过法治的强制功能，可以确保政府治理制度的有效贯彻实施，增强政府治理现代化的执行力；另一方面，以法律的形式将政府治理现代化进程中的制度创制与创新固定和确认下来，并进行强制实施，又可以夯实和巩固政府治理现代化的成果，确保政府治理现代化的稳步推进。当然，法治的强制功能也必须在法定范围内实施，这也是良法善治的客观要求。

（三）政府治理现代化的法治化回应——以问题金融机构公力救助为例

问题金融机构公力救助的核心与实质在于公力救助主体应该如何行使对特定问题金融机构进行救助的公权力。鉴于市场与政府双重失灵的可能性，政府治理现代化要求问题金融机构公力救助必须法治化，以实现公力救助的正当性与有效性。问题金融机构公力救助对政府治理现代化的法治化回应表现在以下方面。

首先，公力救助主体的职能定位和权力配置必须法定化。在社会主义市场经济体制已经建立并不断完善的情况下，公力救助主体的职能定位应该是合理划分政府、市场和社会的边界，处理好"市场取代政府和政府取代市场的程序"①。应发挥市场在资源配置中的决定性作用，在市场能够处理或者处理得更好的时候，公力救助主体不能滥用救助权力，形成对问题金融机构的不当干预。这就需要通过法治来限制公力救助主体的救助权力、规模的有限性，保障救助主体履责的正当性以及救助的效率性。法治之下，权自法授，只有法律才是公力救助主体救助权力存在的合法性基础和运行依据。将救助权力配置法治化，从源头上建立良好的救助权力结构，才能够真正实现问题金融机构公力救助的目的与效用。这就需要在纵向和横向上对问题金融机构公力救助权力进行通盘考虑，处理好金融安全与金融效率、金融公平之间的关系。

其次，公力救助过程要通过程序性规则来制约救助权力，保障救助对象的正当权利，以实现救助的合法性与有效性。正如约翰·罗尔斯所言："公正的法治秩序是正义的基本要求，而法治取决于一定形式的正当过程，正当过程又主要通过程序来体现。"② 程序作为一套可以反复工作的机制，具有过程性和交涉性特点，能够起到限制恣意、理性选择、"作茧自缚"效应和"反思性整合"等重要作用。③ 在问题金融机构公力救助过程中，公力救助主体的救助权力不仅要依法行使，而且还要考虑救助的复杂性、资源的有限性、公众需求的多样性，通过扩

---

① 查尔斯·林德布罗姆：《政治与市场：世界的政治——经济制度》，王逸舟译，上海三联书店、上海出版社1994年版，第1页。

② 约翰·罗尔斯：《正义论》，何怀宏、何包钢、廖申白译，中国社会科学出版社2009年版，第57页。

③ 季卫东：《法律程序的意义——对中国法制建设的另一种思考》，《中国社会科学》，1993年第1期，第26页。

大市场主体的参与程度,在交涉、对话、协商、妥协中达成救助共识,从而增强问题金融机构公力救助的开放性、回应性与合意性。通过程序性规则,可以营造一个排除偏见、平等对话、自主判断选择的空间或者过程,将政府的恣意与专断压缩在尽可能小的范围,使救助决策基于多方主体共识而便于自我遵循,进而提高救助效能。这也保障了救助过程的理性化、规范化,确保了问题金融机构公力救助的合法性。

再次,公力救助行为和方式必须法治化,以适应政府治理现代化的要求。政府治理现代化要求问题金融机构公力救助应该放弃传统的支配性管理与控制的单一救助行为与方式,采用强制与非强制、单向与双向相结合的方法,使公力救助展现出协商性、沟通性、柔和性与引导性,进而推进公力救助的顺利进行,提升公力救助的效果。这就需要将问题金融机构公力救助行为与方式纳入法律调整范围,采用软法与硬法优势互补、有机融合的混合法治方式对其进行规范,以回应政府治理现代化的要求。

最后,公力救助的责任制度也必须法定化,以确保公力救助的有效性。在法治之下,政府权力与政府责任总是一个硬币的两面,两者不可或缺。只有权力没有责任的公力救助,必然可能会导向权力寻租、公权私用的深渊。因此,政府治理现代化必然要求问题金融机构公力救助主体的责任要分清,并建立相应的责任追究或者承担机制。公力救助主体应基于法律规定的职责范围承担相应的违法责任。应明确责任范围、责任种类、担责主体、担责标准、担责形式以及追责主体、追责程序、追责执行与保障等,建立规范化的责任追究制度与系统的责任制度法律体系,这样才能防止法外追责,也才能够防止公力救助主体责任遁于法外。

第三节　金融深化发展与问题金融机构公力救助

一、金融抑制①下我国问题金融机构公力救助的法律镜像

(一) 我国问题金融机构公力救助的逻辑起点——金融抑制

现有的理论研究与实践都表明,金融抑制对于金融资源配置效率以及经济增长具有较大的负面影响。发展中国家要想获得经济的持续迅速增长,就必须取消

---

① 金融抑制与金融深化相对,是指政府为了实现其经济目标,对金融活动和金融体系实施过度干预进而抑制了金融体系发展,而金融体系发展的滞后又阻碍了经济发展,从而造成经济落后的恶性循环。详见 R·I. 麦金农:《经济发展中的货币与资本》,陈昕等译,上海人民出版社1997年版,第45~48页。

政府对金融活动的过多干预，放松对利率、汇率的管制，在有效控制通货膨胀后，使市场利率和汇率能有效地反映资金和外汇的供求情况。① 这一放松金融干预的过程，就是金融深化发展的过程。我国渐进式金融改革的实质，就是政府逐步放松对金融的管制与干预，逐渐削弱对金融的抑制。

在我国改革开放之初，整个国家的金融完全处于被抑制状态，受到中央政府的一体控制。在此时期，中国人民银行是唯一的金融机构，负责包括银行业务在内的所有金融业务，并承担货币发行和金融管理职责；作为金融资产价格衡量标准的利率和汇率完全由行政官定，没有任何市场考量；金融资产的载体形式也只有现金和存款两种。更为重要的是，金融在国家经济体制中不具备独立性，完全依托于财政而存在，因而也就不存在公力救助问题金融机构的问题。随着我国金融深化改革的启动，我国开始构建金融与财政相对分离的体制。此时，我国的金融深化发展主要以金融机构规模扩张和金融分支机构数量扩张的粗放式发展来完成，国家对整个金融产权结构仍然实施垄断性控制与维持，并对金融要素实施严格限制。在此前提条件下涌现的问题金融机构，也必然要受到政府父爱主义的关照，并得到政府支配式的直接救助。我国社会主义市场经济体制改革的建立，使得我国金融体制迫切需要深化改革，实现金融进一步深化发展，减少和削弱金融抑制，但出于金融风险防控和维护金融稳定的需求以及路径依赖的存在，政府在金融要素的市场化改革上非常谨慎，从而导致金融抑制持续。此时，问题金融机构的公力救助虽然受到经济体制市场化改革的影响，但这种影响并不彻底，公力救助的非法治化特点仍然十分明显。

（二）金融抑制下我国问题金融机构公力救助权力行使任意化

不同于发达国家的金融秩序主要基于自下而上自发形成，我国金融秩序产生的起点是国家自上而下推动建立，这就导致公权力对金融市场的主导和介入是贯穿始终的，表现在法律规则上，对公权力的行使者而言，更多的是授权而不是限权。这种极其宽泛的公权力行使边界使得法律规则的运行逻辑从"法无禁止就允许"转变为"法无允许就禁止"，进而滋长了权力滥用的可能。譬如最高人民法院就一度认为，"虽然法律、行政法规并无明确的禁止性规定，委托理财合同原则上似不属于法律禁止之范畴，但鉴于实践中的委托理财大多发生在期货、证券领域，且基本上被视为一种新生的金融品种，成为一种衍生金融业务，尤其是我国历来对金融采取严管政策并实行金融业务特许经营，故应将委托理财在金融品质上纳入特许经营范畴"②。而《证券法》第一百七十九条第八款也规定证监会

---

① 王淑敏、徐捷、申瑞涛：《金融深化创新论》，中国金融出版社2003年版，第13页。
② 高明尚：《关于审理证券、期货、国债市场中委托理财案件的若干法律问题》，转引自奚晓明：《民商事审判指导》，人民法院出版社2006年版，第68页。

拥有法律法规规定的其他职责。因此，证监会就拥有了对证券公司进行委托理财业务的监管权力。正是由于基础性金融法律文本中普遍存在授权性和兜底性条款以及司法机关的坚决执行，才使得公权力行使边界变得过于宽泛，在金融领域产生了"法无允许就禁止"的情况。

在问题金融机构公力救助上，现有法律规则同样没有明确各公力救助主体的救助权力边界，而是通过大量授权性条款和兜底条款，赋予了公力救助主体的救助权力。这就使得救助主体在行使救助权力时，可以根据情况恣意决策，任意而为。救助权力法律界定的不清晰，又会导致公权力扩张，使国家成为金融市场风险的最终"兜底者"。例如《中国人民银行法》第三十条规定中国人民银行不得向地方政府、各级政府部门提供贷款，不得向非银行金融机构以及其他单位和个人提供贷款，但国务院决定中国人民银行可以向特定的非银行金融机构提供贷款的除外。显然，第三十条后半部分的除外条款就是典型的授权条款。授权条款的存在，使得中国人民银行在我国问题金融机构公力救助实践中，多次运用再贷款方式给包括问题证券公司、城市信用社、问题信托公司等在内的非银行金融机构进行再贷款救助。这样救助的结果就是国家成为隐性的最后担保人，以损害货币政策独立性、增大通货膨胀压力和助长金融机构道德风险为代价，换取金融市场的秩序与稳定。同时，由于缺乏法律规则和司法体制对救助权力的严格制约，公力救助主体往往又可能会以"维护市场秩序，保护公共利益"之名，行滥用权力之实，导致贪污腐败盛行，并最终损害公力救助的效能。尽管我国问题金融机构的公力救助实践还未见救助权力寻租的案例，但是不受法律约束的救助权力始终有权力滥用的风险。

（三）金融抑制下我国问题金融机构公力救助规则隐性化

由于金融抑制的存在，我国金融市场仍然是一个政府行政权力主导的市场，政府公共部门对资源拥有超强掌握能力。现有法律规则本身在多大程度上能够发挥实际效果，往往还要受制于诸多外部因素，使得显性法律规则让位于权威职能部门实际施行的一套隐性规则。例如我国《证券法》第五十六条明确规定有上市公司强行退市条件，但在实际操作中，大量符合退市条件的上市公司仍然生存了下来，被强行退市的例子非常少见。究其原因在于，上市资格属于稀缺资源，地方政府往往不会愿意看到辖区内某家上市公司因为经营亏损有被退市的可能，因而会利用手中资源为该上市公司提供资产重组的机会，以避免"壳资源"的浪费。而证监会也会基于市场稳定性考虑，基本上乐于促成这样的资产重组，不愿借由退市机制来实现证券市场的优胜劣汰。这一过程中，《证券法》的明文规定被有意无意地直接忽视，在实践中起作用的是另一套隐性规则。

这种情况表现在问题金融机构的公力救助上，就是公力救助主体经常抛弃显性法律规则,而实际施行隐性规则,由此导致正式的显性法律规则效力被抵消甚至否定。比如在 21 世纪初证券公司的清理整顿中,很多证券公司因经营失败导致挪用的客户保证金无法归还,此时公力救助主体救助对象的选择就受到隐性规则的约束。为获得救助资金,南方证券的最大股东——深圳市政府先督促证监会出面协调股东注资,在斡旋未果情况下,再请证监会与中央银行协调,希望获得中央银行再贷款资金解决债务清偿问题。尽管《中国人民银行法》禁止中央银行向非银行金融机构提供贷款,但最后显性法律规则仍然被打破,在国务院决定之下,中央银行最终向南方证券发放了 80 多亿元的再贷款。① 我国问题金融机构公力救助的隐性规则不仅包括了协商救助,还包含了最弱仍能生存、强调母公司股东责任、政府隐性担保等内容。上述隐性规则贯穿了我国问题金融机构公力救助的整个实践过程。我国问题金融机构公力救助隐性规则的存在,使得问题金融机构公力救助具有不确定性,社会公众难以形成稳定预期,进而指导自己的行为。同时,隐性规则的存在也加深了权力行使的恣意性,削弱了公力救助的有效性。

（四）金融抑制下我国问题金融机构公力救助过程封闭化

由于我国问题金融机构公力救助始终在金融抑制的现实前提下展开,公力救助权力任意,救助规则隐性,这就导致公力救助主体的救助过程缺乏公开性与透明性,表现为公力救助过程封闭化。封闭化操作公力救助的结果就是公力救助经常受到权力的非正常干预,问题金融机构和社会公众也无法形成关于救助的稳定预期,从而规范自己的行为。比如在是否进行公力救助上,公力救助主体往往只公开救助决定,却鲜少具体公布做出救助决策的推理论证过程。缺少推理论证的决策看起来更像是一则冷冰冰的强制命令,不仅很难在金融业和社会公众中形成共识,进而被普遍接受,而且公力救助主体的信任度与救助效率也难以得到提升。同时,利益相关方——问题金融机构以及其他社会公众在我国公力救助过程中缺少正当参与与表达诉求的公开、透明的渠道与途径,使得公力救助主体的救助决策缺少审慎思辨过程,可能造成救助结果的不合理。而只有通过制度化的论述与协商过程,以及各种形式的沟通才能使依循民主程序所达成的结果是合理的。

当然,我国问题金融机构公力救助过程封闭化与公力救助仍然运行于官僚体制之中不无关系。官僚体制的内在特点也决定了公力救助过程封闭化。首先,官僚体制下,公力救助主体更习惯于认为真理总是掌握在有权力者手里。权力越大,掌握的真理就越多。其次,官僚体制统治总是更愿意保持神秘性以获得对外

---

① 《80 亿元再贷款到位,南方证券重组仍存迷雾》,http：//www.cnr.cn/caijing/jrzq/200502/t20050223_504055776.html,2019 年 8 月 23 日。

权威,进而掩盖官僚自己对现实问题的实际无知。因此对于公力救助对象和社会公众参与救助过程,并与之协商沟通,对官僚制度来说较难以接受。最后,官僚体制下官僚只层层对上级负责也导致公力救助时更看重上级领导意见而不是现实,导致救助时忽视公开性与透明性,形成封闭操作。

二、金融深化发展呼唤公力救助法治化变革

随着我国改革开放的持续深化,我国也从金融抑制不断走向金融深化发展。金融深化发展客观上要求推动市场机制对金融市场结构和工具进行调整,改变政府对金融市场的过度管制与强力干预,进而使市场发挥金融资源配置的决定性作用。这就需要处理好政府与市场的关系,改变政府对金融市场直接干预过多的情况,将保障金融市场秩序作为侧重点。为此,金融法必须予以法治化呼应。在问题金融机构公力救助上,同样需要处理好公力救助主体与市场、公力救助主体与社会公众的关系,确保市场在金融资源配置中发挥决定性作用的前提下,更好地发挥公力救助作用,以实现整个金融体系和金融市场的稳定与风险可控。

(一) 金融服务体系的完善呼唤公力救助法治化

我国金融改革的目标是实现我国金融深化与发展,以促进和推动经济更有效率地增长,增进人民福祉。从我国金融改革的发展进程看,金融服务体系的逐步建立与完善是我国金融深化与发展的逻辑起点及重要内容。在我国金融改革启动之前,整个国家的金融是以中国人民银行为核心的单一金融体系,中国人民银行不仅垄断了包括银行业务在内的所有金融业务,而且还是负责货币发行和金融管理的国家机关。单一的金融体系与我国当时高度集中的计划经济体制相适应,金融完全没有自我独立发展的空间,沦为财政的附庸。在经济体制改革的推动下,我国金融改革的出发点就是要打破金融体系的单一性,建立中央银行与专业性金融服务机构共存的双层金融服务体系,使金融与财政相对分离。为此我国开始对集中统一的中央银行体制进行改革,建立了以国有产权为主导的银行体制,金融服务机构开始出现。此时基于控制分散化的金融资源的需要,国家对包括银行业在内的金融业实施严格的准入和退出限制,从而形成一个国家控制并占垄断地位的国有金融服务体系。随着社会主义市场经济体制改革的不断推进,我国也开始出现一些非国有金融服务机构,但这些金融服务机构在整个金融服务体系中的地位微不足道。不仅如此,现有的金融服务机构多分布在城市地区,农村地区金融服务机构相对不足,导致对农村的金融服务供给相对缺乏。同时,现有的金融服务机构多为规模庞大的金融机构,中小微金融服务机构相对欠缺,在金融逐利性的推动下,造成金融排斥现象明显,使众多中小企业和个人难以公平地获得金融服务。

全面深化市场经济体制改革要求不断完善金融服务体系，以满足各类主体的金融服务需求，因为"每个人应该有获得金融服务的权利，只有每个人拥有获得金融服务的机会，才能让每个人有机会参与经济的发展"①。金融服务体系的完善则需要金融法的法治化回应，以保障金融服务的公平供给。这就要求金融法从管制思维转换为保障思维，推动金融服务机构市场化运作，即金融法要尊重市场机制，维护市场机制作用的有效发挥，同时侧重于对金融市场秩序的保障，而不是对金融服务机构及其金融活动直接干预。具体而言，金融法需要放宽金融机构的准入限制，丰富金融服务机构的类型与功能，同时，也需要建立健全问题金融机构的公力救助与市场退出机制，以实现金融服务质量与金融风险可控的均衡。在金融服务机构已经商业化运营的情况下，公力救助主体必须处理好救助与市场的关系，改变金融抑制下救助权力任意干预问题金融机构的习惯，使公力救助在发挥市场决定性作用的前提下展开，并最终提高救助效能，确保金融体系风险可控。

（二）金融要素的市场化推进呼唤公力救助法治化

如前所述，我国金融改革是以金融服务机构的建立为起点，并在经济体制市场化改革过程中不断得到丰富和完善，金融的自我独立发展也得以实现。然而，在此过程中，我国金融市场的存贷款利率、汇率与资本账户仍然实行严格的管制，金融抑制仍然存在，这就导致金融市场机制无法在金融资源配置中发挥决定性作用，与此相适应的金融法也充满了管制思维，表现在问题金融机构公力救助上，就是公力救助没有运行在市场机制充分发挥作用的前提下，救助权力任意干预市场特征明显。

随着我国市场经济体制的建立与完善，以及更具竞争性的多元化金融服务体系的基本建成，存贷款利率的市场化条件已经基本成熟，金融要素市场化改革也随之启动。目前，我国已经全面放开贷款利率管制，取消了贷款利率 0.7 倍下限，由金融机构自主确定贷款利率水平。2015 年 10 月，人民银行又放开了存款利率上浮限制，实现资金价格从官定向市场的转变。不仅如此，我国汇率市场化改革也在稳步推进，人民币兑美元汇率中间价报价机制更加能够反映市场供求变化以及宏观经济等基本面因素。同时，人民币国际化也迈上新台阶。2015 年 11 月 30 日国际货币基金组织执董会决定将人民币纳入 SDR 货币篮子，并于 2016 年 10 月 1 日正式生效，②这成为人民币国际化的重要里程碑。另外，资本项目可兑换改革也在持续推进。从国际货币基金组织资本项目交易分类标准下的 40 个子项来看，我国目前可兑换和部分可兑换的项目 37 项，占 92.5%，仅剩 3 项尚未

---

① 默罕默德·尤努斯：《穷人的银行家》，吴士宏译，生活·读书·新知三联书店 2006 年版，第 218 页。
② 张忱：《人民币入"篮"是中国和世界双赢的结果》，《经济日报》，2015 年 12 月 1 日，第 3 版。

放开。① 应该说，我国金融要素市场化改革已经迈出较大的步子，具备了进一步推进的条件，对此金融法同样需要法治化回应。

当前深化金融要素市场化改革的关键点在于放松金融管制，完善利率、汇率的市场化形成机制，使市场在金融资源的配置中真正发挥决定性作用。金融要素的市场化改革可能会加剧金融市场竞争，扩大金融风险来源，也会增加问题金融机构出现的可能性。为此，金融法需要通过制度变革，一方面促进金融监管从管制思维向监管思维转变，约束政府行为，另一方面在保障金融交易市场化完成的同时也必须确保金融安全与市场秩序。同时在问题金融机构公力救助上，要首先尊重市场优胜劣汰规律的发挥，使金融机构的市场化退出成为一般原则。在此基础上，基于金融稳定与公共利益考虑，依法行使救助权力，使救助权力的行使与市场机制作用的发挥达致最大均衡。最终，通过金融法上金融机构市场化退出与问题金融机构公力救助设计的相互配合，使我国金融深化发展始终处于风险可控状态，并最终促进我国经济的高质量发展。

（三）金融结构的优化呼唤公力救助法治化

金融市场体系的进一步完善与金融结构的持续优化是金融抑制走向金融深化的标志之一。金融体系要发挥促进经济增长的作用，就必须建立起能够反映实体经济需求的合理有效的金融结构。② 随着我国社会主义市场经济体制的建立，当前我国金融结构已经从改革开放初期的间接融资国有垄断性结构转向间接融资国有主导性结构，从完全封闭型金融结构转向逐步开放型金融结构。与经济的高速发展相比，我国金融体制改革仍然相对滞后，这就使得我国现有的金融结构与经济结构不相匹配，难以满足实体经济的需求。比如在金融的产权结构上，我国金融业仍然是国有股"一股独大"，与我国经济成分的多元化不相匹配，这又为政府干预金融机构业务奠定了法理基础。③ 政府作为金融机构的控股股东，通过行使大股东权利将金融资源倾斜投向国有企业而引起的效率悖论④，又造成金融资源结构的错配。一旦国有金融机构陷入支付不能的困境，作为大股东的政府则会全力救助，从而使问题金融机构的股东救助与公力救助难以区分。

当前，我国经济已经进入到依靠科技和创新推动经济持续增长的新阶段，大中型国有企业要从竞争性产业逐步退出，转向发展战略性新兴产业。这就要求优化我国金融结构以服从这一背景需求。具体而言，就是要在金融产权结构上，大

---

① 任正言：《金融改革发展的逻辑与经验》，《中国金融》，2018 年第 1 期，第 23 页。
② 林毅夫、徐立新：《金融结构与经济发展相关性的最新研究进展》，《金融监管研究》，2012 年第 3 期，第 23 页。
③ 张璟、刘晓辉：《政府干预、关系型贷款与干预陷阱》，《世界经济》，2006 年第 9 期，第 57 页。
④ 所谓"效率悖论"是指国有企业占用了绝大多数金融资源，经营效率却不高的现象。

力引入混合所有制，鼓励民营资本进入金融行业，并大力完善金融市场，加大直接金融支持经济发展的力度，并最终向金融市场主导型金融结构演进。与此相适应，金融法对金融结构优化的回应和促进也必须以市场为基础。首先，在市场准入制度调整上，金融法必须放开金融机构市场准入限制，以建设培育更多民营金融机构和中小微金融机构。其次，要完善金融机构的退出机制，使金融机构真正实现市场化经营，并承担市场优胜劣汰的结果。最后，还要继续深化新股发行制度改革，规范债券市场，鼓励和保障新股创新，不断提高直接融资比重，丰富金融市场层次和产品。其中金融产权结构的优化使问题金融机构公力救助的公共性特征更加明显。在混合所有制资本结构下，财政部作为出资人只负责资本管理，对竞争性领域的国有金融机构，政府不再坚持国有控股。① 同时，大量民营金融机构和中小微金融机构的出现，也丰富了我国金融服务体系，实际上使得我国问题金融机构公力救助的公共性特征凸显。这就要求公力救助必须改变直接干预问题金融机构的做法，遵循权力法定原则，在满足法定条件下，实施公力救助，以防范金融风险，维护金融市场健康稳定发展。而金融市场主导型的金融结构，客观上也要求问题金融机构公力救助在市场化前提下依法而为。

---

① 《中共中央　国务院关于完善国有金融资本管理的指导意见》，http：//www.gov.cn/gongbao/content/2018/content_ 5306813. htm，2019 年 8 月 23 日。

第四章 我国问题金融机构公力救助法治化的现实基础

第一节 问题金融机构公力救助法治化的金融体制基础

一、我国经济体制转型的长期性与艰巨性

我国自1978年开始至今40余年的改革开放过程，就是一个中国社会双重转型的过程。所谓双重转型，就是指体制转型与发展转型的结合与重叠。体制转型，主要是指从计划经济体制转向市场经济体制，发展转型则是从传统农业社会转向工业社会。① 其中，体制转型是双重转型的核心。没有体制转型的带动，就没有发展转型的实现。历经40余年改革开放，我国已经初步建立起社会主义市场经济体制，人民生活获得极大改善，社会福利水平也不断提高。尽管改革开放已经取得巨大成就，但这些成就只是阶段性成果，离我国社会主义建设目标的彻底实现还有距离。我国体制转型的目标是建立完善的社会主义市场经济体制；我国发展转型的目标是彻底实现工业化，建立现代化社会，使全国人民走向共同富裕，使和谐社会得以实现。显然，我国社会双重转型的任务至今仍未完成，目标和实践的差距，需要通过继续深化改革，不断扩大开放来缩小。因此，我国社会双重转型是一长期过程，它需要以改革的时间积累和沉淀来换取最后目标的达成。

自1978年开始的我国经济体制与发展转型源于渐进式改革的推进，渐进式

---

① 厉以宁：《中国经济双重转型之路》，中国人民大学出版社2013年版，第4页。

改革的设计与成功表明我国社会的双重转型是一个不断摸索和完善的长期过程。我国是在一个经济不发达、城乡和地区差异很大、集权型计划经济体制控制着几乎社会生活的各个方面的基础上启动改革,要促进和保持经济持续快速发展,避免大的社会震荡,就需要先易后难、由浅入深、循序渐进地推进改革,而不能采取"一刀切"的整体推进改革方式。此外,由于改革决策者有限理性的存在,事先也不可能设计好完美的改革方案,进行正式制度的一次性替换,相反,决策者推出的改革措施往往是一些过渡性制度安排,留有"反悔"和重新安排的余地,可以通过与改革相关的各方的重复博弈达至均衡状态,进而实现改革成本最小化,也确保了体制改革的持续性动力。因此,渐进式改革的实质,就是一系列过渡性制度安排逐一被替代的过程,并且在这一替代过程中,通过签订中央政府或上级主管部门作为有改革最终控制权的第三方,地方政府或下级基层单位与普通行为主体为合同相对方的三边关系合同方式,以确保改革的市场化发展方向。① 可见,渐进式改革推动的经济体制转型也必然是一系列过渡性制度安排被逐步替代为正式制度的过程,具有长期性和阶段性,这又将会影响到我国金融体制的转型。

　　从实践看,我国社会主义市场经济体制虽已初步建立,但强大的路径依赖以及既得利益集团的干扰,我国的市场经济体制仍然不够完善,市场机制还没有在资源配置中发挥决定性作用,外生力量(主要是政府力量)干预过多、干预错位、干预缺位情况仍然时有发生。最典型的体现就是在政府宏观调控上。最近几年我国经济发展出现的"投资冲动怪圈",就是市场机制作用无法发挥,导致外生力量在某种程度上取代市场内生力量的结果。由于政治晋升锦标赛的存在,各个地方政府、各个单位都希望加速发展,在以国有银行为主导的金融结构支持下,投资增加了,项目增加了,信贷增加了,经济增长也实现了。然而,投资加大了,项目增多了,信贷扩张了,又会导致通货膨胀的加剧。严重的通货膨胀发生了,中央政府又不得不采取外在限制措施,此时地方政府感到困难,财政收入下降,产值下降,企业不振,就业减少,经济下行压力又会迫使中央政府再次动用干预措施,刺激经济,以恢复经济快速增长。如此周而复始,经济增长与经济萎缩交替出现。这一现象表明我国市场机制对于经济增长并没有发挥决定性作用,外生力量对经济活动的干预与控制力度仍然较为强大。继续深化市场经济体制改革,就是要完善市场经济体制,使体制所具有的机制发挥决定性作用,让外生力量对经济活动的干预与调控成为辅助性的,而不能让外生力量削弱市场体制及其具有的机制自我调控作用。显然,要真正实现这一目标,需要方方面面的配

---

① 吴昊、温天力:《中国地方政策试验式改革的优势与局限性》,《社会科学战线》,2012年第10期,第39页。

套改革，需要全盘考虑、统筹安排，需要全局性、战略性的思考和决策，不可能一蹴而就。因此，经济体制转型及其带动的发展转型，具有极大的复杂性与艰巨性，有一个长期的转变过程。

二、经济体制转型深度影响金融体制转型进度

（一）金融体制转型的前提——经济体制转型

所谓金融体制转型，同样是指金融资源由计划配置向市场配置转变。从我国渐进式改革的实践看，由金融体制改革推进的金融体制转型，在发生时间上晚于我国经济体制改革，金融体制改革的启动源于经济体制改革的需要。一般认为，我国金融体制改革始于20世纪80年代，以确立中国人民银行的独立性为标志。这主要是由于在我国经济体制改革之初，整个国家的投融资体制完全以财政为中心展开，金融业并不是一个独立的产业，而是财政的附庸，在国民经济各部门中也不具有重要地位，因此在经济改革实践没有产生金融改革需求时，金融体制转型也就无从谈起。20世纪80年代以后，随着经济体制改革的推进，越来越多的企业和个人产生了存贷款需求和业务结算需要，中国人民银行垄断包括银行在内的所有金融业务的现状已经不能适应经济发展的要求，金融改革才提上中央的议事日程。在1984年党的十二届三中全会通过的《中共中央关于经济体制改革的决定》中，第一次提出要"在改革价格体系的同时还要进一步完善税收体制，改革财政体制和金融体制"。从文件语言的表达上可以看出，价格改革是当时的重点，金融体制改革理论上虽在改革之列，但何时改、怎么改却语焉不详。其后，为适应当时的经济发展需要，才有了将中央银行和商业服务性银行划分开来，构建一个以国有产权为主导的双层银行体系的改革方案。在这一体系中，中央银行只承担货币发行、宏观调控、金融监管以及为银行提供支付清算等金融服务的功能，专业银行承担为企业和居民提供商业性金融服务的功能。此时及其以后的金融体制改革，主要是以金融服务机构的建立与完善为重点，以金融服务机构规模扩张和金融分支机构数量增加来实现。国家通过对金融服务机构的产权垄断控制、对存贷款利率的严格限制、对国有金融机构信贷行为的直接干预和控制以及各种限制竞争的金融政策，包括对银行业在内的金融业市场准入限制、金融产品交易限制，以创造租金，并通过租金引导垄断性金融机构最大程度、最大规模地动员储蓄，进而支持国家经济建设。

之所以在实体经济市场化体制改革进行得如火如荼时，政府仍然对金融活动和金融体系的实施过度干预和控制，初期的原因在于国家意图通过金融支持以弥

补计划经济体制下的隐性税收①崩溃后的财政能力不足,支撑公有经济部门的资本形成。在经济体制改革初期,政府出于增加激励、提高效率的考虑,进行"放权让利"改革,主动降低了自己在企业剩余分配中的份额,经济剩余开始流向企业、民间部门和个人,导致他们的储蓄存款急剧增长。在国家垄断金融产权和金融市场的情况下,这些金融剩余大部分通过国有银行账户而为国家掌控,这就保证了公有经济部门的资本形成,从而确保了我国社会主义的发展方向。随着我国市场经济体制改革的日益深化,以公有制为主体的、多种经济成分并存的混合所有制经济已经形成,非公有部门和中小微企业与个人也产生了迫切的金融需求,但出于防控金融风险、维护金融稳定以及宏观调控的考量,在国家金融监管能力不足的情况下,国家并没有采用激进的金融自由化策略来打破对金融的垄断性抑制,金融体制改革滞后于经济体制改革,金融体制转型当然也滞后于经济体制转型。

(二)金融体制转型进度依赖经济体制转型深度

因应经济体制改革初期产生的存贷款和业务结算需要,我国自1984年提出进行金融体制改革,并在随后构建了一个双层银行体系,但金融资源的配置权力仍然掌握在国家(政府)手里,金融抑制现象仍然较为严重,金融体制转型仍然任重而道远。尽管金融抑制作为发展中国家"经济赶超战略"的一个有机组成部分,在短期内的确可以实现某些政策目标,例如保证实体经济获得低成本融资,引导资源流向国家优先支持的支柱产业,保证国家通过"租金"收入来获得财政资源等,②但是随着我国市场经济体制改革的不断深化,经济体制转型日益深入,垄断性的国有银行主导型金融体系已经不能满足我国经济成分多元化(混合所有制)的融资需求,经济增长方式转变与产业结构升级也迫切要求金融业提供更多样化、更大规模的金融服务,而国有企业获得绝大多数信贷资源却使用效率低下的现实也加剧了金融体制市场化改革的需求③。

目前我国金融要素市场化改革已进入到关键时期,存贷款利率的上限和下限也已全部放开,但由于金融体制的市场化转型尚未实现,政府仍然在金融体系中拥有资源配置的权力,市场化的直接或间接融资方式并未真正形成,金融市场的风险定价机制仍未建立,这就导致存贷款利率放开也无法立即实现资金价格的市

---

① 在我国计划经济时代,税收曾一度消失。当时人们认为在社会主义改造完成之后,国有企业只需要缴纳利润给国家就可以了,而上缴的利润又成为国家进行生产建设的资金来源。这往往被视为一种隐性税收。1978年经济体制改革开始启动后,财政资金直接拨款给国有企业进行生产建设变得不再可行,金融支持国有企业建设成为当时的主流观点。

② 徐飞:《金融抑制与韩国经济发展》,《浙江社会科学》,1997年第2期,第35页。

③ 范芳志、赵明勋:《中国金融抑制与经济发展的实证分析》,《山西财经大学学报》,2004年第2期,第38页。

场化形成机制。比如在贷款利率下限取消后，理论上虽然可以降低融资成本，但由于金融市场信用基本由政府担保，从而使得信用过度扩张成为我国金融市场的基本特征。在这一市场中，无论市场流动性充裕还是紧缩，谁过度扩张信用，谁就能获得利益。因此，每一家企业、每一个人都会千方百计地从不同渠道获得资金，扩张信用，期望中的贷款利率因竞争而降低的现象也没有发生。相反，金融市场信用风险不断累积，中央监管部门的调控压力也随之增大。可见，金融要素市场化改革若想顺利推进，需要金融体制市场化改革的整体推进，而金融体制市场化改革的推进，离不开整个市场经济体制改革的深化与完善。

我国自1978年启动经济体制改革以来，逐渐形成了以地方政府为发展而竞争①为核心的渐进式改革模式。压力型体制下的以GDP增长为侧重的地方政府政绩考核机制，迫使地方政府热衷于为辖区经济发展获取经济资金，资金获取又是通过对地方性金融资源的干预、控制或者发展来实现，这就使我国的资金配置与权力和关系相关。显然，政府对资金配置权力的掌控是与我国尚处于经济体制转型过程相适应的。由于我国市场经济体制并不完善，市场机制还不能在资源配置中发挥决定性作用，这就使得我国金融市场也不可能独善其身，独立于我国市场经济体制的完善程度而实现金融资源的市场化配置。比如在市场机制还不能发挥资源配置的决定性作用情况下，地方政府对辖区经济的发展责任及其以GDP为侧重的政绩考核机制，决定了地方政府必然会千方百计地保留对金融资源的控制权，以支持辖区经济发展。分税制下地方政府财权与事权的不匹配也强化了地方政府对辖区内金融资源的干预与控制，目的在于利用金融资源弥补地方财政资金不足。要改变这一情况，就需要继续深化经济体制及其政治体制改革，使地区经济发展实现从政府主导投资拉动向主要依靠市场力量转变，使地方政府的经济管理职能限定于监管、调控与协调。只有如此，才能真正实现金融体制的市场化转型，从而使金融资源真正实现市场化配置。

因此，金融体制转型必须依托于经济体制转型，金融体制转型进度依赖于经济体制转型的深度。没有经济体制转型的持续深入，使市场机制在整个资源配置中发挥决定性作用，金融体制转型也无法向纵深继续推进。

三、金融体制转型进度约束公力救助法治化程度

（一）问题金融机构公力救助法治化的逻辑起点

问题金融机构的出现是经济体制改革，尤其是金融体制改革推进后的产物。在进行经济体制改革之前，我国金融业并没有独立发展空间，而是形成"强财

---

① 宋小宁、佟健：《从地方政府竞争到中央政府顶层设计：基于文献的评论》，《经济体制改革》，2013年第2期，第7页。

政—弱金融"的投融资格局。在高度集中的计划经济体制下,国家为了集中稀缺资金进行经济建设,必然将金融业作为一个核算结算的工具,就如同企业一样成为财政的附庸。以政府"放权让利"为中心的经济体制改革启动后,企业、个人的存贷款需求日益增加,原有的以中国人民银行为核心的单一金融体系已经无法适应实践发展的需要。此时,金融体制改革就迫在眉睫。为回应当时经济体制改革实践的需要,国家从宏观层面将财政与金融分离开来,构建了一个中央银行和专业银行各司其职的双层银行体制。中央银行不再承担商业性金融服务业务,而是专职从事货币发行、宏观调控与金融监管的国家机关,具体的商业性金融服务由专业银行负责。与此同时,各种非银行金融机构也在政策允许下出现。金融服务机构在我国的正式出现,为后来问题金融机构的产生乃至公力救助奠定了主体条件。

这一阶段的金融体制改革,虽然使金融服务机构大量涌现,但由于金融产权改革尚未启动,国有产权在金融体系中居于垄断地位,并在金融抑制下成为国有企业的资本来源,因此此阶段成立的金融机构如信托公司内部治理结构缺乏,为问题信托公司的出现埋下隐患。而国有专业银行因国有企业经营效益低下,导致国有专业银行不良贷款过高并影响到银行的偿付能力,此时问题金融机构出现,公力救助也随之产生。可见,我国问题金融机构公力救助与我国金融体制改革及其推动的金融体制转型具有密不可分的关系。没有金融体制改革的启动及其体制转型,就不会有问题金融机构公力救助的发生。不过当时的公力救助由于金融产权改革的缺位而在本质上更偏向是股东自救,公力救助的公共服务性特征体现得并不明显。只不过随着金融体制改革的进一步深化,金融产权改革开始逐步推进,金融机构企业化市场化改造也随之展开,以股东利益最大化为目标,以风险控制为中心的金融机构商业化运营体系开始逐步形成,这就使问题金融机构公力救助的公共性特点开始显现,客观上也产生了问题金融机构公力救助的法治化需求。

(二)问题金融机构公力救助法治化程度的金融体制约束

我国金融体制改革及其推动的金融体制转型创造了问题金融机构公力救助及其法治化的需求,同时公力救助法治化程度也会受到金融体制转型进度的约束。这也是符合马克思关于生产力决定生产关系,经济基础决定上层建筑的论断的。① 从广义上讲,金融体制属于经济体制的范畴,而经济体制则是生产力和经济基础的重要构成部分。问题金融机构公力救助法治化问题则属于生产关系和上层建筑范畴,因为它涉及法律对公力救助行为的调整和规范。由于生产力决定了

---

① 中共中央编译局:《马克思恩格斯全集》(第13卷),常兆忠译,人民出版社2009年版。

生产关系,经济基础决定了上层建筑,这就使得金融体制转型的程度、进度对问题金融机构公力救助法治化程度具有决定性影响,并成为公力救助法治化程度的约束条件。如上所述,只有在金融体制改革推动金融体制开始转型后,才有了问题金融机构的出现及其公力救助的实践,也才产生了法治化调整公力救助行为的需求。金融体制改革的进一步深化及其带动的金融体制转型进度又会约束问题金融机构公力救助法治化的程度。具体而言,金融体制转型进度对问题金融机构公力救助法治化程度的约束主要体现在以下两方面。

首先,金融产权改革深化进度约束问题金融机构公力救助法治化程度。目前,我国金融体制改革的内容之一仍然是要建立有效的金融市场微观主体,能够以风险防控为中心进行商业化运作,实现股东利益的最大化。尽管我国已经对国有商业银行完成了股份制改造,但与经济结构中的所有制结构改革,尤其是国有企业产权改革相比,金融业的国有股"一股独大"现象仍然比较严重。在没有完善的内部治理结构的情况下,国有控股的股份制银行或其他国有金融机构仍然会存在产权残缺问题。① 由于国有金融机构的国有产权占据控股地位,而国有股的所有者是缺位的,这就使得金融机构的实际控制人在经营过程中缺少控股股东的约束,实际控制人在绩效考核压力下,往往会不计风险地开展金融业务,以追求企业利益最大化。忽视金融风险,盲目追求利益最大化又会带来金融市场的负外部性,降低金融资源的配置效率,最终可能产生问题金融机构及其公力救助问题。

国有问题金融机构理论上虽然与非国有问题金融机构具有同样的金融市场微观主体地位,享有同样的市场权利,但国有金融机构的产权性质以及它们与公力救助主体基于历史和现实原因形成的千丝万缕的联系,都使公力救助主体对国有问题金融机构可能形成救助偏好,从而使公力救助不能在市场主体地位平等基础上展开,影响公力救助的法治化程度。况且我国国有金融机构经过多年的垄断发展,已经具备了巨大的规模优势,它与产权优势结合,将会大大影响公力救助主体的救助判断。以我国的存款保险制度为例,尽管我国于2015年颁布了《存款保险条例》,建立起对银行存款的保障制度,以防止银行挤兑和保护存款人利益,避免因问题银行出现而引发系统性风险,但这种公力救助的具体实施细则仍未明确,而以国有银行为主导的间接金融结构使得国有银行无论在规模或者重要性上都要远远超过其他民营银行,这就可能导致存款保险基金管理机构②形成对国有

---

① 王千:《中国金融机构治理风险的现状分析与对策选择》,《郑州大学学报(哲学社会科学版)》,2010年6期,第85页。
② 我国2015年颁布《存款保险条例》时,将存款保险基金的管理机构放在中国人民银行。这实际上不利于中国人民银行独立行使金融宏观审慎监管和救助职能。2019年5月24日中央银行依法成立存款保险基金管理有限公司,有利于更加专业化地处置金融风险。详见莫开伟:《存款保险基金管理公司现身,为打破刚兑做准备?》,《新京报》,2019年5月31日第5版。

银行的选择偏好，进而影响公力救助的法治化实施。

其次，金融要素市场化改革进度约束问题金融机构公力救助法治化程度。我国目前已经放开了银行存贷款利率的上限和下限，形式上实现了利率市场化。然而从实践看，我国金融市场基于市场主体自主定价能力和市场竞争决定的市场均衡利率仍未形成。比如在存款利率上，尽管利率上限管制已经取消，但国有银行为主导的间接金融结构使得银行间难以形成有效竞争，市场均衡利率也就难以真正形成。在贷款利率上，由于信用过度扩张的支撑条件仍然没有改变，银行贷款供小于求使各方主体竞相为获得贷款各显神通，贷款利率下限放开也难以降低资金需求者的融资成本，中小微企业融资难、融资贵情况并没有改善。在这一金融体制下，一方面，国有金融机构会在地方政府为发展而介入金融业务的情况下，将金融资源流向效率低下的国有企业或者粗放经营的房地产行业，造成资源配置低效，进而可能引发自身偿付能力危机。这就导致对问题金融机构的公力救助必然要面对地方政府的干预，从而影响公力救助的法治化开展。另一方面，金融市场风险定价机制的缺失，又会影响到金融机构的商业化经营，使它们不能以风险防控为中心开展经营活动，如果因此导致自身偿付危机，又会使公力救助产生道德风险，影响到公力救助的法治化决策。可见，在金融体制转型过程中实施问题金融机构公力救助的法治化运作，会受到金融要素市场化改革进度的制约。

第二节　问题金融机构公力救助法治化的国家治理基础

一、政府失灵与国家治理方式转型

（一）国家治理方式转型内因——政府失灵

我国自1978年开始的经济体制改革过程，实质上就是从全能政府逐步迈向有限政府的过程，也是政府权力在经济生活中不断收缩和被限制的过程。之所以如此，不仅是经济发展和市场经济体制改革的需要，也是政府失灵的内在缺陷所致。

首先，基于公共选择理论，政府是由人组成的，政府的行为规制也是由人制定的，政府的行为也需要人去决策，而这些人都不可避免地都带有"经济人"的特征。作为"经济人"的这些官员，在做出政治决策时，同样会倾向于选择能给自己带来更大经济利益的那种机会。这种政府部门追求私利的内在效应就会导致政府的行为并不总是完全公正的，从而产生政府失灵。① 内在效应的存在，还会导致政府预算规模的膨胀，因为政府官员追求的个人目标中，薪金、职务津贴、社会名望、权力、人事权等都与政府官员所在机构的预算规模呈单调正相关关系。政府预算规模的膨胀，一方面带来政府人员和行政管理费用的急剧增加，造成政府人浮于事，过度开支，另一方面又可能导致政府提供的公共物品过剩，造成社会资源的极大浪费。我国改革开放至今历经了八次政府机构改革，虽然每次改革内容有所不同，但是都表现出要精兵简政、提高效率的特点，这从侧面反映出政府失灵的存在。

其次，由于政府部门之间缺乏竞争性，也不存在利润标准作为降低活动成本的激励机制，这就使政府行为往往不计成本，造成社会资源浪费。在追求私利的内在效应影响下，政府部门之间的非竞争性以及激励机制的缺乏，还会造成政府行使管理权限时寻租活动出现。作为一种非生产性活动，寻租就是利用各种合法或者不合法的手段以获取拥有租金的特权，它不会增加任何新的社会财富，只是改变生产要素的产权关系，从而导致资源配置扭曲，甚至资源配置无效。② 大权在握的政府官员，面对非法提供的金钱或者其他报酬引诱，就可能不顾社会公共利益，做出有利于提供报酬者的决策。此外，寻租活动还会导致不同政府部门之间争权夺利，增加廉政成本，并最终造成社会资源浪费。比如在我国金融法律法规的制定上，部门化立法现象就比较严重，这就给各政府部门把自身利益需求写进以国家名义颁布的基础性法律文件中创造了运作空间，也因此引发部门之间的利益争夺。在部门间利益争夺的背后，寻租阴影也若隐若现。

不仅如此，作为"经济人"的政府官员同样只有有限理性。认知偏差、信息不对称以及环境不确定的存在，使得政府官员会犯错误，在公共决策上出现失误。从人性角度看，社会主义国家的政府官员同样是有限理性的个人，理论上同样存在决策失误的可能性。我国 40 余年改革开放之所以取得巨大成功，一个重要的思想前提就在于认识到了政府官员的有限理性，并在改革方案设计中采用了渐进式改革方式，以过渡性制度安排为形式，允许试错，并从中总结经验教训，从而最终推进了正式制度的确立。有限理性的普遍存在使政府失灵不可避免。

再次，对政府行为有效监督的缺乏也会导致政府失灵。在一个民主社会里，政府必须服从选民及其代表的政治监督，包括立法机关等对政府的监督。理论上，监督的效力取决于监督者相对于被监督者的独立性、监督责任的落实以及监

---

① 詹姆斯·M. 布坎南、理查德·A. 马斯格雷夫：《同意的计算》，陈光金译，中国社会科学出版社 2000 年版，第 35 页。

② 戈登·塔洛克：《寻租——对寻租活动的经济学分析》，李政军译，西南财经大学出版社 1999 年版，第 56 页。

督者获取被监督对象相关信息的能力等条件。就我国而言，由于我国政府是从全能政府向有限政府转变，习惯使然，政府权力处于天然的强势，司法独立也没有完全实现，立法监督的机制、责任也需要进一步完善，这就导致对政府的监督难以有效开展。同时，在监督者的信息获取上，也主要依赖被监督者提供，这就可能带来信息不完全、不充分、不对称，进而影响监督者的判断。即使被监督者提供的信息完全、充分、对称，在公共产品生产缺乏竞争的情况下，也没有客观标准来检验被监督者提供信息的可靠性。而政府行为无法得到有效监督的后果必然是政府失灵。当前我国继续深化改革的重点之一就是要进行国家监察体制改革，使监察权成为与行政权和司法权并列的国家权力，从而加强对政府行为的监督，以减少政府失灵的发生。

最后，社会公众对抗政府失灵的合法"集体行动"① 困难重重，也会导致低效率的政府政策和行为可以持续存在。由于社会大众与政府之间信息不对称的存在，社会大众对政府决策的了解总是不完全、不充分的，这样就会降低他们参与集体行动的动机强度。即使他们认识到政府决策对自己的危害，但集体数量的庞大也会使他们认为自己的意见微不足道，从而不愿意参与集体行动。由于参与集体行动总是需要付出成本的，集体数量的庞大又会带来严重的"搭便车"现象，每个个体都希望免费获得集体行动的收益，从而加剧集体行动的不参与性。与此相对照，因政府失灵而获益的少数利益集团在利益刺激下会有很强的动机和行动力来维护这种政府失灵，从而导致政府失灵持续。因此，政府失灵总是难以根除。在我国渐进式改革开放过程中，随着利益关系日益多元化、复杂化，改革的阻力也日益加剧，群体性事件也时有发生，社会维稳一度成为政府工作的重中之重。这也从侧面反映出社会公众进行合法集体行动的困难性。

（二）政府失灵要求国家治理方式转型

我国历经40余年的改革开放过程，不仅是从计划经济体制向市场经济体制转变，从传统农业社会向工业社会转变的双重转型过程，也是政府权力不断收缩和得到限制的过程。经济体制的转型要求政府改变高度集权的计划经济时期权力全覆盖情况，让市场在资源配置中发挥决定性作用，政府失灵的存在也使得传统的大政府管理方式不能实现政府管理的科学化、合理化和高效化，进而适应市场经济发展的需要。为此，推进我国以政府机构改革为核心的政府改革一直贯穿于我国改革发展40余年并仍将持续。迄今为止，我国已经进行了8次政府机构改革，其中前7次改革主要围绕机构和人员的精简、职能的转变展开，价值取向是效率和服务。经过前7次改革，我国基本建立起适应市场经济体制的机构配置，

---

① 曼瑟尔·奥尔森：《集体行动的逻辑》，陈郁、郭宇峰、李崇新译，生活·读书·新知三联书店1995年版，第5页。

极大地提升了政府的管理能力,也提升了我国的国际竞争力。尽管前7次政府机构改革成就巨大,但是由于改革工具是精简机构数量、人员,改革内容是遵从不同改革阶段的工作任务,改革动因在于政府换届周期,这就导致改革后的机构和人员数量呈现"精简—膨胀—又精简—又膨胀",职能调整出现"膨胀—紧缩—又膨胀—又紧缩",权力调整出现"下放—上收—又下放—又上收"的循环。①政府失灵仍然存在,尤其是政府干预越位、错位、缺位仍然时有发生。

在中国特色社会主义进入新时代,社会主要矛盾已经转变为人民日益增长的美好生活需要和不平衡不充分发展之间的矛盾,改革进入"深水区"和"攻坚期"的关键时刻,我们党要更好地领导人民进行伟大斗争、建设伟大工程、推进伟大事业、实现伟大梦想,②就必须最大限度地减少政府失灵,加快国家治理方式转型,推进国家治理体系和治理能力现代化,努力形成更加成熟、更加定型的中国社会主义制度。这既是我国第8次机构改革的目标,也是它的动力源泉。我国的第8次政府机构改革,即以效率、公平、正义为价值取向,以战略管理、法治监督、信任和价值观塑造为工具,旨在彻底变革国家治理方式,以最大程度减少政府失灵,提高政府能力。可见,国家治理方式转型,既是新时代的要求,也是克服政府失灵的必然结果。

二、国家治理方式转型的过程性

(一)国家治理方式转型目标——国家治理现代化

由于国家管理中政府失灵的存在,导致政府管理低效,也会带来社会矛盾和冲突,这就产生了治理的要求。经历40余年改革开放后,我国经济社会的发展以及全球政治经济变化,已经促使政府从全能主义的管理模式转型走向了国家治理。国家治理不再将政府视为唯一的公权力行使主体,而是要包容除政府以外的企业组织、社会组织、人民团体等其他社会主体,并将它们也纳入到公共权力的行使范畴。同时,通过平行与垂直相互交融的网络状运行结构,使其他社会主体能够参与公权力行使,并由此实现民主、参与、协商、合作、责任等美好价值,保障国家权力的平稳运行,也最大限度地减少政府失灵。③ 在经济体制深刻变革、利益结构多元重组和人民矛盾日益凸显的历史新起点,党和政府需要重构国家管理方式,完成国家治理方式转型以回应社会主义现代化的新境界。为此,党

---

① 胡伟、王世雄:《构建面向现代化的政府权力——中国行政体制改革理论研究》,《政治学研究》,1999年第3期,第14页。
② 习近平:《进行伟大斗争、建设伟大工程、推进伟大事业、实现伟大梦想》,《民心》,2017年第9期,第3页。
③ 施雪华、张琴:《国外治理理论对中国国家治理体系和治理能力现代化的启示》,《学术研究》,2014年第6期,第34页。

的十八届三中全会通过的《中共中央关于全面深化改革若干重大问题的决定》将"完善和发展中国特色社会主义制度，推进国家治理体系和治理能力现代化"作为全面深化改革的总目标，① 这既是对改革开放以来我国民主现代化实践的经验总结，也是对当前全面深化改革时期国家治理所面临各种挑战的主动回应，反映了国家治理方式的转型目标。它也表明了中国领导人对中国现代化的新认识、新主张。

在中国语境和中国现实下如何实现国家治理，国家治理现代化目标的提出为我们指明了方向。从它的内涵看，国家治理现代化包括了国家治理体系现代化和国家治理能力现代化两个方面的内容。国家治理体系是指"在党的领导下管理国家的制度体系，包括经济、政治、文化、社会、生态文明和党的建设等各领域的体制机制、法律法规安排，也就是一整套紧密相连、相互协调的国家制度"，② 国家治理体系现代化即是要使国家治理体系更加完备、更加成熟、更加定型，使之能够满足我国现代社会现实发展的需要。国家治理体系现代化必须具备以下特征：一是多元化的治理主体，二是现代化的治理技术，三是网络化的治理结构，四是系统化的治理制度。其中，系统化的治理制度是国家治理体系现代化的重要发动因素和推动力量。系统化的治理制度不仅可以给社会和经济发展造成直接影响，而且其中的法律制度安排还是一般制度安排的制度基础。尤其是宪法秩序作为一国的根本秩序，它既能诱导新制度安排的创新需求，又能直接提供新制度供给，它的变迁或创新会从根本改变经济社会发展和工业化进程。③ 一个系统化的治理制度安排，可以降低国家治理费用，减少国家治理成本，提高国家现代化的收益，因而具有十分重要的作用。比如国家经济制度的现代化，就可以大大降低各种经济活动的交易成本，产生巨国规模效应，进而促进经济增长。国家治理能力则是指治理主体"运用国家制度管理社会各方面事务的能力，包括改革发展稳定、内政外交国防、治党治国治军等各个方面"，④ 其核心在于治理主体处理国家事务和实现善治的能力。国家治理能力的现代化要求治理主体依托于现代化的治理体系，更加有效、更加透明、更加公正地运用治理能力，进而实现国家治理的善治。只有在国家治理能力体现出民主、法治、交往、责任、透明、有效、合法性等善治特征时，作为一种状态或者结果的治理能力现代化才得以实现。

国家治理体系和国家治理能力是"一个国家的制度和制度执行能力的集中体

---

① 《中共中央关于全面深化改革若干重大问题的决定（辅导读本）》编写组：《中共中央关于全面深化改革若干重大问题的决定》，人民出版社 2013 年版，第 23 页。
② 习近平：《切实把思想统一到党的十八届三中全会精神上来》，《人民日报》，2014 年 1 月 1 日，第 1 版。
③ 张培刚：《新发展经济学（修订版）》，河南人民出版社 2001 年版，第 145 页。
④ 习近平：《习近平谈治国理政（第一卷）》，外文出版社 2014 年版，第 19 页。

现，两者相辅相成"，① 共同构成国家治理的有机整体。一方面，国家治理体系是治理能力实现的基础和依托，另一方面，依赖于治理体系功能和架构的国家治理能力提升是治理体系的目标与归宿。由此，国家治理体系现代化是国家治理机制的发展目标，是实现治理结构现代化转型的保障，而国家治理能力现代化的实质就是将现代化的国家治理体系转化为具体、高效地处理国家公共事务，驾驭、管控社会危机的治理能力，从而成为治理体系现代化的目标与归宿。实践证明，"健全完善的治理体系才能够带来强大稳定的治理能力，而虚弱低效的治理能力也往往与龃龉的治理体系相伴随"②。因此，国家治理现代化必然包括不可分割的两个方面，即国家治理体系现代化与治理能力现代化。我国国家治理方式转型就是要实现国家治理体系和治理能力的现代化，以保障社会主义现代化建设持续深入推进。

(二) 国家治理现代化达成具有过程性

作为国家治理方式转型和全面深化改革的目标，国家治理现代化的实现也不可能一蹴而就。首先，现代化本身就是一个不断发展、演变和不断适应的过程。国家治理现代化作为社会主义现代化的重要构成部分，其与我国"五位一体"总体布局的现代化是同步的，同样需要与时俱进，不断从低级向高级迈进。其次，国家治理体系和治理能力现代化同样需要一个不断完善化、不断成熟化、不断科学化的过程。由于人的有限理性的存在，国家治理主体不可能一下子就构建起完美的国家治理体系，并具备完美治理体系所支撑的强大治理能力。相反，它需要时间的沉淀和经验的积累，有一个认识不断深入发展，实践不断累积深化的过程。如果仅从字面意思理解，"化"的本义就是性质或形态的改变，治理现代化就是一个排斥滞后元素，积聚众长之和，并使国家治理适应现代发展要求和未来趋势的过程。由于理念、技术、结构、制度等都无时无刻不在发生着变化，因而现实的要求和未来的趋势也在不断改变，从此意义上看，治理现代化也是一个无止境的没有终点的单向历史过程，正如人类追求自由的过程从来就不会中止一样。在此历史过程中，自由乃终极性的目标，民主则是这一过程的手段，"当自由与民主两者高度统一时，我们就可以认为制度安排处于人性化发展的最优状态"③。最后，从党中央的纲领性文件中，可以看到国家治理现代化的时间表与路线图，这也表明国家治理现代化达成具有过程性。党的十九大报告明确指出，国家治理现代化目标的实现应当按照两步走的思路来进行战略推进——"从

---

① 习近平：《完善和发展中国特色社会主义制度推进国家治理体系和治理能力现代化》，《人民日报》，2014年2月18日，第1版。
② 张晓劲、于晓红：《推进国家治理体系和治理能力现代化六讲》，人民出版社2014年版，第48页。
③ 俞宪忠：《制度现代化的演进取向与路径选择》，《江海学刊》，2012年第4期，第32页。

2020年到2035年,在全面建成小康社会的基础上,再奋斗十五年,基本实现社会主义现代化",同时让"各方面制度更加完善,国家治理体系和治理能力现代化基本实现"。①"从2035年到本世纪中叶,在基本实现现代化的基础上,再奋斗十五年,把我国建成富强民主文明和谐美丽的社会主义现代化强国"②,显然,国家治理体系和治理能力的真正现代化也在此时得以实现。可见,国家治理现代化的达成,在战略安排上也具有阶段性。

三、国家治理现代化进程决定公力救助法治化进程

由于国家治理现代化与法治化密切相关,相辅相成,国家治理现代化实现的长期性和过程性也制约了我国问题金融机构公力救助法治化的进程。

(一)国家治理体系现代化进程决定公力救助法治化基础构建进程

如上所述,国家治理体系是管理国家的制度体系,涉及一整套紧密相连、相互协调的国家制度,其中包括作为制度基础存在的法律制度体系。国家治理体系现代化要求治理体系要更加完备、更加成熟、更加定型,这实际上就对法律制度体系提出了现代化要求。一个更加完备、更加成熟、更加科学、更加民主、更加定型的法律制度体系,不仅有助于国家治理体系现代化的实现,而且也关系到国家治理能力现代化的实现。因为制度决定人的行为,包括卓越领导人的思想、作风和治理国家的能力都会受到影响。制度好可以使坏人无法任意横行,制度不好可以使好人无法充分做好事,甚至会走向反面。③而法律制度体系的现代化又是法治国家的基础。法律是治国之重器,只有良法才能实现善治,实现国家治理的目标。法律制度体系的现代化又为良法的出现创造了条件。良法之下的制度成为规范,调整着人们的行为,构成法治的基础。制度现代化也是一个在深化改革中不断完善和逐步定型的过程,这就使得作为法治基础的法律制度体系也有一个不断完善发展的过程。因此,国家治理体系现代化的进程就制约了法治国家建设的进程。

具体到问题金融机构公力救助的法治化建设上,最首要的是要构建公力救助法治化的法律制度体系,明确公力救助主体与救助对象的权力与权利,界定救助范围、救助程序与救助形式,使得我国问题金融机构公力救助有法可依,改变公力救助权力任意、救助规则隐性、救助过程不透明的非法治状态。作为问题金融机构公力救助法治化基础的法律制度体系的构建,离不开国家治理体系的配合。国家治理体系现代化的推进程度决定了公力救助法律制度体系的现代化程度,也

---

①② 习近平:《决胜全面建成小康社会夺取新时代中国特色社会主义伟大胜利——在中国共产党第十九次全国代表大会上的报告》,人民出版社2017年版,第17页。

③ 王健:《当代西方经济学派概览》,国家行政学院出版社1998年版,第123页。

影响着公力救助法律制度体系的价值选择。问题金融机构公力救助法律制度体系的构建与完善也推动了国家治理体系现代化的进程。因此，我国问题金融机构公力救助法治化的推进是与国家治理体系现代化同步的，两者相互依存，相互促进。

(二) 国家治理能力现代化进程影响公力救助法治化的实现程度

国家治理能力是国家运用宪法、法律等正式制度以及人们同意的各种非正式制度对社会各方面事务进行治理的能力，体现了一个国家治理体系能否综合协调、分工合作、发挥作用的具体水平。[1] 它的本质是国家对其拥有的治理资源能否进行合理配置和有效使用的能力。国家治理能力主要包括了执政党的执政能力、行政机关的执法能力、司法机关的司法能力、参政党的参政能力、公民和社会的有序参与能力和军队的国防军事能力。显然，国家治理能力与一国的法治能力密不可分。国家治理能力的大小、高低、强弱，由国家治理体系决定，而国家治理体系的核心在于制度，尤其是作为制度基础的法律制度。同时，治理能力的大小、高低、强弱，也展现并影响着该国法治能力的实现。

国家治理能力现代化是进入社会主义新时代后，对国家运用制度处理各项社会事务的能力提出的新要求，它的核心就是人的解放、人权的实现和人的福祉，这也是与马克思主义核心价值观相一致的。国家治理能力现代化意味着在处理社会各项事务时，国家必须以人为本，以公平正义为价值取向，实现治理过程的民主化、透明化，从而提升治理效率，满足人的自我实现需求。由于包括国家治理能力现代化在内的治理现代化是"不断地、连续地发生由低级到高级的突破性变革的过程"[2]，也是一个有效回应现代治理危机的理性过程，因此治理能力现代化需要历史时间沉淀，才能够从量变到质变，受到治理能力影响的国家法治能力也必然会受到这个发展过程的制约。国家法治能力的发展不可能超越国家治理能力的发展阶段。

我国问题金融机构公力救助法治化的实现程度，也要受到国家治理能力现代化发展进程的制约。由于国家的制度形成能力、制度实施能力、制度调试能力、制度学习能力和制度创新能力构成治理能力的基础，这些构成要素又反映并影响着我国法治化的实现程度，问题金融机构公力救助法治化的实现也不例外。问题金融机构公力救助法治化的基础是制定出符合社会主义市场经济体制要求的、公平高效的公力救助制度体系，这需要现代化的制度形成能力做保障。制定良好的公力救助制度体系能否被有效实施，又取决于国家制度实施能力的强弱。在公力

---

[1] 俞兴旺：《在改革开放中推进国家治理体系和治理能力现代化的思考》，《理论与当代》，2019年第2期，第11页。

[2] 胡鞍钢：《中国国家治理现代化的特征与方向》，《国家行政学院学报》，2014年第3期，第7页。

救助制度体系实施过程中,国家能否基于实践需求和外部环境变化进行制度调试、制度学习,并实现制度创新,同样取决于上述国家治理能力的演化发展进程。只有在国家治理能力体现出民主、法治、责任、交往、透明、有效、合法等"善治"特性时,国家治理能力现代化作为一种状态或者结果才会出现,此时,问题金融机构公力救助法治化也才得以实现。

第三节 问题金融机构公力救助法治化的观念基础

观念是客观事物在人们头脑中的一种反映形式,对人们的行为具有重要的统领和指导性作用。"巨大的变革不是由观念单独引起的,但没有观念就不会发生变革。"① 可见观念作为上层建筑,对于经济基础具有巨大的能动作用。我国问题金融机构公力救助的法治化同样会受到人们观念及其转型的影响。人们对金融市场及其金融机构的观念和认识是实现问题金融机构公力救助法治化的前提和基础,在某种意义上决定了我国问题金融机构公力救助法治化的未来。因此,必须高度重视观念转型对我国问题金融机构公力救助法治化推进的制约作用,并在此前提下进行公力救助的法治化建设。

一、金融市场观念转型的长期性

我国自金融体制改革启动以后,人们包括政府官员对金融活动的认识和观念也开始了逐步转型。在金融体制改革启动以前,适应于高度集中的计划经济体制,金融成为政府行政机关和财政的附庸。在这一时期,金融活动不具有市场经济性质,而是完全行政化运作,金融经营与金融调控混为一体。表现在金融机构体系上,就是以中国人民银行为核心,银行只是中央计划的执行者和国家财政出纳员。这一时期的金融机构即使出现偿付能力危机,也只需要政府财政拨款解决,两者本身就是一体的。在此现实基础上,人们包括政府官员自然认为政府对金融活动、金融机构承担着担保责任,因为金融机构也和国有企业一样,由政府代表全民所有,并由政府进行完全行政化管理,政府当然要对其金融经营活动承担全部责任。可见,观念的产生始终是源于客观现实和实践状况的,这也符合唯物史观关于物质决定意识的论断。

随着1979年国家决定在固定资产投资领域进行将财政拨款改为银行贷款的

---

① 霍布豪斯:《自由主义》,朱曾纹译,商务印书馆1996年版,第24页。

第四章 我国问题金融机构公力救助法治化的现实基础

"拨改贷"试点,我国社会的存贷款需求大为增加,以中国人民银行为核心的单一金融体系已经不能满足实践需求,因此中央开启了金融体制改革。这次改革重点是通过政企分开,将中央银行与商业性金融机构分开,构建一个双层银行体系。在这一体系中,中央银行专注于货币发行、宏观调控、金融监管和为银行提供支付清算等金融服务,专业性金融机构则从中国人民银行独立出来,专门为企业和居民提供金融服务。由于此时专业性金融机构的产权改革尚未启动,政府仍然作为专业性金融机构的垄断性股东对金融机构进行行政化管理,金融业务的政府担保并未发生实质性变化,在这一时期出现的问题金融机构救助案例也强化了人们的这一认知。

1992年我国社会主义市场经济体制改革目标的确立,使国有专业银行的企业化商业化改革也提上日程。由于长期政企不分、产权模糊、管理低效等历史原因,再加之双层银行体制确立后垄断性国有银行承担的为国有企业发展提供资本资金的任务,导致大型国有商业银行历史包袱沉重,从而成为问题金融机构,此时政府再次出手,以财政拨款注资、剥离不良资产等救助方式,实现对问题金融机构的救助,完成了国有商业银行的股份制改造。这一救助有其历史的必然性和合理性,但它同样再次强化了人们对政府隐性担保金融市场的观念和认知。在金融抑制持续存在的情况下,政府与市场的关系仍然模糊,人们的这种政府隐性担保观念仍具有现实土壤,导致观念转型举步维艰。21世纪初金融监管部门进行的证券业清理整顿,对证券公司挪用客户保证金不能偿付的情况,基于保护弱势群体、维护社会稳定的缘由,再次通过中央银行再贷款方式进行救助,这就使人们对政府隐性担保金融市场的认知固化,并形成这样一个错觉:即使经过市场经济体制改革,金融机构成为了商业性市场竞争主体,但由于金融业务的特殊性以及自身弱小的理由,政府仍然会对问题金融机构实施全面救助,承担债务清偿责任。金融抑制政策的持续实施又反过来加剧了人们具有的这种观念的固化。在债券业、信托业、资产管理行业存在的刚性兑付现象,其实也是人们具有的政府隐性担保观念的体现。

党的十八届三中全会做出的全面深化经济体制改革的决定,明确提出了市场在资源配置中要发挥决定性作用,要更好地处理政府与市场的关系,这就为人们对金融市场的观念转型奠定了思想基础。其后,我国出台了《存款保险条例》,对商业银行的偿付危机确立了市场化处置方式,这就从制度上宣示了政府不再会对金融市场承担担保责任,也为人们的观念转型奠定了制度基础。尽管全面深化改革使市场在资源配置中发挥决定性作用的号角已经吹响,但是观念转型不可能一蹴而就,它需要一个不断转变的过程。在这一过程中,还可能会在法治建设没有跟上的情况下,因为路径依赖导致公力救助主体在救助问题金融机构上走回政府隐性担保老路，从而给社会公众包括公职人员造成认知混乱，因此观念转型任重而道远。

二、金融市场观念转型的艰巨性

（一）经济体制转型程度制约金融市场观念转型

所谓观念，是指人们基于对现实的认识而形成的基本观点和看法。[①] 金融市场观念，即是基于金融市场发展实践和发展现实而形成的基本观点和看法。根据马克思主义生产力决定生产关系、经济基础决定上层建筑的论断，我国较长时期处于从计划经济体制向市场经济体制转型的过程决定了人们对金融市场的观念转型也有一个不断变化的过程，并且经济体制转型程度决定和制约着人们的观念转型。这一点在金融体制改革的发生发展过程中体现得特别明显。

首先，由于金融体制改革是适应经济体制改革的需要而启动，是围绕公有企业改制而展开的，这就使金融体制改革严重滞后于经济体制改革，因而造成人们包括公职人员对实体经济市场与金融市场的认识相互割裂。在实体经济领域，人们逐渐接受了国有企业可以因市场经营失败而破产倒闭的观念，并意识到国有企业与非公有企业一样，都应该自担风险、自负盈亏，市场风险责任意识的增强也激发了人们的创新动力，并带动了我国持续的经济高速增长。与此相对应，金融领域改革严重滞后于实体经济领域改革，政府作为垄断性金融产权的持有者，仍然对金融机构承担最后担保责任，这就使人们对金融机构的认识和观念仍然停留在计划经济时期，认为金融机构都是由国家承保。

其次，在启动金融体制改革后，为发展公有制经济，坚持社会主义方向，以及维护金融稳定，我国继续实施金融抑制政策，政府对金融市场的干预又使人们强化了政府隐性担保的这种认知，使得金融市场的观念转型无法顺利产生。在金融抑制政策下，我国公权力对金融市场的主导和介入是贯穿始终的。政府不仅直接对存贷款利率设置上限和下限，对汇率水平进行严格控制，以帮助国有银行冲销坏账，保障国有企业廉价资本形成，而且还通过对金融市场准入的严苛限制、对国有控股金融机构高级管理人员的任命干预、对新型金融交易产品的高度管制、人为调配直接金融和间接金融比重等方式来实现政府对金融体系的全方位掌控。政府在金融体系中的这种"全能政府"形象，助长了社会公众（包括公职人员）对金融市场中政府会作最后担保的固有观念，以国有银行为主导的金融市场结构以及"太大而不能倒"的规律，又使得政府在面对问题金融机构是否救助时，面临难以回旋的境地，导致政府隐形担保金融市场的观念再次得以强化。

[①] 中国社会科学院语言研究所：《现代汉语词典（修订版）》，商务印书馆1998年版，第356页。

最后，随着我国全面深化经济体制改革的号角吹响，从金融抑制走向金融深化发展的金融体制改革也得以持续推进，这就使人们对金融市场的观念转型有了现实基础。目前，我国在金融要素市场化改革上已经取得重要突破，银行存贷款利率上限和下限已经完全放开，汇率的市场化形成机制也在逐步建立当中，对银行的市场准入限制也有所松动。① 金融深化发展的推进也使人们对政府在金融市场的定位和功能认知逐步发生改变，意识到作为市场体系的一个重要构成部分，金融市场同样应发挥资金配置的决定性作用，才能帮助解决我国经济结构调整、产业结构升级这一根本性问题。相应地，政府对金额市场的隐形担保也必须被打破，才能使金融机构，尤其是银行提高风险管理能力，进而促使金融市场风险定价机制形成，实现资金的市场化优化配置。党和政府全面深化改革的决定和对改革的顶层设计以及制度形成的推动，使社会公众对我国金融市场的观念转型开始逐步展开。

综上所述，人们对金融市场的观念转型受制于我国经济体制改革进度，尤其是金融体制改革进度影响，需要以经济体制改革为依托和前提。在经济体制改革已经进入全面深化阶段，经济发展需要产业升级和结构调整推动的情况下，打破金融抑制，实现金融深化发展的金融体制改革也正在如火如荼地展开，这一现实发展也推动了我国社会公众包括公职人员对金融市场观念的转型，即政府尽管是我国金融市场的设计者和建设者，但是在金融市场初步形成之后，政府也必须处理好与金融市场的关系，让市场成为资金配置的决定者，金融市场的竞争主体也必须自担风险，自负盈亏，政府不应该也不能够继续成为金融市场的隐形担保者。

（二）金融体制既得利益者的反对与管制俘获

既得利益一般是指在现行社会经济体制中某些经济行为主体所获得的体制性收益。从这些收益的构成出发，既得利益可以划分为两个部分：一部分是体制本身所带来的净收益，另一部分是体制变化所产生的再分配收益。前者意味着社会总收益的净增加，后者则意味着在某些经济主体收益增加的同时另外一些经济主体收益的相应减少。② 从经济学角度看，既得利益通常是特指体制变化所产生的再分配收益。由于经济体制改革是一种经济利益格局的调整，必定会有一部分人的既得利益受到损失，而另一部分人的利益增加，形成新的既得利益，因此改革并不是一种帕累托改进。作为经济体制改革的一个重要构成部分的金融体制改革

---

① 到 2018 年，政府已经先后批准设立了包括深圳前海微众银行、温州民商银行等在内的 17 家民营银行。详见 https：//baijiahao.baidu.com/s?id=15944241813324773624&wfr=spider&for=pc，2018 年 12 月 25 日。

② 曹子坚：《改革的基本矛盾与既得利益的合法性问题》，《经济体制改革》，2005 年第 4 期，第 5 页。

同样也是如此。

在我国启动金融体制改革,将财政与金融独立开来之后,国家实行了严格的金融抑制政策,这就使得国有银行成为资金融通的主要渠道。国有银行在国家严格的存贷款利率管控下,借由存款人利差补贴获得了超额利润和快速扩张,规模日益庞大。尽管国家对存贷款利差的严格管控源于社会化分摊经济改革沉淀成本的需要(国有银行因政策性贷款支持国有企业发展而产生大量历史坏账,国家通过商业银行股份制改革来实现改革成本的社会化分摊),但是在股权分置改革基本完成,改革成本社会化分摊完毕的情况下,我国对银行的高利差补贴政策和股票市场低成本融资政策并没有及时退出,导致社会新增财富的分配从最终的债权人和投资者向拥有廉价资本融资特权的金融机构和国有企业倾斜,这就使商业性银行等金融机构成为金融抑制的既得利益者。在金融抑制下,政府实际上仍然承担着对金融市场的隐性担保责任,这就造成新增财富向经营性金融机构等少数利益集团转移的同时,亏损以及各种经营风险、道德风险和社会犯罪风险向国家财政转移,并挤占本应向社会公众提供的公共产品和服务资源,导致社会系统性公平缺失,容易引发社会矛盾。商业性银行等金融机构的超额利润又吸引着社会资本脱实入虚,引发产业空心化趋势,损害我国经济的持续健康增长。

尽管政府对金融市场的隐性担保存在着上述危害,但是商业性银行等金融机构作为现行金融抑制体制的既得利益者却不会主动督促政府放弃原有的隐性担保。相反,在既得利益的推动下,商业性银行等金融机构会千方百计地对政府施加影响,希望政府保持原有的隐性担保,从而使它们在追求高额利润时不需要考虑风险责任。政府隐性担保金融市场所带来的经营性金融机构道德风险泛滥,导致金融机构乐于冒险投机,追逐短期利益,偏离审慎经营原则,弱化股东、债权人、存款人等金融机构的重大利益相关方对金融机构的制约和监督,形成严重的内部人操纵与控制,进而在客观上助长了整个市场的金融风险,甚至成为金融系统性风险的重要根源。① 由此又会引发政府新一轮救助,进一步强化人们对政府隐性担保金融市场的既有观念和认识。

同时,政府及其官员同样具有"经济人"属性,存在着被既得利益者俘获的可能。② 除了常规的利益输送等俘获方式外,在转型经济体制下,国有银行等金融机构的高级管理人员任命会受到行政的直接或间接干预,这使得高管们还可以利用自身与政府部门的关系来达到影响政府决策的目的,从而实现政府隐性担

---

① 王兆星:《强化防范金融道德风险的制度设计》,《中国金融》,2011年第12期,第15页。
② 规制俘获理论认为,具有特殊影响力的利益集团,为争取其部门利益的最大化,倾向于针对监管者的自利动机进行"寻租"活动,使监管者成为被监管者的俘虏。详见杨风:《部门利益理论与规制经济学的发展》,《当代财经》,2008年第6期,第111页。

保的目的。不仅如此,金融抑制下国有银行等金融机构的规模化扩张导致市场集中度日益增加,这也会使它们对政府决策的影响力大大增加,进而促使政府保持对金融市场的隐性担保责任。规制俘获下的政府会朝着有利于银行等金融机构的方向进行决策,政府隐性担保自然也在其中。政府做出这种隐性担保决策后,又会巩固人们对政府隐性担保的既有认知,混淆金融市场化观念,延缓观念转型过程。

此外,政府是由个人组成的官员构成,个人有限理性的存在使他们在进行问题金融机构公力救助决策时也难免会犯错误,错误的示范也会强化社会公众对政府隐性担保金融市场的既有认知和观念,导致观念转型困难重重。

(三)路径依赖的存在

根据制度变迁的路径依赖理论,制度变迁中的自我强化机制会使制度变迁进入某一条路径时,产生一直沿着该既定路径发展下去的惯性,即使这一路径可能是低效率甚至是无效率的。制度变迁中的路径依赖不仅是由历史偶然事件或小事件引起,而且更多的是由行动者的有限理性以及制度转换的较高交易成本所致,并在经济、政治的交互作用和文化遗产的制约下保持。① 我国从金融抑制走向金融深化发展的过程也是一个制度变迁的过程,它需要时间的积累和沉淀。在制度变迁的正反馈机制作用下,金融抑制政策已经形成一组相应的制度集合,这就为包括政府隐性担保在内的金融抑制的长期发展刻画了路径依赖槽。制度的这种内在自我强化作用会使人们在从金融抑制走向金融深化发展的过程中倾向于原有的抑制路径,政府隐性担保自然也在其中。不仅如此,在有限理性的作用下,制度变迁中参与者的认知能力所决定的主观选择模型也会继续认同旧的基本制度结构,导致包括政府隐性担保在内的金融抑制会继续在新制度中以新的形式延续,这同样会固化社会公众对政府隐性担保金融市场的认知和观念,阻碍人们的观念转型。从金融抑制走向金融深化发展过程中产生的较高交易成本,同样也是导致政府隐性担保持续的原因之一。金融深化发展要求处理好政府与市场的关系,使金融市场发挥资金配置的决定性作用,政府则主要发挥保护投资者和债权人权益、确保金融市场风险可控的作用。由于金融业务特有的脆弱性和风险性,一旦政府放弃对整个金融市场的隐性担保,任由问题金融机构退出市场成为普遍原则,由此可能产生巨额交易成本,造成社会动荡。基于这种顾虑和担心,金融抑制下的政府隐性担保也就难以彻底消除,人们的观念转型也任重而道远。

我国政治体制改革相对于经济体制改革的落后以及我国历史文化传统也加重了我国对政府隐性担保的路径依赖。我国经济体制经过 40 余年的渐进式改革已经取得巨大成效,社会主义市场经济体制已经形成并处于深化发展过程中。与此

---

① 董全瑞:《路径依赖是中国城乡收入差距扩大的内在逻辑》,《经济学家》,2013 年第 10 期,第 90 页。

相对应，我国的政治体制改革滞后于经济体制改革，尤其在政府权力控制上。我国政府部门已经习惯了全能政府形态，对国有企业尤其是国有金融机构存在着父爱主义的关切，在公权力没有得到法治完全约束的情况下，政府对问题国有金融机构的隐性担保就很容易得以持续。同时，我国历史文化中的人治理念与权力本位，也助长了我国全能政府的形成与保持，使金融抑制中的政府隐性担保在金融深化发展过程中继续存在。这种路径依赖反过来又会影响到人们的观念转型。

三、金融市场观念转型程度影响公力救助法治化程度

尽管生产力决定了生产关系，经济基础决定了上层建筑，但是生产关系和上层建筑同样对生产力和经济基础具有强大的主观能动作用，会影响到生产力和上层建筑的发展。作为上层建筑的人们的金融市场观念，自然也会对我国金融的深化发展与体制改革造成影响。金融深化发展程度又会制约我国问题金融机构公力救助的法治化进度，因而我国社会公众（包括公职人员）对金融市场的观念，尤其是对政府隐性担保金融市场的认知，也会影响到公力救助的法治化程度。金融市场观念对我国问题金融机构公力救助法治化除了有间接影响外，它还在以下几个方面对公力救助法治化程度施加直接影响，进而成为公力救助法治化的约束条件。

首先，它会导致对我国法治意识形成的约束，增加我国问题金融机构公力救助法治化建设的难度。思想是行动的先导，法治意识对于我国法治国家、法治政府的实现同样具有先导作用。它不同于法律意识，是人们对法律和法律现象的看法和对法律规范认同的自觉程度最高的一种意识。它反映了公民对法律的认识水平，以及基于这种认知所形成的对法律、法律的效用和功能的基本态度和信任、依赖程度。① 只有在法治意识形态得以全面形成的情况下，法治国家、法治政府建设才能够顺利推进。而法治意识，尤其是金融法治意识的培养与形成，需要人们对金融市场观念，尤其是政府隐性担保观念的全面转型。在政府隐性担保观念下，人们（包括公职人员）默示地认为公权力对金融机构和金融业务活动承担兜底责任。一方面，获得了这种能够决定金融机构生死的公权力往往会使掌权者自信膨胀，在路径依赖的作用下，可能会使权力拥有者强化权力至上的固有观念，导致权力设租、权力寻租成为必然，这会损害社会公众对法律的信心和认同，破坏公民法治意识的培养和形成。另一方面，金融机构和社会公众会在政府隐性担保观念影响下，罔顾风险盲目追求高收益，导致金融市场道德风险泛滥，自己行为需自担风险、自负盈亏意识难以形成，这同样会对法治意识的形成造成损害，因为法治的要求之一就是人人守法并为自己行为负责。政府隐性担保观念

---

① 柯卫：《法治意识与人的现代化》，《内蒙古社会科学（汉文版）》，2007年第2期，第30页。

第四章 我国问题金融机构公力救助法治化的现实基础

的存在,阻碍了法治意识,尤其是金融法治意识的培养和形成,从而在公立救助问题金融机构时,可能造成公立救助主体难以很好地行使救助公权力,使金融机构和社会公众难以完全认同法律法规,从而增加公立救助法治化建设的难度。

其次,它会造成对我国问题金融机构公力救助的认知偏好,进而影响公力救助的法治化程度。问题金融机构公力救助法治化的核心问题,就是要为公力救助权力确定行使边界。这就要求公力救助主体在问题金融机构出现后,依法合理有效地决策。决策过程从某种程度上说是一种认知过程,而公力救助主体的观念就像一个过滤器,当公力救助进行决策时,他们会将搜集到的信息与自身具有的观念联系起来思考、解释信息的含义。根据现有的认知心理学的研究结论,人的观念对人的许多认知过程,包括知觉、记忆、理解、演绎推理、问题表征和问题解决等有重要影响,观念对人的信息感知和加工会起指导作用。观念不仅会影响人对任务的界定和认知策略的选择,而且还会影响人的记忆过程,能够促进记忆的恢复与重构。这是因为观念经常包含有情节、情感以及主观评价,这些内容更有利于记忆恢复与重构。①

公力救助主体持有的政府隐性担保金融市场的观念,同样会影响到公力救助主体对信息的理解判断与演绎推理。在观念指引下,他们对搜集到的信息会进行有倾向性的加工整理与分析判断,同时在确定维护金融稳定目标与达到目标所要选择的决策之间的因果关系时,更偏好于做出公力救助的决策。也就是说,公力救助主体会更相信固有观念认定的因果联系,并因此做出救助决策。政府隐性担保金融市场的观念继续存在于公力救助主体头脑之中,就会在逻辑上排除他们对现实的其他解读,从而对救助决策的选择起到限制作用。简言之,公力救助主体持有的政府隐性担保观念,会让他们在认知过程中形成公力救助偏好,并在此偏好下影响他们对维护金融稳定与达成此目标的因果关系选择,进而更容易做出公力救助的决定。

观念对公力救助主体的认知之所以会有如此重大的影响,也与救助决策行为的本身特点有关。在公力救助决策是否做出的情境中,公力救助主体遇到的问题往往是并没有很好界定的或者是深刻交织在一起的问题。当人们遇到此类问题时,许多标准的认知策略都不再可行,而观念区别于知识的一个显著特征是具有情节性,观念主要是由个人经验、文化或由知识转换成的情节的方式存储,这就使得观念可以在此类复杂情境中发挥指引作用。② 当问题金融机构出现后,公力

---

① 凯瑟琳·加洛蒂:《认知心理学:认知科学与你的生活》,吴国宏等译,机械工业出版社2016年版,第20页。
② 凯瑟琳·加洛蒂:《认知心理学:认知科学与你的生活》,吴国宏等译,机械工业出版社2016年版,第25页。

救助主体需要对问题金融机构退出市场给整个金融体系和经济体系造成何种程度的危害进行分析判断,这种判断极其复杂,标准认知策略难以适用,此时公力救助主体自然会受到固有观念的影响和指引,导致他们易于形成救助偏好。

我国目前正从金融抑制走向金融深化发展,这一过程也是一个政府权力逐渐从金融市场收缩,资金配置逐步实现由市场决定的过程。政府对金融市场的隐性担保不符合金融市场化要求,也无法在金融市场形成风险定价机制,从而导致资金配置的市场决定规律无法发挥作用,因而我国也自上而下开始了金融市场的观念转型。由于沉淀于人们意识形态中的观念不可能一下子就发生变化,它需要历史时间的积累,这就会造成观念转型的长期性和反复性,从而对我国问题金融机构公力救助的法治化程度产生影响。

最后,它会产生对我国问题金融机构公力救助的决策偏好,进而影响公力救助的法治化程度。如前所述,政府隐性担保观念在对公力救助主体认识问题金融机构市场退出的损害性判断上会形成认知偏好,而认知结论会影响到他们决策行为的做出。当问题金融机构出现后,公力救助主体在处理收集到的信息时,会与已积累的观念联系起来考虑这种信息的含义,从而形成认知偏好,并在此偏好下进行决策行为。这是因为一旦观念形成,人们就有一种围绕观念的各个方面建立起一种因果解释的定向,不管这些解释是现实正确的还是一种虚构,最后就成为了自我实现预言。因此,观念影响认知,认知影响行为,行为与最初的观念相一致,又会强化原先的观念。① 在我国金融市场观念转型过程中,受制于经济体制转型,尤其是金融体制转型程度,以及既得利益者的反对并施加影响,再加之路径依赖的存在,这些都导致我国金融市场观念转型的艰巨性,使政府隐性担保观念仍然会在较长时期内影响问题金融机构的公力救助主体,从而影响公力救助法治化的实现程度。

由于我国金融市场本身是由国家设计并推动建立的,观念转型也是自上而下展开的,因此行使公权力的公职人员的观念转型对于社会公众的观念转换具有极大的影响。不仅如此,我国的法治国家、法治政府建设同样是由国家自上而下推动展开的,公职人员的法治意识、法治能力和法治服务水平在某种程度上直接决定了我国法治建设的质量和实现程度,所以公力救助主体的观念转型程度对我国问题金融机构公力救助法治化程度具有明显的现实约束作用。

---

① 凯瑟琳·加洛蒂:《认知心理学:认知科学与你的生活》,吴国宏等译,机械工业出版社2016年版,第35页。

第五章　我国问题金融机构公力救助法治化的总体架构

第一节　我国问题金融机构公力救助的法律原则

一、我国问题金融机构公力救助法律原则的确定标准

一般认为，法律作为逻辑上独立的类型，包括了法律原则和法律具体规则两个部分的内容。[①] 法律原则一般是指基本性的公理或原理，是作为基础或者根源存在的全面的规则。尽管理论界对于法律原则的司法裁判功能存在认识分歧，但总体看，基本都承认法律原则具有指导立法和司法的功能。[②] 法律原则的立法功能是指原则作为指导思想和一般性准则对整个规则体系的抽象统摄作用。法律原则的司法功能则是指它在规则出现疏漏时直接作为裁判依据以及指引法官行使自由裁量权力。[③] 由于我国问题金融机构公力救助的法律规范零星分散于各个金融法律法规、规章以及规范性文件当中，且规范并不具体，这就使得在推进我国问题金融机构公力救助法治化进程时，必须以法律原则为指导，以确保我国市场经济体制下的公力救助目标的有效实现。

问题金融机构公力救助的法律原则，就是效力贯穿于整个公力救助问题金融机构始终的根本规则，是对公力救助问题金融机构的本质和规律的集中反映，是克服公力救助法律具体规则局限性的重要工具。因此，要推进我国问题金融机构公力救助的法治化，就必须首先确立公力救助的法律原则。法律原则的确定需要清晰的确定标准。只有标准确定了，对我国问题金融机构公力救助法律原则的阐

[①]　约瑟夫·拉兹：《法律原则与法律的界限》，雷磊译，《比较法研究》，2009 年第 6 期，第 138 页。
[②][③]　秦策：《法律原则裁判功能之限定》，《江海学刊》，2011 年第 6 期，第 152 页。

述才能有根有据,经得起逻辑的推敲,从而使人信服。本书认为,确定我国问题金融机构公力救助的法律原则,应遵循如下标准。

(一)救助公共性标准

对于非金融企业而言,一旦陷入资不抵债或者偿付危机,通常的做法就是进入破产清算程序,最终可能退出市场。金融机构同样属于企业化经营的市场竞争主体,其在面临支付困境时,如果私力救助无效,往往会引发公力救助的介入,从而促使问题金融机构持续经营、金融体系稳健运行。可见公力救助与市场退出是两个完全不同的概念。前者是一种优化机制,目的在于恢复问题金融机构的清偿能力、经营能力,起到的是治愈问题金融机构的效果。市场退出则是完全性的淘汰机制,其旨在用问题企业的"死"换取更多健康企业的"生",以保证整个市场体系的健康、稳健。

问题金融机构产生之后,之所以不像非金融企业那样面临普遍的市场退出,而是可能得到公力救助而幸存下来,主要源于金融的脆弱性本质以及它强大的负外部性。由于金融本身是一种趋于高风险的活动,传统信贷市场的高负债以及信息不对称和宏观经济不稳定,都可能造成信贷市场和资本市场的脆弱性,从而导致金融市场风险集聚。不断集聚的金融风险又具有很强的传染性,从而加剧金融的脆弱性。不仅如此,金融还具有很强的负外部性,一旦问题金融机构出现,就可能给整个经济、社会和政治造成巨大的负面冲击和损害。所谓负外部性,就是一种经济活动的成本自动地外溢到没有参加这种经济活动的其他人和企业身上,形成社会成本。① 由于金融风险具有强传染性,问题金融机构出现就可能引发市场的心理恐慌,导致整个金融体系乃至经济体系的社会成本上升,造成金融市场无效率,此时就实现了风险由私人领域向公共领域转化,成为公共风险。公共风险的产生意味着公共利益损失存在预期不确定性和可能性,是市场竞争主体无法管理和没办法有效分摊风险成本的,因而就需要公共主体(主要是政府)承担化解公共风险的责任。当问题金融机构的私人风险上升到宏观层面,演变为公共风险时,公力救助就变得必要。

既然对问题金融机构的公力救助是出于化解公共风险,保护公共利益的目的,那么公力救助就具有了公共性。公力救助的公共性特点是与政府的职能密不可分的。通常情况下,现代国家的政府职能被界定为宏观调控、市场规制、社会管理和公共服务。② 政府对会造成系统性风险的问题金融机构,动用公共资源进

---

① 周晖:《金融风险的负外部性与中美金融机构风险处置比较》,《管理世界》,2010年第4期,第174页。

② 王继荣:《管制、管理、服务——论现代政府职能的复合性》,《甘肃理论学刊》,2012年第4期,第114页。

行救助,既与宏观调控职能有关,也涉及公共服务的提供(即为金融市场和社会提供经济安全的环境),因而具有公共性特征。不过随着多元治理理念的提出,其他一些公力主体如存款保险基金也参与到问题金融机构救助中,但它仍具有动用公共资源化解公共风险的特征,因而仍然具有公共性。

由于问题金融机构公力救助直接关系到公共利益,具有公共性,因此公力救助的法律制度也应该符合公开性、公平性和公益性要求,这也与公力救助法治化要求相一致。

(二)救助公平性标准

虽然问题金融机构的公力救助具有公共性,但是否任何一家金融机构陷入偿付危机而成为问题金融机构时,公力救助主体都需要救助呢?这取决于问题金融机构的私人风险是否会引发公共风险(系统性风险)。在市场经济体制下,任何企业化经营的市场竞争主体都应该受到市场竞争规律的制约,实现市场的优胜劣汰,这是市场经济的本质所在,也是社会财富增长,实现帕累托最优的源泉,企业化经营的金融机构也不例外。只不过由于金融业务的特殊性,导致某些问题金融机构出现后,如果不进行公力救助,会产生公共风险,进而可能损害社会公共利益,此时才有了公权力介入私企业,恢复它的偿付能力,矫正它的经营状况的必要。可哪些问题金融机构会产生公共(系统性)风险而必须公力救助,这需要公权力救助主体进行主观判断。基于金融机构间的强关联性、整个金融体系的复杂网络性以及金融与宏观经济的高度相关性,规模越大的问题金融机构对其他金融机构、金融市场和宏观经济以及社会公众的负面冲击和影响就会越大。如果不对其进行救助,就会引发社会动荡,社会秩序也难以维系。政府在逐渐明确了"太大而不能倒"的重要性后,问题金融机构的规模就成为是否公力救助的判断标准之一。

基于"太大而不能倒"的认识而对大型或巨型问题金融机构进行公力救助,虽然可以阻止系统性风险爆发(如果公力救助主体的判断正确),但是它对于社会其他主体同样会产生负面效应,有悖于人类一直所追求的公平正义之理念。

首先,问题金融机构"太大而不能倒"会导致逆向选择的道德风险,从而破坏公平正义理念。由于人兼有善恶双重属性,制恶与扬善是制度设计的双重任务,作为制度创造者和实施者的政府也应发挥制恶与扬善的双重功能,从而实现社会的公平正义。① 如果我们把通过市场公平竞争,实现市场优胜劣汰,从而增加社会总财富视为"善",那么因市场竞争失败,本应被淘汰的大型或巨型金融机构却因公力救助而继续生存下来就可以被视之为"恶",因为它是对"善"的

---

① 杨刘保:《法治视域下制度设计与实施的评价维度分析》,《长春市委党校学报》,2016年第1期,第13页。

破坏。由人设立的企业化经营的金融机构,以个体利益最大化为经营目标,在经营过程中因违法或竞争失败等出现偿付危机,成为问题金融机构,理应根据法律破产清算,退出市场,这也是法律制恶的体现。就如艾娃·胡普凯斯所言:"坏银行就应该被淘汰,援助一家现在的坏银行就是阻止建立一家未来的好银行。"① 然而慑于"太大而不能倒"的约束,政府往往会采取措施使坏的金融机构继续存在,其制恶功能无法发挥,反而创造了新的"恶"。它会使被救助的金融机构在逐利本性下,更加肆无忌惮地放任风险累积,因为他们知道本机构倒闭所产生的社会紊乱压力,是政府无论如何都不能承受的。无论大型或者巨型金融机构的经营出现何种不利情形,患难与共之下,政府肯定会在关键时刻挺身而出解囊相助。基于这种预判,在金融业务开展与创新中,大型或巨型金融机构就不会怀揣一种谨小慎微的态度,时刻谨记以前的教训。他们会完全放任风险管理而铤而走险。不止于此,在经营失败没有受到惩戒反而得到政府适时相助的示范效应下,市场中的其他同类主体不仅会竞相盲目扩张机构规模,助长金融风险,也会在对自己的实力与市场占比评估基础上争相效仿,进而形成一个隐性的行业利益共同体,绑架政府的力量也随之扩张。

可见,公力救助"太大而不能倒"的问题金融机构,不仅不能起到制度制"恶"的作用,反而因为公力救助形成新的"恶",导致"恶"得不到惩治,"善"无法得到发扬,社会的公平正义理念也随之被破坏。同时,公力救助产生的逆向选择的道德风险,也会增加金融市场"恶"的因素,造成金融风险大量集聚,引发市场心理恐慌,进而威胁到整个金融体系和宏观经济稳健运行。这又会导致新一轮公力救助,政府的制"恶"功能此刻完全屈服于大型或巨型问题金融机构的"要挟",社会的公平正义也无法实现。

其次,问题金融机构"太大而不能倒"还会损害市场公平竞争,恶化金融市场竞争环境,动摇公平正义的法律价值取向。竞争机会平等和有序的市场竞争环境是市场竞争中公平正义的核心内容。约翰·罗尔斯在其《正义论》开篇就明确指出:"在一个正义的社会里,平等的公民自由是确定不疑的,由正义所保障的权利不受制于政治的交易和社会利益的权衡……作为人类活动的首要价值,真理和正义是绝不妥协的。"② 显然,在正义的社会里,金融市场竞争主体也具有平等的法律地位,其公平竞争权利同样不能因某种理由而被侵犯。保障每一个金融市场竞争主体的平等竞争机会是作为公平正义的最基本要求,这种正义不应该受制于来自任何理由的妥协。"太大而不能倒"效应使政府在面对大型或巨型问题金融机构时产生投鼠忌器心理,但这并不能成为政府淡化和漠视市场竞争非

---

① 艾娃·胡普凯斯:《比较视野中的银行破产法律制度》,季立刚译,法律出版社2006年版,第1页。
② 约翰·罗尔斯:《正义论》,何怀宏译,中国社会科学出版社1988年版,第4页。

正义化的理由。当政府因顾虑种种系统性和政治性因素而没有让一家已濒临绝境的大型或巨型金融机构倒下去，同时又按照市场竞争规则来对待同样陷入偿付困境的中小型金融机构，任其退出市场，这就会使社会公众做出这样的预判：大型或巨型金融机构不会倒下，因为它背后有政府撑腰，从而使他们的投资决策与资金流向发生改变。作为"经济人"，公众会更愿意将自己的资金以较低利率投给有政府撑腰的更安全的大型或巨型金融机构，而不是处于弱势地位的中小型机构。政府救助行为所导致的这种对社会公众行为的潜在诱导性，无疑加剧了大小金融机构市场地位的不对等，导致本就处于劣势的中小型金融机构更加弱小，造成金融机构在规模和实力上的"马太效应"，从而不正义地改变博弈的平衡，恶化竞争环境。调查显示："在美国政府承诺对大型银行注资后，2008年第4季度至2009年第2季度的时间跨度内，美国中小型银行与拥有超过1000亿资产的大型银行之间的融资成本差额由原来的0.29%飙升至0.78%，此意味着美国政府实际上向大型银行每年提供约63亿美元补贴。"①

基于"太大而不能倒"的公力救助不仅破坏了市场公平竞争，扰乱了正常的竞争秩序，而且还导致大型金融机构与中小型金融机构权利义务分配不公平，这就会让社会公众对法律的公平正义不再那么确信，并可能开始从深层次质疑社会的结构，因为"正义的主要问题是社会的基本结构，或者更准确地说，是社会主要制度分配基本权利和义务，决定由社会合作产生的利益之划分的方式"②，从法律实证主义角度看，正义并不在乎实际规制的对或错，其所要求的是同样的事情按同样的规则来处理，且这种规则应能适用于一切人，适合于一切人与生俱来的本性。③ 政府以规模大小决定是否救助问题金融机构，使同一规则不能适用于同样的事情，实质上造成对大型和中小型问题金融机构之间的不平等对待，进而动摇法律的公平正义价值取向。

最后，问题金融机构"太大而不能倒"可能间接侵犯纳税人利益，造成政府因财政紧张而萎缩公共产品供给，破坏了公平正义的实现。由于本书中的问题金融机构是出现偿付危机的金融机构，若政府要对其实施救助就必然涉及资金的安排。现代国家的政府从学理上不具有营利性，国家收入多源于税赋，因此政府救助资金也主要来自税收收入。在宪法意义上，纳税是纳税人的义务，也是其权利，公民通过纳税以换取政府服务和公共产品。④ 当一个国家动用自己的税收收

---

① 黎四奇：《后危机时代"太大而不能倒"金融机构监管法律问题研究》，《中国法学》，2012年第5期，第88页。
② 约翰·罗尔斯：《正义论》，何怀宏译，中国社会科学出版社1988年版，第89页。
③ 吴真文、吴琛：《论哈特的法律正义观》，《道德与文明》，2014年第5期，第89页。
④ 张雪魁：《论税收正义》，《伦理学研究》，2009年第4期，第28页。

入为"不能倒"的金融机构"排忧解难"时，非正义就出现了，因为这是全体纳税人在为"不能倒"的金融机构买单，使问题金融机构的利润私人化而风险和损失社会化。当具有专款专用性质的政府资金被挪用救急时，财政危机的风险也就悄然而生，公共产品的供给也将面临萎缩风险。"据测算，美国政府在此次金融危机中共需投入23.7万亿美元用于实施问题资产救助计划，以拯救美国脆弱的金融体系和经济。美国政府通过注资、收购、并购等方式对大型金融机构的救助已达到了史无前例的范围、规模与复杂程度。"① 因为规模庞大，政府基于宏观考虑不得不注资救助大型问题金融机构，但救助的结果却使得被救助的大型金融机构的规模进一步扩大，② 由此导致政府救助的恶性循环，纳税人权益也就随时处于可能被侵犯状态，政府公共物品供给也可能出现周期性萎缩，导致正义无法实现。

可见，"太大而不能倒"救助原则破坏社会公平正义的理念及其实现，是不可持续的，但金融业务的高风险性与强大的负外部性以及国家适度干预理论的正当性，又决定了对于问题金融机构，政府不可能完全放任其倒下，因为这可能产生更广泛意义上的社会不公平与社会失序。因此在确定我国问题金融机构公力救助法律原则时，应从救助公平性角度出发，克服基于问题金融机构规模而救助造成的不公正弊端，在进行制度设计时，必须保证市场竞争规则不被轻易破坏，实现竞争主体的机会平等与权利公正，这也是公力救助法治化的基本要求。

（三）救助有效性标准

在市场经济条件下，法律对公平正义的追求还包含对效率的考虑。"正义的第二种含义——也许是最普遍的，是效率。"③ 既然存在着公力救助问题金融机构的必要性和正当性，在政府或者其他公力救助主体不得不动用公共资金救助陷入偿付困境的问题金融机构时，实现正义的方式就是强调救助有效性。不仅如此，强调救助有效性也是克服政府失灵的重要方式。当问题金融机构出现后，不是所有的问题金融机构都能获得公力救助。在救助与否直接决定问题金融机构生死的关键时刻，权力寻租行为很可能会产生。如前所述，公力救助主体是由无数个体组成，他们也是"经济人"，有自己的利益追求。在寻租活动下，公力救助主体就很可能被问题金融机构俘获，从而做出有利于俘获者的救助决定。同时，

---

① 伏军：《论银行太大不能倒原则——兼评美国2010年华尔街改革与消费者保护法案》，《中外法学》，2011年第1期，第199页。

② 2008年金融危机救助后，美国各大型金融机构规模纷纷扩大，就是典型例子。参见王刚：《金融机构"大而不能倒"问题：发展沿革、解决方案与政策启示》，《上海金融》，2012年第2期，第16页。

③ 理查德·A. 波斯纳：《法律的经济分析》，蒋兆康译，中国大百科全书出版社1997年版，第31页。

由个体组成的公力救助主体同样不具有完全理性,在救助主体与救助对象之间信息不对称的情况下,救助主体也可能做出错误的或低效的救助决策。因此,在确定我国问题金融机构公力救助的法律原则时,必须将救助有效性因素纳入考虑范围,以实现法治对效率的追求。

救助有效性标准要求公力救助主体在确定和实施救助方案时,必须基于公共利益保护立场,对其救助方案及其实施的成本与收益以及交易成本进行理性核算,从而在问题金融机构"倒"与"不倒"之间找到正义的平衡点,毕竟"直接的政府管制未必会带来比市场和企业更好的解决问题的结果,但同样也不能认为这种政府行政管制不会导致经济效率的提高"①。具体而言,救助有效性标准的内容包括以下方面。

首先,要对公力救助方案进行事前评估,以确定是否救助及选择最优的救助方案。公力救助主体在制定救助政策时,应考虑救助成本与救助收益,在救助成本小于收益的情况下做出救助决定,并在多个备选方案中确定一个最优的行动方案。这里的救助成本,不仅包括了公力救助主体需要筹集的公共资金数量等直接成本,也包括了被救助金融机构的行为变化、对其他相关市场主体的影响(比如增加中小型金融机构融资成本)、金融市场竞争效率的下降等间接成本。救助收益既包括微观意义上对消费者的保护,也包括降低和有效控制系统性风险等宏观意义上的收益。当然,上述成本收益很多是不易量化的,因此公力救助主体在进行成本收益分析时,可以对不易量化(超过公力救助主体的监管治理能力)的成本收益进行定性说明。这种定性说明应当与救助目的联系在一起。

其次,要对公力救助方案实施中的交易成本进行评估,以明确救助方案的可行性。交易成本经济学认为,人虽然想按照成本—收益模式选择行为方案,从而使自己利益最大化,成为理性人,但这不能自然地做到或实现。因为人的理性行为选择也是需要支付成本的,这一交易成本就会成为影响人的行为选择的重要因素。由于有限理性、机会主义与资产专用性的普遍存在,交易成本就不可避免。若一项完全理性的决策在实施时会有巨大的交易成本,人们就会放弃理性选择。② 在问题金融机构公力救助上,如果公力救助决策及其救助方案经过成本收益分析后是最优的,但不对其决策和方案进行交易成本评估,同样可能会造成整个救助成本超过救助收益,从而导致救助无效。比如实施救助后会对被救助的问题金融机构产生道德风险,这实际上也是机会主义,因此在制定救助方案时,就必须评估相应的交易成本,以确定救助方案的有效性。

最后,要对公力救助方案进行事后评估,以解决救助方案实施中因出现新因

---

① R. H. 科斯:《财产权利与制度变迁》,刘守英译,上海三联书店1991年版,第23页。
② 王瑞:《论交易成本经济学的基本假设》,《东岳论丛》,2014年第10期,第143页。

素而导致的缺陷,为公力救助积累经验教训。此时的事后评估,除了成本收益分析外,还应该考虑合法性、合理性、实效性、协调性、技术性、专业性、社会认同等方面的内容。

将救助有效性标准引入我国问题金融机构的公力救助中,使我国的公力救助受到效率约束,这不仅有助于我国政府职能转变,有助于处理好政府与市场的关系,而且也是公力救助法治化的体现,因为法治的基本价值之一就是效率价值。要实现我国问题金融机构公力救助的法治化,公力救助决策者就必须依据有效性标准进行科学决策、民主决策,这样才能大大减少决策失误的可能性,因为救助决策失误是最大的负效率。同时,公力救助法治化使相关救助制度得以明晰化,为市场竞争主体确立了制度信心,从而会激发社会活力,实现法治框架下经济效率、政治效率和社会效率的持续增长。

二、我国问题金融机构公力救助法律原则的具体内容

问题金融机构公力救助的实质,就是要在金融安全与金融效率之间实现均衡。根据公力救助法律原则的确定标准,我国问题金融机构公力救助的法律原则应包括"太重要而不能倒"原则、市场化救助原则以及建设性模糊原则。它们互相联系、互为补充,并在国家干预与市场逻辑的良性互动中演绎着各自的含义和价值,并最终统一于金融安全与金融效率的均衡当中。

(一)"太重要而不能倒"原则

1. "太大而不能倒"救助原则的起源与弊端

当问题金融机构出现后,公力救助主体是否进行救助是关系到公力救助成败的关键性问题。发达市场经济国家问题金融机构公力救助的历史发展脉络明确地表明,以政府为主的公力救助主体在确定是否救助以及对谁救助的问题上,有一个认识不断发展演变的过程。以美国为例,在自由资本主义时期,由于国家奉行不干预原则,金融市场上的金融机构完全自主经营、自担风险、自负盈亏,一旦陷入偿付危机而无法得到私力救助,就只有破产清算,退出市场。1929 年从美国金融市场开始的金融危机导致大批银行和金融机构倒闭,并给宏观经济造成沉重打击,这就导致凯恩斯经济学——政府拥有干预经济权力的观念盛行。① "二战"后美国一直实施政府干预经济政策,但对于政府是否救助问题金融机构,尤其是对于问题银行的态度并不明确。直到 1984 年随着美联储对当时全美第七大存款银行——伊利诺伊大陆银行的救助,"太大而不能倒"的救助原则开始被美

---

① 米尔顿·弗里德曼、安娜·施瓦茨:《大衰退 1929~1933》,雨柯译,中信出版社,2008 年版,第 154 页。

国金融监管当局理解和认可,① 并延续到 2007～2009 年金融危机中的问题金融机构公力救助上。"太大而不能倒"强调通过政府救助以继续保持大型问题金融机构的市场主体地位,然而这种做法却会产生诸多弊端。

首先,它损害了中小金融机构的公平竞争权利,有损社会的公平正义理念。由于公力救助主体只会对大型或巨型问题金融机构进行救助,这实际上使大型金融机构不劳而获地得到了竞争性优势,也促使其能采取更有竞争性的措施与中小型金融机构竞争。原本就处于不利地位的中小型金融机构则在竞争中处于更加不利的地位,从而损害了市场公平竞争原则。以美国的问题银行公力救助为例,当问题银行被救助后,在没有市场失败风险约束的情况下,更倾向于将资金投向同一投资级别中风险更高的贷款和证券,以追逐高收益。同时,为应对监管当局的更高资本充足率要求,它们又会出售贷款资产,并在其表外大规模购买抵押支持证券②,从而转移信用风险。这种个体理性行为带来的后果就是,信用风险通过金融理财产品网络被传递扩散至更多投资者,增加了银行体系和金融体系的系统性风险。③ 可见,"太大而不能倒"的救助原则,使大型金融机构在竞争中更有优势,从而破坏了中小型金融机构的公平竞争权利,损害社会的公平正义,同时也恶化了市场环境,增加了系统性风险爆发的概率。

其次,它助长了金融机构的道德风险。由于规模大小决定了金融机构在遭遇偿付危机时能否得到救助,这就使得金融机构往往会不计风险地扩大企业规模,以换取个体利益最大化,这就产生了道德风险。研究发现,得到救助的大型金融机构更倾向于激进的冒险行为,即大幅扩张无担保债权的规模,并且将资金投向不流动的长期资产。④ 美国国际集团在危机前豪赌资本市场衍生产品,接连从事高风险信用违约掉期(CDSs)和向其高管人员秘密发放高达 2.18 亿美元的奖金也足以窥见大型金融机构道德风险的泛滥。而作为大型金融机构重要利益相关者的股东、债权人,也会基于"太大而不能倒"的政府救助原则,无心对其经营进行监督,反而更热衷于以更低的利率向其提供资金,进而产生道德风险。道德风险的累积又会加剧金融体系的系统性风险,引发政府新一轮救助,由此形成恶性循环。

最后,它加重了纳税人的负担,激化社会矛盾。"太大而不能倒"救助原则

---

① 徐超:《"太大而不能倒"理论:起源、发展及争论》,《国际金融研究》,2013 年第 8 期,第 92 页。
② 抵押支持债券或者抵押贷款证券化,是最早的资产证券化品种,产生于 20 世纪 60 年代的美国。它主要由美国住房专业银行和储蓄机构利用其贷出的住房抵押贷款,发行的一种资产证券化商品。
③ Duchin R., Sosyura D., "Safer Rations, Riskier Portfolios: Banks' Response to Government Aid", *Journal of Financial Economics*, Vol. 113, Issue 1, 2014, pp. 1–28.
④ Gropp R., Vesala J., "Deposit Insurance, Moral Hazard and Market Monitoring", *ECB Working Paper Series*, No. 47, 2001.

使政府必须花费巨额代价救助体量巨大的问题金融机构,而政府救助资金多来自纳税人的税款,这就导致纳税人负担沉重。"太大而不能倒"救助原则产生的纳税人为高道德风险的问题金融机构买单的事实,又会触怒底层社会民众,激化社会矛盾。2011年西方国家接连发生的针对和仇视大型金融机构的系列"占领"运动(如占领华尔街、占领伦敦证交所等),可谓是这种愤怒和矛盾的形象表达。①

2. "太大而不能倒"救助原则的演变——"太重要而不能倒"

2007~2009年金融危机后对危机以及"太大而不能倒"救助原则的反思,使各国政府对公力救助的对象选择发生了变化,不再突出问题金融机构的规模标准,而是突出问题金融机构的系统重要性,并开始强调"事前预防胜于事后救济"的理念,对系统重要性金融机构进行事前的严格审慎监管,鼓励金融机构保持应急计划与程序,以应对机构停业情形的出现。②

当前,我国正处于经济体制转型阶段,原有的问题金融机构公力救助显现出的政府权力直接全面干预的全能政府态势,已经不能适应我国经济金融深化发展的现实,也与国家治理方式转型与国家治理现代化目标格格不入。不过在全面深化市场经济体制改革背景下,我国应该采取什么样的法律原则以确定公力救助的对象,这是推进我国问题金融机构公力救助法治化必须首先回答的问题。从我国经济金融的发展实际看,我国金融机构中已经存在"太大而不能倒"的金融机构,这种大型金融机构主要是国有控股的金融机构,其存在与否对我国整个金融体系乃至经济体系都具有系统重要性影响。目前我国前五大金融机构的市场占比在45%左右,中国银行、中国工商银行等4家国有控股银行已经相继入选金融稳定委员会公布的全球系统重要性银行名单。③ 与此同时,随着我国金融深化发展的持续,越来越多的非国有金融机构也正在向规模扩张跃进,以期成为"太大而不能倒"的金融机构,进而当发生危机时拥有和政府议价的能力,并得到公力救助。"太大而不能倒"救助原则对市场竞争和公平正义法律价值理念具有巨大的破坏作用,而且公力救助的公共性、公平性标准也决定

---

① 2011年9月17日,美国上千名民众聚集在纽约曼哈顿,发起了一场历时4周、声势浩大、席卷全美的"占领华尔街运动",反对政府执着于"大而不能倒",置中低下阶层人民利益于不顾。2011年10月15日,数千名英国民众聚集在市中心,举行了"占领伦敦证券交易所"的示威游行,同样表达了对政府为挽救大银行而不惜牺牲广大纳税人钱财的强烈不满。详见 https://baike.baidu.com/item/占领华尔街/6174179?fr=aladdin,2019年8月24日。《伦敦民众举行占领证交所示威 警察封锁入口》,https://news.qq.com/a/20111016/000011.htm,2019年8月24日。

② 阳建勋:《大而不倒、利益冲突与权益平衡——系统重要性金融机构监管制度的法理构造》,《现代法学》,2014年第3期,第179页。

③ 根据金融稳定委员会2018年公布的全球系统重要性银行的名单,我国已有4家银行上榜。详见《解读2018年全球系统重要性银行名单变化特征》,https://baijiahao.baidu.com/s?id=1618557336084018078&wfr=spider&for=pc,2019年8月24日。

了我国不宜继续沿用。

在我国向市场经济转型过程中,随着政府与市场关系的逐渐厘清,我国已经逐步改变了对问题金融机构的救助态度,即政府不再基于股东责任或父爱主义进行全能救助,而是要基于政府的公共责任对市场中需要救助的问题金融机构,无论其所有制情况,进行平等的法治化救助,这也是全面深化经济体制改革的客观要求。因此,我国问题金融机构公力救助的对象选择,应吸取市场经济国家公力救助问题金融机构的经验教训,顺应国际金融监管法律创新趋势,在立足我国国情的基础上,明确我国问题金融机构公力救助对象确定的法律原则。本书认为,鉴于"太大而不能倒"救助原则对社会公平正义的危害性以及公力救助的公共性本质要求,对我国问题金融机构公力救助对象的确定,应借鉴市场经济国家危机后改革的做法以及国际组织颁布的原则框架,采用"太重要而不能倒"原则确定需要公力救助的问题金融机构的范围。

如前所述,"太大而不能倒"主要是基于问题金融机构的规模进行判断,但实践证明仅凭问题金融机构的规模就启动政府权力,会扭曲正常的市场竞争机制,这不仅在经济上是低效或无效的,而且还损害了社会公平正义的理念,不是最优的救助选择。在市场经济条件下,市场应是资源配置的决定者,当然也是企业化经营的金融机构命运的决定者。这是市场经济的本质所在,一般不应该被外力破坏。不过由于金融业务具有的高风险性、强传染性和极大的负外部性,如果放任某些问题金融机构继续存在乃至市场退出,又会造成整个金融体系和宏观经济的巨大损失,消费者福利水平也会极速下降,因而公权力需要介入干预,这是市场经济的例外。可见,公权力介入并矫正的问题金融机构应该是对整个金融体系和经济体系都具有重要影响力的金融机构。这里的重要性判断需要依据金融机构能够影响的空间范围而定。目前,相关国际金融组织把重要性金融机构分为全球和国内两个层次。重要性的具体判断标准,不限于金融机构的规模,还要考虑金融机构的相互关联程度、复杂程度、是否可替代以及活跃程度等因素。这些因素在判断金融机构的重要性时具有同样的权重。当然,对重要性金融机构的判断不仅需要定量分析,也应结合定性分析方法,这样才可能得出更科学、更符合实际的结论。

同时,"太重要而不能倒"原则中的"不能倒"的内涵也较"太大而不能倒"发生了变化。在"太大而不能倒"中,公力救助强调的是确保已经发生问题的金融机构经过公权力介入、拯救,可以继续作为市场竞争主体整体存活下来。由此导致的大型金融机构利润私人化与救助成本社会化之间的尖锐矛盾以及

---

① 陈斌彬:《系统重要性金融机构的监管法制研究》,《重庆大学学报(社会科学版)》,2016年第6期,第171页。

巨大的社会不公平，都强烈要求对"不能倒"的内涵要适时改变。在推进我国问题金融机构公力救助法治化时，除了要立足我国的实际外，也应顺应时代趋势，吸取发达市场经济国家的经验教训，在公力救助时以重要金融机构的重要功能持续供给为"不能倒"的标的，而不再拘泥于机构本身。这就意味着有授权的公力救助主体可以依据法律规定，对重要问题金融机构的非重要功能部分的业务可以进行强制分离与分拆出售或者直接清算。

综上所述，"太重要而不能倒"的问题金融机构公力救助法律原则，是基于公力救助的公共性、公平性标准产生，旨在克服"太大而不能倒"救助原则给中小竞争者以及社会公众造成的不当侵害，同时确保最大限度地保障社会公共利益和公共安全。这里的"重要"需要依托于一定的空间进行判断，且判断标准不仅限于规模，还包括金融机构之间的关联性、可替代性以及金融业务的复杂性、活跃性等因素。"不能倒"的内涵也演变为保持重要问题金融机构的重要或者关键功能。

（二）穷尽市场救助原则

由于我国仍然处于经济体制转型阶段，相应的政府管理上也还能看到全能政府、无限政府、任意政府的影子，权力本位、权力至上的意识观念还顽固地残存于一些公职人员的头脑里。为此党中央提出了全面深化社会主义经济体制改革，全面建设社会主义法治国家，实现国家治理现代化的战略目标。我国问题金融机构的公力救助也必须予以有效回应，实现公力救助的法治化。

法治要求对问题金融机构的公力救助，必须从权力本位走向权利本位，首先尊重市场竞争主体的经营权利和经营自由，公权力一般不再对企业化经营的金融机构承担经营的最终责任。同时，救助权力必须在法律明文限定范围内行使，并接受来自社会的监督制约。我国市场经济的发展是经济从封闭走向开放的一个过程，也是个体权利从权力中获得解放的过程。因此问题金融机构的公力救助，必须在确认市场竞争主体权利的基础上发挥公权力的作用，促进救助权力的明确、及时、有效行使，以更好地服务于我国市场经济的发展与法治家建设的推进。同时，实践也证明，市场配置资源是迄今为止人类找到的最有效率的资源配置方式，因此我国问题金融机构公力救助必须引入穷尽市场救助法律原则，强调救助权力的有限性。

穷尽市场救助原则要求公力救助主体应该首先坚持市场自主运行的基本理念和基本要求，尊重市场竞争主体的经营权利和经营自由，然后在此基础上考虑公权力介入特殊问题金融机构，穷尽市场救助手段帮助其维护重要金融功能。公权力的介入与行使也必须在法定范围内，并接受社会监督。具体来说，穷尽市场救助法律原则包含以下几个方面的内容。

第五章 我国问题金融机构公力救助法治化的总体架构

首先,穷尽市场救助原则应以尊重市场规律为前提和基础。鉴于我国市场经济发展的实际,在公权力从全能向有限的转变过程中,公力救助主体的救助权力也应从无限向有限收缩,以让市场发挥决定作用。

其次,公力救助资源与救助成本也要市场穷尽。由于直接动用公共资源拯救陷入偿付危机的重要金融机构仍然具有巨大的负面效应,进而可能动摇人们对社会公平正义的信仰,因此为使公共资源救助获得正当性基础,就必须采取市场穷尽做法,即只有在穷尽市场救助资源也不能维持重要性金融机构的关键功能时,才能动用公共资源进行救助,目的在于保证特殊金融机构重要性功能的供给,以维护金融体系稳定,恢复市场信心。同时,公力救助成本也必须在穷尽问题金融机构利益相关方承担后,不足以弥补的部分再由公共资金承担,即重要性金融机构发生偿付危机时,应首先在机构股东以及一般债权人之间分摊损失或进行私力救助,只有穷尽市场手段还不能解决的部分,才需要公力介入。

再次,公力救助方式也要市场优先。当公力介入成为必然,公力救助主体采用的救助方式也应该市场方式优先,尽可能采用间接救助方式。比如公力救助主体作为经纪促进企业购并,分拆剥离被救助金融机构的非核心业务等。在间接救助下,公力救助主体主要发挥主持、引导、信息披露等作用,以促进市场私力救助的完成。只有在间接救助无法发挥作用时,公力救助主体才能够使用直接救助方式,动用公共资源救助特定问题金融机构。不过直接救助也要首先采用市场手段,比如通过过桥机构或者购买不良资产等市场化方式实现救助,尽量少用或者不用政府直接出资(国有化)方式。这是因为现阶段我国的重要金融机构几乎都是国有控股企业,如果因为偿付危机,政府轻易出资,进行国有化,这并不符合我国社会主义市场经济体制深化改革的要求。而且我国金融资产交易市场的风险定价机制尚未形成,国有化后政府如何有效率地市场化退出也存在一定障碍。因此,我国问题金融机构的公力救助方式应该穷尽市场方式,以间接救助为主,注资救助为最后的救助手段。

最后,公力救助评估也要市场化,即要通过公力救助行为的成本收益分析以及交易成本考量来确定公力救助的有效性。毕竟在市场经济体制下,效率已经成为人们行为的第一价值追求,而法治也认可效率价值的正义性,因此公力救助行为也应该进行市场化评估,以促进公力救助的有效性,进而实现社会的公平正义。

可见,穷尽市场救助原则并不是离开公力救助主体以单纯采取市场化措施对需要救助的问题金融机构进行私力救助,而是在尊重市场规律、强调市场竞争公平性的前提下,授权公力救助主体在法定范围内行使救助权力,并在穷尽市场化手段的基础上展开救助,以确保问题金融机构重要功能的持续与承接,从而维护整个金融体系和市场的稳定。这也符合问题金融机构公力救助法律原则的确定标准,即公力救助需公平、有效。

(三) 建设性模糊原则

在公力救助制度规范化、公开化的情况下,满足救助条件的重要性金融机构不可避免地会产生机会主义和道德风险。尽管在公力救助市场化评估下,只有救助成本小于救助收益时才能开展公力救助,但是公力救助的交易成本始终存在,它会直接影响到金融市场的风险定价,从而集聚金融风险。显然,在公力救助问题金融机构时,必须考虑尽可能减少救助的交易成本,以促使成本收益的理性选择发挥作用,为此可以借鉴国外做法,引入公力救助的建设性模糊原则,以减少救助的交易成本。

所谓建设性模糊,就是公力救助主体拥有相机抉择的权力,在是否救助以及何时救助、如何救助上,故意制造不确定性,以促使问题金融机构积极自救,减少道德风险的发生。[①] 尽管随着对2007~2009年金融危机的反思,国际社会一致认为应在事前识别公力救助对象——系统性重要金融机构,这就导致公力救助对象的不确定性消失,但是救助时间、救助条件、救助方式的不确定性仍然存在,从而仍然可以减少机构的道德风险。当然,建设性模糊的产生,也与人的有限理性有关。囿于人的认知能力局限和不完备的信息,公力救助主体也不可能事先规定出公力救助特定问题金融机构的所有细节,并严格执行,这就使建设性模糊原则在公力救助中成为必须。

法治化要求问题金融机构的公力救助制度规范化、公开化、透明化,表面上看起来与建设性模糊原则相矛盾,但两者实际上是可以相容的。首先,两者的目标具有一致性。建设性模糊是为了抑制问题金融机构的道德风险,从而使整个金融市场的风险可控,确保金融稳定;公力救助制度的公开化、透明化也是为了使金融市场参与者合理预期并安排自己的行为,进而控制金融风险。透明度与建设性模糊都是方法、手段,两者统一于系统性风险的防范中,以确保金融体系的稳定健康。其次,两者还具有互补性。建设性模糊的缺点在于,公立救助主体可能在救助过程中因缺乏明确的规定而导致执法的能动主义风险。这又会与我国长期形成的公权力万能的习惯交织,造成公权力约束失效。由于建设性模糊在问题金融机构公力救助中不可避免,因此要克服建设性模糊的缺陷,仍然必须通过救助法治化来完成,即要对能动执法的公力救助主体施加程序和责任限制,并采用严格的事中事后透明规则,从而促使公力救助主体每一次相机决策,都符合公力救助的本质要求。而透明度的缺陷在于,在某些情况下更多的信息、更高的透明度

---

① 黄荣哲、农丽娜:《模糊的金融稳定目标与建设性模糊的有效性》,《内蒙古财经学院学报》,2010年第2期,第75页。

可能只会使金融动荡更加严重。经济学研究者利用模型早已证明,当信息环境十分恶劣,几乎没有公共信息,行为人只能依靠私人信息做出决策时,额外的公共信息只会破坏系统的稳定。只有在公共信息十分丰富的情况下,市场参与者已经掌握了足够的信息能在众多的金融机构之间区分优劣,额外的信息才会使系统更加稳定。① 这就意味着只有在信息环境发展到一定程度后,提高透明度才能增加社会福利,在此之前只能主要采取建设性模糊维护金融稳定。作为一个正从金融抑制走向金融深化发展中的转型国家,金融市场的信息环境仍然相对脆弱,此时建设性模糊原则的主要适用有其合理性。当我国的金融信息环境发展到一定程度后,透明度原则才应该成为公权力决策的主要原则。因此,建设性模糊原则与透明度原则并不冲突,它们可以相互兼容,从而共同推动公力救助目标的实现。

我国目前的问题金融机构公力救助制度,既非建设性模糊,又缺乏相应的透明度,几乎处于完全模糊状态,有关问题金融机构公力救助的制度体系尚未形成,也没有事中事后的透明度要求,公力救助决策具有很强的任意性。在缺乏相应法律约束的情况下,任意的权力又会带来权力的滥用,导致救助成本巨大,并最终由纳税人买单。我国在20世纪90年代末到21世纪初进行的一系列公力救助就充分证明了这一点。因此,我国的问题金融机构公力救助制度建设,应首先建立相应的救助法律规则,并在此基础上实施建设性模糊原则,保留公力救助决策者的相机决策权力,待我国金融市场信息环境进一步规范后,再提高公力救助的全面透明性,以最大化地实现公力救助效率与金融稳定之间的均衡。这也是救助公平性、救助有效性标准的要求。

第二节 我国问题金融机构公力救助的法律权限

一、我国问题金融机构公力救助的权限划分

(一) 公力救助权限划分的逻辑起点——我国现行金融监管体制框架

对问题金融机构的公权力介入与干预,扭曲了市场竞争的优胜劣汰结果,本身就是一种非正常状态,作为例外而存在,因而公力救助的启动必须满足特定的条件。问题金融机构是否属于公力救助对象,是否需要公力救助,何时以及如何

---

① 陆阳:《信息社会学的一个新视域:公共领域与公共信息可见》,《情报资料工作》,2013年第5期,第16页。

进行公力救助，都需要公力救助主体依据充分的信息进行分析判断。显然，对金融市场和金融机构享有金融监管权力的各金融监管部门具有相关信息搜集的天然优势，并能够在日常金融监管中及时发现金融机构问题，当然是适宜的公力救助主体。从广义上讲，金融监管权力也应该包括特殊情况下对问题金融机构的主动介入救助的权力，其合法性基础在于法律本身作为一种契约存在着不完备性。① 由于有限理性的存在，金融立法者不可能事先就制定出完美无缺的法律制度并准确无误地用语言表达出来，使之适应现实生活的所有需要。同时，金融法律的相对稳定性和时代的发展变化性也决定了法律不可能完全反映后来发生的事件。金融法律的不完备性使得法律的抑制和震慑违法行为的功能难以有效实现，金融市场的发展也会因此受到影响。此时，就需要引入金融监管者以主动式执法，从而确保金融市场和金融体系的稳定与安全。对重要性问题金融机构的公力救助，目的仍然是控制金融市场风险，确保金融体系稳定，因此救助权力也是金融监管权力的范畴。

另外，从我国金融市场建设发展的角度看，我国的金融监管部门还身兼监管与发展的职责。对特定问题金融机构的公力救助，可以起到维护金融体系稳定与安全的作用，实际上也会增强金融市场参与者的信心，吸引更多投资者参与我国金融市场，进而促进我国金融市场的繁荣发展，这也使我国金融监管部门享有公力救助权限成为必然。

因此，我国问题金融机构公力救助权限划分的逻辑起点，就是我国现行的金融监管体制框架设计。有什么样的金融监管体制框架，就有什么样的金融监管部门，公力救助权限划分也主要在此基础上展开。随着我国新一轮金融监管机构改革的推进，我国已经从传统的"一行三会"转变为"一委一行两会"的金融监管体制，由此产生了国务院统筹协调金融稳定和改革发展重大问题的议事协调机构——国务院金融稳定发展委员会，并整合银监会与保监会，成立银保监会，同时加强了中央银行的宏观审慎监管职能。立足于该种金融监管体制框架，我国问题金融机构公力救助的法律权限划分也得以展开。

（二）公力救助权限划分的立场理念

从法律制度的系统性展开分析，我们会发现，单一法律规范的实施效率与功能效果受制于该法律体系结构的整体效应，而一个法律的体系结构是基于立法理念立场的选择性建构的结果。② 问题金融机构公力救助的法治化建构也同样会受

---

① 许成钢：《法律、执法与金融监管——介绍"法律的不完备性理论"》，《经济社会体制比较》，2001年第5期，第6页。

② 朱景文：《中国特色社会主义法律体系：结构、特色和趋势》，《中国社会科学》，2011年第3期，第21页。

到此规律的约束。因此,在构造我国问题金融机构公力救助的法律权限时,必须明确公力救助权限划分的立场理念,以构建问题金融机构公力救助的最优体系,最有效地发挥公力救助的功能。本书认为,我国问题金融机构公力救助的法治化建构,尤其是公力救助法律权限划分,必须基于以下两个立场理念展开设计,才能实现我国公力救助问题金融机构的最终目的。

1. 金融安全与金融效率的衡平

问题金融机构公力救助的初衷是为了维护金融市场和金融体系的安全。由于金融业的信用脆弱性、金融机构的内在脆弱性以及金融资产价格内在的高波动性,金融市场和金融体系呈现一种高风险性,这是金融的本质所在。只要金融风险整体可控,金融市场能够平稳运行,金融安全也就实现了。当重要性金融机构出现偿付危机时,其可能给整个金融市场带来巨大的负外部性。这些负外部性包括偿付危机造成的大范围的经济和心理的影响,导致金融体系的动荡以及对宏观经济的危害,此时金融安全也不复存在。因此,尽管理论上金融机构与普通工商企业一样,享有自主经营、自担风险、自负盈亏的权利,但若是符合重要性标准或强烈负外部性标准的金融机构出现偿付危机,会给整个金融体系和金融市场造成安全隐患,此时公力救助就变得必要。这里的重要性标准,主要看该金融机构因偿付危机失败后是否会导致关键的实体经济的破坏,以及因机构失败无法实现关键功能是否会对金融稳定和实体经济造成破坏。① 负外部性标准主要看该金融结构的金融行为成本(包括货币和非货币成本)向社会溢出的大小。② 如果溢出成本足够大,对社会的破坏性后果特别严重,就有被公力救助的必要。

对特殊的问题金融机构进行公力救助的出发点是为了维护金融安全,但金融安全的维护总是有成本的,这种成本不仅直接反映在公力救助主体所支出的直接成本,也反映在公力救助给金融市场其他机构、消费者所造成的间接成本以及对金融市场资金配置效率的影响。理性选择理论告诉我们,尽管有限理性的决策者总是会受到诸如认知缺陷、环境障碍、信息不完备等因素影响,但作为"经济人"的他们,总是趋向于采取最优策略,以最小代价取得最大利益。因此对金融安全的维护也必须考虑金融效率。

不止于此,对问题金融机构公力救助的权限划分也应该考虑金融安全与金融效率的衡平,这也是法治国家、法治政府建设的必然要求。在一个实现了法治的现代化国家里,政府运作一定是法治的、高效的,包括财政行为在内的政府行为

---

① 李爱君:《系统重要性金融机构的特殊风险法律防范》,《中国政法大学学报》,2015年第1期,第106页。

② 主父海英、白钦先:《国际金融危机中的金融负外部性考察》,《上海金融》,2010年第1期,第22页。

一定会受到法律的约束。这就要求问题金融机构公力救助的权限划分,既要考虑维护金融安全目标的达成,也要关注维护金融安全的成本,在两者达致衡平的基础上进行公力救助权限的划分。我国目前在中央层级的公力救助权限划分上就应用了这一划分立场。在新一轮的金融监管体制改革中,我国新设了国务院金融稳定发展委员会,从顶层设计层面加强金融宏观审慎管理,增强金融监管协调性、权威性和有效性。同时,国务院金融稳定发展委员会还有研究系统性风险防范处置和维护金融稳定重大政策的职责,这就表明传统分散在中央银行、财政部、证监会、银保监会以及各保障基金手中的公力救助权限可以在国务院金融稳定发展委员会的统筹协调下有效集中于国务院金融稳定发展委员会,从而使公力救助决策的做出能从全国"一盘棋"的整体格局考虑,更符合救助效率的要求,也有利于金融效率的实现。

2. 行政体制与市场机制之间的衡平

与西方发达国家不同,我国的金融市场在很大意义上是借助政府的强力推动发展起来的,① 而政府要推动金融市场建立、发育与发展,首先就必须利用自身固有的体制机制,即行政体制机制功能。金融抑制的推行又强化了政府行政力量对金融市场的控制,导致我国金融市场化程度较低、监管机构在市场中居于核心地位,其政策和行为对市场影响巨大。② 凡事有利皆有弊,政府行政力量在金融市场中的绝对权威与控制地位,也使得政府对在金融市场中运行的金融机构负有全面拯救责任,我国政府对问题金融机构的救助实践似乎也证明了这一点。政府的公力救助行为又强化了公众对政府救助责任的普遍认知和认同。一旦政府放弃救助,基于金融体系的网络效应,就会损害到众多既得利益者的利益,导致民众要求政府救助,被民意绑架的政府不得不再次救助,进而引发恶性循环。

同时,政府行政力量对金融市场的支配与控制也会导致公力救助失灵现象发生。由于行政力量在金融市场的支配地位,导致国家在建构我国的金融市场时,行政力量拥有了影响立法甚至制定法的权力,这就使行政力量在金融规则中获得更多授权,而不是限权。在国家和社会的监督体制还不完善,相关法律规范无明确限制的情况下,手握强大权力的政府机构在"经济人"属性和有限理性的作用下,就可能会出现失灵现象。表现在公力救助上,就可能出现公力救助权力行使越位、错位、缺位,公力救助寻租、公力救助效率低下等情况。不仅如此,政府行政力量在金融市场上的强大性,又使它天生具有固守权限的倾向,在处理问题金融机构的公力救助上,会更偏好既有的权力运行机制,导致其无法处理好政

---

① 高西庆:《论证券监管权》,《中国法学》,2002年第5期,第20页。
② 黄韬:《"金融抑制"的法律镜像及其变革——中国金融市场现实问题的制度思考》,《财经科学》,2013年第8期,第3页。

府与市场的关系。

综上所述，政府主导我国金融市场的建设发展使政府对问题金融机构的救助具有了合理性与逻辑性，政府主导下形成的政府在金融市场的绝对权威性又会让公力救助失灵现象发生，而政府具有的这种权威性还会强化它既有的公力救助偏好，由此导致我国问题金融机构的公力救助难以符合社会主义市场经济体制的要求，市场机制和市场力量也难以发挥决定性作用。

在全面深化市场经济体制改革，建设法治国家、法治政府的战略布局下，要实现我国问题金融机构公力救助的法治化，就必须从公力救助权限划分的立场出发，确立行政体制与市场机制的衡平理念，在公力救助问题金融机构、扭曲市场优胜劣汰结果与市场竞争规律之间找到一个平衡点，基于该理念设计形成的公力救助制度也才能实现我国市场经济体制进一步完善的要求。

（三）公力救助权限划分的法治原则

我国问题金融机构公力救助的权限划分，除了要从金融安全与金融效率衡平、行政体制与市场机制衡平的立场出发外，还应该坚持法治化思维模式，以充分彰显法治的秩序、效率等基本价值逻辑。

1. 法定决策原则

对问题金融机构的公力救助，是公权力对企业化经营的金融机构的一种介入，是在特殊情况下的政府与市场关系的非常态化体现，因而具有特殊性。由于市场经济体制本质是一种法治经济，它要求通过法律明确市场竞争主体的行商权利与自由，通过确保市场公平竞争实现市场优胜劣汰，进而实现市场资源的优化配置，政府公权力当然不能任意干预市场主体的行为，更不能人为扭曲市场竞争的结果，这就使得公力救助主体对问题金融机构的介入干预在法理上不具有必然的合法性。因此，公力救助主体要想获得特殊情况下干预介入问题金融机构的权力，就必须有来自法律的明确授权与限权，这既是市场经济的必然要求，也与社会主义法治国家建设目标相契合。

当前我国在问题金融机构公力救助的权限划分上还存在着法律授权模糊的情况，这就导致公力救助主体难以根据法律规定明确自己的权限范围。例如在中央银行的救助上，相关法律规定就非常模糊。尽管《中国人民银行法》第2条、第4条规定了中央银行具有维护金融稳定的职能，但却并没有明确中央银行用以维护金融稳定的最后贷款人职责。《中国人民银行法》只是在第23条第3款和第4款分别规定了中国人民银行为执行货币政策，可以为在中国人民银行开立账户的银行业金融机构办理再贴现和可以向商业银行提供贷款。显然，这个规定主要指向在正常情况下由中央银行提供的作为货币政策工具的一般再贷款，其目的是解决商业银行支付清算的临时头寸不足，对于中央银行在紧急情况下履行最后贷款人职责并没有明确规定。而《中国人民银行法》第34条规定："当银行业金融机构出现支付困难，可能引发金融风险时，为了维护金融稳定，中国人民银行经国务院批准，有权对银行业金融机构进行检查监督。"这一般被解读为中央银行对问题金融机构拥有了救助权力，但提到的救助方式只是检查、监督，也没有明确中国人民银行对金融市场和金融机构的最后贷款人地位。虽然《中国人民银行法》第32条提到中央银行的特种贷款，但在法律中被解释为经国务院决定的由中国人民银行向金融机构发放的用于特定目的的贷款，这也与中央银行基于救助权力而享有的最后贷款人职责不相吻合。而在《中国人民银行紧急贷款管理暂行办法》这一规章中，也只是明确紧急贷款是中国人民银行为帮助发生支付危机的城市商业银行、城市信用合作社和农村信用合作社缓解支付压力、恢复信誉，防止出现系统性或区域性金融风险而发放的人民币贷款。① 这就确定了我国中央银行的最后贷款人地位，但对于中央银行紧急贷款目标、条件、贷款期限、用途、利率、贷款管理等内容，则只有原则规定，并没有具体说明问题银行类金融机构的处置流程。② 只有在《防范和处置金融机构支付风险暂行办法》中，才明确了金融机构出现支付风险的中央银行再贷款处理办法。③ 此外，《中国人民银行紧急贷款管理暂行办法》第7条规定，紧急贷款仅限于兑付自然人存款的本金和合法利息，并优先用于小额储蓄存款。显然，在我国《存款保险条例》颁布之后，该条规定已经不适合中央银行出于金融体系整体安全性考虑而履行的最后贷款人救助职责。由于中央银行救助权力规定的模糊性，导致我国中央银行对问题金融机构的救助实践呈现出救助权力行使任意化特点，其具体表现为我国中央银行的救助再贷款④，不仅用于银行业金融机构，也用于证券公司等非银行金融机构；不仅用于债务清偿，也用于充实资本、收购不良资产等内容。

当然，相关问题金融机构公力救助法律规范的模糊性，也与我国正处于经济体制转型阶段有关。我国正在经历的经济体制转型伟大事业没有先例可循，而且个体的有限理性也不可能使立法者在制定法律时就预见到今后可能会发生的所有情况，因此法律的模糊性也不可避免。只不过随着我国社会主义市场经济体制的建立与完善，我国问题金融机构公力救助的法律法规也必须与时俱进，不断规范、完善，进而使公力救助权力始终在法律约束下行使。

因此，要推进我国问题金融机构公力救助的法治化，在公力救助权限划分上

---

① 参见：《中国人民银行紧急贷款管理暂行办法》第二条、第三条。
② 参见：《中国人民银行紧急贷款管理暂行办法》。
③ 参见：《防范和处置金融机构支付风险暂行办法》的通知第二十二条。
④ 从我国相关法律法规的规定情况看，我国中央银行再贷款包括了一般再贷款、紧急再贷款（即最后贷款）。其中紧急再贷款针对问题金融机构的救助，又可被称为中央银行救助再贷款。

就必须贯彻实施法定决策原则，将公力救助权限在公力救助主体间进行明确分配，使公权力的来源、行使都有法律的规范与约束。

2. 独立决策原则

既然公力救助权限法定，享有相应救助权限的公力救助主体当然具有根据实际情况和自己的职能要求独立决策，不受其他外界因素干扰的权力，这也是由各公力救助主体具有不同职能所决定的。比如中央银行除了作为最后贷款人享有救助问题金融机构的权力外，它还具有独立行使货币政策的权力。而发放最后贷款与货币政策实施存在着相当的矛盾。如果中央银行最后贷款发放过多，无疑会增加市场中的货币供应量，从而导致通货膨胀的发生，影响物价稳定，物价稳定又是中央银行的货币政策目标之一，因此中央银行的救助决策就必须基于独立决策原则，只有综合衡量、分析判断各种经济因素后主动做出，才能提高决策的有效性，使决策负效应降至最低。我国新一轮金融监管体制改革强化了中央银行的宏观审慎管理和系统性风险防范职责，这会使中央银行独立做出的救助决策更具有全局性、整体性视野，从而能够更好地实现救助目标。从我国中央银行已有的救助问题金融机构的实践看，由于相关中央银行救助权限的法律法规比较模糊以及行政力量在我国转型社会里拥有的巨大支配力，导致以往中央银行的救助往往被政府的其他目标所裹挟，救助决策的做出相当被动，缺乏相应的独立性。因此，要确保问题金融机构公力救助的有效性，就必须从法律上保证公力救助权限划分的独立性，使救助主体能够基于自己的理性思考和判断进行独立决策，并为此承担法律责任，这也是问题金融机构公力救助法治化的必然要求。

3. 协调决策原则

虽然各公力救助主体享有法定救助权限，理应独立做出救助决策，但是考虑到金融市场的复杂性、关联性，有限理性的各公力救助主体基于各自的职责范围做出的救助决策难免出现只见树木不见森林的情况，导致救助决策的部门化。对于已经完全网络化、高度关联化、复杂化的金融市场来说，这种部门本位的救助决策囿于其狭隘性，将很难发挥出控制系统性风险的作用，并可能出现救助权力对问题金融机构的不当干预介入，使公力救助和市场之间的平衡机制被打破，从而引发包括金融机构道德风险在内的一系列负面效应。因此，在划分问题金融机构的公力救助权限时，还必须建立各公力救助主体之间的协调决策机制，使每一个公力救助决策的做出，都是在各公力救助主体依照法定权限范围独立做出后，经过各方充分交换信息，明确金融市场的整体运行状况与系统性风险情况，反复磋商协调的结果。这样就能克服公力救助决策的部门化，使救助决策真正基于控制系统性风险的需要，从而实现救助公权力介入问题金融机构与市场机制之间的平衡。

二、我国问题金融机构公力救助的法定对象

从公权力介入问题金融机构,扭曲市场竞争结果与市场机制之间的平衡角度看,对公力救助的对象,必须做出明确的法律规定,才能实现公力救助的法治化,以保护我国市场经济体制改革的成果,推动我国市场经济体制的继续深化发展。

在市场经济体制之下,经营性金融机构在市场竞争中因各种原因导致债务清偿不能时,一般应根据市场优胜劣汰的结果进行市场退出,这是市场经济的本质所在。只不过由于金融业务的特殊性,某些问题金融机构若放任其退出,恐将给整个金融市场和金融体系乃至社会经济造成破坏性后果,此时就需要对这类特殊问题金融机构做出法律界定,使救助公权力发挥作用,这也是公力救助法治化的要求。如前所述,我国问题金融机构公力救助的对象,需要根据"重要性"和"强(高)负外部性"标准进行界定。由于"重要性"与"强(高)负外部性"本身是基于一定地理空间范围而做出的判断,因此我国问题金融机构公力救助的对象,也必须基于一定地理空间范围进行圈层化解读。

(一) 圈层的内涵

"圈层"一词最早出现在人文地理学科中提出的"圈层式空间结构理论",用来解释自然社会经济景观的向心性空间层次分异特征。[①] 而费孝通提出的"差序格局"理论则从不同视角对圈层这一概念的社会意义、内在逻辑进行了深入探讨。[②] 随着社会的不断发展,圈层的概念也不再局限于血缘和地域关系,在职业、兴趣、文化等方面,都可以成为划分圈层的依据。[③] 可见,圈层的概念,并不限于人文地理学的使用,而是被广泛用于社会学、传播学等学科。不过无论何种学科使用圈层概念,其包括的内涵都是一致的,即都是基于一定标准或者依据,对特定研究对象涉及范围的物理分类。

本书对圈层概念的引用也是基于圈层概念的此种内涵。本书以需要公力救助的问题金融机构为研究对象,希望通过理论研究,探讨在市场经济条件下,作为自主经营、自担风险、自负盈亏的经营性金融机构,在遭遇清偿不能时,如何才能被施以公力救助,以避免市场竞争导致的市场退出结果。前述研究指出,必须依据"重要性"和"强(高)负外部性"标准进行公力救助的取舍。然而"重要性"和"强(高)负外部性"都是一个相对概念,必须依赖于特定的地理空

[①] 肖清宇:《圈层式空间结构理论发展综述》,《人文地理》,1991年第2期,第66页。
[②] 费孝通:《乡土中国·生育制度》,北京大学出版社1998年版,第200页。
[③] 郑欣、朱沁怡:《"人以圈分":青少年网络语言的圈层化传播研究》,《传播学研究》,2019年第4期,第26页。

间范围而定。可能某个金融机构在一个特定的地理范围内具有重要功能和影响力,或者其破产倒闭会给这个特定的地理范围内的金融体系造成严重破坏,而对该地理范围之外的地域不会造成严重结果,此时,是否需要公力救助的问题就会产生。因此,本书将圈层概念引入其中,旨在从地理范围上明确"重要性"和"强(负)外部性"的含义,并以此将我国问题金融公力救助的法定对象明晰化。

(二) 公力救助对象的圈层划分

本书依据问题金融机构重要性的地理影响范围,或者其破产倒闭时的强负外部性影响的地理范围,将需要公力救助的问题金融机构划分为以下几个圈层。

1. 公力救助对象的第一圈层

如前所述,要推进我国问题金融机构公力救助的法治化,应该采用"太最重要而不能倒"法律原则确定公力救助对象,以使公力救助不至于沦为公权力任意扭曲市场竞争结果的工具。这里的"太重要"主要从金融机构的规模、复杂性、系统关联性等方面平均权重进行识别和判断,不再将规模作为唯一或者占比最高的指标。相关国际金融组织也开发出一整套识别系统重要性金融机构的指标,以帮助监管当局进行判断。① 当然囿于数据计量的复杂性,识别重要金融机构也需要与定性分析方法相结合,以尽量得出较为准确的结论。

基于问题金融机构在全球和全国范围内的重要影响力,或其倒闭所可能带来的对全球或全国范围造成的强烈负外部性,本书将全球系统重要性金融机构和全国系统重要性金融机构纳入我国问题金融机构公力救助对象的第一圈层。

目前国际金融组织基于对2008年金融危机的反思,按照相关指标公布了全球系统重要性金融机构的名单,并提出了特别监管框架方案。显然,根据"太重要而不能倒"法律原则,全球系统重要性金融机构应该被纳入问题金融机构公力救助的范畴。然而,是否只有国际金融组织公布的全球系统重要性的金融机构才能成为我国公力救助的对象呢?尽管对外开放是我国经济发展的一项基本国策,国际化也是我国金融市场的发展目标,但是鉴于我国经济金融转型发展的实际,被金融稳定委员会承认的我国具有全球系统重要性金融机构并不多②。在我国金融体系尚未完全实现市场化、国际化之前,仅以全球系统重要性金融机构作为我

---

① 国际货币基金组织、国际清算银行以及金融稳定委员会就于2009年共同发布《金融机构、市场及工具的系统重要性评估指引》,提出将规模、可替代性和关联性作为金融机构系统重要性的三个关键指标。参见 IMF, BIS, FSB, "Gudiance to Assess the Systemic Importance of Financial Institutions, Markets and Instruments: Initial Considerations", https://www.fsb.org/2009/11/r_091107c/, 2019年8月25日。

② 截至2018年,我国共有4家商业银行和1家保险公司进入全球系统重要性金融机构的名单。详见《解读 2018 年全球系统重要性银行名单变化特征》,https://baijiahao.baidu.com/s?id=1618557336084018078&wfr=spider&for=pc, 2019年8月25日。

国公力救助的对象，范围过于狭窄，明显不能起到维护我国金融体系稳定、确保我国金融安全的作用。之所以如此，原因在于我国目前的金融市场还是一个相对封闭运行的金融市场，我国的系统性金融风险主要是基于国内金融投资主体的金融领域投资行为产生，而这当中国内的系统重要性金融机构的自身经营状况对我国系统性金融风险的产生将起到触发作用，从而可能导致金融危机全面爆发，这一点已经在2007~2009年的金融危机中得到证明①。因此在确定我国问题金融机构公力救助的对象上，对重要性金融机构的识别判断还必须立足于我国的地理空间范围，确定该金融机构对我国金融市场和金融体系是否具有系统性、关键性服务功能，或者如果任其倒闭，是否会给国内金融体系造成强烈负外部性。如果答案是肯定的，该金融机构就是我国的系统重要性金融机构②，理应属于公力救助权限范围。

简言之，基于我国作为全球金融行业追赶者的现实，如果说对我国的全球系统重要性问题金融机构进行公力救助，更多的是出于顺应国际金融监管法调整大方向的需要的话，对全国范围内的系统重要性问题金融机构进行公力救助，就完全是出于维护我国金融体系稳定与安全的考虑。因此，对全球系统重要性问题金融机构和全国系统重要性问题金融机构的公力救助就处于我国公力救助对象的第一圈层，需要中央层级的公力救助主体高度关注。

2. 公力救助对象的第二圈层

我国除了具有全球范围和全国范围内的系统重要性金融机构外，还存在着一些具有区域重要功能，或者一旦破产倒闭，在区域范围内会产生强负外部性的金融机构。这些区域重要性金融机构应该被纳入我国问题金融机构公力救助对象的第二圈层。

当前，我国金融体制改革正逐步走向深化，更具竞争性、包容性的多元化金融服务体系正在逐步建立，地方金融的蓬勃发展就是其典型特征。由于我国渐进式改革的关系，中央对改革的方案设计都是以地方政府为中介，在经济分权激励约束下，地方政府成为我国"为增长而竞争"的真正行动力量，使地方政府为发展而融资的冲动非常强烈。③ 在地方政府自下而上、自生自发的金融改革政策创新实践的主要推动下，我国地方金融获得巨大发展，大量新型金融组织或业态竞相出现，区域性中小型金融组织或业态也层出不穷，一些地区性金融组织或业

---

① 一般认为，美国投资银行——雷曼兄弟的破产倒闭拉开了金融危机全面爆发的大幕，而雷曼兄弟按其规模而言，就是一家大型金融机构，同时它也符合重要性判断标准，理应属于公力救助对象。美国政府没有救助雷曼兄弟，最终导致金融危机全面爆发。

② 截至2019年8月，我国系统重要性金融机构名单仍然尚未公布，但相关机构正在积极制定当中。详见李丹丹：《系统重要性金融机构名单将由金融委确定》，《上海证券报》，2018年11月27日，第8版。

③ 郭栋、胡业飞：《地方政府竞争：一个文献综述》，《公共行政评论》，2019年第3期，第160页。

态也成长为区域范围内具有重要影响的金融机构。地方金融的蓬勃发展与金融监管的相对滞后造成地方金融乱象频出,地方金融市场风险集聚。如果不能被及时处置,就可能会影响地方金融体系的稳定,在金融体系高度关联化的情况下,又可能导致全国金融体系的动荡。因此,及时处置地方金融风险是确保我国金融体系整体系统性健康与安全的必要条件,这也符合金融生态系统论的认知规律。

由于地方金融机构同样可能遭遇竞争失败,而在区域范围内具有区域重要性影响的金融机构一旦发生经营危机,出现债务清偿不能,同样可能触发地区性金融风险的爆发,导致地区性金融危机的出现。尽管区域性金融危机的影响广度深度有限,但是它同样会造成区域金融体系的不稳定,在金融体系的网络关联效应下,若处置不当也可能会危及全国的金融稳定与安全。而渐进式改革形成的地方政府为发展而融资的强烈动机往往又是这些区域重要性金融机构陷入债务危机的重要诱因。① 在中央政府政治上以 GDP 增长指标为核心考核地方政府官员的情况下,为实现地区经济快速增长,投资尤其是在地方政府官员有限任期内多投资,就成为短期内促进经济增长最直接和最有效的手段。地方政府对投资资金的渴望又导致地方政府对信贷资源的竞争,进而可能使商业银行成为地方政府的"提款机"而恶化银行的财务状况。若该银行是区域重要性金融机构,金融风险爆发则会产生连锁反应,恐将危及区域金融安全与稳定。

因此,有必要在全球与全国系统重要性金融机构之外,将区域系统重要性金融机构也纳入金融监管的识别范围,并在其触动公力救助条件时对其进行公力救助,这样才能够全面把控金融市场风险,确保我国金融体系稳定与安全。关于这三类重要性金融机构之间的关系,如图 5-1 所示。

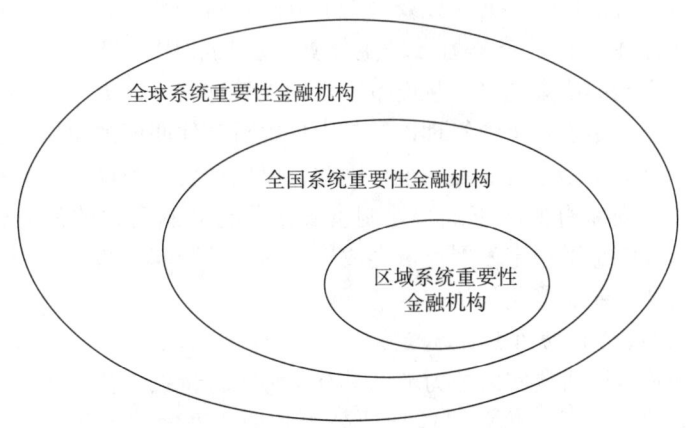

图 5-1 三类重要性金融机构关系图

---

① 陈骁:《分税制、地方政府竞争与地方政府债务》,《中国行政管理》,2014 年第 11 期,第 96 页。

从图 5-1 可以发现，这几种类别的重要性金融机构的区分标准，是看该金融机构提供的金融服务或金融功能发挥系统重要性影响力的地理范围大小和广度。能够具有全球系统重要影响力的就是全球系统重要性金融机构，只在一国范围内具有系统重要影响力的就是全国系统重要性金融机构，而在地区范围内才具有系统重要影响力的就是区域性系统重要性金融机构。

三、我国问题金融机构公力救助的协调机制

（一）确立公力救助协调机制的体制基础

我国"一行三会"的金融监管框架初成于1998年，最终形成于2003年，标志是银监会的建立。在我国经济体制转型期，"一行三会"的分业监管模式为我国金融行业的稳健发展与金融风险的有效防范起到了积极作用，但分业监管导致的监管重叠与监管空白弊端也日益凸显。① 随着我国金融市场日益深化发展，金融产品日益复杂化，金融与各行业的合作愈加突出，参与金融活动的机构也日益广泛。除了传统金融机构，还包括了类金融机构与非金融机构，他们既相互竞争，又彼此合作，并在资产—负债的联动机制下，将我国金融的"条"和"块"编织成了一张庞大的金融运作蛛网，几乎所有的居民、企业、社会中介、金融机构和政府各部门都被卷入这张网中。一旦这张网失去弹性，就可能爆发系统性风险。为此我国启动了新一轮金融监管体制改革，设立了高级别的金融监管协调机构——国务院金融稳定发展委员会，合并建立了银保监会，并加强了中央银行的宏观审慎监管职能。② 这一新的金融监管体制安排，也为我国问题金融机构公力救助的协调机制打下基础。

由于金融监管部门的多元性以及金融业务的日益综合化，在面对同一个问题金融机构时，往往会有多个公力救助主体具有救助权限，多个主体基于部门本位，可能会有不同的决策意见，从而带来救助决策冲突。比如中央银行救助决策的做出更多考虑的是宏观审慎管理以及与中央银行其他职能的协调需要，而各分业监管部门侧重的则是本行业的安全。因此，要实现公力救助目标，提高救助有效性，就必须改变原有的非正式协调制度安排，建立制度化的公力救助协调机制。我国以国务院金融稳定发展委员会成立为标志的跨部门协调机制的建立，就是我国金融协调机制制度化的体现。

（二）加强公力救助的左右通道协调

由于对问题金融机构实施公力救助具有非常态化特点，公力救助主体救助决策的做出必须非常慎重，这就可能导致公力救助不及时以及无效。2007~2009

---

① 黎昭等：《金融监管：如何避免"牛栏里关猫"》，《财政监督》，2017年第16期，第38页。
② 魏军：《金稳委的使命》，《中国金融》，2018年第14期，卷首语。

年的金融危机处置显示,金融危机处置的及时性与有效性(包括对问题金融机构的处置)是成功应对金融风险爆发,将金融危机负面效应降到最低的关键。① 这就客观上需要公力救助协调机制的帮助,才能提高救助有效性,降低救助成本。从问题金融机构公力救助角度看,要强化公力救助协调机制的作用,还必须从公力救助权限冲突产生的来源去加强公力救助权限之间的协调。

所谓左右通道协调,即是指同级别监管部门之间的横向协调。在我国,同级别公力救助主体包括两个层次,即中央级与地方级。中央级的同级别公力救助主体包括中央银行、证监会、银保监会以及各类保障保护基金管理机构。本层次协调的关键在于如何确保货币政策与救助政策,宏观审慎管理与微观审慎监管之间的平衡。2007~2009 年的金融危机处置教训告诉我们,要及时有效地处置危机(包括对问题金融机构的处置),必须强化中央银行作为最后贷款人在危机处置中的主导权,加强其在危机处置中的权威性和执行力,这样才能更好地发挥中央银行维护金融稳定的职能。② 在我国新一轮金融监管体制改革中,也突出了中央银行的宏观审慎管理职责,并将拟定银行业、保险业重要法律法规草案的权力划入中央银行。中央银行在金融监管体制中的地位强化也提高了其在问题金融机构公力救助中的权威性和主导性,从而使公力救助权限的左右通道协调会更加顺畅。下一步应进一步明确中央银行、证监会与银保监会之间的职责分工,尤其在公力救助权限上的分工,以提高协调的效力。

囿于我国经济金融转型发展的实际,目前我国尚未形成由中央银行、财政部、金融监管部门、存款保险管理机构、保险保障基金管理机构、证券投资者保护基金管理机构以及地方财政部门共同组成的危机损失管理机制,中央级别各监管部门在公力救助问题金融机构、处置金融风险方面的职责分工和工作程序也不是十分明确,这就将极大地损害我国公力救助的有效性。另外,我国虽然公布了《存款保险条例》,建立起存款保险对商业银行存款人的差额救助机制,但是存款保险管理机构直到 2019 年 5 月才独立成立③,存款保险管理机构的监管和救助权限仍然不明确,这就会使本应作为公力救助主体的存款保险管理机构难以发挥公力救助作用,影响公力救助的效果。

至于地方级别的同级公力救助主体之间的协调,由于我国目前地方金融管理体制存在着应然和实然的背离,即中央级别的规范性文件(意见稿)要求设立

---

① 张晓朴:《美国金融危机的救助措施与启示》,《银行家》,2009 年第 5 期,第 89 页。
② 范忠廷、李梦花:《美国政府危机救助行为的比较研究》,《经济研究参考》,2017 年第 33 期,第 85 页。
③ 《央行设立存款保险基金管理公司》,《新京报》,2019 年 5 月 30 日,https://baijiahao.baidu.com/s?id=1634892312584411046&wfr=spider&for=pc,2019 年 8 月 26 日。

省级以下金融监管垂直管理体制,① 而事实上地方金融监管多为属地管理,这就导致地方金融监管权力配置存在职能交叉与真空并存、政出多门、权责不清等问题,给地方公力救助的协调造成体制障碍。而中央对于地方政府按照属地原则处置金融风险的要求②,也迫切需要地方公力救助协调,因此,对于地方同级公力救助主体之间的协调,需要在理顺地方金融监管体制,科学配置地方金融监管权力的前提下才可能实现。

(三)加强公力救助内外通道的协调

所谓内外通道协调,就是指金融监管主体与金融监管体系外的相关部门的协调,以发挥金融内外部门的合力,实现公力救助的有效性。国际金融危机的惨痛教训表明,成功有效的危机损失管理需要监管体系内外所有主体的协调配合,以最大限度地降低危机对整个金融体系的损害,发挥风险处置合力,共筑抵御金融危机的最后防线,而及时有效地公力救助具有重要性的问题金融机构是危机损失管理的重中之重。例如在2007~2009年的金融危机中,美国政府的危机救助措施就体现了救助主体之间的高度协调与配合。在危机爆发之初,美联储重在向市场注入流动性。随着危机迅速恶化,财政部也参与其中,和美联储一起向问题金融机构如"两房"公司和美国国际集团实施救助。同时随着危机升级,美联储还展开国际救助合作,分别与欧盟、英国、加拿大、澳大利亚、韩国、新西兰等多个国家和地区签署货币互换协议,以支持各国中央银行向其国内商业银行注入美元流动性。同时,国际金融机构也开展了私力的合作救助。比如我国的中投公司在2017年底就向美国摩根士丹利集团注资50亿美元。③ 事实表明,金融监管体系内外主体的协调配合,最终化解了系统性风险,恢复了金融市场信心,使经济复苏成为可能。而在美国金融危机发展过程中,美联储、财政部没有救助雷曼兄弟导致的危机恶化,也从反面证明了及时有效地公力救助具有重要性的问题金融机构,对于控制金融风险,减少金融危机损失的价值所在。

另外,我国已经建立起存款保险基金、证券投资者保护基金和保险保障基金,并成立了相应的基金管理公司,目的在于当相关金融机构发生危机时,对债权人进行偿付或对问题金融机构进行资金救助。显然这种救助也来自于公共资源的动用,理应具有相应的监督约束机制才符合法治化的要求。遗憾的是,我国现

---

① 《中央新规出台:地方金融办将被剥离融资职责——〈关于完善中央与地方金融管理体制的意见〉发布》,http://www.tannet-group.com/Group/159/1636/20140508022334,2019年8月26日。

② 施娜:《国务院将设金融稳定发展委员会 强化属地风险处置责任》,《每日经济新闻》,2017年7月16日,第2版。

③ 《中投入股摩根士丹利50亿美元 可能成为第二大股东》,《财经时报》,http://news.sohu.com/20071221/n254214323.shtml,2019年8月26日。

行的相关基金管理办法只是规定了基金管理公司有妥善管理基金的责任,对于能否监管以及如何救助问题金融机构并没有相应规定,也没有明确对问题金融机构的风险处置方案及其实施的监管管理权力。基金管理公司只作为资金给付机构存在,各分业监管部门拥有不受监督的基金使用权力,使相关保障基金成为各分业监管部门的"一言堂",理论上就会大大增加权力滥用的可能性,并可能引发救助寻租行为,导致腐败发生。同时,缺乏监督的权力行使也可能带来效率低下的问题,导致救助低效。因此,要加强我国问题金融机构公力救助内外通道的协调,还应该赋予存款保险基金、证券投资者保护基金以及保险保障基金管理公司相应的对基金救助使用的监督权限,避免分业监管部门对基金使用的集权,以减少救助失灵或救助低效。

从公力救助协调机制的整体看,除了左右通道、内外通道的协调,还应该包括上下通道、国内外通道的协调。上下通道协调包括同一监管部门内部上级和下级之间的协调,以及中央与地方金融监管部门之间的协调。由于同一金融监管部门上下级之间存在着命令与服从的关系,这就使上下级监管部门之间的协调相对容易。中央与地方金融监管部门的协调,对于区域系统重要性问题金融机构的公力救助具有特别重要的意义,本书将它放在第三节进行详细阐述。至于国内外通道协调是指本国金融监管部门与国际组织、其他国家金融监管部门之间的协调,这主要是源于金融全球化后会产生越来越多的全球系统重要性金融机构,一旦它们遭遇财务危机,需要各国公力救助主体合作进行救助,因而产生了协调的必要。由于我国金融市场体系相对封闭,问题金融机构公力救助主要针对国内的系统重要性金融机构以及区域重要性金融机构展开,因此国内外通道协调不属于本书的讨论范围。

第三节 问题金融机构公力救助的双层结构

一、我国问题金融机构公力救助双层结构的现实考量

(一) 单层公力救助结构无法有效处置地方金融风险

1. 地方金融发展与金融乱象

我国的金融体制改革过程就是一个从金融抑制逐步走向金融深化发展的过程。这一过程的典型表现就是我国的金融服务体系正在日益多元化,包括利率、汇率在内的金融要素的市场化改革也在稳步推进。在我国从金融抑制走向金融深

化发展的过程中,地方金融也获得了蓬勃发展。各种区域性金融组织或业态大量出现,新型金融组织或业态也在地方层出不穷,地方性产权或股权交易市场遍地开花,民间金融等非正规金融也得到充分发展。地方金融蓬勃发展的背后,是地方政府为发展而融资的强烈冲动。在渐进式改革的设计框架下,中央政府推动改革的方式都是以地方政府为中介,即以地方政府作为市场化推动的主要力量,这样有助于防止经济改革失序和有效缓释政治风险的爆发。在经济分权的作用下,各地方政府就成为促进中国经济增长的"第一行动集团"力量,"政治晋升锦标赛"的刺激使各地方政府必然会积极为辖区经济发展寻找资金来源。① 在转型期国家"弱财政—强金融"的整体格局下,各地方政府受制于财政预算的硬约束,必然将获取资金促进经济增长的目光投向对金融资源的获取与控制,进而开始积极推动、促进地方金融的发展。②

在中央政府垄断性控制整个银行业阶段,地方政府就"自行组建各类信托投资公司、证券公司等,并争取在本地设立融资中心、证券交易中心等,力图最大程度地动员本地储蓄,让本地储蓄用于本地投资,并尽力争取吸引和利用外地资金"③。地方政府对地方金融发展的热衷又诱发了乱集资、乱批设金融机构、乱办金融业务的"金融三乱",④ 导致中央的清理整顿,并逐步将证券交易所、证券公司、信托投资公司等金融组织或业态的管理权力收归中央所有。在此之后,地方政府则主要通过参股或控股作为地方金融重要力量的农村信用社、城市商业银行的方式来组织地方金融资源,这就导致地方性信贷机构的大量涌现。除此之外,地方政府还通过组织地方性产权或股权交易市场、第三方理财机构、私募股权机构、民间定向投融资、地方政府投融资平台等方式,激励地方中小企业、居民和财政资金参与到地方金融的发展中来,并服务于地方政府、辖区中小企业和居民。简言之,在中央政府严格控制正规金融资源为公有经济发展获取廉价资本的背景下,基于政治晋升压力,地方政府在经济分权和与中央政府谈判或博弈能力的共同作用下,通过一定程度地将体制外金融产权引入金融体系内促进地方金融的深化发展,为地方经济增长获取更多的资本,进而带动了整个国家的经济快速增长。当然,在地方政府积极推动地方金融发展过程中,中央政府也给予了政策层面的一定支持,但总的来说,地方政府的作用更为显著。之所以如此,根本原因还是在于地方政府为发展而融资的内生性需求的强烈推动。

---

① 陈骁:《分税制、地方政府竞争与地方政府债务》,《中国行政管理》,2014年第11期,第97页。
② 王春阳、苗子骥:《地方金融与地方增长——基于中国宏观和微观的实证分析》,《中央财经大学学报》,2014年第10期,第50页。
③ 周立:《改革期间中国国家财政能力和金融能力的变化》,《财贸经济》,2003年第4期,第50页。
④ 沈阿康、钱瑛:《加强"金融三乱"整治,防范和化解金融风险》,《金融与经济》,2002年第9期,第4页。

2. 单层公力救助结构风险处置能力有限

经济分权导致地方政府为发展而对金融资源进行竞争，促进地方金融发展的同时也带动了地方经济乃至整个国家的经济增长。硬币总是有两面，地方金融的快速发展也蕴含和累积了巨大的金融风险，外在表现为各种金融乱象。比如地方民间高利贷、非法集资行为盛行，地方政府控制、参股的金融组织或者辖区内其他金融机构违法违规行为时有发生。同时，民间金融资本还为股票交易进行场外配资，银行信贷资金也变相流入民间金融市场，形成资产—负债链条的联动机制，使金融风险从非正规金融市场向正规金融市场传导蔓延。因此，由全国性经营金融机构、区域性金融机构、地方政府融资断裂、民间借贷危机、房地产泡沫破裂等引发的地方金融风险，会在各地方区域间传染、冲击、膨胀，或者外部冲击引发区域间金融市场共振，加剧金融风险，进而形成全国的系统性金融风险。

金融风险之所以能够在我国不同地区间快速传导蔓延，根本原因在于我国已经形成了全国统一的金融市场，快捷、迅速的信息技术和信息传递为资金在我国金融市场高速流动提供了便利。一旦某个地区金融市场发生大幅波动，投资者一定会在资金趋利性驱使下重新平衡其投资组合，减少在危机地区市场的金融资产。情绪传染和公众预期又会将这种地区金融风险放大，引发对其他地区金融风险的担忧，从而加剧市场动荡。同时，金融机构内部通过资产负债表与系统内其他金融部门的强关联性以及金融机构分支之间的系统关联性，也强化了金融风险的传染网络，导致区域性金融风险的扩散。区域性金融风险产生之后，则会在公众预期、市场行为效应、区域金融市场波动共振作用下，引发金融风险膨胀，如果不能及时处置，可能生成全国性的系统性金融风险，导致金融危机爆发。可见，对地方金融风险的及时处置，不仅关系到地方金融体系的稳定，也关乎全国的金融安全。

要及时处置地方金融风险，不可避免地会涉及对地方问题金融机构的处置。地方的问题金融机构，从业务区域角度可以划分为以下两大类：一类是全国性经营金融机构，另一类就是区域性经营金融机构。根据前述问题金融机构公力救助标准，无论是全国性经营还是区域性经营的问题金融机构，只要满足"重要性"和"强（高）外部性"标准，中央层级的公力救助主体就应该实施救助，以确保宏观金融体系的安全性，原因在于，根据区域性金融风险与系统性风险之间的演化关系，如果其他地方问题金融机构的危机无法化解，同样有可能造成市场恐慌、威胁地区金融体系稳定，甚至冲击其他区域性金融市场，引起市场共振，风险膨胀，并最终引发全国的系统性风险。[①]

---

① 刘海二、苗文龙：《区域性、系统性风险的生成与演化》，《西南金融》，2014年第7期，第9页。

然而随着地方金融的兴起与发展,地方政府也逐渐拥有了参与金融监管的权力,这就导致除了中央公力救助主体有权救助的对象外,在地方金融市场上还存在一些由地方政府参与金融监管的金融组织或业态,如小额贷款公司、融资性担保公司、典当行等。尽管从目前来看,这些金融组织或业态还远未成长为具有重要性的金融机构,但它们产生的金融风险也不可小觑。显然,只有中央层级的单一公力救助结构并不能确保金融风险全面可控,也无法实现维护金融稳定与安全的目标。随着地方金融监管体制的建立与完善,地方政府参与金融监管的法定对象也会扩大,地方政府的救助对象也将随之扩大。

(二)公力救助的双层结构确保金融风险全面可控

既然单一的问题金融机构公力救助结构不能对金融风险实现全覆盖,某地区发生的区域性金融风险,可能在金融联动共振作用下进一步演化为系统性金融风险,从而破坏金融体系的稳定运行,那么完善公力救助结构使金融风险全覆盖就变得势在必行。

如上文所述,在地方政府为发展而融资的内生性需求强烈推动下,地方政府大力进行金融资源竞争,以为辖区经济发展获取资金,地方金融也随之蓬勃发展。与之相对应,我国通过中国人民银行、银保监会、证监会、财政部的金融司等中央部门对金融行业实行自上而下的集中性垂直监管,地方政府尚未获得实质性金融监管权力,这就导致游离于正规金融体系之外的很多地方金融活动难以得到监管,金融风险也随之集聚。同时,我国既有的金融监管体制安排是基于金融抑制背景做出的,而地方金融发展本身就是金融抑制被不断打破的过程,这就注定既有的中央垂直金融监管体制难以对地方金融发挥有效的监管作用。诚然《中国人民银行法》规定中国人民银行有"防范和化解金融风险,维护金融稳定"的职能,这使地方金融尚未逃离出既有金融监管安排的范围,但人民银行基层分支机构由于监管力量的缺乏、地方政府的干预等因素,对地方金融监管的效力也要大打折扣。

地方政府虽没有法律赋权,但在地方金融监管中却隐性地发挥着作用。由于地方金融机构的行为关系到地方经济发展,因而地方金融监管除了监管者与被监管者之外,总是会出现地方政府的身影,三者通过权衡自己的利益成本,在金融监管中从自身利益最大化出发选择对自己最有利的博弈策略。① 地方政府作为不请自来的第三方,它无须付出任何成本,不论结果怎样都会赢得各种方式的收益。地方政府如果能说服监管者做出对被监管金融机构有利的决定,金融机构自然会感恩,在支持地方项目融资上尽最大的努力,地方政府威望也在金融机构中

---

① 马雪彬、赵晶晶:《出资人、需求者:地方政府之于地方性金融机构监管职责的角色诉求矛盾》,《云南财经大学学报》,2012年第1期,第45页。

直线上升。以后工作中金融机构若不配合,则担心再遇到麻烦时地方政府不再帮忙做工作。如果地方政府不能说服监管者,金融机构也不会心生怨恨,反而需要继续和地方政府保持良好关系,以期望下一次的合作与帮助。

由上文可知,地方政府在"政治晋升竞赛"压力下大力推动地方金融深化发展,但既有的中央集中性垂直金融监管体制又无法对地方金融风险实施全面有效监管,而地方政府基于自己的特殊地位在地方金融监管中又具有隐形的影响力,因此要真正确保金融安全,提升金融监管效率,就应该赋予地方政府金融监管权力,使其能够及时发现地方金融风险并及时采取有效措施处置风险,以避免风险的进一步累积与膨胀,进而生成系统性风险。在中央与地方双层金融监管体制下,拥有金融监管权力的地方政府可以对辖区内被纳入其监管范围的金融机构搜集更多的信息,享有更多的监管手段和监管工具,在被监管金融机构陷入偿付危机时,可以进行更为及时准确的判断,从而对区域重要性问题金融机构及时做出救助决策,以防止系统性风险生成。在拥有金融监管权力下,地方政府对辖区内需要救助的问题金融机构行使救助权力,实质是国家干预权力在一定条件下对市场竞争主体的介入以扭曲市场竞争结果,因而属于问题金融机构公力救助体系范畴,构成公力救助的第二层结构。通过中央与地方双层问题金融机构公力救助结构的建立,就可以实现金融风险控制的全覆盖,将系统性风险扼杀于摇篮之中,从而确保金融体系的稳定与安全。

现行制度虽然也规定了地方政府具有处置地方风险的责任①,但是地方政府由于没有金融监管权力,其对风险的处置就具有善后和维稳的性质。既然是善后和维稳,地方政府就天然具有救助问题金融机构的倾向,以维护地方经济金融与社会的稳定。这种公力救助与金融监管相互割裂的结果,就是地方政府在地方财政无法负担善后和维稳支出的情况下,依靠与中央政府谈判和博弈的能力使救助成本中央化,从而使地方金融风险的最终承担者还是中央政府和社会公众。比如在 20 世纪末到 21 世纪初的证券公司清理整顿中,地方金融机构通过地方政府的担保获得中央政府贷款,尤其是中央银行的再贷款,导致地方问题金融机构的公力救助成本上移,使地方政府对地方金融风险的处置责任流于形式。缺少实质责任约束的地方政府,又会继续推进地方金融深化发展以获取辖区经济发展所需的资金,从而造成地方金融风险再次累积,形成金融治理的治乱循环。只有在拥有地方金融监管权力的情况下,基于权力—责任的对称原则,地方政府才会真正具有处置金融风险的动力,才能在金融监管工具和监管手段的帮助下,有效地做出是否救助的决策,以确保区域金融风险全面可控。

---

① 施娜:《国务院将设金融稳定发展委员会 强化属地风险处置责任》,《每日经济新闻》,2017 年 7 月 16 日,第 2 版。

简言之,鉴于中央层级的金融监管部门无法对地方金融风险实施全覆盖监管,而地方政府对地方金融监管发挥着事实作用,再加之地方政府本身又被赋予了属地风险处置责任,因此在问题金融机构的公力救助上,就必须建立起中央—地方双层公力救助结构,以实现地方金融风险的全面可控。

二、我国问题金融机构公力救助双层结构的内容安排

在中央和地方问题金融机构公力救助的双层结构安排下,系统性金融风险与区域性金融风险都能得到最后的控制,从而使金融安全与金融稳定得以实现。中央与地方公力救助的双层结构安排如图 5-2 所示。

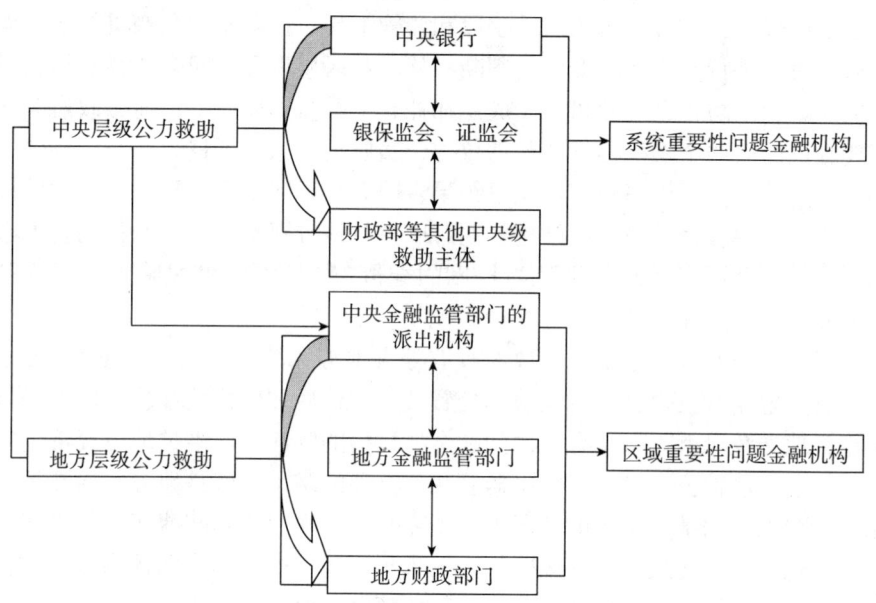

图 5-2 中央与地方公力救助的双层结构安排

在中央层级的公力救助结构中,中央银行、银保监会、证监会等分业监管部门以及财政部等金融系统外部门共同组成公力救助主体,对具有全球或全国范围系统重要性影响以及区域重要性影响的问题金融机构负有公力救助权力,并依照法律授权范围进行相机决策。当然,如果涉及系统重要性问题金融机构,中央层级的公力救助还必须与系统重要性金融机构的日常特别监管相配合。在系统重要性金融机构出现偿付危机时,按照对系统重要性金融机构的日常监管要求,相应监管部门应该先监督问题金融机构执行事前性的私力处置安排,促使其开展恢复

和自救工作,避免处置延迟导致的风险外溢。①只有在系统重要性问题金融机构的私力处置仍然无法解决自身危机,可能引发系统性金融风险的情况下,公力救助才需要启动,国家权力才可以介入企业化经营的金融机构,从而扭曲市场竞争结果。

在地方层级的公力救助结构中,地方政府金融监管部门、地方政府财政部门以及中央金融监管部门的派出机构共同构成地方问题金融机构公力救助主体,对地方范围内的区域重要性问题金融机构享有救助权力,同样需要依照法律授权的范围进行相机抉择。此时的潜在救助对象就是那些在区域范围内具有重要影响力,如果其区域服务或者关键功能缺失,可能会爆发区域性金融风险,并很大可能生成全国范围的系统性风险的问题金融机构。当然要实施地方层级的公力救助,同样需要在日常的金融监管中对区域重要性金融机构进行识别和判断,其识别判断的标准类似于系统重要性金融机构,只不过需要收缩其活跃范围。由于地方金融市场中既存在着由中央金融监管部门负责监管的金融机构,也存在着地方政府金融监管部门负责监管的金融机构,因此对于区域重要性金融机构的识别判断,就需要中央金融监管部门的派出机构与地方金融监管部门合作,以确立达成共识的识别标准,以此对符合标准的地方金融机构进行重点日常监管。

由于地方层级的公力救助理论上可能会涉及地方政府负责金融监管的对象,在需要采用注资或者国有化的救助方式时,就不可避免地需要动用地方财政资源。然而在分税制的财政体制下,地方政府的财政资源普遍不足。有学者统计了1980~2006 年中国省级地方政府的赤字规模,发现在分税制改革之前,地方政府的预算基本持平,而在"分税制"改革之后,地方政府的财政支出规模和赤字规模持续升高,到2006 年地方政府财政赤字的名义值已经高达12127.75 亿元②。直至现在,各地区的财政压力都处于稳步上升趋势,全国财政压力水平的年均几何增长率为1.52%,其中中西部地区的财政压力是东部地区的3~3.5倍。③地方政府财政压力的存在也迫使各地方政府不断加快土地开发进程,土地出让收入逐渐成为各地方政府相当重要的财政收入来源,由此又引发房地产经济泡沫的出现,造成相关产业供给过剩。在这一背景下,要建立有效的地方层级公力救助结构,就必须为地方公力救助可能动用的公共资源找到新的来源,建立地方风险保障基金不失为一个较好的解决方案。

---

① 《三部门联合发布〈关于完善系统重要性金融机构监管的指导意见〉》,http://www.gov.cn/xinwen/2018-11/27/content_ 5343833. htm, 2019 年 8 月 26 日。

② 赵文哲、杨其静、周业安:《不平等厌恶性、财政竞争和地方政府财政赤字膨胀关系研究》,《管理世界》,2010 年第 1 期,第 45 页。

③ 范小敏、徐盈之:《财政压力、土地出让方式与空间竞争》,《山西财经大学学报》,2018 年第 11 期,第 14 页。

地方风险保障基金即是由地方政府负责金融监管的相关金融机构按照一定比例每年缴纳的资金集合体。受地方政府监管的金融机构缴纳地方风险保障基金之所以具有合理性,其原因在于地方金融风险的生成主体就包括了这些金融机构,为自己行为承担相应责任也是市场经济的要求,同样体现了公平正义的理念。在确定地方风险保障基金缴纳比率时,地方政府金融监管部门应根据风险导向设立不同的费率标准,使风险与责任相对称,以实现对金融机构的正向激励。同时,在基金管理上,初期如果基金规模不大的话,可以委托地方财政部门代管,并专款专用。在代管期间,地方财政部门应负有基金保值的责任,从而保证基金价值的稳定。待基金规模发展到一定程度时,可以仿效存款保险基金、保险保障基金和证券投资者保护基金成立专门的基金管理公司对基金进行管理和保值增值。只有在地方风险保障基金不能覆盖地方救助支出时,才需要动用地方财政资金以弥补其中的差额。通过这种方式就可以较好地解决地方财政能力不足导致的地方公力救助缺少相应的公共资源支持的局面。当然,对地方风险保障基金的使用,也必须有相应的监督机制才能保证基金使用的有效性。建议由中国人民银行的地方派出机构承担对地方风险保障基金的监督使用职责,这也与中国人民银行的宏观审慎管理职责相互兼容。

三、我国问题金融机构公力救助双层结构的协调机制

(一)建立公力救助双层结构协调机制的必要性

在问题金融机构公力救助的双层结构下,由于涉及众多不同的公力救助主体,且各救助主体之间的分工利益不同,如果没有有效的协调机制为前提,就可能导致公力救助的不及时。从各国应对 2007~2009 年金融危机的效果看,那些在处理问题金融机构上建立起了有效协调机制的国家往往取得了较好的救助效果,将金融危机的各方面效应降到了最低。[1] 目前我国在中央层级已经成立了高级别高规格的制度化协调机构——国务院金融稳定发展委员会,负责统筹协调金融稳定和改革发展重大问题。我国金融监管协调机构的组织化、制度化也将会为系统性风险的及时处置创造条件,因为组织会为集体行动实践提供持久的条件和力量[2]。同时,负责具体执行的国务院金融稳定发展委员会办公室被设立在中央银行,这就意味着中央银行将在包括系统性金融风险处置在内的宏观审慎管理以及包括公力救助协调在内的金融监管协调中发挥更重要的作用,这就使中央层级

---

[1] 林立振:《金融危机应对过程中政府救助方式的国际比较》,《金融发展评论》,2015 年第 8 期,第 40 页。

[2] 埃哈尔·费埃德伯格:《权力与规则——组织行动的动力》,张月译,上海人民出版社 2005 年版,第 3 页。

的问题金融机构公力救助协调具有了具体的组织执行保障。

然而在中央与地方双层公力救助的上下通道协调上，仍然缺乏明确、清晰、有效的制度和机制安排，从而可能导致地方层级的公力救助因协调制度、机制缺乏而无法实现最优效果。

首先，科层制的官僚组织结构使公力救助主体在各自范围内行使权力，但在问题金融机构公力救助上，需要各个地方公力救助主体形成合力，这就导致地方多个公力救助主体面对同一个救助对象的情况。此时多个公力救助主体是竞争还是合作将直接影响救助的及时性，而及时处置风险是将金融风险负面效应降至最低的关键。此时，就需要中央与地方公力救助主体之间的协调机制，以及时做出救助决策。

其次，由于地方金融机构与地方政府存在千丝万缕的联系，基于公共选择理论，各个地方公力救助主体也就有被利益集团俘获的可能，而权力行使天然具有的维持性又会在权力冲突中增加公力救助主体被俘获的可能性，这就会使它们各自的救助决策容易受到相应利益主体的影响。如果没有有效的协调机制，一致的救助决策就难以做出，风险处置的最佳时机就可能被耽误，进而引发风险外溢。

最后，作为经济人的各公力救助主体也有着自身利益，受到自身利益影响的公力救助主体也会在救助决策上产生竞争，进而影响公力救助的有效性和及时性。地方公力救助主体的自身利益主要来自政治激励。由于维护金融体系的安全与稳定是公力救助的目标，目标的实现程度虽不能成为官员晋升的唯一依据，但作为被提拔的资本仍然具有重要意义。因此在地方层级的公力救助上，地方政府金融监管部门更倾向于做出救助决策，以确保地区金融稳定，而中央金融监管部门的派出机构更倾向于从整体考虑，着眼于全局性，两者自然在公力救助上存在差异。虽然地方政府金融监管对象的救助成本由地方财政开支，但是现行规定允许中央财政垫支，地方以后归还，这实际上将地方风险处置成本上移，造成地方救助决策任意化。同时，对于受中央金融监管的金融机构，地方政府在没有救助成本约束下，更乐于做出救助决策，以确保区域金融稳定，由此产生的决策差异必须依靠有效的协调机制才能解决。

（二）公力救助双层结构的协调机构法治化再造

在科层制组织体系下，各政府部门存在着职责分工的差异，而现实的复杂性与多样性又会导致多个公力救助主体面对同一个被救助对象的情况，公力救助主体因职责不同而可能采取不同方向的政策姿态，此时职责差别就外化为公力救助主体之间的权力冲突，救助决策也就难以及时做出。因此必须建立有效的协调机制来整合救助资源，形成救助合力，提高救助有效性，及时应对危机，这样才能达到共同防范系统性风险和维护金融体系整体稳定的最终目标。2007～2009年的金融危机应对实践告诉我们,建立有效的协调机制的关键是将协调机制向正式化、制度化、常规化、固定化转变,并摆脱以前的补充协调、协议约定的运行方式,使之能够独立运行,这样才能最大程度地发挥部门合力,获得最优救助效果①。正式化、制度化、常规化、固定化协调机制的核心是要有组织化、制度化的协调机构,这样才能独立承担救助协调的功能。

金融监管权力作为一种公共权力,是对市场自由的一种干预,其干预力度由弱到强可以分为四种:市场竞争机制、私人诉讼、公共强制执行监管和国家所有制。② 这四种干预策略各有优劣,可以共存,最优的制度设计需要在这四种干预策略中做出选择,以求得金融效率的最大化。显然,对问题金融机构进行公力救助,属于干预力度较大乃至最大的策略选择,但它同样属于金融监管权力行使范畴。既然问题金融机构公力救助与金融监管权力密不可分,金融监管协调机制建立与否就直接关系到公力救助协调能否实现,因此金融监管协调机制建设就显得至关重要。

目前我国在中央与地方金融监管协调机构设立上主要有三种模式:一是由省政府牵头,成立全省金融稳定工作协调小组,由省委常务副省长任组长,由中央银行分行行长担任第一副组长,协调小组办公室设在中央银行分行,协调的层次高,结构紧凑,但务实性不强;二是省金融办牵头,成立金融稳定协调小组,金融办主任任组长,中央银行营管部副主任(分行副行长)任副组长,协调小组办公室设在省级金融办,协调层次较高,但务实性仍然不强;三是由中央银行省会中心支行牵头,分别与地方各金融监管部门签订备忘录,并将地方金融协调办公室设在中央银行分支机构,它协调层次较低,结构相对松散,但务实性很强。上述中央与地方金融监管协调机构设立的第一和第二种模式强调了地方政府对中央与地方金融监管协调的全面主导作用,有利于发挥地方政府统筹协调优势,更好地实现金融支持地方经济社会发展的目标,但其弊端也在于此。由于地方经济发展与金融监管目标存在潜在冲突,地方政府天然有为发展而融资的冲动,从而产生金融的非理性繁荣,而一旦金融风险集聚,问题金融机构出现,迫于政治压力,地方政府又易于做出救助决策,裁判员与运动员的双重身份往往使地方政府左右为难。第三种模式以中国人民银行分支机构为牵头人,有利于从全局角度统一金融监管政策和监管目标导向,也有利于中国人民银行更便捷有效地统筹各类金融数据和信息,实施专业化金融统筹协调工作。不过由于中国人民银行分支机构不具有行政地位优势,其对于地方金融监管的统筹协调力度相对较弱,这就不

---

① 罗玉冰:《美国金融监管改革的最新进展及启示》,《甘肃社会科学》,2013年第3期,第217页。
② 陈文君:《通往金融稳定的监管新范式——次贷危机后的金融监管改进》,《财经理论与实践》,2008年第5期,第8页。

利于提升监管效率和效果。从总体上看,上述三种金融监管协调机构都属于非常规化设立,具有非正式制度安排的特点。在我国金融发展日益深化,金融风险的"条""块"分割完全被打破,金融风险传递日益加速的背景下,上述金融监管协调机构的设立模式已经不能适应我国金融深化发展的需要,尤其在国务院金融稳定发展委员会这一国家最高规格的金融监管协调机构已经正式成立的情况下,建立正式的制度化的中央与地方金融监管协调机构势在必行,这也是防范系统性金融风险的必然要求。

国务院金融稳定发展委员会已经于 2017 年 11 月正式成立,成为我国最高规格和级别的金融协调机构,旨在协调金融监管部门("一行两会")以及其与财政部门的关系,弥补分业监管和机构监管的不足。同时,国务院金融稳定发展委员会还承担了金融改革与发展、指导地方金融和履职问责的职能。① 国务院金融稳定发展委员会的上述职能也决定了在进行金融风险处置时,其必然具有决策职能。根据科斯经济学观点,组织之所以存在,与单独的个体相比,是因为它具有较高的社会活动效率。② 作为正式组织存在的国务院金融稳定发展委员会,必然会基于其在金融管理工作中的最高权威性,在充分发挥相关部门的专业优势和信息优势的情况下,在包括问题金融机构公力救助在内的金融风险处置工作中,发挥及时决策的作用,从而有效防范和化解系统性风险,维护金融体系的整体稳定。既然中央层级的金融监管协调机构已经制度化、常规化设立,那么在中央与地方金融监管协调上也应该有相应的正式协调机构与之呼应。由于现阶段国务院金融稳定发展委员会的办公室设在中国人民银行,因此在中央与地方金融监管协调机构的设立上,应依照此安排将中国人民银行的省级分行作为国务院金融稳定发展委员会办公室的派出机构,牵头承担中央与地方金融协调机构的责任。虽然中国人民银行及其分行与地方其他金融监管部门,包括地方财政部门之间没有隶属关系,但是作为国务院金融稳定发展委员会办公室存在的中国人民银行在金融管理中显然具有了相应的权威性,而这也与中央银行的宏观审慎管理职能相呼应。问题金融机构的公力救助涉及系统性金融风险和区域性金融风险的防范和化解,公力救助主体做出救助决策的前提是要对整个金融市场和金融体系的宏观运行情况(无论全国性还是区域性的)有一个准确全面的把握,而要做到这一点,就必须得到负有宏观审慎管理职责的中央银行的帮助与指导。中央银行在宏观审慎管理上的专业优势和信息优势,决定了它对系统性风险和区域性风险的识别判断更具有前瞻性和准确性,从而会使公力救助决策更具针对性和有效性。

因此,中央与地方公力救助的上下通道协调就是要确立中央与地方金融监管

---

① 一帆:《金融稳定发展 护航经济行稳致远》,《证券日报》,2017 年 11 月 10 日,第 A02 版。
② Coase R.: "The Nature of the Firm", *Economic*, *New Series*, Vol. 4, Issue 16, 1937, pp. 386-405.

协调机制，其中核心是要将协调机构制度化、组织化、固定化，这就要求对现有的非正式的中央与地方金融监管协调机构进行法治化再造。

首先，应在性质上明确中央与地方金融监管协调是金融监管权力冲突的结果。要有效克服权力冲突，就必须确立制度化、常规化、固定化的协调机构，以提升冲突解决的效率。其次，必须在制度规范层面肯定中央银行分行作为国务院金融稳定发展委员会办公室的派出机构，享有中央与地方金融监管协调机构的主体地位，以提升协调机构在处理金融监管权力冲突，包括救助冲突时的权威性，从而能够及时处置风险。再次，还要建立相应的监管责任承担机制，使金融监管权力行使始终在法律的约束下进行，避免权力因缺乏责任约束而被滥用。这对于公力救助权力的行使尤为重要，因为公力救助权力面对的是对市场竞争主体自由权利（天然权利）的干预乃至剥夺，必须特别慎重。最后，必须从制度规范上明确问题金融机构的公力救助属于协调机构法定的协调范围，这样就可以确保公力救助始终处于法律的监督之下，也能够确保救助的及时性。

（三）公力救助双层结构的争议解决机制建立

由于对问题金融机构的公力救助权力属于金融监管权力的范畴，而金融监管权力冲突在科层制的职责分工安排下必然存在，这就可能导致各公力救助主体的救助决策出现冲突。冲突的根源可能是不同部门的职责目标不同，部门间的沟通问题、结构问题，甚至可能源于官员个人因素。在将公力救助决策纳入中央与地方金融监管协调机构的法定协调事项后，如何协调救助冲突就成为协调机构有效发挥作用的关键。鉴于中央与地方金融监管协调机构与参与协调的金融监管部门，以及其他与地方金融相关的部门之间相互独立，没有上下级的领导与被领导的行政隶属关系，协调机构的权威性不能直接通过官僚体制下的行政隶属关系获得。同时，在国务院金融稳定发展委员会成立后，中央银行只是国务院金融稳定发展委员会的办公室所在，中央银行各分行理论上也只是国务院金融稳定发展委员会办公室的派出机构，其权威性属于应然层面，必然会受到各部门因分工利益不同带来的干扰，从而影响到协调的效果。不仅如此，在我国的金融监管体制还没有完全取消分业监管，实行功能监管、行为监管，法律上还没有明确中央银行的监管权威性之前，中央银行在金融监管上的绝对权威并不会自发产生，因而也不可能实现作为协调机构的作用。

因此，要确保中央与地方金融监管协调机制的有效性，从而及时处置风险，就必须赋予中央与地方金融监管协调机构——中央银行各分行具有相应的解决争端的权力。就公力救助冲突而言，该权力具体包括以下内容：首先，在是否应对问题金融机构进行救助的问题上，如果中央金融监管部门的派出机构、地方政府金融监管部门以及相关的地方财政部门无法达成一致意见，作为中央与地方金融监管协调机构的中央银行各分行有权提请作为国务院金融稳定发展委员会办公室所在的中国人民银行总行直至国务院金融稳定发展委员会处理；其次，如果涉及如何救助问题，协调机制中的各成员有不同意见，也无法达成一致，中央银行各分行应该享有最终裁判的权力，这样就可以及时推动公力救助的展开，为最优救助赢得最佳时间；最后，中央银行各分行作为中央与地方金融监管协调机构，需要对如何救助问题做出裁决时，也必须有相应的裁决程序机制做保障，以确保裁决的法治化。

第六章 我国问题金融机构公力救助法治化的具体进路

第一节 我国问题金融机构公力救助的职能定位转换

我国问题金融机构公力救助的职能定位转换实质就是要重新厘定政府（公权力）干预与市场调节各自边界的合理所在，在市场化配置金融资源的基础上，基于防范化解系统性风险的需要，结合金融自身的属性来确定问题金融机构公力救助的力度和限度。由于我国现阶段正处于转型时期，这就使得我国对问题金融机构的公力救助实践具有典型的转型特征，即一方面对问题金融机构的公力救助有基于政府公共产品或者服务提供职能行使的需要，另一方面在路径依赖下，又很容易将问题金融机构的公力救助滑向政府的家长职责范畴，导致公权力对市场的过度干预，由此产生公力救助职能定位的模糊与紊乱。要推进我国问题金融机构公力救助的法治化，就必须重新调整与转换我国问题金融机构公力救助的职能定位，使之适应我国市场经济体制深化发展的要求，满足法治国家、法治政府建设的需要。

一、从发展型向监管型政府转换推动公力救助职能定位转换

纵观我国问题金融机构公力救助的历史实践可以发现，问题金融机构公力救助的职能定位与转换始终是在政府统制与市场调节中间左右摇摆，并且公力救助的职能定位直接反映了政府（公权力）行政管理的经验类型：指令型政府、发展型政府或监管型政府。① 对问题金融机构公力救助职能定位的摇摆，也与我国

---

① 刘鹏：《比较公共行政视野下的监管型国家建设》，《中国人民大学学报》，2009年第5期，第131页。

政府渐进式转型的事实相匹配。

从历史—时间维度看,我国政府的转型经历了从指令型政府到发展型政府,再到监管型政府的转变,并且当下正处于从发展型政府向监管型政府的转变过程中。与政府转型相适应,政府经济职能的行使也从指令型政府下的直接控制经济、单纯依靠行政命令管理、政企完全不分,逐渐向政府间接管理经济、兼顾经济手段与法律手段管理、政企分离转变。在政府经济职能转变过程中,作为政府经济职能重要子集的金融管理职能也随之发生深刻的转变;其具体表现为,宏观层面上从事务性的金融管理逐步向风险性金融监管转变,微观层面上从笼统的金融管理逐步向宏观性金融调控、微观性金融监管和国有金融资产管理三个方向细分。政府金融管理职能的转变也使政府公力救助职能定位随之发生巨大变化。

在计划经济时期的指令型政府下,政府直接控制社会一切经济和社会资源,所有企业包括金融企业都属于国家所有和经营,企业的盈亏自然也由政府负责,此时对陷入危机的企业的公力救助也是政府基于企业所有者和经营者的责任。不过,在高度集中的计划经济体制下,金融沦为财政的附庸,在国民经济中根本不具有独立性,中国人民银行不仅垄断了包括银行业在内的所有金融业务,而且也是负责货币发行和金融管理的国家机关,因此也不会有问题金融机构出现。然而,随着我国改革开放国策的启动,经济体制转型也随之开启大幕,映射在政府角色上,就表现为我国由指令型政府向发展型政府逐步转变。自改革开放启动之后,经济建设就成为我国政府工作的中心和基本目标,政府也成为推动经济发展的主体力量,经济增长也随之成为政治合法性的主要来源。① 为实现经济增长,政府在金融领域实施了国家垄断性控制金融产权以及严格控制利率、汇率和金融产品交易的金融体制改革,以集中企业、民间部门持有的经济剩余向公有经济转移,从而实现国有经济主导经济发展的意图。此时,金融作为一个受到严格规制的、非自由的经济部门,通过给政府选定的企业和战略产业发放优惠贷款来发挥作用,金融抑制也随之产生。在发展型政府阶段,政府的金融管理职能也从指令型政府下管理与运营不分的单一职能,开始逐步分解为宏观调控、微观金融监管、国有资产管理三个方向。只不过由于市场经济体制尚未建立,金融机构的企业化改造也没有彻底完成,上述三个金融管理的职能方向并没有彻底分割,导致这一阶段问题金融机构公力救助职能定位也是出于政府主导经济发展的需要,体现的是政府所具有的威权主义色彩。

随着我国社会主义市场经济体制的建立以及国有商业银行企业化改造的完成,如何深化和完善市场经济体制,规制市场与政府的双重失灵,并为社会公众

---

① 龙柏林、罗嗣亮:《当代中国共识的形成与升级》,《思想战线》,2014年第6期,第119页。

提供更多公共福利,开始成为我国政府工作关注的重点,政府角色也从发展型向监管型演变。在此阶段,政府一方面继续推进经济体制的市场化改革,使市场在资源配置中发挥决定性作用,另一方面则要更好地发挥政府作用,克服政府失灵,承担更多公共管理和服务功能。表现在金融领域,我国不仅金融市场化改革开始加速,金融服务体系日益多元化,金融产品日益多样化,存贷款利率的上限与下限也完全放开,而且还明确细分了金融管理的三个职能方向,建立起"一行三会"到"一委一行两会"的中央集中垂直监管的金融监管体系,相关金融监管法律法规也大量出台。从发展型政府向监管型政府的演变使问题金融机构的公力救助更具有公共产品供给的意义,公力救助的职能定位也是出于防范和化解系统性风险,维护金融体系稳定与安全的目标。

简言之,伴随着我国的经济体制转型,政府转型也随之出现,政府职能也相应地发生了变化。政府职能变化体现在金融管理上,就是单一的事务性金融管理职能被逐步分解细化为金融宏观调控、金融监管与国有资产管理三个方向,并在细化过程中逐渐推动对问题金融机构公力救助的职能定位转换。

二、公力救助职能从家长型救助向监管型救助转变

如上文所述,在我国指令型政府阶段,政府作为企业的所有者和经营者,对企业经营盈亏承担全部责任,自然就没有公力救助问题企业的概念。不仅如此,我国金融业在此阶段也尚未独立,中国人民银行垄断所有金融业务,并且执行货币发行与一般金融管理职能,因而也没有问题金融机构出现的可能以及救助的需要。可见问题金融机构的公力救助问题,只能在市场经济条件下产生,脱离市场经济,也就不存在公力救助问题。

经济体制改革大幕的拉开使我国社会主义市场经济体制开始逐步建立,政府也由此转型为发展型政府。① 在此过程中,政府作为主导经济发展的绝对权威,在金融领域通过实施严格的金融抑制以促使社会的经济剩余廉价地流向公有部门,进而促进国家经济增长。在强有力的金融抑制下,我国各国有商业银行一方面享受到因政府限制金融市场竞争而创造的租金,另一方面也因政府信贷干预影响到银行的效益,问题金融机构也随之产生,公力救助问题也相应出现。显然此时政府对国有商业银行的救助,在国有商业银行股份制改造尚未完成之时,表现为股东的救助性质,但实质还是政府对国有商业银行执行国家信贷低利率政策支持国有企业发展的回报,因而公力救助具有家长型救助的特征。与此同时,政府

---

① 发展型政府概念诞生于对日本、韩国和中国台湾地区的研究,意指试图通过产业政策来推进经济发展的政府。详见顾昕:《发展主义的发展:政府主导型发展模式的理论探索》,《河北学刊》,2014年第3期,第93页。

第六章 我国问题金融机构公力救助法治化的具体进路

对此阶段众多问题信托公司、问题证券公司的救助,更为明显地体现出家长型公力救助的特征。地方政府在经济分权的约束下,大力发展地方金融以为辖区经济发展筹集资金,为此地方政府先后出资、参股了很多地方性金融机构,如信托公司、证券公司。由于地方金融发展缺乏有效监管,导致问题金融机构大量涌现,金融风险集聚,此时政府开始对其进行清理整顿,其中也包括了对问题金融机构的处置。在这一时期,政府对问题金融机构的公力救助,仍然采用指令性命令方式,并基于维护社会稳定,保护弱势群体的目的,对问题金融机构的自然人债权人进行公力救助,公力救助的家长性特征十分明显。

在我国市场经济体制建立之后,政府的任务开始转变为如何全面深化市场经济体制改革,使市场在资源配置中发挥决定性作用,同时更好地发挥政府作用,使市场和政府的关系达至均衡。① 在此阶段,政府将作为独立于企业和公民社会之外的力量发挥中立的"仲裁者"的作用,从而为国家的社会经济环境设定结构并维护,而不是直接参与到这些环境中来,这就促使我国政府从发展型逐步向监管型转变。监管型政府的重要功能就是通过把握经济发展方向以及对市场经济有效地法治化干预,避免市场崩溃,从而实现社会经济效益的整体最大化。要实现监管型政府的该功能,就必须首先通过立法对政府进行监管权力授权,并使其在权力行使过程中总是受到法律的约束和监督。此外,政府通过监管力图改变企业和个人的行为,从而维护市场体系的稳定。这一阶段问题金融机构公力救助的职能,就不再是政府为发展而承担的对问题金融机构及其相关当事人的保护责任,而是作为金融监管权力的构成部分,在特殊情况下介入企业化经营的金融机构,剥夺其经营自由,目的在于防范和化解系统性风险,维护金融体系稳定与安全。显然,此阶段的公力救助职能是基于金融监管需要而产生,具有了监管型救助的性质。由于此时的公力救助是公权力对市场机制的破坏与扭曲,属于市场机制运行的例外,因而必须慎重而为,依法而为,这样才具有行为的合法性。不仅如此,作为金融监管权力构成部分的救助权力的行使,还必须确保救助效率,实现社会整体福利水平的最大化,从而使其行为具有合理性。② 可见,在监管型政府下,救助权力作为金融监管权力的一部分,其实质是对金融市场竞争机制的一种扭曲,是在特殊情况下公权力对私权的干预,具有严格的行使限定条件。这也符合政府监管权力,包括金融监管权力行使的要求,公力救助也就自然具有监管型职能。

当然,我国问题金融机构公力救助的监管型救助职能能否有效发挥,还要受

---

① 《中共中央关于全面深化改革若干重大问题的决定(辅导读本)》编写组:《中共中央关于全面深化改革若干重大问题的决定(辅导读本)》,人民出版社2013年版,第8页。

② 林欣:《金融危机救助方案与成本分担机制分析》,《财经科学》,2019年第9期,第23页。

制于我国市场发育程度、政治发展水平和法律秩序状况等众多因素，受到社会整体转型进程的制约。这就需要继续全面深化政治、经济体制改革，全面推进法治国家、法治政府建设，使市场发挥资源配置的决定性作用，使公权力行使法定，并不断提高和完善我国的监管质量和监管水平。

三、我国问题金融机构公力救助的监管型救助职能廓清

在监管型政府下，对问题金融机构的公力救助属于金融监管权力行使的范畴，公力救助当然具有监管型救助性质。由于我国正处于经济体制转型过程中，这就决定了我国政府的转型也具有渐进性，从发展型政府向监管型政府转变需要一个漫长的过程。在此过程中，政府的金融发展职责常常会与监管型公力救助职责交织在一起，导致问题金融机构公力救助职能异化。此外，我国特有的以社会主义公有制为主体的经济结构，也使得我国政府的国有资产管理责任特别突出。在金融领域，国有产权金融机构具有的主导地位决定了政府金融管理职能中的国有资产管理职能具有相当重要的地位。政府对国有问题金融机构的公力救助究竟是监管型救助还是出资人救助，必须进行特别澄清，这样才能真正推进法治化的问题金融机构公力救助体系的构建。

（一）监管型救助职能与政府促进金融发展责任之廓清

尽管问题金融机构公力救助的目的在于防范和化解系统性金融风险，维护金融体系的稳定与安全，但是这并不意味着不要金融发展。习近平同志指出："金融是实体经济的血脉，为实体经济服务是金融的天职，是金融的宗旨，也是防范金融风险的根本举措。"① 这深刻揭示了"服务实体经济"与"防控金融风险"之间的辩证关系。既然"为实体经济服务是金融的天职，是金融的宗旨"，那么为了更好地服务于实体经济，金融业也需要与实体经济共同发展，金融业也需要深化改革，以更好地满足实体经济对金融的正常需求。可见，促进金融发展也是当前我国政府的重要职责。

在我国经济体制转型没有彻底完成之前，监管型政府与发展型政府的角色转换也不可能彻底实现。表现在金融领域，就体现为政府需要制定金融发展战略，奉行宏观金融政策，并负责制定与实施政府主导的金融产业政策。其中，地方政府是推动金融发展服务于实体经济的重要力量之一。② 地方政府要在中央政府的金融宏观调控框架下，负责与货币有关的宏观金融政策执行，以及制定与实施辖区金融发展规划、产业政策，培育地方性金融市场和促进金融服务于辖区经济的

---

① 习近平：《服务实体经济 防控金融风险 深化金融改革 促进经济和金融良性循环健康发展》，《人民日报》，2017年7月16日第1版。

② 马琳：《地方政府行为视角下区域金融发展的实证研究》，《统计与决策》，2012年第2期，第151页。

发展。然而，在经济分权的背景下，地方政府促进本地区金融发展的重要动机还是在于促进地方融资的需要，这就导致地方政府往往通过地方性金融发展战略、规划以及政策的制定与实施来实现其融资目的，从而背离了政府的公共管理者角色，俨然成为地方金融发展的直接市场参与者。这具体表现为地方政府直接性地参与地方性重大项目融资方案制定，对地方性金融组织的信贷决策或经营行为采取行政性干预、控制、考核、劝诱措施，以及自主建立地方政府融资平台等。显然，地方政府在地方金融发展上既充当运动员又充当裁判员的做法会造成地方政府角色冲突，导致政府监管职能紊乱，并最终破坏地方金融体系的稳定，这已经被地方金融治乱循环的实践所证明。一旦地方金融机构出现问题，风险集聚，为确保地方金融体系稳定以及地方经济发展获得足够的金融资源，地方政府又会倾向于救助问题金融机构，并以此展开与中央政府的博弈，此时，政府公力救助的监管职能就异化为促进金融发展的家长型救助职能。因此，为保证地方金融市场的有序发展，地方政府就必须从金融市场的直接参与者向金融市场发展的公共服务提供者转变，从为辖区经济发展攫取金融资源向纯粹的规划、服务、协调转变，即"以市场化的金融资源配置为主导，不干涉资金在地区间的流动，不干涉金融机构的具体业务操作，依据地区实际情况和经济发展规律制定本地区的金融业发展规划，着力加强地方金融生态和信用环境建设，为地方金融体系整体功能的发挥创造良好的外部条件"①。

鉴于中国语境下的地方政府宏观金融调控职能更大程度上是为地方性金融组织或业态发展提供科学合理的发展战略、规划以及产业政策，以促进地方金融市场培育与地方性金融组织或业态的深化发展，因而必须明晰地方政府金融管理职能，实现地方政府宏观金融调控与微观金融监管职能部门的相互独立，才能将问题金融机构公力救助的监管型救助职能与政府促进金融发展的职责明确区分开来，从而确保金融的持续深化发展，以适应实体经济不断市场化的融资需求。当然要实现地方金融的深化发展，使地方政府成为相对独立于金融市场的中立裁判者，从而为公力救助监管型职能发挥创造条件，还需要相应的制度体制支撑，比如改变对地方政府官员以 GDP 为中心的绩效考核方式，减少其直接干预地方金融市场运行的经济激励等。

政府促进金融发展的职能与公力救助的监管型职能冲突不仅可能出现在地方政府身上，也可能体现在中央政府的行为中。比如我国现在存在的金融结构不合理情况，已经无法适应我国实体经济的进一步转型升级需求，亟须发展与变革。当前我国经济正面临产业转型升级、结构优化调整，以战略性新兴产业

---

① 马雪彬、赵晶晶：《出资人、需求者：地方政府之于地方性金融机构监管职责的角色诉求矛盾》，《云南财经大学学报》，2012 年第 4 期，第 71 页。

为代表的科技创新产业将成为发展重点,需要大量的科技金融资源投入。现有的以国有银行为主导的金融结构,由于历史和体制的原因,将大量信贷资金沉淀于亏损企业、劣势企业以及房地产行业等粗放型经济增长模式依赖的传统行业,导致这些行业严重产能过剩。产业结构的调整要求金融资源从配置效率低下的部门转移到以战略性新兴产业为代表的科技创新产业等配置效率高的部门,但这个过程完全依赖国有银行的市场化决策机制来实现显然是不太可能的。这是因为银行信贷资金的使用期限相对较短,而战略性新兴产业往往对长期资金特别青睐,这就导致金融资源的"期限错配"与"权益错配"。在我国发展型政府角色尚未完全转变的情况下,中央政府为支持产业结构调整与升级,在路径依赖下很可能通过金融产业规划、产业政策的制定与实施,干预国有银行的经营过程,从而实现战略性新兴产业的国有融资需求。如此一来,对问题金融机构的公力救助,就不再是单纯的监管型救助,而是蕴含有政府促进金融发展职能的内核。

综上所述,要将问题金融机构公力救助的监管型救助职能与政府促进金融发展职能区分开来,关键在于要处理好政府与市场的关系,使政府统制与市场调节达至均衡。在此框架下,一方面,政府促进金融发展的职能行使,不再通过以直接干预金融市场、金融企业为核心的金融发展战略、金融发展规划、金融产业政策的制定与实施来实现,而是以间接干预形式,主要通过制度环境的完善来引导、协调和促进金融发展的方向,使之满足实体经济转型升级的需要。另一方面,当市场化运作的金融机构出现偿付危机需要公力救助时,金融监管部门基于法定授权,在法定范围内履行公力救助的监管型职能,以维护金融体系的稳定与安全。政府促进金融发展职能与公力救助的监管型救助职能相互独立,使金融发展与金融监管统一于金融市场化改革方向,并最终实现政府职能向有限政府、法治政府与服务政府转变。

(二)监管型救助职能与国有资产出资人救助责任之廓清

由于我国的社会主义国家性质,社会主义公有制在我国经济结构中占据主体地位,尤其在金融行业,国有金融产权具有明显的主导地位,① 这就使得政府的国有金融资产管理职能经常与公力救助问题金融机构的监管型职能交织在一起,进而引发政府规制失灵。要厘清这两种不同的政府金融管理职能,首先必须明确政府国有金融资产(包括国家参股金融资产)管理职能的内涵及其包含的具体职能类型。政府的国有金融资产管理职能即是政府代表国家履行出资人职责,享

---

① 目前我国的金融结构仍然是以间接融资为主。而银行国有资产总额占到银行业金融机构资产总额的65.3%。《我国金融企业国有资产有多少家底:241亿》,详见 https://baijiahao.baidu.com/s?id=1615206814446907347&wfr=spider&for=pc,2019年8月26日。

有所有者权益，履行所有者责任且管资产与管人、事结合的一种管理职能，在具体类型上包括国有金融资产的出资人职能以及国有金融资产出资人的监管职能。从既有的《企业国有资产监督管理暂行条例》《中华人民共和国企业国有资产管理法》等法律法规看，目前"没有对国有金融资本的出资人以及监管问题等做出直接回应"①，这就导致政府国有金融资产管理职能无法发挥最大效能。2018年7月，中共中央、国务院公布了《关于完善国有金融资本管理的指导意见》，第一次明确了国有金融资本出资人职责，为国有金融资本的有效管理奠定了制度基础。②

从国有金融资产出资人角度看，我国目前中央级国有金融资产的出资人包括了财政部和通过财政部投资设立的中央汇金投资有限责任公司，地方国有金融资产的出资人则有地方财政局、地方金融办、地方国资委等。③ 不过2018年6月出台的《关于完善国有金融资本管理的指导意见》已经将中央级别的国有金融资本出资人统一为财政部，地方国有金融资本的出资人统一为地方财政部门。然而，这些承担国有金融资产出资人职责的各部门，理论上体现的是私权主体的属性，应主要通过民商事法律制度进行规范，其权利范围也应当仅仅局限于《中华人民共和国公司法》以及公司章程中的相关规定，对利润的追逐是其最主要的目的，但是由于国有资产的公权力属性，这些国有金融资产的出资人必然具有行政主体的身份。作为行政主体，他们又具有相应的出资人监管身份，比如指导推进国有金融企业改革和重组，推进国有金融企业的现代企业制度建设，完善公司治理结构，负责国有资产的基础管理，监管国有金融企业等。国有金融资产的出资人职能与出资人监管职能的冲突，必然导致目标对立，因为自己监管自己的安排，完全违反了现代管理原理。

不仅如此，国有金融资产出资人职能与出资人监管职能的合一，还可能产生政府利用对国有金融资产监督管理的公共权力来直接干预国有金融企业的市场化运营，以此实现作为出资人利益的最大化。具体表现为：一是政府利用公权力尽可能维持国有金融企业的市场垄断地位，积极推进国有金融机构挂牌或上市；二是积极维持对金融机构的控股权或控制权，以期保持对金融资源的控制能力，而这对于推动经济增长至关重要。政府的上述举措不仅会带来金融资源配置的扭曲，而且也为问题金融机构的出现埋下隐患。在政府出资人监督权力的直接干预

---

① 刘如翔：《反思与重构：论我国国有金融资本出资人代表制度的完善》，《中国证券期货》，2010年第4期，第34页。

② 《中共中央 国务院关于完善国有金融资本管理的指导意见》，中华人民共和国中央人民政府，http://www.gov.cn/zhengce/2018-07/08/content_5304821.htm，2019年8月27日。

③ 顾洪梅、冯青双：《我国国有金融资产出资人制度现状研究》，《经济体制改革》，2016年第5期，第138页。

下,国有金融机构可能会丧失掉独立决策的权利,从而在金融机构出现偿付危机时,国有金融资产的出资人基于既得利益考虑,必然会积极救助该金融机构。此时由于政府既是国有金融资产出资人,又是社会公共管理人,导致对问题金融机构的公力救助职能定位发生混淆,公力救助的监管型救助职能也难以全面实现。因此,要实现问题金融机构公力救助的监管型救助职能,以回应金融市场体系的深化与发展,就必须将国有金融资产的出资人责任与国有金融资产出资人监管责任分离,以确保金融资源的市场化配置。同时,还要明晰国有金融资产出资人监管责任的核心是实现国有金融资产的保值增值,防止国有金融企业因所有者缺位滋生的内部人控制问题,进而导致收益内部化、损失外部化的现象。① 当然,要做到这一点,一个比较好的办法就是将国有金融资产的总出资人——政府及其政府部门细化为具体出资人,从而使作为行政主体的政府可以专注于公共管理职能,承担出资人监督责任,具体出资人则行使出资人职能。这样就可以隔离政府与具体从事经营的国有金融机构的直接关系,解决政企不分、关联交易和行政垄断等问题,同时也能够将国有金融机构出资人救助责任与公力救助的监管型救助职能区别开来,避免因政府职能混淆带来社会预期的不确定,从而影响金融监管目标的实现。

国有金融资产的政府总出资人职能与具体出资人职能的分离在中央一级层面较容易实现。目前我国金融类国家出资企业中已经存在中央汇金投资有限责任公司这种具体出资人,其他仍然由财政部担任出资人的国家出资企业可以直接效仿,从而使财政部回归公共管理供给与国有资产监督职能。不过在地方层面,在《关于完善国有金融资本管理的指导意见》出台之前,国有金融资产出资人角色就相当多样。比如,北京、江苏、浙江、山东、江西等省份将地方国有金融资产出资人职能赋予地方国资委,广东、福建等省份则赋予地方财政部门,而上海、成都将地方国有金融资产出资人职能赋予地方金融办。无论是地方国资委或地方财政部门,抑或是地方金融办,都具有行政主体身份,亦要承担公共管理职能,一旦地方问题金融机构需要救助,就难以区分救助性质,导致公力救助的法治化目标无法达成。因此,建议地方国有金融资产(包括国家参股的金融资产)也要将政府总出资人与具体出资人角色分离,通过控股公司或者特定机构来充当具体出资人,从而相对隔离地方政府与具体经营的金融企业之间的直接关系,缓解政企不分情况,而这一点对于我国地方金融的深化发展十分必要。

总而言之,在国有金融资产为主体的金融结构下,要廓清公力救助问题金融机构的监管型救助职能与政府作为国有金融资产出资人的救助责任,就必须统一

---

① 于小喆:《国有企业控制权机制中的"内部人控制"问题及解决思路》,《财政研究》,2012年第11期,第46页。

国有金融资产出资人的主体责任,避免出现因出资人职责的多面导致的职责分散、权责不清问题。中共中央、国务院印发的《关于完善国有金融资本管理的指导意见》第一次明确国务院、地方政府分别授权财政部、地方财政部门履行国有金融资本的出资人职责,① 这就为职能廓清打下基础。同时,欲避免"自己监管自己"导致的政企不分,还应该将国有金融资本出资人职责与国有金融资产出资监管职责分离,通过设立控股公司或者特定机构来承担国有金融资产的具体出资人职责,这就可以相对隔离作为国有金融资产出资监管者的财政部以及地方财政部门与具体经营的国有金融企业的直接关系,从而有效缓解因政企不分造成的监管越位以及财政金融化倾向,也更有利于财政部门独立发挥公共管理职责,自然也包括对问题金融机构公力救助的监管型救助职责。

第二节 我国问题金融机构公力救助的权力配置调整

在我国"一委一行两会"的分业金融监管体制下,行使金融监管权力的公力主体也呈现出多元性,这就使得作为金融监管权力行使构成部分的问题金融机构公力救助必然会涉及多个公力救助主体,需要形成救助合力才能最有效地发挥救助效果。然而救助合力形成的前提条件是救助权力在不同的公力救助主体之间得到科学合理的分工与配置。从我国现有的问题金融机构救助权力配置情况看,救助权力配置模糊、配置缺位、配置失衡情况还比较普遍,亟须予以法治化调整。

一、我国问题金融机构救助权力的静态配置调整

(一)救助权力静态配置调整的实质——职权法定

由于权力、责任与利益是统一的,因此,必须采用某种可以建立稳定预期的措施以明晰和规范公力救助主体的权力、责任与利益,这既能充分调动问题金融机构各公力救助主体的积极性,又能保证其正确行使权力并承担相应后果。要做到这一点,就必须将救助权力转换为法律上的权利、义务与责任规定,实现职权法定。在法治国家下,职权法定要求各公力救助主体所享有的问题金融机构救助权力必须以法律为取向,并且用法律来获得合法性。这就意味着公力救助问题金融机构的权力产生和享有必须通过法律明文规定的方式来获得,没有法律依据且未经法律规定方式所创造、产生和享有的救助权力不具有合法性。救助权力行使的目

---

① 《中共中央 国务院关于完善国有金融资本管理的指导意见》,中华人民共和国中央人民政府, http://www.gov.cn/zhengce/2018-07/08/content_ 5304821.htm, 2019 年 8 月 27 日。

标与运行的方向也必须通过法律予以明确,救助权力的行使也需遵循授权法定。权力的分配一定是明确的,因为权力是授予的,权力只有授予才能行使。① 经过法律授权之后的权力,"对权力者而言是一种职责,依法行使权力是权力者的义务"②。

救助权力的职权法定不仅要解决救助权力来源的法定化,而且还要解决如何通过权力制约以保障权利的问题。由于问题金融机构救助权力的实质是通过公权力的行使,干预与改变正常的市场竞争规则,干涉市场竞争主体的自由经营权利,因此必须在法律的约束之下行使,才能确保这种干预与救助的正当性,也才能保证这种公权力的行使不会偏离权力行使的目标,即任何权力行使的出发点和归宿都是为了保障市场竞争主体的天然权利。只有在问题金融机构救助权力来源法定化后,各自的权限划分才会明晰,进而通过权力制约来实现权利保障才成为可能。这就要求救助权力作用的目的、范围、事项、方式和界限都必须明确界定,既要避免救助权力作用领域的重叠,又要避免权力真空,使救助权力始终以一种确定化的方式来行使。同时,还要强调救助权力的责任属性,使救助权力的职权与责任相统一,使各公力救助主体之间形成有效的监督状态,从而切实起到保障市场竞争主体经营自由权利的效果。

由于职权法定的基本表现形式就是公权力的静态配置法治化,而公权力的配置调整也必然需要遵循职权法定要求,因此救助权力在各公力救助主体之间的配置与调整过程,也就是法律对救助权力的规范与调整过程。要克服我国问题金融机构公力救助主体在救助权力配置上存在的权力配置模糊、配置缺位、配置失衡问题,就需要按照职权法定的要求,对各公力救助主体的静态权力配置进行法治化调整,从而为问题金融机构救助权力行使的法治化创造条件,而救助权力的规范化、法治化行使也是救助权力法治化配置与调整的价值延伸。下面以商业银行公力救助主体的权力配置为例加以简要说明。

在 2015 年以前,对于商业银行的公力救助,我国一直由负有维护金融稳定职责的中央银行③、负有"防范和化解银行业风险、保护存款人和其他客户的合法权益"职责的原银监会④以及财政部⑤负责。上述政府部门所享有的问题金融

---

① 刘作翔:《法治社会中的权力与权利定位》,《法学研究》,1996 年第 4 期,第 72 页。
② 郭道晖:《权力的特性及其要义》,《山东科技大学学报(社会科学版)》,2006 年第 2 期,第 68 页。
③ 参见:《中华人民共和国中国人民银行法》第三十条:"中国人民银行依法对金融机构及其业务实施监督管理,维护金融业的合法、稳健运行。"
④ 参见:《中华人民共和国银行业监督管理法》第一条:"为了加强对银行业的监督管理,规范监督管理行为,防范和化解银行业风险,保护存款人和其他客户的合法权益,促进银行业健康发展,制定本法。"
⑤ 根据《财政部职能配置、内设机构和人员编制规定》第三条第(三)款:"负责管理中央各项财政收支",第(五)款:"按分工负责政府非税收入管理",以及第(十五)款:"完成党中央、国务院交办的其他任务"这一兜底条款,可以认为财政部也有参与问题金融机构公力救助的权力。

机构救助权力，除了财政部是由中央政府授权以外，中央银行和原银监会的救助权力都是由金融基本法律——《中国人民银行法》《银行业监督管理法》直接授权进行配置。不过上述授权并没有以文字形式直接明确中央银行、银保监会和财政部对问题金融机构的救助权力及其范围、事项、方式、界限，而是以间接方式对救助权力进行了配置，这就造成权力配置的模糊性，容易导致动态权力行使的任意性。而 2015 年国务院颁布的《存款保险条例》这一行政法规，则打破了商业银行公力救助主体的原有构成，将救助权力配置给存款保险基金管理机构。在《存款保险条例》第一条就明确了存款保险制度"防范和化解金融风险，维护金融稳定"的职责，第三条第（六）款更是直接规定了存款保险基金管理机构"依照本条例的规定采取早期纠正措施和风险处置措施"的权力。[①] 这显然是对存款保险基金管理机构救助问题银行权力的直接授权。不过条例虽然规定存款保险基金管理机构具有"采取早期纠正措施和风险处置措施"的权力，但对于具体如何操作，采取的措施有哪些却语焉不详，这就给存款保险基金管理机构救助权力的行使造成障碍。可见，我国公力救助主体的静态权力配置存在着授权较为间接、权力配置模糊的情况，需要进行法治化配置和调整。而法治化配置和调整的实质就是实现职权法定，使救助权力来源法定化，救助权力范围、事项、方式、界限、责任明确化，以切实发挥公力救助的风险处置作用，使公权力救助与市场主体的经营自由始终处于动态平衡之中。

（二）救助权力静态配置调整的标准——效率原则

尽管问题金融机构救助权力的静态配置与调整必须通过法律来完成，但是法律自身并不能解决如何配置与调整的问题，它需要相应的理论支持与标准指导。根据功能主义的权力配置理论，权力配置的目标之一在于权力行使的有效性，即权力能够得到更好、更正确的行使。[②] 为此，权力配置应强调其专业性和功能性，即妥当配置后的权力应该更加有效，其行为应该更加正确，权力可以得到更加优化的行使。在功能主义理论看来，权力配置的核心在于效率，在于将职能分配给最适合承担它的机构。将功能主义理论应用于问题金融机构救助权力的配置与调整，就是要根据效率原则，考察各问题金融机构的公力救助主体在其中各有什么功能优势，各自适合承担何种责任，以及相互之间应该达致怎样的相互控制和权力均衡。这一配置和调整过程的核心考量，是问题金融机构公力救助任务的最优化完成。

---

① 参见:《存款保险条例》第一条:"为了建立和规范存款保险制度，依法保护存款人的合法权益，及时防范和化解金融风险，维护金融稳定，制定本条例。"第七条第（六）款，"依照本条例的规定采取早期纠正措施和风险处置措施"。

② 张翔:《我国国家权力配置原则的功能主义解释》,《中外法学》,2018 年第 2 期，第 152 页。

在法治政府框架下，功能主义理论的权力配置观使法治的效率价值在政府层面得以实现，这无疑强化了基于功能主义配置和调整公权力的正当性。同时，功能主义的权力配置观，指向的是政府权力行使的正确性与理性化，体现了国家治理能力现代化的要求，因为"现代性的核心特质是理性化，它蕴含了人类对某种目标的合理界定，对实现方式的合理选择。正是基于这一理念，现代政治的核心要义是实现政府体系的理性化"①。功能主义的权力配置观认为，在权力分工的基础上，以公权力行使的最优效果为取向，其最终目标在于权力行使的高效化和理性化，因而符合国家治理能力现代化的要求，具有正当性。

在分业金融监管体制下，问题金融机构的公力救助任务不可避免地会涉及多个公力救助主体，如何配置和调整救助权力，使公力救助任务最优完成是法治政府必须要解决的问题。由于我国正处于经济转型时期，对问题金融机构公力救助的既往实践更多体现的是政府作为企业、社会的大家长，基于"父爱主义"进行的临时性、反应性救助，同时也因缺乏相应的法律规定，导致救助权力行使任意，救助效率低下。随着我国市场经济体制改革的日益深化，政府作为独立于市场的中立力量也日益显现。在市场失灵不可避免的情况下，作为中立裁判者的政府必须发挥监管作用，以确保市场体系的稳定与安全。此时，对问题金融机构救助权力进行合理分配和调整就成为必然。要合理分配和调整救助权力，实现国家治理能力的现代化，就必须引入效率原则，考虑救助权力在各公力救助主体之间怎样配置和调整才能使公力救助任务得以最优完成，因为不同公力救助主体总是有其自身的专业优势和功能优势，权力配置与调整如果能够最大限度地发挥公力救助主体的专业优势和功能优势，将会使公力救助实现最优效果，从而强化公力救助这种扭曲市场机制的外力干预的正当性。

（三）救助权力静态配置调整的基本思路

基于功能主义的权力配置观，为使救助权力行使更有效，公力救助效果达致最优，在对我国问题金融机构救助权力进行配置和调整时，应按照如下思路展开。

首先，应明确中央银行在问题金融机构公力救助中的主导权。从2007~2009年的金融危机看，系统性金融风险的形成与传导机制已经较以前发生重大变化，具有了21世纪金融运行的特色，其具体表现为四个方面。第一，金融市场交易脱实向虚导致金融泡沫累积，而金融市场交易的规模和交易频率严重依赖于市场参与者的借债数额，使高杠杆成为金融交易的基础。第二，由于高杠杆的存在，导致市场参与者与那些不直接参与市场交易但为市场参与者提供债务资金的主体

---

① 杨利敏：《论现代政府体系的理性》，《学习与探索》，2012年第10期，第43页。

之间形成资产—债务链条的联动机制,这一机制既可以将资金卷入金融市场,也可以将风险扩散传染到金融市场之外,由此使得市场参与者和债务资金提供者形成一个庞大的利益共同体和联动体系。第三,金融市场交易价格的变化成为系统性金融风险的触发点。当金融交易价格位于上行区间,金融投资有着较为合意乃至高额丰厚的报酬时,金融市场呈现繁荣局面,越来越多的杠杆资金会进入市场,进一步推高价格。当泡沫破灭,金融交易价格持续下行时,金融投资收益会大幅下降甚至亏损,受债务资金成本与期限制约,投资者就可能争先恐后地集中抛售手中的金融资产。这不仅会进一步降低市场价格,而且市场恐慌会加大抛售速度与规模,导致市场秩序完全紊乱。第四,由于金融资产价格持续下跌,金融资产成为"有毒资产",投资者在"有毒资产"上的亏损通过资产—债务链条的联动机制,以多米诺骨牌效应的方式向其他经济主体扩散,从而导致系统性风险凸显,严重的话就会引发金融危机。

可见,21世纪系统性金融风险不再是由外部因素所引致,而是在金融市场之中产生,具有明显的内生性。这种内生性系统风险的宏观性特征使得金融危机后各国金融监管部门开始重视对金融市场的宏观审慎管理,而中央银行作为维护金融稳定的金融监管部门,在具备相应的专业优势和功能优势情况下,无疑应承担起宏观审慎监管的重任,以实现权力配置的效率要求。从专业优势看,中央银行的工作人员基本都是专业技术人员,能够迅速掌握金融市场信息的含义,分析和预判其走向,从而能够做出恰当的决策;从功能优势看,中央银行本身具有制定货币政策和维护币值稳定的职责,能够及时了解和掌握宏观经济的运行数据和信息,包括金融市场的数据和信息,这就使中央银行的宏观审慎管理职责的发挥具有了坚实的功能基础。一旦系统性风险凸显,承担宏观审慎管理职能的中央银行能够第一时间发现,从而针对情况及时做出决策。由于这种内生性系统金融风险主要由系统重要性金融机构引发,因此中央银行对系统重要性问题金融机构的救助也应该具有主导性,才能更及时、更有效地化解系统性风险。另外,从管理效率上看,在存在多元公力救助主体的情况下,适当集权也可以提高救助决策做出的及时性,从而把握住有效救助的关键时机。将问题金融机构公力救助的主导权集中于中央银行,无疑符合救助效果最优的理性要求。

我国的金融体系结构与英美发达国家不同,它以间接金融为主体,通过"存款→贷款→派生贷款⋯⋯"的货币乘数机制,在不断创造资金的同时,持续不断地创造着债权债务关系和延伸并加重着资产—债务链条。不仅如此,我国金融市场上的金融产品也日益复杂,这些新型金融产品在扩展金融市场规模、活跃金融交易的同时,也增加了金融产品的运作环节,拉长了金融服务链条,提高了金融产品的运行成本和风险,而金融各行业的合作加强也使金融机制、金融运作更加复杂化,金融运作链条更加延长。最重要的是,各类金融机构与非金融机构纷纷介入金融活动,导致传统的金融业务"条"和"块"分割,金融风险"条"和"块"分割局面被彻底打破,几乎所有的居民、企业、社会中介、金融机构和政府部门都被卷入了这一金融运作网络中。金融运作的脱实向虚与高杠杆也加剧了这一金融运作网络的脆弱性。可见,我国已经具备内生性系统金融风险的生成条件,要防范和化解系统性风险,同样需要中央银行承担起宏观审慎管理职责,并在系统重要性问题金融机构的公力救助中发挥主导性作用。

具体而言,中央银行在问题金融机构公力救助中的主导性主要表现在:一是在中央层级的公力救助中,中央银行作为国务院金融稳定发展委员会的办公地所在,应主导公力救助决策的草案制定与协调,并在如何救助上具有决定权;二是在地方层级的公力救助上,中央银行各分行作为地方公力救助主体的协调机构,对于如何救助区域系统重要性问题金融机构,具有最终裁判权力。通过权力配置明确中央银行在问题金融机构公力救助中的主导地位,就可以使公力救助决策的做出与执行更加及时,而及时救助是化解系统性金融风险的关键。

其次,应赋予保障基金管理公司的救助监督权力。目前我国已经设立了存款保险基金、证券投资者保护基金以及保险保障基金三种用于问题金融机构救助的公共资金池。截至2019年5月24日,这三种保障基金都设立了基金管理公司,负责基金的管理和保值增值。① 虽然上述三种基金的资金都来自于相关金融机构缴纳的保费,但是金融机构保费支出会列入金融机构成本中。根据会计原则,金融机构的成本将体现在金融机构的业务中,从而转嫁给金融机构的客户,其可能表现为贷款客户的利息上升,存款客户的利息减少以及客户手续费等增加。由于金融机构的客户是社会公众中的不特定多数,这就意味着社会公众也间接参与了保障基金的建立并将在公力救助问题金融机构中发挥作用,只不过其参与公力救助的过程相对隐蔽,不像纳税人那样直接。由于上述三种保障基金都具有公共性的隐藏性质,而且就其基金的直接来源看,也具有一定的公共性,因为基金是由众多金融机构缴纳组成,因此对于保障基金的使用如同财政资金使用一样,同样需要监督,以确保公共资源使用的效益。遗憾的是,目前我国已经建立的保障基金管理公司只拥有基金管理和负责基金保值增值的职责,对于基金如何被用于问题金融机构救助以及使用的效益情况并没有任何监督的权力。这就导致相关金融监管部门动用保障基金时可能因没有约束而比较随意,对基金使用的效益也会缺乏足够的关注。因此,若要实现公力救助的法治化,还必须建立起对动用公共资

---

① 存款保险基金管理公司于2019年5月24日成立,并在包商银行被接管救助中承担了资金救助责任。《央行设立存款保险基金管理公司》,https://baijiahao.baidu.com/s?id=16348923125844110446&wfr=spider&for=pc,2019年8月27日。

源的强有力的监督机制,以确保公共资源使用的有效性。

在使用财政资金救助问题金融机构时,财政资金的使用本身会受到预算以及立法机构的监督,因而各国使用财政资金救助问题金融机构都非常谨慎。在动用保障基金救助问题金融机构时,同样应该建立起相应的监督机制,使基金使用始终在监督之下,确保保障基金的有效使用,也能够避免因保障基金使用的任意性而产生道德风险。从权力配置的功能适当角度看,保障基金管理公司具备监督基金使用的最好条件。因为基金本身是由其管理,向其披露基金使用信息也顺理成章,而且作为基金管理人,基金管理公司在专业上具有优势,能够更好地理解和处理相关信息。同时,在监督基金使用动向中如果发现问题,基金管理公司也可以及时告知相关金融监管部门,避免保障基金使用的浪费和低效。

最后,应落实地方政府金融监管部门的救助权力。目前我国的金融监管体制仍然是中央集中垂直监管为主,地方政府协助配合为辅。尽管国家通过中央政策、国务院规范性文件以及部门规章等形式委托或授予地方政府行使部分地方金融监管权力,① 但地方政府享有的部分金融监管权力与其承担的行政辖区内金融风险的最后处置责任相比,具有明显的不对称性,这就可能影响地方金融风险的处置有效性。由于金融风险处置的重要内容之一就是是否公力救助问题金融机构,而救助权力属于金融监管权力的构成部分,因此,要有效建立地方层级的问题金融机构公力救助体系,就必须落实地方政府的金融监管权力,使其可以通过有效的监管工具和监管手段,及时发现风险并在符合公力救助条件的情况下及时制定公力救助方案,为防范和化解区域系统性风险赢得时间。

地方政府金融监管权力的落实需要相应的组织结构支撑,而我国现有的中央与地方政府金融监管分权改革方案,主要是对中央与省级政府各自的权限范围、责任承担等内容的原则性规定,基本上没有对省级政府与地市级、区县级政府各自的金融监管权限进行明确而有效的划分,这就导致地方政府金融监管权力在各级地方政府间的划分十分混乱。例如有的地方将地方性金融组织或业态的金融监管权力配置在机构所在地的地方政府金融监管部门,有的地方则由省级政府金融监管部门享有并行使,还有的地方将地方性金融组织或业态的具体监管内容分别交由不同层级的地方政府金融监管部门行使,凡此种种,不一而足。地方政府金融监管权力划分的多元性不仅会导致地方性金融组织或业态监管的差异性,也会使地方层级的问题金融机构公力救助制度缺乏相应的统一性和权威性,更可能被权力下放的区县级地方政府绑架为为发展而融资的最后保障。因此,无论从地方

---

① 目前明确的地方政府金融监管的对象包括"7+4"的类金融机构:7类机构指小额贷款公司、融资担保公司、区域性股权市场、典当行、融资租赁公司、商业保理公司、地方资产管理公司;4类机构指辖区内的投资公司、农民专业合作社、社会众筹机构、地方各类交易所。

金融组织或业态的金融属性考虑，还是从地方层级问题金融机构公力救助的性质衡量，都应该将地方政府金融监管权力，包括公力救助权力，集中于省级政府金融监管部门享有并行使。同时，在地市、区县设置由省级政府金融监管部门垂直管理的金融监管分支机构来具体行使日常监管权力。此外，为保证将地方政府金融监管权力集中于省级政府金融监管部门，还应将分散于地方政府各个职能部门，尤其是行业主管部门的具有相关、相近属性的金融监管权力进行集中合并，并统一授予省级政府金融监管部门，这样既可以避免地方政府金融监管权力的分割与交叉，使地方层级问题金融机构救助权力行使过于复杂化，也能够保证地方政府金融监管的专业性与独立性，使救助权力行使更有效率。

二、我国问题金融机构救助权力的动态配置调整

（一）救助权力动态配置调整的原因

问题金融机构救助权力作为金融监管权力的构成部分之一，从更高权力层次看，属于国家治理权力范畴。由于主权在民，国家政府行使的公权力都是人民所赋予，其权力都来自人民。人民通过授权将自己的统治权力、权能分离，由国家权力机关代表人民行使治理权力，这是政府金融监管权力乃至公力救助问题金融机构权力的根本来源。"政治主权在于人民，或者直接以行使之，或者间接行使之。在其间接行使时为人民之代表或受人民之委托者，只尽其能，不窃其权。予夺之自由仍在人民。"① 因此，政府行使治理权力，是基于更好地体现人民当家做主，更好地使权力为民所用的目标，并在此过程中实现统治权力。具体到问题金融机构的救助权力行使，就必须在维护金融体系稳定与安全这一公共产品供给与保障市场竞争主体的自由经营权利之间找到平衡点，这就意味着静态配置与调整问题金融机构救助权力时，不可能预见问题金融机构今后发生的具体情况，只能事后反思并达致均衡。因此，若要有效行使救助权力，还有必要根据我国救助权力行使过程中所获得的实时信息和新出现的理由予以实时修正。

在治理权力行使过程中，由于职权法定作为一种静态权力配置，不可能预见权力行使过程中可能会出现的所有新问题、新情况、新环境，而社会生活的多样性与社会发展过程的不可预期性又会加剧这种意料之外的情况出现，这就导致具体行使着的动态权力往往很难与职权范围保持一致。同时，基于权力的特殊性，权力行使本身就具有很大的伸缩性，它可以与法定职权相符，也可以超出或者不及法定职权，从而表现为对法定职权的扩张与收缩。因此，静态的职权法定不能解决具体行使着的动态权力的范围与界限问题。尤其在转型社会里，新旧体制碰

---

① 胡汉民：《总理全集：第1集》，上海民智书局1930年版，第1026页。

撞会产生更多前所未有的新问题,静态的职权法定难以预先估计,动态的治理权力行使应对往往要求突破既有的职权权限,这就需要保持职权法定的静态权力配置的开放性,使其与社会发展和人民需求相适应。

问题金融机构的救助权力作为一种治理权力,在行使过程中同样会面临经济社会复杂多变的情况,需要根据实际做出救助或不救助的决策,使职权行使呈现出伸缩性。同时,经济社会的不断发展会产生和出现许多新的问题,要解决此类新问题也要突破既有的职权权限。例如2007~2009年的金融危机,就是基于与以前完全不同的内生性系统性金融风险所引发,导致美国政府在进行公力救助时,必须突破既有的救助权限,实现救助权力的扩张。例如美联储在救助中,就全面突破了救助对象仅限于处于流动性危机的金融机构的最后贷款人救助原则,对清偿力不足的金融机构也进行救助。同时救助也不再要求被救助金融机构必须拥有合格抵押品,只要美联储认为该金融机构破产倒闭可能会造成整个金融市场动荡与市场预期恐慌,破坏金融稳定,那么其没有合格抵押品也进行救助。不仅如此,由于本次金融危机是由内生性系统性金融风险产生,整个金融市场已经形成了一个基于资产—债务链条的联动机制,因此美国政府在救助对象的选择上,也突破了原有的只救助存款类金融机构的做法,将救助对象扩大到大型投资银行、对冲基金以及保险机构等非银行金融机构。事实上,花旗集团、摩根士丹利、贝尔斯登对冲基金、美国国际集团等银行和非银行金融机构最后都得到了美国政府的救助。① 此外,由于诱发金融危机的因素不同,导致不同金融机构遭遇的危机冲击也不一样,既定的制度框架难以满足问题金融机构的个体救助需求,需要政府根据危机冲击的实际影响来创新金融工具,实现对问题金融机构的定向救助。为此,美联储通过建立短期贷款拍卖机制、定期证券借贷安排、一级交易商信用工具等,分别向商业银行、证券交易商提供流动性救助。② 可见,问题金融机构的救助权力行使是一个极其复杂的过程,它需要与时俱进,根据现实状况及时突破既有权限范围,做出针对性安排,才能有效应对问题金融机构可能带来的系统性金融风险,维护金融体系的稳定与安全。因此,问题金融机构救助权力的静态配置与调整只能解决救助权力的静态合法性问题,对于权力在行使过程中因为实际情况变化应如何收缩或扩张权力以满足社会发展和人民需求却无能为力,故而需要对问题金融机构救助权力进行动态配置与调整,以使其在保持开放的同时建立起一种稳定的权力行使预期。

---

① 田中景、陈庆海:《危机中美联储最后贷款人救助的启示》,《黑龙江金融》,2012年第1期,第72页。

② 田中景、陈庆海:《危机中美联储最后贷款人救助的启示》,《黑龙江金融》,2012年第1期,第71页。

（二）救助权力动态配置调整的标准

问题金融机构救助权力不仅需要静态配置与调整，以实现公力救助的合法性，同时基于权力本身的特殊性以及现实的多样性与变化性，还需要对救助权力进行动态配置与调整，才能实现问题金融机构救助权力配置的法治化。那么，应该如何进行救助权力的动态配置与调整，才能使救助权力始终在法治框架下行使呢？

首先，在法治框架下，权力行使不仅需要受法律程序的指引，而且权力行使的方向和范围还应受到基本法治理念的制约。在保障权利、维护自由的基本法治理念制约下，权力行使方向应指向权利的实现，权力应为权利的实现保驾护航。① 因此，权力行使必须严格遵循职权法定原则。政府主体对市场主体行使权力，进行支配和约束必须有明确的法律依据，只有这样才能防止因政府权力滥用而使市场主体的权利受到专横的对待。问题金融机构救助权力的动态配置与调整也必须首先依据此法治理念行事，明确未经法律授权，公力救助主体就不能擅自展开救助。因为公力救助是公权力强制介入市场竞争主体，使本应退出市场的竞争主体在公权力干预救助下存活下来，这既是对市场竞争主体经营自由权利的侵害，也损害了公平竞争，因此没有法律法规授权的擅自救助是对私权利的损害，是对人民统治权力的侵害，必须被禁止。救助权力的行使及其对市场竞争主体经营自由权利的干预与介入，一定是以法律法规为依据和前提，这是问题金融机构救助权力动态配置与调整的起点标准。

其次，如前所述，基于权力特殊性以及现实的复杂多变性，仅仅有法律法规授权并不能使问题金融机构的救助权力得到有效配置，从而发挥权力行使的最优效果，因此需要救助权力的动态配置与调整。这种动态配置虽没有法律法规明文规定，但同样要受到一定的标准约束。在我国现阶段，这种标准主要表现为善治，即救助权力的动态行使应满足善治的目标，而问题金融机构救助权力的静态配置与调整过程是中性的，它并不能保障救助权力的行使一定会是一种善治。尽管善治基于不同的视角、不同的维度有着不同的解读，但是在本处它指向的是一种价值取向，即问题金融机构救助权力行使的落脚点和归宿必然是也只能是保障人民权利，维护人民利益。这就要求救助权力的动态配置必须以人民权利、人民利益为核心标准，权力行使必须符合此项目的。就如约翰·罗尔斯针对人类社会发展所提出的那个著名问题："政治关系是否必须只受权力和强制的支配？"答案同样适用于问题金融机构救助权力动态配置问题，即"如果说，一种使权力服从其目的的合乎理性的正义社会不可能出现，而人们普遍无道德的话，那么，人

---

① 张铤：《权力法治的内涵、价值逻辑与推进路径》，《宁夏社会科学》，2019年第3期，第77页。

们可能会以康德的口吻发问：人类生活在这个地球上是否还有价值？"[1] 问题金融机构救助权力的动态配置，同样要遵循相应的价值标准，即要以人民权利、人民利益为准绳，使救助权力行使体现出公平和正义的价值取向，实现权力行使的善治。

问题金融机构救助权力行使要实现善治，就必须使救助权力的动态配置与调整符合善治的价值取向与目的，从而实现救助权力行使的合理性，而且具有强大主动性和能动性的救助权力行使以及它对整个金融市场的强大影响力，也要求救助权力行使必须具有正当合理性。这种正当合理性首先表现为救助权力的来源与行使必须是正当的，即具有正当性来源；其次表现为救助权力在具体行使过程中要符合当时的情景，权力行使基于当时情景而言是合理的，即所谓"合理性必须依赖于情境性，而权力就是那种合理性的情境"[2]。这也是本处强调的合理性的重点。在问题金融机构公力救助中，公力救助主体如何行使权力，从而实现公权力介入和干预市场竞争主体的经营自由权利与维护金融体系的稳定与安全之间的均衡，进而发挥公力救助的最优效果，均取决于公力救助时的现实情境如何。公力救助主体必须依据现实情境，在法治框架下做出有针对性的决策安排，以实现公力救助的目的与价值取向。同时，权力行使的合理性情境还要考虑既有的权力结构以及民众的需求和认同。

任何权力的行使一定是在既有的权力结构下展开[3]，权力行使的动态配置也要受到既有权力结构的制约，因此问题金融机构救助权力的动态配置也必须考虑现行的权力结构，并在此之下做出相应的安排，才能最大化地发挥公力救助的效果。此外，民众的需求也是救助权力动态配置需要考虑的因素。在金融市场上，并非完全理性的市场参与者会在金融产品交易价格持续下行时出现一致性恐慌，进而形成市场动荡，放大金融风险，此时就需要救助权力的配置以满足民众对金融稳定与安全的需要。由于21世纪的系统性金融风险主要由系统性重要问题金融机构引发，公力救助主体对这些金融机构行使救助权力就能够恢复民众信心，从而维护金融体系的稳定与安全。因此，救助权力行使满足了民众对秩序与安全的需求。

最后，民众的认同对于问题金融机构救助权力的动态配置也非常关键。公力救助问题金融机构本身就是一项公共产品，旨在确保整个金融体系的稳定与安全，避免造成更大程度的动荡与混乱，确保社会秩序，这也是救助权力能够介入和干预问题金融机构这一私权利主体的根本原因，因此救助权力的动态配置也必

---

[1] 约翰·罗尔斯：《政治自由主义》，万俊人译，译林出版社2000年版，第50页。
[2] 史蒂文·卢克斯：《权力：一种激进的观点》，彭斌译，江苏人民出版社2008年版，第99页。
[3] 周永坤：《权力结构模式与宪政》，《中国法学》，2005年第6期，第5页。

须得到民众认同,才符合权为民用的根本目的。

第三节 我国问题金融机构公力救助的程序设计

一、我国问题金融机构公力救助程序设计的法治价值

(一)实现最低限度的法治

在法治框架下,作为一种公共治理权力的问题金融机构救助权力必须得到有效的规范和制约,才能保证该种公权力能够有效行使,进而形成良好的公共秩序,确保公民的权利和福祉得以实现。经由法律来规范治理权力的行使,仅仅依靠职权法定的实体性法律规范是远远不够的,因为没有程序制约的实体规则可能会得不到一致的、普遍的、公开的执行,从而使治理权力的行使实际上得不到任何制约。① 在此意义上,边沁将之视为是程序的工具价值。② 虽然法学界对于程序价值的工具性抑或是本位性始终存在争议,但是程序之于法治的价值却是毋庸置疑的。因此,要实现我国问题金融机构公力救助的法治化,使包括问题金融机构救助权力在内的政府治理权力的行使运行,始终符合人民的统治权力要求,就必须重视程序的应用与价值。可见,程序与法治之间具有内在的密切联系。约翰·罗尔斯认为:"公正的法治秩序是正义的基本要求,而法治取决于一定形式的正当过程,正当过程又主要通过程序来体现。"③ 一般而言,程序正义的内涵包括以下两方面内容:一是指法律规定出的程序必须符合正义原则,即程序应当中立,不违背法律规定,不侵犯基本人权;二是指应当严格按照程序规定运行程序,确保程序公开、透明、公平适用。④ 这两方面内容相辅相成,共同构成程序正义的价值理念。程序正义的实现,可以使应然状态的法治显现于实际生活中,从而使难以触摸的法治成为现实。从这个意义上讲,程序正义至少实现了最低限度的法治,确保了最低程度的社会公平正义,故而又被认为是形式的法律和形式的正义。

具体到问题金融机构救助权力的行使上,公力救助程序的设计与遵循可以为

---

① 裴苍龄:《程序价值论》,《河北法学》,2011年第12期,第57页。
② 陈瑞华:《程序价值理论的四个模式》,《中外法学》,1996年第2期,第1页。
③ 约翰·罗尔斯:《正义论》,何怀宏、何包钢、廖申白译,中国社会科学出版社1998年版,第60页。
④ 郑飞:《从合理化理论评析罗尔斯"纯粹程序的正义"原则》,《思想战线》,2011年第3期,第47页。

公力救助决策的正确做出提供形式保障，从而实现法治的最低要求。由于问题金融机构的公力救助不仅涉及微观行为，而且在内生性系统性金融风险成为当今金融市场运行的主要风险之后，公力救助还涉及宏观政策和决策问题，故而正确的决策就具有非同寻常的意义。虽然实体法律规范赋予了相关公力救助主体对问题金融机构的救助权力，但是这种救助权力行使是否正确却决定了公力救助行为的正当性。众所周知，法律的外在表现是一整套公共行动标准，借助于这套公共行动标准，人们的行动得以协调，社会整合得以实现，社会存续也才有可能。然而法律作为公共行动标准，尽管可以依靠权威性和强制力获得实施和遵守，但是若要最大限度地发挥整合社会的功能，还需要得到社会公众的普遍认同。在此意义上，伯尔曼的名言就具有特别的深意："法律必须被信仰，否则它将形同虚设。"① 法律只有得到社会公众的普遍认同，才能具有相应的正当性，也才能完成社会整合功能，实现法治意义上的治理。公力救助问题金融机构的权力行使同样需要具备这样的正当性，才能符合法治的要求。

在法治框架下，合法性与正当性并不是同一概念。满足合法性形式要件的法律，只有在一种道德实践意义上是合理的，才能够在特定社会条件下具备正当性。② 对于问题金融机构公力救助主体而言，需要确保权力行使的合理性与正确性，才能建立公力救助的正当性。然而，公力救助行为本身的高度复杂性与不确定性，且兼具微观与宏观影响，使得在事前准确判断公力救助行为的合理性与正确性是不可能完成的任务，此时，法治提供了获得正确性的方式，而程序正是与正确性的获得方式有关。通过问题金融机构公力救助程序的设计，可以使公力救助主体的权力行使戴上法律镣铐，始终保持在法律范围内，同时，经由法定程序做出的公力救助决策也能够得到合理性与正确性认同，从而使公力救助行为具有了正当性。这一点已经被研究所证实。既有研究证明，法律当局的正当性，与人们心目中主管当局所采取的程序是否公平是相关的，正当程序对于形成民众对当局的信任具有重大作用，而民众的信任与认同正是正当性的来源。③

因此，要实现我国问题金融机构公力救助的法治化，就必须高度重视公力救助的程序设计，实现程序正当。只有这样，才能在没有实体规范可供直接遵循的情况下，通过正当程序获得权力行使的正当性，进而实现最低限度的法治。

（二）价值分歧与共识的制度重塑

问题金融机构公力救助的程序设计，不仅可以为救助权力行使提供正当性依

---

① 伯尔曼：《法律与宗教》，梁治平译，中国政法大学出版社2003年版，第3页。
② 哈贝马斯：《在事实与规范之间：关于法律和民主法治国的商谈理论》，童世骏译，生活·读书·新知三联书店2003年版，第566页。
③ 杜帆、吴玄娜：《程序公正、不确定性对公共政策可接受性的影响：情感信任、认知信任的中介作用》，《心理科学》，2017年第2期，第451页。

据，进而实现最低限度的法治，而且它还可以就问题金融机构的如何公力救助问题帮助消弭分歧，形成共识，进而促进救助决策的做出与有效实施。

1. 现代社会的根本价值分歧要求创造社会共识机制

现代社会与传统社会相比，一个最大不同在于存在根本价值分歧。传统社会里，社会价值系统具有同一性，社会成员被高度统一于这一社会价值系统中。社会成员之间尽管对如何落实这套价值系统的具体做法可能存在分歧，但是人们普遍地相信这套价值系统，从而使基于这套价值系统产生的法律内容包括公权力行使总是具有了道德正当性。然而到了现代社会，社会价值系统也趋向多元化，这就导致社会成员之间在许多重大社会行动方面都存在着价值判断差异，而造成这种差异的原因在于社会成员各自社会背景以及个体遭遇的不同。这样的分歧导致每个社会个体成为独立的价值判断者，价值判断也就在很大程度上成为了个人的主观判断，由此带来社会整合的困境，而社会整合又是社会有序存在的前提。在此情况下，就需要形式理性化的法律作为标准和依据去评价一切人类活动，法治社会也由此展开。

那么，形式理性化的法律何以能成为判断人类活动的标准和依据，并被社会公众所接受呢？显然，在价值多元化的情况下，这只能通过创造共识机制来实现。① 在这个创造出来的共识机制里，无论平等主体有何种不同意见，都可以自由地表达，通过充分的"说理""论证"或者叫"商谈"，最后以一定形式形成一个被普遍（或暂时）接受的决定。这样既尊重了每一个独立个体的意见，也使每个个体可以在理性、反思以及公共判断中共商公共议题的解决方案，而法治国家的内容也即是逐步改善集体决策程序的制度化作业。显然，法律程序与制度化的商谈有着密不可分的共生关系。

2. 创造共识的机制需要正义的程序

现代社会价值多元化与价值分歧的存在使得创造共识机制成为社会有序运行的必要条件，而共识机制的创造需要具备共识、理由、程序这三个相互关联的要素。首先，共识的达成需要社会个体之间进行商谈实现。由于社会个体存在价值分歧，通过商谈，可以使社会个体之间进行理性辩论，就"什么是正确的公共行动标准"达成共识。当然这里的共识既不是事实上的赞同，也不是实际的赞成某个具体方案，而是确立大家依据理性行事都会同意的一种规范性标准。显然，在社会个体价值分歧严重时，只有按照理性和合法原则组织起来的程序才能够帮助社会个体做出为社会成员所认同的决定。因此，程序的正当性就决定了共识的纯

---

① 雷磊：《法律程序为什么重要？反思现代社会中程序与法治的关系》，《中外法学》，2014年第4期，第134页。

第六章 我国问题金融机构公力救助法治化的具体进路

度,程序要件就成为法律正当化的前提和基本标尺。① 其次,为达成共识,需要商谈参与者就各自的主张提供理由。这种理由必须是公共理由,才可能被其他主体合理地接受下来,成为他们行动的正当依据。程序要求各主体要受理由证成的规则约束并依据这些规则行为。最后,创造共识的商谈机制的核心是程序。只有能够公开陈述理由的商谈程序,才能够产生出被普遍(或暂时)接受的决定,因为这种程序能够合理保证做出的决定合乎公共利益。在这样的商谈程序中,所有参与商谈的个体都可以针对议题自由地表达自己的看法,并在不断商谈和辩论中,排除掉那些可能造成负面结果的私利观点,进而达成共识,得到一个被普遍(或暂时)接受的结果。可见,在创造共识的机制里,程序具有核心和关键地位。没有了程序,社会个体的理由出示就是无效的,共识的达成也是无根据的。在某种意义上,正是程序为共识的达成提供了正确的标准,这也接近约翰·罗尔斯所说的纯粹的程序正义:不存在判定正确结果的独立标准,而是存在一种正确的或公平的程序,这种程序若被人们恰当地遵守,其结果也会是正确的或公平的。②

程序公正有赖于独立的程序标准,包括了程序公开、程序参与等,由此形成相应的程序规则。程序公开规则一般要求事前、事中、事后都应公开透明,从而以看得见的方式伸张正义。公正程序必然要求活动的公开性和透明性,一切在暗箱操作中完成的事情都会因缺乏公开性透明性而导致正义性的缺乏。因此,追求正义的法律程序必然是公开的,透明的。③ 程序参与规则既要充分调动社会个体参与社会议题的积极性,又要为这种参与建立安全阀门,使参与者有序地提出、论证自己的主张,并排除掉不合理的要求。与程序参与规则密切相关的还有商谈结果的决定规则,它解决的是当商谈程序无法达成共识时该如何决定商谈结果的问题。创造共识的机制通过充分商谈程序,展示理由,进而达成共识,但不是所有社会议题都可以通过这种方式得到一个共识答案。由于价值分歧巨大的差异性,有时即使经过了理性程序规则下的充分商谈,也依然无法得出共识的答案,而社会公共事务治理必须要有一个统一的结论,此时商谈结果决定规则就必不可少。这种结果决定规则可以是一种决断规则,比如授权某个人(主体)在商谈的基础上做出决断或者通过投票的方式来决定,也可以是一种推定规则。显然,在一个价值多元的社会里,价值分歧存在是必然的,社会对价值分歧存在的包容也是合理的。不过为了社会的有序运行,在穷尽商谈之后无法得到结论的情况下,通过商谈结果决定规则来获得共识也是必须的,这是共识达成的特殊形式,

---

① 张菁、黄美笛:《论哈贝马斯的"正当性"概念》,《内江师范学院学报》,2018年第5期,第115页。
② 约翰·罗尔斯:《正义论》,何怀宏、何包钢、廖申白译,中国社会科学出版社1998年版,第70页。
③ 孙载夫:《公开透明:反腐败的治本之策》,《求是》,2004年第4期,第28页。

同样具有现实合理性。

总之，在法治社会里，由于价值多元化使得价值分歧不可避免，具有形式理性的法律要成为社会公众普遍认可和接受的行为依据，就必须依赖于创造共识的机制，而共识机制的核心就是程序。通过商谈程序，社会个体不仅可以自由表达意见，充分展示理由，同时也在不断商谈、辩论过程中摒弃私利观点，厘清公共理由，为共识的达成确立条件。理性商谈程序及其规则最终为公共行动标准提供了正确性与正当性，从而使法治能够区别于人治。

3. 问题金融机构公力救助的正当性同样源于正当程序

在问题金融机构的公力救助问题上，由于公力救助涉及公权力对企业化经营的问题金融机构的介入与干预，并会影响到市场竞争机制的正常发挥，同时还可能涉及公共资源的动用，因而在价值多元化的社会里，公力救助决策并不必然是正确和正当的。即使以公力救助的结果来作为判断标准，由于公力救助行为与金融市场体系维持了稳定与安全之间的近因因果关系难以进行精确判断，导致判断结果也是不准确的，因此公力救助必须通过程序来达成共识，并在达成共识的过程中通过理由论辩，不断消弭分歧，进而形成一个能够被普遍接受和认同的决定。商谈结果的决定规则也保证了在不能形成共识的情况下，仍然可以得出一个能够被接受的正确的结论，从而有助于公力救助决策的做出与执行。

此外，由于我国仍然实行的是分业监管的金融监管体制，部门分工与分工利益的存在使得多个公力救助主体对同一家问题金融机构可能有着不同的认识和看法，导致公力救助的决策也可能存在分歧。如果不能消弭分歧，形成救助合力，就必然会影响救助的有效性。而各公力救助主体并不具有相互的隶属关系，这就使得分歧的解决不能依靠命令—接受的方式来实现。显然，要解决分歧，达成共识，只能依靠正当的程序规则。国务院金融稳定发展委员会的建立也为商谈程序最后的决断规则提供了可能，即当各公力救助主体就问题金融机构公力救助决策无法达成一致时，作为最高规格的制度化金融协调机构，必然应具有公力救助决策的最终决定权。

可见，问题金融机构公力救助的程序设计，能够在价值分歧的情况下，为公力救助行为创造达成共识的机制。这一机制给予了参与者自由辩论的机会，从而使得经过理由证成的结论具有了普遍的可接受性，也确保了公力救助决策在法律上的正确性和正当性，这也构成了法治与人治的区别。因为法治与人治的最主要区别不在于"合法性"，而在于"商谈"与"程序性"，即民主的实现。① 这也符合亚里士多德对法治的经典定义，即"已成立的法律获得普遍的服从，而大家

---

① 袁付平：《法治、人治与民主》，《山东大学学报（哲学社会科学版）》，2003年第1期，第122页。

所服从的法律又应该本身是制定得良好的法律"①。在价值多元的社会里,"本身制定得良好的法律"作为具有正当性与正确性的法律,只有通过商谈程序来确立。问题金融机构公力救助程序同样为公力救助的法治化行使提供了获得正确性的方式,故而是法治的重要构成要素。

二、我国问题金融机构公力救助程序设计的基本逻辑

(一) 实现救助公权力与市场竞争主体私权利的均衡

1. 救助公权力与市场竞争主体私权利均衡的法治化内核

法治应当维护公民权利,保障公民正当利益,其中也包括维护依法设立的市场竞争主体的权利与正当利益。法治的权利本位要求政府公权力必须具有对公民权利(包括市场竞争主体权利)的有效保障和救济功能。就如《中共中央关于全面推进依法治国若干重大问题的决定》指出的那样,要"依法保障公民权利……健全公民权利救济渠道和方式,实现公民权利保障法治化"②。这意味着政府公权力本身不能随意侵犯公民权利包括市场竞争主体的权利。

问题金融机构救助公权力行使涉及维护金融体系稳定甚至是宏观经济稳定的重大问题,从广义角度看,是要保障不特定多数市场个体的权利,维护社会公共利益,故而通过法律赋予各公力救助主体相应的问题金融机构救助权力具有合理性和正当性。然而,公力救助的结果始终是通过公权力干预和介入问题金融机构,从而破坏市场主体的经营权利和自由,同时,也使本应按照市场竞争规则退出市场的问题金融机构能够继续生存于市场之中,且能获得来自市场之外力量——公权力给予的各种优惠资源,这显然破坏了正常的市场竞争机制,也损害了其他同类金融机构的公平竞争权利,即开展自由竞争、公平竞争的权利。而在市场经济体制条件下,市场主体所应享有的公平竞争权利是市场交易得以开展的前提。③ 公平竞争权利的存在,也减少了交易费用和社会总成本,进而使市场竞争下的帕累托最优成为可能。④ 可见,在公力救助已经成为现代市场失灵的必要干预手段的情况下,公力救助问题金融机构产生的维护社会公共利益与损害市场主体自由经营权利以及公平竞争权利的矛盾及其带来的一定程度的非正义性,需要通过法治方式予以化解。

---

① 亚里士多德:《政治学》,吴寿彭译,商务印书馆1983年版,第199页。
② 《中共中央关于全面推进依法治国若干重大问题的决定(辅导读书)》编写组:《中共中央关于全面推进依法治国若干重大问题的决定(辅导读书)》,人民出版社2014年版,第6页。
③ 刘大洪、殷继国:《论公平竞争权——竞争法基石范畴研究》,《西北大学学报(哲学社会科学版)》,2008年第6期,第140页。
④ 唐兆凡、曹前有:《公平竞争权与科斯定律的潜在前提——论公平竞争权的应然性及其本质属性》,《现代法学》,2005年第2期,第150页。

尽管功利主义的正义观认为,"如果一个社会的主要制度被安排得能够达到总计所有属于它的个人而形成的满足的最大净余额,这个社会就是被正确的组织的,因而也是正义的"①。也就是说,为了最大多数人的最大利益而侵犯个别他人权利是正义的,但是维护金融体系稳定与社会公共利益这一最大多数人的最大利益本身是难以准确界定和计量的,这就导致公权力运用时可能会以此为名任意侵害他人的权利,造成公权力行使的异化。显然,这是与法治精神相冲突的,因为法治"既要实现集体的公共物品,聚合共同的价值,又不使个人的私人权利和自由受到威胁"②。因此,在个人权利与社会福利之间必须创设一种适当的平衡,才能实现正义的要求。从长远看,个体的自由、平等、安全与公共福利是一致的。基于此,问题金融机构救助权力的行使也必须实现救助公权力与市场主体私权利的均衡。

救助权力与市场竞争主体权利之间的均衡是一种相对的、暂时的、互动的稳定走势和有序状态,具体表现为三个方面的平衡。一是多元制衡的均势状态平衡。由于公力救助主体并不仅限于一个政府(公力)部门,且受公力救助影响的金融机构和人员范围广阔,这就使得公力救助必然会涉及社会多元力量,他们在复杂条件和背景影响下,通过公力救助程序安排,相互制衡、冲抵、博弈,并最终形成一定的实际对称、比例均势的状态,从而使得多元力量服从共同的既定规则而走向优良秩序。二是互动妥协的协调状态平衡。由于公力救助涉及多元力量,公力救助决策将会影响到不同市场主体,这就需要多元力量互动支撑与宽容妥协,以促进他们之间的协调秩序。三是动态稳定的秩序状态平衡。随着救助权力的行使,市场竞争主体的权利虽暂时受到侵害,但它会伴随社会条件的变化而变化,从侵害转化为保障,从而使公权力与个体权利之间的平衡呈现出暂时性、开放性、动态性、发展性的流动秩序状态。

2. 救助公权力与市场竞争主体私权利均衡的程序保障

在问题金融机构救助公权力行使上,要实现救助权力与市场竞争主体权利之间的均衡,就必须通过法律限制救助权力行使的范围,划定权力行使的边界,严格权力的运行程序。其中,对救助权力运行的程序设计是规范权力行使的核心和关键,因为在公力救助的公共利益目标难以准确判断和界定的情况下,救助公权力的运行程序安排可以为权力行使提供获得正确性和正义性的方式,从而使公力救助具有了正义性和合理性,也实现了救助公权力与个体私权利的均衡。救助公权力与市场竞争个体权利间的均衡,在救助权力运行的程序安排上应贯彻以下原则。

一是正义原则。正义是法治的核心价值,公力救助问题金融机构也必须合乎

---

① 约翰·罗尔斯:《正义论》,何怀宏、何包钢、廖申白译,中国社会科学出版社1998年版。
② 猪口孝:《变动中的民主》,林猛译,吉林人民出版社1999年版,第3页。

正义的价值判断。然而,公力救助目标——公共利益或公共福利本身是模糊的,难以精确计量的,这就导致公力救助行为的实体正义性(或者说正确性)很难被即时有效衡量,因而需要公力救助程序安排建立创造共识的机制,使公力救助决策是以正确的方式做出,从而满足正义的要求。

二是比例原则。首先,当公力救助决策做出会损害到其他市场竞争个体的权利和利益时,公权力的行使手段就必须适当,能够促进所追求目的的实现;其次,该手段还必须是必要的,手段造成的损害应当是最小的;最后,公权力的行使手段还应当适度,公权力行使手段所增进的公共利益与其所造成的损害成比例,即公权力行使手段不得超过实现公权力行使目的所必须的程度。这就要求在设计公力救助程序时,应该构建问题金融机构公力救助的事前与事后评估程序,以了解和判断公力救助行为是否适当、必要和适度。

三是合理容忍原则。世界上并不存在绝对的东西,权力、权利和自由也不例外。法治状态下,既没有绝对的权力,也没有绝对的权利与自由,因为保护个体的绝对自由必然意味着限制大多数人的自由。① 法治要实现的是在相互冲突的权力、权利之间,尤其是在个体权利和整个社会权利之间的平衡。因此,要实现救助权力与市场主体权利之间的均衡,还需要立足合理容忍原则,衡量利弊轻重,推进妥协和让步。当公共安全与个体权利发生冲突时,应容忍个体权利一定程度的让步,从而实现更重要的法益——公共安全。就如约翰·格雷所言:"如果承认边际限制的分量有大有小,也就不可避免地暗示:较轻度的违犯权利有时是允许的,甚至是需要的,如果必须这么做以阻止较大程度地违犯这种权利或其他权利的话。"② 为确保这种妥协和让步的必要性与正义性,在问题金融机构公力救助的程序安排上,就应确立相关的妥协和让步标准。这就需要在问题金融机构公力救助程序中引入成本收益分析程序,明确公力救助的成本与收益,从而决定市场个体权利是否应让步于公共安全权益。

(二)确保救助程序的运行效率

尽管问题金融机构公力救助的程序设计可以为公力救助提供获得正确性与正当性的方式,但是公力救助程序的运行始终是为公力救助目的服务的,没有公力救助目的——维护金融稳定与安全的存在,公力救助程序也就成了无源之水,无本之木。如果说目的和程序是一个事物的两个方面的话,那么目的就是事物的本质方面,而程序则是事物的形式方面,任何形式都必须服务于本质。问题金融机构公力救助之所以能够合法存在,根本原因在于问题金融机构的出现很可能会危害金融体系的稳定和安全,造成社会公共福利损失,因而公权力可以在特定条件

---

① 刘诗贵:《试析罗素的自由观》,《理论导刊》,2018年第6期,第102页。
② 约翰·格雷:《自由主义的两张面孔》,顾爱彬译,江苏人民出版社2002年版,第86页。

下介入和干预经营自由的企业。可是由于问题金融机构的出现与金融体系紊乱和社会公共福利损失之间没有必然的因果关系,即问题金融机构不是造成金融体系紊乱和社会公共福利损失的充分条件,因而政府公力救助决策的正确性与正当性并不能自然而然获得,它需要程序的帮助以获得正确性,从而实现法治的要求。可见,公力救助程序的功效只有在公力救助目的被确立好以后才能被体现出来,没有已经被确立好的目的,公力救助程序就成了毫无价值的东西。在此意义上,公力救助程序具有相对性,它是相对于目的而言,它的存在是为目的服务的。因此在设计公力救助程序时,就不能本末倒置,过于追求程序环节的完美性,而应该以程序结构的合理化、程序结果的效率化为重。在问题金融机构的出现很可能导致金融体系紊乱、社会公共福利损失的情况下,公力救助主体只有及时决策,才能及时消除不安定因素,化解系统性金融风险,这就要求公力救助决策必须效率化。

2007~2009 年金融危机的政府救助实践表明,如果公力救助决策机制不能效率化,即使决策正确,也会因为事态发展而造成实施时为时已晚。比如在 2007 年次贷危机初现端倪之际,作为最后贷款人的美联储只是开始向金融市场注入流动性,但力度明显不足,也没有关于问题金融机构的救助计划与预案。直到 2008 年 9 月雷曼兄弟破产,金融危机全面恶化,政府才在经历了"否认—愤怒—商讨—伤心"① 后不得不接受危机的爆发与恶化事实,才开始采取救助措施,出台问题资产救助计划(TARP 计划)。尽管 TARP 计划远较 20 世纪 30 年代针对"大危机"而出台的复兴金融公司计划(RFC 计划)和 20 世纪 80 年代针对"储蓄—贷款机构危机"而实施的资产重组托管公司计划(RTC 计划)来得及时和果断,但是从此次金融危机的发生发展过程看,正是政府救助决策的滞后性才导致危机彻底爆发乃至全面恶化。此外,政府在是否救助雷曼兄弟上的决策错误导致市场信心崩溃,金融危机恶化,使得后续公力救助的社会化成本大幅增加,这也从侧面反映出公力救助决策效率化的重要性。

因此,效率必须是公力救助程序设计的出发点,公力救助程序也必须以效率为基础。离开了效率,公力救助程序就丧失了实质意义,最终成为毫无价值的规则系统。从代理成本角度看,一切权力属于人民的国家权力性质也决定了,救助权力行使应该实现成本最小化和救助利益最大化,这就使得公力救助的程序设计也必须尽量减少成本,提高救助决策的效率。

另外,由于问题金融机构公力救助本身涉及海量复杂的经济金融信息,面对的是变幻莫测的经济金融形势,需要依赖技术专家的分析与判断,而各公力救助

---

① Summers L. H., "International Financial Crises Causes Prevention and Cures", *The American Economic Review*, Vol. 90, Issue 2, 2000, pp. 1 – 16.

主体恰好就主要是由具有专业优势的技术专家组成，在系统性金融风险产生迫在眉睫而亟须政府作为时，公力救助主体享有自由裁量权力也就顺理成章，公力救助程序的意义也在于控制自由裁量权力，使之法治化运行，因而确保公力救助程序运行效率也是公力救助主体自由裁量权力有效行使的要求。

（三）技术经验推进

问题金融机构公力救助的程序设计，不仅仅是法律问题，而且也是技术和经验问题。评判公力救助程序是否合理有效的关键，是看它能否有助于公力救助主体以正确的方式及时做出决策并实施，这就需要在现实发展中不断地总结经验教训，根据专业技术发展选择最优的技术工具，而单纯的立法推进模式显然无法满足此项要求。

在立法推进模式下，一般立法机关先就某一领域的立法问题确立立法规划，然后征集法学界的学术观点和法律实务界的立法建议，在此基础上形成法律草案。在对法律草案再次征集意见和反复审议的基础上，立法部门最后通过该项草案，促使草案变成生效的法律。这种制度的优点是不言而喻的，它可以将法学理论、国外法治经验吸收进法律条文中，使所通过的法律具有前瞻性和指导性。然而在问题金融机构公力救助的程序制定上，却不宜完全适用此种模式，因为公力救助更多地涉及专业技术判断问题，且与专业发展程度息息相关，立法机关不具备专业背景，即使有咨询过程，也难以时时把握专业变化，从而导致立法的滞后性。不止于此，立法上的制度安排虽在理论上是合理的，也有西方国家的经验印证，但由于没有在中国实际实施，人们无从观察这些制度的实施效果，无法科学评估它的积极作用和消极影响，导致立法带有明显的冒险性。因此，问题金融机构公力救助的程序制定，应由立法给出基本框架，然后由各公力救助主体在实践中充实、细化、完善，待经过科学观察和评估后，立法部门再将那些经过实践探索被证明行之有效的制度确立下来，并将其转化为法律规范，这也符合法律的本质要求：法律的生命不在于颁布，而在于得到有效的实施。①

现阶段我国问题金融机构公力救助制度尚未完全建立，公力救助程序更是语焉不详，这就造成我国救助权力行使极为任意和不规范，与法治国家、法治政府的要求甚远。而法治本身又具有现实主义倾向，它总是根据不同历史条件和社会状况，对自由与限制、权力与权利、权利与权利、权利与义务等方面进行着动态平衡。② 因此要实现我国问题金融机构公力救助的法治化，在公力救助程序设计上，也必须采取现实主义精神，以技术经验推进为主要路径，立法上只规定公力

---

① 杜运泉：《法律的生命和权威在于实施》，《探索与争鸣》，2013 年第 10 期，第 17 页。
② 段海风：《新旧现实主义法学的内在价值及借鉴意义辨识》，《社会科学家》，2018 年第 8 期，第 127 页。

救助程序的基本框架,从而使公力救助既符合法治化要求,又能够满足现实发展的需要。

三、我国问题金融机构公力救助程序设计的基本框架

(一) 公力救助事前评估程序与成本和收益分析

对于问题金融机构的公力救助,一个突出的问题就是公力救助是否是导致整个金融体系最终稳定与安全的近因①,尤其在付出了巨额救助成本的情况下,成本支出与收益获得是否适度和适当,这一问题的回答将直接关系到公力救助行为是否实现了预期目的,直接决定救助权力行使是否具有正确性与正当性,而公权力行使的正当性正是法治的核心和灵魂。问题金融机构公力救助程序,作为救助权力行使正确性的获得方式,必须为此做出回应。

在问题金融机构公力救助程序设计上,建议确立以成本和收益分析为核心的事前公力救助评估程序,以确定公力救助的正确性与正当性。成本和收益分析评估以公力救助成本的正当性,或者公力救助收益要超过成本为基本原则,通过成本最小化和收益最大化带来的社会净福利最大化,衡量公力救助行为的必要性。以成本和收益分析为核心的公力救助事前评估程序,运用由统计等手段形成的数据材料信息,主要通过数学计量方式估算公力救助决策以维护金融体系稳定,促进资源优化配置,促使社会福利水平提高,并在可行的救助方案中选择救助成本最小、社会收益最大的方案,这显然使公力救助行为具备了正当性。具体而言,公力救助事前评估的成本收益分析,应包括以下内容。

首先,要进行问题金融机构公力救助的成本预估。公力救助成本基于不同的标准可以有不同的分类。比如根据公力救助成本的来源,可以分为直接成本和间接成本。直接成本就是公力救助决策做出后实际要支出的费用,间接成本则是受到公力救助决策影响的金融市场、机构和消费者所可能遭受的损失。② 当然也可以将救助成本按照性质的不同,分为:预算成本,即公力救助决策需要动用的公共资源成本;交易成本,即公力救助决策实施的成本;调整成本,即受到公力救助决策影响的金融机构、消费者为适应公力救助决策实施产生的成本;机会成本,即公力救助决策做出并实施后所造成的另一种资源用途的损失。上述成本预估往往会因为数据收集与量化的困难而无法全部采用统计方式获得,因此公力救助成本的预估需要定量和定性相结合的方式来实现。

其次,要对问题金融机构公力救助后可能产生的收益进行预估。收益可以分

---

① 近因,通常指导致某项结果出现的不可或缺的原因。对于适用近因原则,有不同的认定标准。王爱军:《保险近因原则实证辨析》,《重庆社会科学》,2018年第3期,第67页。

② 林欣:《金融危机救助方案与成本分担机制分析》,《财经科学》,2010年第9期,第19页。

为市场直接收益和社会间接收益,对于短期内产生的收益可以直接评估,而在较长时期内产生的收益,则要通过贴现的办法将未来收益折算为现值,以方便比较。因此,选取合适的贴现率就十分重要。当然,限于客观实际和技术发展水平,一些公力救助收益同样也无法量化,而单纯的计量预估也无法准确地衡量公力救助的收益,因此公力救助收益的分析,也不应排除定性分析方法的运用。只有将定性与定量相结合的成本和收益分析,才能较为全面地把握公力救助的成本收益,从而使问题金融机构公力救助事前评估具有相应的准确性。

最后,进行问题金融机构公力救助事前评估时,还应适用比例原则。当公力救助决策对市场以外因素造成的影响在所有造成的影响中比例很小时,就没有必要投入大量资源对其影响价值进行评估,这样可以通过识别影响程度从而控制评估成本,提高评估效率。同时,将侧重点放在分析公力救助决策给市场造成的各种影响上,更有助于确定公力救助行为的正当性。

(二)公众参与与信息披露

由于问题金融机构公力救助是公权力在一定条件下对自由经营的问题金融机构的介入和干预,因而违背市场经营原则与市场竞争规律,是市场经济体制运行的例外,因此法治原则要求公权力行使必须非常慎重,只有在穷尽私力救助手段而仍然不能化解金融风险时,公权力才能介入。此时公权力的介入并不意味着必须马上动用公共资源注资使问题金融机构国有化,而是首先为不能达成一致的私力救助方案提供可能的政府帮助。在此意义上,问题金融机构的公力救助也需要公众参与,这里的公众主要指能够对问题金融机构进行私力救助的相关金融机构。有时私立救助之所以无法成功,主要原因在于参与救助的私营机构各有打算,此时就需要公力救助主体出面引导、协调,并在法律允许范围内给予相应帮助。需要着重强调的是,此时的公权力介入问题金融机构的私力救助,并不是公权力直接扭曲私营机构的意志,强迫私营机构服从公力救助主体的命令,而是对于私营机构救助发挥组织协调、引导帮助作用,从而促成私力救助的达成。只有在公权力介入也无法帮助私营机构完成私力救助的情况下,公权力对问题金融机构的干预程度才会逐步加深,直至最后直接注资与国有化。

在问题金融机构公力救助中,信息披露也很重要,它是公权力运行法治化的重要保证。由于救助权力行使涉及公共资源的使用,而公共资源由全体公民提供,其使用关系到全民福祉,而且公力救助的目的也在于维护整个金融体系的稳定与安全这一公共利益,因而公力救助具有明显的公共服务功能,自然作为代理人的政府必须要向委托人——全体公民公开公力救助信息。而救助权力也可以在信息披露中遏制其自我膨胀和暗箱操作倾向,使公权力行使始终在法律范围之内,从而符合法治的要求。

当然,问题金融机构公力救助信息披露也必须讲究时机和条件。如果公力救助信息被过早披露,无疑会导致问题金融机构以及其他金融机构的道德风险,在金融市场中形成负向的激励机制,纵容与鼓励金融机构追求高风险行为,从而导致市场危机重现,加剧政府负担。因此公力救助信息在决策做出前可以不披露,以避免道德风险。然而一旦做出公力救助决策,决策做出以及实施过程中的信息和实施后的信息就必须严格披露,这样才能确保社会公众对救助权力的监督,促使公权力始终法治化运行。

(三) 公力救助事后影响评估程序

如果说问题金融机构公力救助事前评估程序决定了公力救助是否启动,那么公力救助实施完成之后的事后影响评估程序则是公力救助正式完结的标志。公权力行使必须具有合法性和正当性,这是法治的必然要求。由于问题金融机构公力救助行为与整个金融体系的稳定与安全没有必然的近因关系,事前评估程序也只是提供了获得公力救助行为逻辑上正确的方式,因此公力救助行为的正当性最终还需要救助结果来验证。问题金融机构公力救助的事后影响评估,与事前评估相比,主要是基于事实而不是事前预测的数据来进行公力救助的效果验证,以检验公力救助决策的有效性。同时,通过与事前评估的对照,还有助于改进公力救助的事前评估,改善成本和收益分析方法,提高事前评估的准确性。显然,这种事后影响评估程序的执行,可以帮助公力救助主体积累公力救助经验和相关数据,改善公力救助决策的质量和效率。因此,建议我国问题金融机构公力救助引入事后影响评估程序,使公力救助在程序上形成一个完整的行为序列,并反映出公力救助行为结果上的美,而这也是公力救助行为正当性的要求。具体而言,公力救助事后影响评估程序应包括以下内容。

首先,确定具体评估主体,解决由谁评估的问题。鉴于中国人民银行将在问题金融机构公力救助中占据主导地位,且《中国人民银行法》赋予了中国人民银行"负责金融业的统计、调查、分析和预测"① 职责,中国人民银行与国务院其他金融监督管理机构也存在监督管理信息共享机制,因此由中国人民银行对公力救助进行事后影响评估是比较合理和可行的。当然,在地方问题金融机构的公力救助中,如果救助对象涉及地方金融监管对象,则事后影响评估的实施主体以地方金融监管部门为宜,因为只有实际参与了公力救助实践的主体才能更准确地把握数据,得出准确的结论。

其次,明确评估的监督主体,解决评估的效力问题。由于"自己不得做自己案件的法官",否则评估结果可能会缺乏客观公正性,因此必须要有相应的监督

---

① 参见:《中华人民共和国中国人民银行法》第四条第(十一)款。

机制对于公力救助实施主体的事后影响评估进行监督检查，以确保评估的有效性。在中央层面，国务院金融稳定发展委员会的成立，无疑为事后影响评估监督主体的确立创造了条件。国务院金融稳定发展委员会作为研究系统性金融风险防范处置和维护金融稳定重大政策的组织性金融协调机构，天然就负有监督审查公力救助事后影响的义务和责任，因此中央银行将事后影响评估报告提交国务院金融稳定发展委员会并向其负责是顺理成章的事情。至于地方公力救助的事后影响评估报告，则需要提交给国务院金融稳定发展委员会办公室的派出机构——中央银行各级分行或营管部，以实现对地方公力救助事后影响评估的监督检查。

再次，明确评估的具体内容，解决评估什么的问题。和事前评估程序不同，公力救助事后影响评估主要是用于衡量公力救助执行的效果如何以及是否有改进的空间，因此事后影响评估的重点内容就应包括：第一，评估公力救助对金融市场和经济产生的实际影响，包括宏观影响和微观影响。从宏观层面看，就是评估公力救助是否起到了维护金融体系和经济体系稳定的作用，确保了市场功能的正常发挥。从微观层面看，则要评估公力救助对金融市场主体的实际影响，无论是直接影响还是间接影响，积极影响还是消极影响，都属于评估范畴。尤其是公力救助对市场主体产生的道德风险更属于影响评估的核心内容。第二，评估公力救助过程中存在的问题。由于问题金融机构公力救助的偶然性、发展性与复杂性，相关法律规则也不可能事前做出事无巨细的规定，因而问题金融机构的公力救助更多时候是在法律原则指导下展开，且每一次救助方案都不相同。只有及时认真总结每次公力救助行为的问题或错误，汲取经验教训，才能不断提升公力救助主体的有效救助能力，实现公力救助的最优解。这就决定了公力救助的事后影响评估，必须将公力救助中的问题纳入评估的重点范畴。第三，评估公力救助对金融市场和经济实际产生的成本和收益。对公力救助是否实现了预期目标以及公力救助成本是否正当性的衡量，需要定量化的分析方法才更具说服力，其中成本和收益分析是比较常见的定量分析方法。只有根据事后影响评估实际确定的公力救助成本和收益，才能够最终确定本次公力救助的正当性和正确性。当然，这里进行的成本和收益评估也属于前述实际影响评估的内容。

最后，确定评估的方法，解决如何评估的问题。鉴于公力救助行为的正当性主要取决于成本和收益的衡量，而定量分析方法可以更准确、更客观地衡量此次公力救助的成本和收益，因此定量分析方法应该是公力救助事后影响评估必须采纳的评估方法。不过由于数据采集的复杂性与困难性，而且有些影响无法使用数据指标进行量化，因此定性分析方法也不可或缺。总结而言，公力救助的事后影响评估应采用定量分析与定性分析相结合的方式，以保证事后影响评估的准确性和客观性。

参考文献

一、中文类参考文献

(一) 著作类

1. 威廉·N. 戈兹曼、K. 哥特·罗文霍斯特：《价值起源》，王宇、王文玉译，万卷出版公司 2010 年版。
2. 霍华德·马克斯：《周期》，刘建位译，中信出版集团 2019 年版。
3. 罗斯·玛利亚·拉斯特拉：《跨国银行破产》，苏洁澈、彭丽珊、吴桐等译，中国社会科学出版社 2017 年版。
4. 米歇尔·渥克：《灰犀牛：如何应对大概率危机》，王丽云译，中信出版社 2017 年版。
5. 纳西姆·尼古拉斯·塔勒布：《非对称风险：风险共担，应对现实世界中的不确定性》，周络华译，中信出版社 2019 年版。
6. 刘鹤：《两次全球大危机的比较研究》，中国经济出版社，2013 年版。
7. 美国金融危机调查委员会：《美国金融危机调查报告》，俞利军、丁志杰、刘宝成译，中信出版集团 2012 年版。
8. 查尔斯·P. 金德尔伯格：《疯狂、惊恐和崩溃：金融危机史》，朱隽、叶翔、李伟杰译，中国金融出版社 2017 年版。
9. 雅克·德·拉罗西埃：《金融危机五十年》，文晓荷译，中信出版社 2019 年版。
10. 本·伯南克：《行动的勇气：金融危机及其余波回忆录》，蒋宗强译，中信出版集团 2016 年版。
11. 蒂莫西·F. 盖特纳：《压力测试：对金融危机的反思》，益智译，中信出版社 2015 年版。
12. 安德鲁·罗斯·索尔金：《大而不倒》，巴曙松、陈剑译，四川人民出版社 2018 年版。

13. 罗伯特·J. 席勒：《非理性繁荣》，李心丹、俞红梅、陈莹译，中国人民大学出版社 2016 年版。

14. 阿德利安·巴克莱：《金融危机：成因、背景与后果》，王年咏译，东北财经大学出版社 2013 年版。

15. 张荔、罗春婵、孙颖：《金融危机救助：理论与经验》，中国金融出版社 2011 年版。

16. 李梦花：《银行脆弱性分析与金融危机的触发及救助》，经济科学出版社 2018 年版。

17. 轻部谦介、西野智彦：《日本的迷失崩溃：1996～1998》，兴全基金管理有限公司译，中信出版社 2018 年版。

18. 瑞·达利欧：《债务危机：我的应对原则》，赵灿、熊建伟、刘波译，中信出版社 2019 年版。

19. 艾伦·布林德：《当音乐停止之后：金融危机、应对策略与未来的世界》，巴曙松、徐小乐译，中国人民大学出版社 2014 年版。

20. 沈联涛：《十年轮回：从亚洲到全球的金融危机》，上海远东出版社 2017 年版。

21. 张杰：《中国金融制度的结构与变迁》，中国人民大学出版社 2011 年版。

22. 雷蒙德·W. 戈德史密斯：《金融结构与发展》，浦寿海、毛晓威、王巍译，中国社会科学出版社 1993 年版。

23. 厉以宁：《中国经济双重转型之路》，中国人民大学出版社 2013 年版。

24. 周永坤：《宪政与权力》，山东人民出版社 2008 年版。

25. 汪世银：《中国金融体制改革的理性思考》，中国财政金融出版社 2009 年版。

26. 维托·坦茨：《政府与市场：变革中的政府职能》，王宇译，商务印书馆 2014 年版。

27. 郑永年：《中国模式：经验与挑战》，中信出版集团 2016 年版。

28. 朱光磊：《现代政府理论》，高等教育出版社 2006 年版。

29. 李超、孙辉等：《中国市场经济建设中的财政与金融关系》，中国金融出版社 2009 年版。

30. 张荔、车辉：《转轨国家金融体制变迁》，中国金融出版社 2008 年版。

31. 曹正汉：《国家与市场关系的政治逻辑——当代中国国家与市场关系的演变（1949～2008）》，中国社会科学出版社 2014 年版。

32. 詹姆斯·威拉德·赫斯特：《美国史上的市场与法律》，郑达轩等译，法律出版社 2006 年版。

33. 杨旭：《中国渐进改革中的金融控制——基于金融史的视角》，经济科学出版社 2012 年版。

34. 凯尔森：《法与国家的一般理论》，沈宗灵译，中国大百科全书出版社 1996 年版。

35. 胡家勇等：《政府职能转变与政府治理转型》，广东经济出版社 2015 年版。

36. 禹贞恩：《发展型国家》，曹海军译，吉林出版集团有限责任公司 2008 年版。

37. 朱景文：《测量法治——中国法治指标研究》，法律出版社 2018 年版。

38. 张文显：《法哲学范畴研究》，中国政法大学出版社 2001 年版。

39. 布雷恩·Z. 塔玛纳哈：《论法治——历史、政治和理论》，李桂林译，武汉大学出版社 2010 年版。

40. 亚里士多德：《政治学》，吴寿彭译，商务印书馆 1983 年版。

41. 严存生：《西方法哲学问题史研究》，中国法制出版社 2013 年版。

42. 让—皮埃尔·戈丹：《何谓治理》，钟震宇译，社会科学文献出版社 2010 年版。

43. 俞可平：《治理与善治》，社会科学文献出版社 2000 年版。

44. 史蒂芬·布雷耶：《规制及其改革》，李洪雷等译，北京大学出版社 2008 年版。

45. 罗纳德·H. 科斯：《企业、市场与法律》，盛洪、陈郁译，格致出版社 2014 年版。

46. 张维迎：《法律与社会规范》，载吴敬琏主编，《比较》，中信出版社 2004 年版。

47. 胡税根：《公共管理学》，中国社会科学出版社 2014 年版。

48. 谢世宪：《论公法上之比例原则》，载城仲模主编：《行政法之一般法律原则》，三民书局 1994 年版。

49. 蒋红珍：《论比例原则——政府规制工具选择的司法评价》，法律出版社 2010 年版。

50. 卡尔·拉伦茨：《法学方法论》，陈爱娥译，商务印书馆 2003 年版。

51. 白钦先：《金融可持续发展研究导论》，中国金融出版社 2001 年版。

52. 杨德勇：《金融效率论》，中国金融出版社 1999 年版。

53. 乌尔里希·贝克：《风险社会》，何博文译，译林出版社 2004 年版。

54. 李昌麒：《经济法学》，法律出版社 2012 年版。

55. 金泽良雄：《经济法概论》，满达人译，甘肃人民出版社 1985 年版。

56. 张守文、于雷：《市场经济与新经济法》，北京大学出版社1993年版。

57. 李昌麒：《经济法理念研究》，法律出版社2009年版。

58. 伯纳德·施瓦茨：《美国法律史》，王军译，中国政法大学出版社1997年版。

59. 卡罗尔·哈洛、理查德·罗林斯：《法律与行政（上卷）》，杨伟东等译，商务印书馆2004年版。

60. 尼克拉斯·卢曼：《法社会学》，宾凯、赵春燕译，上海人民出版社2013年版。

61. 杰弗里·M. 霍奇逊：《演化与制度：论演化经济学和经济学的演化》，任荣华译，中国人民大学出版社2007年版。

62. 凯斯·R. 孙斯坦：《风险与理性：安全、法律及环境》，师帅译，中国政法大学出版社2005年版。

63. 刘锡良等：《中国经济转轨时期金融安全问题研究》，中国金融出版社2004年版。

64. 吴敬琏：《当代中国经济改革》，上海远东出版社2003年版。

65. 李扬、王国刚、王松奇：《中国金融法治报告（2009）》，上海科学文献出版社2009年版。

66. 王广谦、应展宇、汪世银：《中国金融改革：历史经验与转型模式》，中国金融出版社2008年版。

67. 邓小平：《邓小平文选（第3卷）》，人民出版社1993年版。

68. 诺内特·赛尔兹尼克：《转变中的法律与社会：迈向回应型法》，张志铭译，中国政法大学出版社1994年版。

69. H. L. A. 哈特：《法律的概念》，徐家馨、李冠宜译，法律出版社2006年版。

70. 季卫东：《法治秩序的建构》，中国政法大学出版社1999年版。

71. 川岛武宜：《现代化与法》，王志安等译，中国政法大学出版社1994年版。

72. 威廉·韦德：《行政法》，徐炳等译，中国大百科全书出版社1997年版。

73. 劳伦斯·M. 弗里德曼：《法律制度——从社会科学角度观察》，李琼英、林欣译，中国政法大学出版社2004年版。

74. 艾麦德·莫萨：《大而不倒之谜》，周世愚、吴晓雪译，中国金融出版社2015年版。

75. 罗伯特·席勒：《新金融秩序：如何应对不确定的金融风险》，东宇译，中信出版社2014年版。

76. 弗雷德里克·巴斯夏：《财产、法律与政府》，姚中秋译，商务印书馆 2018 年版。

77. 吴少新：《中央银行概论》，陕西人民出版社 1994 年版。

78. 博迪·莫顿：《金融学》，伊志宏译，中国人民大学出版社 2000 年版。

79. 中国人民银行西安分行：《最后贷款人与金融稳定》，经济科学出版社 2007 年版。

80. 丹尼斯·朗：《权力论》，陆震纶、郑明哲译，中国社会科学出版社 2001 年版。

81. 洛克：《政府论（下篇）》，叶启芳、瞿菊农译，商务印书馆 1964 年版。

82. 邓正来、J. C. 亚历山大：《国家与市民社会———一种社会理论的研究路径》，上海人民出版社 2006 年版。

83. 苏力：《法治及其本土资源》，中国政法大学出版社 1996 年版。

84. 昂格尔：《现代社会的法律》，吴玉章、周汉华译，中国政法大学出版社 1994 年版。

85. 孟德斯鸠：《论法的精神》，徐明龙译，商务印书馆 2012 年版。

86. 马克斯·韦伯：《经济与社会（上卷）》，林荣远译，商务印书馆 1997 年版。

87. 博登海默：《法理学：法哲学及其方法》，邓正来译，华夏出版社 1987 年版。

88. 唐丽萍：《中国地方政府竞争中的地方治理研究》，上海人民出版社 2010 年版。

89. 胡建淼：《行政法学》，法律出版社 2015 年版。

90. 姜明安：《行政法》，北京大学出版社 2017 年版。

91. 甘文：《行政与法律的一般原理》，中国法制出版社 2002 年版。

92. 杨利敏：《行政法与现代国家之构成》，北京大学出版社 2016 年版。

93. 罗豪才：《软法的理论与实践》，北京大学出版社 2010 年版。

94. 汪彤：《政府权力悖论与中国经济转轨》，中国发展出版社 2010 年版。

95. R. M. 昂格尔：《现代社会中的法律》，吴玉章、周汉华译，译林出版社 2001 年版。

96. 庞德：《通过法律的社会控制———法律的任务》，沈宗灵、董世忠译，商务印书馆 1984 年版。

97. 斯蒂格利茨：《政府为什么干预经济》，郑秉文译，中国物资出版社 1998 年版。

98. 徐明月：《经济法学论点要览》，法律出版社 2000 年版。

99. 李昌麒：《经济法——国家干预经济法的形式》，四川人民出版社 1999 年版。

100. 波斯纳：《法律的经济分析》，蒋兆康译，中国大百科全书出版社 1997 年版。

101. 罗伯特·考特、托马斯·尤伦：《法和经济学》，张军等译，上海人民出版社 1994 年版。

102. 方福前：《公共选择理论——政治的经济学》，中国人民大学出版社 1996 年版。

103. 理查德·布隆克：《质疑自由市场经济》，林季红译，江苏人民出版社 2000 年版。

104. 魏琼：《西方经济法发达史》，北京大学出版社 2006 年版。

（二）论文类

105. 黎四奇：《问题金融机构界定法律问题透视》，《湖南大学学报（社会科学版）》，2015 年第 4 期。

106. 巫文勇：《问题金融机构国家救助法律边界界定》，《法学论坛》，2015 年第 1 期。

107. 刘俊：《各国问题金融机构处理的比较法研究》，华东政法学院博士学位论文，2007 年。

108. 王广谦：《我国金融体制演进与改革的逻辑起点》，《改革》，2008 年第 2 期。

109. 刘迎霜：《中国金融体制改革历程——基于金融机构、金融市场、金融监管视角的叙述》，《南京社会科学》，2011 年第 4 期。

110. 刘志伟：《地方政府参与金融监管法治论》，西南政法大学博士学位论文，2017 年。

111. 邵传林：《中国式分权、市场化进程与经济增长》，《统计研究》，2016 年第 3 期。

112. 朱长存：《地方分权、晋升激励与经济增长——基于文献的思考》，《社会科学战线》，2009 年第 4 期。

113. 燕继荣：《分权改革与国家治理》，《学习与探索》，2015 年第 1 期。

114. 易宪容：《金融的本源、本质及危机》，《探索与争鸣》，2018 年第 12 期。

115. 许多奇：《金融科技的"破坏性创新"本质与监管科技新思路》，《东方法学》，2018 年第 2 期。

116. 中国人民银行广州分行课题组：《中美金融科技发展的比较与启示》，

《南方金融》，2017年第5期。

117. 易宪容：《金融科技的内涵、实质及未来发展——基于金融理论的一般性分析》，《江海学刊》，2017年第2期。

118. 胡援成：《对外开放中的金融稳定与金融安全：一个文献综述》，《广东金融学院学报》，2008年第2期。

119. 刘吕科、张定胜、邹恒甫：《金融系统性风险衡量研究最新进展述评》，《金融研究》，2012年第11期。

120. 欧阳红兵、刘晓东：《中国金融机构的系统重要性及系统性风险传染机制分析——基于复杂网络视角》，《中国管理科学》，2015年第10期。

121. 冯果：《金融法的"三足定理"及中国金融法制的变革》，《法学》，2011年第9期。

122. 邢会强：《国务院金融稳定发展委员会的目标定位与职能完善》，《法学评论》，2018年第3期。

123. 邢会强：《金融危机治乱循环与金融法的改进路径——金融法中"三足定理"的提出》，《法学评论》，2010年第5期。

124. 钟辉勇、陆铭：《财政与金融分家：中国经济"去杠杆"关键》，《探索与争鸣》，2017年第9期。

125. 魏伟、陈骁、张明：《中国金融系统性风险：主要来源、防范路径与潜在影响》，《国际经济评论》，2018年第3期。

126. 唐彦斌、谢识予：《刚性兑付的经济学本质探究及影响分析》，《商业经济研究》，2015年第4期。

127. 李将军、范文祥：《金融理财产品"刚性兑付"困局的成因及其化解》，《现代经济探讨》，2014年第11期。

128. 刘杨：《正当性与合法性概念辨析》，《法制与社会发展》，2008年第3期。

129. 张维：《系统性金融风险的历史考察与防范对策》，《南京审计大学学报》，2018年第2期。

130. 胡玉鸿：《"失败者正义"原则与弱者权益保护》，《中国法学》，2014年第5期。

131. I.库苏拉蒂：《正义：社会正义和全球正义》，《世界哲学》，2010年第2期。

132. 徐爱国：《亚里士多德法律正义论的思想史探索》，《中外法学》，2004年第4期。

133. 孙颖：《金融危机政府救助：理论与实践》，辽宁大学博士学位论文，

2010 年。

134. 张立先：《金融应急管理的法律规制研究》，山东大学博士学位论文，2012 年。

135. 杨雪冬：《全球化、风险社会与复合治理》，《马克思主义与现实》，2004 年第 4 期。

136. 杨春福：《风险社会的法理解读》，《法制与社会发展》，2011 年第 6 期。

137. 成伯清：《"风险社会"视角下的社会问题》，《南京大学学报（哲学·人文科学·社会科学）》，2007 年第 2 期。

138. 程岩：《风险规制的刑法理性重构——以风险社会理论为基础》，《中外法学》，2011 年第 1 期。

139. 张文霞、赵延东：《风险社会：概念的提出及研究进展》，《科学与社会》，2011 年第 2 期。

140. 王丽：《金融脆弱性：微观机制与治理路径》，南开大学博士学位论文，2009 年。

141. 黄金老：《论金融脆弱性》，《金融研究》，2001 年第 3 期。

142. 伍志文：《中国金融脆弱性：综合判断及对策建议》，《国际金融研究》，2002 年第 8 期。

143. 工玉、陈柳钦：《金融脆弱性理论的现代化发展及文献评述》，《贵州社会科学》，2006 年第 5 期。

144. 王东风：《国外金融脆弱性理论研究综述》，《国外社会科学》，2007 年第 5 期。

145. 张元：《金融脆弱性形成机理及其在中国的表现：流动性错配视角》，《技术经济与管理研究》，2015 年第 9 期。

146. 向新民：《对金融脆弱性的再认识》，《浙江学刊》，2005 年第 1 期。

147. 许友传：《金融体系的结构脆弱性及其系统性风险》，《复旦学报（社会科学版）》，2018 年第 4 期。

148. 檀江来：《中国有问题金融机构处置研究》，复旦大学博士学位论文，2008 年。

149. 曹远征：《对我国金融体制改革的回顾与展望》，《开放导报》，2008 年第 1 期。

150. 文炳勋：《新中国金融体制的历史演进》，《中共党史研究》，2006 年第 4 期。

151. 刘芬：《公共财政救助问题银行法律制度研究》，华东政法大学硕士学位论文，2013 年。

152. 巫文勇、张姝：《问题金融机构私力救助及其法律制度完善》，《武陵学刊》，2015 年第 4 期。

153. 李智军：《问题金融机构救助及市场退出机制研究》，湖南大学硕士学位论文，2001 年。

154. 高兰根、王晓中：《中国金融制度演进的逻辑与困境——兼论民营经济融资困境的制度根源》，《金融研究》，2006 年第 6 期。

155. 张杰：《我国金融体制改革的演进轨迹与取向观察》，《改革》，2018 年第 5 期。

156. 刘晓勇：《监管者的视角——金融体制改革 30 年回顾与展望》，《经济社会体制比较》，2008 年第 4 期。

157. 胡鹏：《险资举牌上市公司法律监管规制的反思与完善》，《商业研究》，2017 年第 9 期。

158. 张领伟：《保险公司风险处置研究》，南开大学博士学位论文，2010 年。

159. 高萍：《50 年来中国政府经济职能的变化与启示》，《中国经济史研究》，2002 年第 4 期。

160. 胡鹏翔：《融资性担保公司监管法律问题探讨——华鼎担保事件引发的思考》，《国家行政学院学报》，2013 年第 1 期。

161. 王志鹏：《保险监管新格局》，《财富》，2018 年第 5 期。

162. 宋世明：《从公共行政迈向公共管理——当代西方行政改革的基本发展趋势》，《国家行政学院学报》，2018 年第 1 期。

163. 陈振明：《评西方的"新公共管理"范式》，《中国社会科学》，2000 年第 6 期。

164. 陈庆云等：《公共管理理念的跨越：从政府本位到社会本位》，《中国行政管理》，2005 年第 4 期。

165. 万柯、王丽慧：《关于政府隐性担保问题的研究》，《湖北社会科学》，2009 年第 6 期。

166. 薄伟康、蒙剑：《我国金融领域隐性担保退出研究》，《上海金融》，2007 年第 8 期。

167. 汤凌霄：《我国经济转型期隐性最后贷款人问题研究》，《金融研究》，2005 年第 12 期。

168. 吕爱权：《中国制度变迁的"路径依赖"探析》，《山东大学学报（哲学社会科学版）》，2003 年第 1 期。

169. 皮天雷：《中国金融制度变迁分析：基于制度变迁的路径依赖视角》，

《经济与管理研究》，2009年第9期。

170. 王平：《新形势下我国金融监管改革与完善》，《法学杂志》，2011年第10期。

171. 何佳：《金融危机与政府救助》，《中国金融》，2015年第19期。

172. 杨秀云、史武男：《我国金融安全网的制度设计与现实选择》，《甘肃社会科学》，2017年第3期。

173. 闫海：《我国问题金融机构接管制度的梳理与重构》，《北方论丛》，2009年第5期。

174. 郭艳芳：《从存款保险制度角度谈我国金融安全网的完善》，《财会月刊》，2018年第11期。

175. 谭袁：《论经济权力的配置》，《河北法学》，2017年第8期。

176. 徐清飞：《我国中央与地方权力配置基本理论探索——以对权力属性的分析为起点》，《法制与社会发展》，2012年第3期。

177. 徐靖：《论法律视域下社会公权力的内涵、构成及价值》，《中国法学》，2014年第1期。

178. 张立国：《权力运行法治化：国家治理体系现代化的关键》，《吉首大学学报（社会科学版）》，2015年第3期。

179. 杨志勇：《重新认识中央和地方财政关系》，《地方财政研究》，2017年第10期。

180. 袁朝辉：《广发行重组变数》，《中国企业家》，2006年第18期。

181. 章于芳：《中美银行接管法律制度探究与比较》，《上海金融》，2009年第12期。

182. 管斌、管杰：《论我国金融机构接管的法律涵义》，《银行与企业》，1999年第10期。

183. 周黎安：《中国地方官员的晋升锦标赛模式研究》，《经济研究》，2007年第7期。

184. 张杰：《中国金融体系偏向性发展的典型特征、错配效应与重构路径》，《探索与争鸣》，2018年第1期。

185. 王兆星：《高风险金融机构的处置与退出机制》，《中国金融》，2015年第11期。

186. 赵瑞芬：《央行准财政活动成本测算与治理研究》，《技术经济与管理研究》，2017年第2期。

187. 陈野华、邹瑾：《央行"准财政"操作损失与国有银行改革成本的最终承担》，《改革》，2008年第4期。

188. 曹军新：《论我国再贷款制度的变迁及其金融稳定功能的拓展》，《武汉金融》，2009年第8期。

189. 余劲松：《公开透明制度建设与国家治理现代化》，《法制与社会发展》，2014年第5期。

190. 汤凌霄、樊小峰：《论我国最后贷款人制度的模糊与透明》，《求索》，2007年第9期。

191. 杨云成：《制度反腐的新阶段：推动权力公开透明运行》，《理论导刊》，2015年第2期。

192. 王娅：《政府信息公开视域下的"透明"论析》，《华中科技大学学报》，2018年第4期。

193. 陈武明：《权力的制约监督一定要有新突破》，《红旗文稿》，2015年第2期。

194. 相丽玲、王晴：《信息透明度制度范式的演进及其法理基础》，《情报科学》，2014年第3期。

195. 汤凌霄：《最后贷款人理论评析》，《经济学动态》，2005年第6期。

196. 朱玲：《从公共权力透明化看公共问责机制建设》，《人民论坛》，2016年第1期。

197. 蒋建湘：《论预防腐败的行政程序法治之路》，《政治与法律》，2014年第12期。

198. 陈瑞华：《论程序正义价值的独立性》，《法商研究》，1998年第2期。

199. 林欣：《金融危机政府救助措施的比较与启示——既有政治制度视角的分析》，《现代财经》，2012年第7期。

200. 龙宗智、袁坚：《深化改革背景下对司法行政化的遏制》，《法学研究》，2014年第1期。

201. 卢中原：《中国经济发展应警惕行政化回潮和平庸化》，《当代财经》，2017年第1期。

202. 石佑启：《我国行政体制改革法治化研究》，《法学评论》，2014年第6期。

203. 黎念青、温春娟：《从全能政府向有限政府转型：北京的发展和不足》，《北京社会科学》，2004年第3期。

204. 杨海坤、樊响：《法治政府：一个概念的简明史》，《法律科学（西北政法大学学报）》，2016年第1期。

205. 郑方辉、卢扬帆：《法治政府建设及其绩效评价体系》，《中国行政管理》，2014年第6期。

206. 朱最新:《论全能政府的法律特征》,《求实》,2005 年第 8 期。

207. 胡杨、唐丽娜:《从全能政府到有限政府——市场经济对政府机构改革的必然选择》,《西北大学学报(哲学社会科学版)》,2001 年第 1 期。

208. 王霄燕:《西方法治社会成因论》,《山西大学学报(哲学社会科学版)》,2012 年第 1 期。

209. 张志铭、于浩:《现代法治释义》,《政法论丛》,2015 年第 1 期。

210. 黄学贤:《法治政府的内在特征及其实现——〈中共中央关于全面推进依法治国若干重大问题的决定〉解读》,《江苏社会科学》,2015 年第 1 期。

211. 吕朝辉:《论我国社会主义法治文明的历史演变逻辑》,《学术探索》,2015 年第 9 期。

212. 张乾友:《论政府在社会治理行动中的三项基本原则》,《中国行政管理》,2014 年第 6 期。

213. 伍俊斌:《论当代政府建构的四个转变》,《黑龙江社会科学》,2009 年第 4 期。

214. 施雪华:《"服务型政府"的基本涵义、理论基础和建构条件》,《社会科学》,2010 年第 2 期。

215. 郭克莎:《中国工业化的进程、问题与出路》,《中国社会科学》,2000 年第 3 期。

216. 赵前前:《我国政府管理机制设计研究》,《商业时代》,2011 年第 10 期。

217. 谭兴中:《论政府管理机制创新》,《江西社会科学》,2002 年第 9 期。

218. 何显明:《政府转型与现代国家治理体系的建构——60 年来政府体制演变的逻辑》,《浙江社会科学》,2013 年第 6 期。

219. 石佑启、杨治坤:《中国政府治理的法治路径》,《中国社会科学》,2018 年第 1 期。

220. 王亚范、阎如恩:《行政公开概念辨析》,《东北师大学报(哲学社会科学版)》,2004 年第 1 期。

221. 姜波、刘进军:《中国政府行政体制改革的路径选择》,《电子政务(学术篇)》,2015 年第 3 期。

222. 焦石文:《公民社会的兴起与中国社会动力机制转型》,《学习论坛》,2012 年第 9 期。

223. 王万华:《大数据时代与行政权力运行机制转型》,《国家行政学院学报》,2016 年第 2 期。

224. 魏治勋、李安国:《当代中国的政府治理转型及其进路》,《行政论坛》,

2015年第5期。

225. 孙培军、丁远朋：《国家治理机制转型研究——基于运动式治理的视角》，《江西师范大学学报（哲学社会科学版）》，2015年第2期。

226. 高秉雄、张江涛：《公共治理：理论缘起与模式变迁》，《社会主义研究》，2010年第6期。

227. 王利明：《法治：良法与善治》，《中国人民大学学报》，2015年第2期。

228. 吴汉东：《国家治理现代化的三个维度：共治、善治与法治》，《法制与社会发展》，2014年第5期。

229. 薄贵利：《推进政府治理现代化》，《中国行政管理》，2014年第5期。

230. 张文显：《法治与国家治理现代化》，《中国法学》，2014年第4期。

231. 袁明旭：《国家治理体系视阈下公共危机治理现代化研究》，《贵州社会科学》，2018年第3期。

232. 席涛：《立法评估：评估什么和如何评估（上）》，《政法论坛》，2012年第5期。

233. 唐士其：《治理与国家权力的边界——理论与梳理与反思》，《湖北行政学院学报》，2018年第6期。

234. 张文显：《中国法治40年：历程、轨迹和经验》，《吉林大学社会科学学报》，2018年第5期。

235. 张丽娟、张振安：《论地方行政立法后评估主体制度的完善》，《经营与管理》，2019年第8期。

236. 杨储华：《理性的法治与人治》，《河北法学》，2010年第9期。

237. 陈瑞华：《程序价值理论的四个模式》，《中外法学》，1996年第2期。

238. 张辉：《"程序正当性"视域下的"法律理性化"——基于韦伯的法律社会学思想》，《苏州大学学报（哲学社会科学版）》，2018年第3期。

239. 段海风：《新旧现实主义法学的内在价值及借鉴意义辨识》，《社会科学家》，2018年第8期。

240. 方添智：《规则导向与原则导向：当代金融监管模式的缺陷与解决对策》，《甘肃政法学院学报》，2011年第1期。

241. 胡光志、靳文辉：《论法律的不完备性及其克服》，《理论与改革》，2009年第2期。

242. 徐成刚：《法律、执法与金融监管——介绍"法律的不完备性"理论》，《经济社会体制比较》，2001年第5期。

243. 张莉莉、高萌：《论地方金融监管法律规制的完善——以温州民间金融管理条例为借鉴》,《行政与法》,2014年第11期。

244. 石柏林、彭澎:《金融监管权控制的法学之维》,《财经理论与实践》,2009年第5期。

245. 李海洋:《金融监管改革背景下的地方金融监管协调机制研究》,《北方金融》,2019年第5期。

246. 周丹、金雪军:《区域金融发展制度及其特征属性的国际比较》,《经济体制改革》,2014年第2期。

247. 刘良、钟秀琴、彭方平:《区域性系统性银行危机中的政府干预案例分析》,《内江师范学院学报》,2016年第10期。

248. 张亚斌、黄吉林、曾峥:《城市群、"圈层"经济与产业结构升级——基于经济地理学理论视角的分析》,《中国工业经济》,2006年第12期。

249. 张立国:《国家治理现代化中的公共权力边界调整》,《吉首大学学报(社会科学版)》,2016年第4期。

250. 刘述良:《中国公共权力结构的失范治理与制度分析》,《深圳大学学报(人文社会科学版)》,2014年第4期。

251. 张守文:《政府与市场关系的法律调整》,《中国法学》,2014年第5期。

252. 谢延:《规则差异:司法裁量与法律原则》,《社会科学研究》,2013年第2期。

253. 约瑟夫·拉兹:《法律原则与法律的界限》,雷磊译,《比较法研究》,2009年第6期。

254. 韩庆祥:《政府主导与国家治理》,《毛泽东邓小平理论研究》,2014年第10期。

255. 程华:《主权在民:源流与反思》,《法制与社会发展》,2003年第6期。

256. 秦颐:《双层金融监管体制:国际经验与构想》,《上海金融》,2014年第6期。

257. 付秋虹:《系统重要性金融机构监管的国际经验与启示》,《福建金融》,2019年第2期。

258. 周雪光:《从"黄宗羲定律"到帝国的逻辑:中国国家治理逻辑的历史线索》,《开放时代》,2014年第4期。

259. 冬晓:《风险监管是金融监管的核心》,《中国金融家》,2011年第2期。

260. 常健:《论金融稳定的含义、法律特征与法律限度》,《安徽大学学报

（哲学社会科学版）》，2011年第5期。

　　261. 刘鹏：《比较公共行政视野下的监管型国家建设》，《中国人民大学学报》，2009年第5期。

　　262. 刘如翔：《反思与重构：论我国国有金融资本出资人代表制度的完善》，《中国证券期货》，2010年第4期。

　　263. 周建军：《比较视野的"大国资"监管：国家能力、监管机制与实践借鉴》，《政治经济学评论》，2013年第1期。

　　264. 孙颖：《关于政府与市场关系的百年争论——谈金融危机救助的理论基础》，《吉林金融研究》，2009年第12期。

　　265. 钱弘道、王朝霞：《中国法治评估的转型》，《中国社会科学》，2015年第5期。

　　266. 张文显：《法治中国建设的前沿问题》，《中共中央党校学报》，2014年第5期。

　　267. 何海波：《行政法治，我们还有多远》，《政法论坛》，2013年第6期。

　　268. 孟大川：《职权法定原则的内涵、意义与要求》，《探索》，2001年第5期。

　　269. 葛洪义、严文俊：《法治视阈内职权设定及其方式的改造》，《江海学刊》，2017年第4期。

　　270. 张渝田：《试论建构法治政府的逻辑》，《西南民族大学学报（人文社会科学版）》，2014年第9期。

　　271. 方涧、邢昕：《论权力清单与职权法定的内在逻辑》，《广西政法管理干部学院学报》，2016年第5期。

　　272. 宋雨、张兴军：《金融突发事件应急管理法治化的国外经验》，《银行家》，2019年第2期。

　　273. 刘辉：《中央银行宏观调控与金融稳定职能的法治保障——以马来西亚和泰国央行法为样本》，《东南亚研究》，2017年第6期。

　　274. 宜潇然：《论我国金融行业供给侧结构性改革的法治逻辑》，《西安财经学院学报》，2018年第2期。

　　275. 李有星、柯达：《论政府竞争视角下的地方金融监管权配置》，《浙江社会科学》，2018年第9期。

　　276. 王煜宇、何松龄：《制度金融学理论与中国金融法治发展：理论述评》，《经济问题探索》，2017年第4期。

　　277. 冯辉：《金融危机、国家治理与法治精神》，《政法论坛》，2017年第6期。

278. 颜苏、王刚：《地方金融监管立法仍在路上》，《中国金融》，2019 年第 12 期。

279. 王煜宇、何松龄：《金融监管腐败：结构性制度成因与供给侧结构性改革》，《现代法学》，2018 年第 5 期。

280. 叶文庆：《金融稳定发展委员会的职权及其制度保障》，《福建金融》，2018 年第 4 期。

281. 王冲：《地方金融监管体制改革现状、问题与制度设计》，《金融监管研究》，2017 年第 11 期。

282. 易棉阳：《近代中国金融监管的制度特征》，《云南财经大学学报》，2017 年第 5 期。

283. 吴海宝：《金融危机救助中的国家"道德"悖论》，《天津社会科学》，2019 年第 4 期。

284. 许友传：《金融体系的结构脆弱性及其系统性风险》，《复旦学报（社会科学版）》，2018 年第 4 期。

285. 王建平、张乐久：《欧美应对金融危机的流动性救助措施及启示》，《证券市场导报》，2017 年第 1 期。

286. 张晓晨：《我国金融监管的立法选择：以英国危机应对为鉴》，《浙江工商大学学报》，2015 年第 4 期。

287. 张乾：《中央银行对问题金融机构实施紧急救助问题研究》，《财会研究》，2014 年第 8 期。

288. 宿营：《法学视阈下"大而不倒"难题的理论反思》，《理论学刊》，2014 年第 6 期。

289. 彭笑兴：《美国问题银行政府救助制度对我国的启示——以花旗银行危机政府救助为视角》，《东方企业文化》，2014 年第 4 期。

290. 徐孟洲、郑人玮：《我国银行危机救助法律制度的缺陷及其改进》，《中央财经大学学报》，2004 年第 2 期。

291. 张继红：《金融危机救助制度中的公共资金援助——美国次贷危机引发的法律思考》，《财经科学》，2008 年第 12 期。

292. 刘瑞、刘霞：《公共治理视角下的美国金融危机救助机制分析》，《陕西师范大学学报（哲学社会科学版）》，2009 年第 5 期。

293. 齐萌：《美国次贷危机救助的法律规制》，《财经科学》，2009 年第 4 期。

294. 朱民、边卫红：《危机挑战政府——全球金融危机中的政府救市措施批判》，《国际金融研究》，2009 年第 2 期。

295. 黎四奇：《对美国救市法案之评价及其对我国之启示》，《法律科学（西北政法大学学报）》，2009 年第 1 期。

296. 杨松、王勇：《中国问题银行公共资金救助体系的法律构建——以金融危机中美国的救助行为为鉴》，《法律科学（西北政法大学学报）》，2010 年第 6 期。

297. 胡海峰、孙飞、胡松明：《美国两次金融危机的成本比较及启示》，《学术研究》，2010 年第 7 期。

298. 王志勤、苏建军：《危机救助中道德风险的法律防范》，《学习与探索》，2011 年第 4 期。

299. 牛江涛：《中美"危机"救助机制的中期比较与思考》，《社会科学战线》，2013 年第 4 期。

300. 张守文：《回望 70 年：经济法制度的沉浮变迁》，《现代法学》，2019 年第 4 期。

301. 胡乐明：《政府与市场的"互融共荣"：经济发展的中国经验》，《马克思主义研究》，2018 年第 5 期。

302. 任龙：《完善我国政府与市场关系的法理学思考》，《财经科学》，2018 年第 5 期。

303. 郑飞鸿、田淑英：《论政府与市场关系理论的历史演变》，《云南社会科学》，2018 年第 4 期。

304. 李祥兴、王先俊：《改革开放以来我国对政府与市场关系认知的嬗变及启示——兼谈对新自由主义思潮及其影响的批判》，《当代中国史研究》，2018 年第 4 期。

305. 洪银兴：《市场化导向的政府和市场关系改革 40 年》，《政治经济学评论》，2018 年第 6 期。

306. 叶家贤、袁玥：《改革开放 40 年政府与市场关系的变迁：历程、成就和经验》，《马克思主义与现实》，2019 年第 1 期。

307. 刘晶、李洪侠：《银行视角下的政府和市场关系》，《中国金融》，2019 年第 5 期。

308. 萧冬连：《政府和市场关系的周期性钟摆现象》，《当代中国史研究》，2016 年第 1 期。

309. 古小刚：《美国金融机构财政救助权合法性缺失之论证——兼论"大而不倒问题"的应对》，《现代经济探讨》，2014 年第 6 期。

310. 黎四奇：《中国金融法律规则供给机制混乱状态的反思》，《中南大学学报（社会科学版）》，2006 年第 4 期。

311. 胡滨、全先银：《法治视野下的中国金融发展——中国金融法治化进程、问题与展望》，《财贸经济》，2009 年第 5 期。

312. 肖文发：《深化金融体制改革，治理整顿金融秩序》，《金融科学》，1989 年第 2 期。

313. 余明、余燧宁：《日本治理不良债权的新举措——论日本的过渡银行制度》，《国际经济评论》，1999 年第 1 期。

314. 王立军：《韩国金融体系改革的措施与成效》，《国际金融研究》，2000 年第 10 期。

315. 苏美祥：《台湾金融再造工程分析》，《亚太经济》，2000 年第 1 期。

316. 颜海波：《美国存款保险制度的经验及其对我国的启示》，《金融理论与实践》，2006 年第 7 期。

317. 贺绍奇：《美国政府对问题金融机构注资制度的演变及借鉴》，《证券市场导报》，2005 年第 10 期。

318. 安起雷、陈超：金融机构市场退出机制的国际比较与我国的制度选择》，《金融研究》，2003 年第 10 期。

319. 赵继鸿：《关于我国中央银行运用救助方式化解金融风险的思考》，《中国金融》，2001 年第 7 期。

320. 邢会强、李光禄：《我国问题金融机构处理法律制度的完善论纲》，《天津行政学院学报》，2005 年第 11 期。

321. 李智军：《问题金融机构救助及市场退出机制》，湖南大学硕士学位论文，2001 年。

322. 姚枝仲：《美国金融危机：性质、救助与未来》，《世界经济与政治》，2008 年第 12 期。

323. 封北麟：《金融危机中的政府注资行为分析及其政策启示》，《经济研究参考》，2009 年第 7 期。

324. 林欣：《金融危机救助方案与成本分担机制分析》，《财经科学》，2010 年第 9 期。

325. 毛奉君：《系统重要性金融机构监管问题研究》，《国际金融研究》，2011 年第 9 期。

326. 杨军华：《金融危机中处置有问题银行的政策选择研究》，《金融研究》，2011 年第 7 期。

327. 巴曙松等：《金融机构风险处置的理论模型研究》，《宏观经济研究》，2012 年第 6 期。

328. 黄韬、陈儒丹：《金融市场风险补偿和保障机制建设的法律思考》，《当代法学》，2014年第4期。

329. 何佳：《金融危机与政府救助》，《中国金融》，2015年第19期。

（三）其他类

330. 赵洋：《整治金融乱象需要协调监管"重拳"》，《金融时报》，2017年7月31日，第2版。

331. 范欣：《金融乱象何解?》，《中国经营报》，2017年12月18日，第E04版。

332. 李凤文：《遏制金融乱象应有"硬手段"》，《上海金融报》，2018年4月24日，第A02版。

333. 任建国：《守住保险业风险底线》，《金融时报》，2015年9月23日，第10版。

334. 潘功胜：《完善金融监管体制 维护宏观金融稳定》，《第一财经日报》，2013年12月9日，第A05版。

335. 雷薇、任浩聪、王刚：《提高我国金融监管有效性的政策建议》，《中国经济时报》，2015年7月8日，第005版。

336. 张鹏：《央行转型与金融监管改革》，《中国证券报》，2016年3月5日，第A11版。

337. 曾刚、贾晓雯：《美国金融稳定监管委员会对我国的启示》，《金融时报》，2017年10月9日，第5版。

338. 董希淼、高江：《金融稳定发展委员会重在协调》，《经济参考报》，2017年11月13日，第1版。

339. 朱南军：《金融稳定、金稳委及其它》，《中国保险报》，2018年11月13日，第7版。

340. 阎建军：《保险保障基金制度的国际经验与启示》，《金融时报》，2015年10月14日，第10版。

341. 董希淼：《接管包商银行彰显法治化市场化原则》，《经济日报》，2019年5月29日，第9版。

342. 颜苏：《央行等联合接管商业银行的法律分析》，《中国社会科学报》，2019年8月14日，第4版。

343. 李凤文：《包商银行被接管带来哪些启示》，《上海金融报》，2019年5月28日，第002版。

344. 尹振涛：《系统性金融风险的来源与防范》，《中国经济时报》，2018年5月24日，第5版。

345. 夏斌：《防范化解系统性金融风险的原则方法》，《中国城乡金融报》，

2018年7月13日,第A07版。

二、外文类参考文献

(一) 著作类

346. Aliber R. Z., Kindleberger C. P., *Manias, Panics, and Crashes: A History of Financial Crises, Seventh Edition*, New York: Palgrave Macmillan, 2015.

347. Gennaioli N., Shleifer A., *A Crisis of Beliefs: Investor Psychology and Financial Fragility*, New Jersey: Princeton University Press, 2018.

348. Rickards J., *The Road to Ruin: The Global Elites' Secret Plan for the Next Financial Crisis*, London: Portfolio Penguin, 2016.

349. Bernanke B., Geithner T., Paulson H., *Firefighting: The Financial Crisis and Its Lessons*, London: Penguin Books, 2019.

350. Posner E. A., *The Financial Crisis and the Future of Bailouts*, Chicago: University of Chicago Press, 2018.

351. Bezdecheck B., *Bailout: Government Intervention in Business*, Rosen Pub Group, 2010.

352. Labonte M., Purcell P., *The Capitol. Net, Recession, Depression, Insolvency, Bankruptcy, and Federal Bailouts*, New York: The Capitol. Net, Inc, 2009.

353. Thomas E. Woods Jr., *Meltdown: A Free–Market Look at Why the Stock Market Collapsed, the Economy Tanked, and Government Bailouts Will Make Things Worse*, Chicago: Regnery Press, 2009.

354. Solow R., *On the Lender of Last of Last Resort*, Cambridge: Cambridge University Press, 1982.

355. Kindleberger C. P., Laffarge J. P., *Financial Crises: Theory, History and Policy*, Cambridge: Cambridge University Press, 1982.

356. Felton A., Reinhart C., *The First Global Financial Crisis of the 21st Century*, New York: A VoxEU. org Publication, 2008.

357. Bordo, Med, *Financial Crises*, Cheltenham: Edward Elgar Publishing Ltd, 1992.

358. Olson J. S., *Saving Capitalism: The Reconstruction Finance Corporation and the New Deal: 1933–1940*, New Jersey: Princeton University Press, 1988.

359. Moosa I. A., *The Myth of Too Big To Fail*, New York: Palgrave Macmlillan, 2010.

(二) 论文类

360. Singh D., LaBrosse J. R., "Northern Rock, Depositors and Deposit insur-

ance coverage: some critical reflections", *Journal of Business Law*, Vol. 34, Issue 2, 2010.

361. Colesanti J. S., "In Favour of a bail – in: How A Trillion Dollars might Be Better Used to Start A Recovery", *Journal of Civil Rights and Economic Development*, Vol. 25, Issue 3, 2011.

362. Vasileiou E., "The New Bail – in regime and The need For Stronger Market Discipline: What We can learn From the Greek case", *International Journal of Financial & Banking Studies*, Vol. 3, Issue 1, 2014.

363. Brown T. S., "Legal Political Moral Hazard: Does the Dodd – Frank Act End Too Big To Fail?", *Alabama Civil Rights & Civil Liberties Law Review*, Vol. 5, Issue 7, 2012.

364. Wilmarth A. E., "The Dodd – Frank Act: A Flawed and Inadequate Response to the Too – BIG – TO – FAIL Problem", *Oregon Law Review*, Vol. 951, Issue 6, 2011.

365. Scott H. S., "The Reduction Of Systemic Risk in the United States Financial System", *Harvard Journal of Law & Public Policy*, Vol. 45, Issue 6, 2010.

366. Karmel R. S., "An Orderly Liquidation Authority is not the Solution to TOO – BIG – TO – FAIL", *Brooklyn Journal of Corporate, Financial & Commercial Law*, Vol. 56, Issue 6, 2011.

367. Thomson J. B., "On Systemically Important Financial Institutions and Progressive Systemic Mitigation", *DePaul business & commercial Law Journal*, Vol. 23, Issue 4, 2010.

368. Choulet C., "Dodd – Frank Act: US Vision on Financial Regulation", *Economic Research*, Vol. 345, Issue 8, 2011.

369. Acharya V. V., Santos J. A. C., Yorulmazer T., "Systemic Risk and Deposit Insurance Premiums", *Economic Policy Review*, Vol. 124, Issue 11, 2010.

370. Evans C., "The Dodd – Drank Wall Street Reform and Consumer Protection Act: A Missed Opportunity to Rein in TOO – BIG – TO – FAIL Banks", *Duquesne Business law Journal*, Vol. 143, Issue 12, 2011.

371. Moshirian F., "The Future and Dynamics of Global Systemically Important Banks", *Journal of Banking and Finance*, Vol. 36, Issue 10, 2012.

372. Cooper R. N., "Firefighting: The Financial Crisis and It's Lessons", *Foreign Affairs*, Issue 3, 2019.

373. Makin A. J., "Lessons for Macroeconomic Policy from the Global Financial

Crisis", *Economic Analysis and Policy*, Vol. 64, 2019.

374. Hallett A. H., "Fiscal Governance after the Financial Crisis: A Review", *Economic Analysis and Policy*, Issue 7, 2019.

375. Hossain A. T., Kryzanowski L., "Global Financial Crisis after Ten Years: A Review of the Causes and Regulatory", *Managerial Finance*, Vol. 45, Issue 1, 2019.

376. Richey G. M., "Financial Liberalization, Exchange – Rate Regime, and Banking Crisis Likelihood", *International Journal of Finance & Economics*, Vol. 24, Issue 3, 2019.

377. Cao – Alvira J. J., Nunez – Torres A., "On TARP and Agency Securitization", *International Finance*, Vol. 22, Issue 6, 2019.

378. Ghosh S., Mohamed S., "The Troubled Asset Relief Program (TARP) and Its Limitations: An Analysis", *International Journal of Law and Management*, Vol. 52, Issue (2), 2010.

379. Kim J., Kim M., Lee J. H., "The Effect of TARP on Loan Loss Provisions and Bank Transparency", *Journal of Banking and Finance*, Vol. 102, 2019.

380. Berger A. N., Roman R. A., Sedunoy J., "Did TARP Reduce or Increase Systemic Risks? The Effects of Government Aid on Financial System Stability", *Journal of Financial Intermediation*, Vol. 43, 2019.

381. Jiang C., Kanas A., Molyneux P., "Public Policy and Financial Stability: The Impact of PCA and TARP on U. S. Bank Non – Performing Loans", *International Journal of Finance & Economics*, Vol. 23, Issue 4, 2018.

382. Richard S. G., "Deposit Insurance, Regulation, and Moral Hazard in the Thrift Industry: Evidence from the 1930s", *American Economic Review*, Vol. 82, Issue 4, 1992.

383. Weinstein H., "Moral Hazard, Deposit Insurance, and Banking Regulation", *Cornell Law Review*, Vol. 77, Issue 5, 1992.

384. Hashmall A. M., "After the fall: a New Framework to Regulate too Big to Fail Non – bank Financial Institutions", *New York Law Review*, Issue 85, 2010.

(三) 其他类

385. IMF, BIS, FSB, "Guidance to Assess the Systemic Importance of Financial Institutions, Markets and Instruments: Initial Considerations", *Working Paper*, 2009.

386. FSB, "Recovery and Resolution Planning For Systemically Important Financial Institutions: Guidance on Identification of Critical Functions and Critical Shared Services", *Working Paper*, 2013.

387. IMF, "From Bail – out to Bail – in: Mandatory Debt Restructuring of Systemic Financial Institutions", *Working Paper*, 2012.

388. Bennett R. L., Unal H., "The Cost Effectiveness of the Private – Sector Resolution of Failed Bank Assets", *SSRN Electronic Journal*, 2010.

389. FSB, "Key Attributes of Effective Resolution Regimes for Financial Institutions", *Working Paper*, 2011.

390. Duchin R., Sosyura D., "TARP Investments: Financials and Politics", *Working Paper, Michigan Ross School of Business*, 2009.

391. Hoggarth G., Reidhill J., Sinclair P., "On the Resolution of Banking Crises: Theory and Evidence", *Working Paper Series*, 2004.

后 记

眨眼间，又是新的一年。看着手里的书稿，又想起了写作的日日夜夜以及那痛并快乐的过程。痛是因为书到用时方恨少，暗恨自己为什么平时没有在学术上积累得更多；快乐则是因为每天写作所带来的充实感与成就感，构成了快乐的源泉。

经过一年多的孕育，这本书终于完成，即将成为自己第一部出版的作品，心里有些许激动，也有深深的遗憾。激动于自己从一个酷爱买书的读者转变为一名能出版书籍的作者，角色身份的转变也让自己深深地感受到作者肩上的责任。更多的遗憾来自自己在学术功底和文字造诣上的局限性，自己虽拼尽全力，但在作品中也难免存在着很多令人不满意之处，只有待自己不断努力，取得进步后再来修正。

这本书最终得以顺利完成出版，要感谢的人很多。首先要感谢我的博士生导师，西南政法大学的邓纲教授。邓老师为人谦和幽默，特别平易近人，治学严谨求实，也善于因材施教。我是一个"拖延症患者"，每当遇到复杂困难的事情时总习惯于拖延，而不是直面问题。为此，邓老师经常提醒和鼓励我："很多事情不能因害怕困难而放弃，只有坚持走下去，你才会知道自己究竟有什么样的能力。"是邓老师的提醒和鼓励激励着我不断克服困难，砥砺前行，才有了现在这本书的完成。我还要感谢我的朋友们，没有他们的鼓励与支持，我也无法跨越学术创作上的困难与挑战。

最后，我要将此书献给我生命中最重要的人——我的家人。没有他们，就没有今天的我。他们给我带来最大的幸福，给予我无微不至的关怀，使我能够有勇气去追求进步，不断完善。

王腊梅
2021年1月27日于家中